普通高等教育物流管理专业系列教材

冷链供应链管理

主　编　王　婷　李义猛

副主编　罗　艺　罗梦然

参　编　向珂莹　万忠菊　牟　娇

机械工业出版社

冷链供应链管理是建立在物流学、管理学和系统工程基础上的交叉应用性学科。本书为高等院校物流管理专业教材，共分为九章，分别是冷链供应链管理概论、冷链供应链采购管理、冷链供应链生产管理、冷链供应链库存管理、冷链供应链物流管理、冷链供应链网络组织结构、冷链供应链绩效管理、数字化冷链供应链、可持续冷链供应链。

本书可为物流管理专业本科生和 MBA 研究生、MEM 研究生，以及相关从业者提供系统的冷链供应链管理知识，满足冷链企业对相关专业毕业生所应具备的知识和能力的诉求。

图书在版编目（CIP）数据

冷链供应链管理／王婷，李义猛主编. -- 北京：机械工业出版社，2025. 1. --（普通高等教育物流管理专业系列教材）. -- ISBN 978-7-111-77226-2

Ⅰ. F407.82

中国国家版本馆 CIP 数据核字第 2024X1R570 号

机械工业出版社（北京市百万庄大街 22 号　邮政编码 100037）

策划编辑：常爱艳　　　　　　责任编辑：常爱艳　王华庆
责任校对：蔡健伟　张　征　　封面设计：鞠　杨
责任印制：刘　媛
北京中科印刷有限公司印刷
2025 年 3 月第 1 版第 1 次印刷
184mm×260mm·17.25 印张·424 千字
标准书号：ISBN 978-7-111-77226-2
定价：59.80 元

电话服务　　　　　　　　　　网络服务
客服电话：010-88361066　　机　工　官　网：www.cmpbook.com
　　　　　010-88379833　　机　工　官　博：weibo.com/cmp1952
　　　　　010-68326294　　金　书　网：www.golden-book.com
封底无防伪标均为盗版　　机工教育服务网：www.cmpedu.com

前　言

　　2022 年《全国冷链物流企业分布图》统计数据显示，2022 年我国冷库保有量达到 5686万 t，同比增长 8.84%；冷藏车保有量达到 149006 辆，同比增长 3.7%。《"十四五"冷链物流发展规划》提出，到 2025 年，我国初步形成衔接产销地、覆盖城市乡村、联通国内国际的冷链物流网络；依托农产品优势产区、重要集散地和主销区，布局建设 100 个左右国家骨干冷链物流基地；围绕服务农产品产地集散、优化冷链产品销地网络，建设一批产销冷链集配中心；聚焦产地"最先一公里"和城市"最后一公里"，补齐两端冷链物流设施短板。我国冷链市场依然呈现出较快增长态势，冷链行业的竞争愈演愈烈。新零售的发展驱动线上线下进一步融合，带来冷链市场增量。通过检索中国知网和近年被 SCI、SSCI 收录的期刊可知，"冷链"研究文献数量呈现逐年递增趋势，这说明"冷链"受到国内外研究者的极大关注，"冷链"成为供应链方向的热点和重点研究方向之一。

　　以上这些变化趋势对相关冷链企业参与竞争的能力提出了更高的要求，也使企业对掌握冷链知识体系和具备相关能力的人才的需求增加。本书基于经典的供应链理论，根据冷链供应链的实时变化和特点，对冷链供应链管理的相关知识和理论进行梳理和总结。本书内容上突出了系统性和前沿性的特点，不仅较好地整合了冷链供应链主体的内容，还包含了当下热点，尤其结合了新技术和可持续冷链供应链等热点，以及我国生鲜冷链高速发展的实际情况，增加了当下最新的冷链供应链案例，并融入数字化和可持续等前沿理念，体现出冷链供应链管理可持续和高技术引领发展的理念。本书可为物流管理专业本科生和 MBA 研究生、MEM 研究生，以及相关从业者提供系统的冷链供应链管理知识，满足冷链企业对相关专业毕业生所应具备的知识和能力的诉求。

　　本书为高等院校本科物流管理专业教材，严格按照"加强实践教学，突出应用技能培养"的教育教学要求，根据就业教育与教学改革的实际需要，注重知识体系的完整性，注重实践，更贴近现代冷链企业的实际运作，更好地为国家和冷链企业人才培养服务。本书注重科学问题的讨论，注重培养学生的辩证性思维能力，引入"课外阅读"模块，引导学生进行学术思考。本书设置了"综合案例"模块，以问题为载体，让学生综合运用冷链供应链相关知识和其他学科知识去分析和解决具体问题。

　　王婷、李义猛担任本书主编并负责内容策划和体系设计，及统稿和审校工作。本书编写分工如下：罗艺撰写第一章；王婷和罗梦然撰写第二章；罗梦然撰写第三章第一、二、三、四节，李义猛撰写第三章第五节；万忠菊撰写第四章；罗艺撰写第五章；王婷和车娇撰写第六章；李义猛撰写第七章；向珂莹撰写第八章；李义猛撰写第九章第一、二节，向珂莹撰写第九章第三节；王婷负责各章引例、综合案例的编写，以及课外阅读的推荐。

本书的完成离不开每一位工作人员的辛勤劳动，在此表示衷心的感谢！衷心感谢贵州（贵州大学）人民武装学院对本书出版的大力支持！同时，本书的撰写参考并借鉴了国内外同行专家的研究成果，在此向他们致谢！

衷心感谢机械工业出版社编辑团队，他们为本书的出版做了大量的工作。

冷链供应链知识体系广阔，本书尽可能在足够多的冷链相关的内容里提炼主要理论和知识。由于编者水平有限，书中难免有误，真心希望读者批评、指正。

我们为选择本书作为授课教材的教师，免费提供教学课件（PPT）、课后习题答案及教学大纲，请登录机工教育服务网（www. Cmpedu. com）索取。

编　者

目　录

前　言

第一章　冷链供应链管理概论 ·· 1
学习目标 ·· 1
引例 ·· 1
第一节　冷链供应链概述 ·· 2
第二节　冷链供应链管理的基本要素 ·································· 11
第三节　冷链供应链管理的内容 ······································ 17
第四节　冷链业发展历程与现状 ······································ 19
本章小结 ·· 30
综合案例 ·· 31
课外阅读 ·· 32

第二章　冷链供应链采购管理 ·· 33
学习目标 ·· 33
引例 ·· 33
第一节　冷链供应链采购管理概述 ···································· 34
第二节　冷链供应链的采购策略 ······································ 45
第三节　冷链供应链采购供应商管理 ·································· 56
第四节　冷链供应链采购控制与采购决策 ······························ 61
本章小结 ·· 67
综合案例 ·· 68
课外阅读 ·· 69

第三章　冷链供应链生产管理 ·· 70
学习目标 ·· 70
引例 ·· 70
第一节　冷链供应链生产管理概述 ···································· 71
第二节　冷链供应链生产系统 ·· 73
第三节　冷链供应链生产模式 ·· 76
第四节　冷链供应链生产计划与控制 ·································· 79
第五节　冷链供应链生产管理体系 ···································· 84
本章小结 ·· 92

综合案例 ……………………………………………………………… 92

课外阅读 ……………………………………………………………… 95

第四章　冷链供应链库存管理 …………………………………………… 96

学习目标 ……………………………………………………………… 96

引例 …………………………………………………………………… 96

第一节　冷链供应链库存管理概述 ………………………………… 97

第二节　冷链供应链库存管理策略 ………………………………… 102

第三节　冷链供应链库存管理模式与优化模型 …………………… 113

第四节　冷链供应链库存优化决策与库存管理发展趋势 ………… 117

本章小结 ……………………………………………………………… 120

综合案例 ……………………………………………………………… 120

课外阅读 ……………………………………………………………… 121

第五章　冷链供应链物流管理 …………………………………………… 122

学习目标 ……………………………………………………………… 122

引例 …………………………………………………………………… 122

第一节　冷链供应链物流系统结构 ………………………………… 123

第二节　冷链供应链物流管理特性 ………………………………… 134

第三节　冷链供应链第三方物流 …………………………………… 138

本章小结 ……………………………………………………………… 143

综合案例 ……………………………………………………………… 144

课外阅读 ……………………………………………………………… 145

第六章　冷链供应链网络组织结构 ……………………………………… 146

学习目标 ……………………………………………………………… 146

引例 …………………………………………………………………… 146

第一节　冷链供应链网络组织结构概述 …………………………… 147

第二节　冷链供应链运作网络组织体系设计 ……………………… 156

第三节　冷链供应链的运作管理 …………………………………… 163

第四节　冷链供应链运作参考模型 ………………………………… 166

第五节　冷链供应链常见运作组织模式 …………………………… 169

本章小结 ……………………………………………………………… 174

综合案例 ……………………………………………………………… 175

课外阅读 ……………………………………………………………… 176

第七章　冷链供应链绩效管理 …………………………………………… 177

学习目标 ……………………………………………………………… 177

引例 …………………………………………………………………… 177

第一节　绩效管理概述 ……………………………………………… 178

第二节　供应链绩效管理 …………………………………………………… 181

第三节　冷链供应链绩效管理 ……………………………………………… 188

本章小结 …………………………………………………………………… 203

综合案例 …………………………………………………………………… 203

课外阅读 …………………………………………………………………… 205

第八章　数字化冷链供应链 ………………………………………………… 206

学习目标 …………………………………………………………………… 206

引例 ………………………………………………………………………… 206

第一节　数字化冷链供应链概述 …………………………………………… 208

第二节　信息技术与数字化冷链供应链 …………………………………… 218

第三节　技术创新与数字化冷链供应链 …………………………………… 230

本章小结 …………………………………………………………………… 236

综合案例 …………………………………………………………………… 236

课外阅读 …………………………………………………………………… 238

第九章　可持续冷链供应链 ………………………………………………… 239

学习目标 …………………………………………………………………… 239

引例 ………………………………………………………………………… 239

第一节　可持续冷链供应链概述 …………………………………………… 240

第二节　可持续冷链供应链运作管理 ……………………………………… 244

第三节　可持续冷链供应链的合作管理 …………………………………… 252

本章小结 …………………………………………………………………… 261

综合案例 …………………………………………………………………… 261

课外阅读 …………………………………………………………………… 264

参考文献 …………………………………………………………………… 265

第一章

冷链供应链管理概论

学习目标

理解供应链与冷链供应链的含义；了解冷链供应链的特征和基本结构；了解冷链发展历程与行业现状；了解我国冷链行业发展状况。

引　　例

盒马鲜生冷链供应链

我国生鲜电商的概念出现于 2005 年，至今依旧有众多企业加入该行业。盒马鲜生（以下简称盒马）是国内首家新零售商超，创立于 2015 年，首店在 2016 年 1 月开业，被视为阿里巴巴的新零售样本。截至 2023 年 9 月，盒马在全国的门店已超过 300 家。盒马门店不仅遍布北上广深等一线城市，也已进军诸如贵阳等二三线城市。盒马采用的是 O2O 的商业模式，是阿里巴巴对线下超市完全重构的新零售业态，主营生鲜类食品。客户可通过盒马线上App 下单、线下门店配送，以及在门店选购、享线上优惠两种方式获取商品。盒马是线上线下一体化的超市。

尽管整个市场呈现出一片利好的景象，但在激烈的竞争中，已有不少企业黯然退场。据统计，在从事生鲜电商的 5000 余家电商平台中，仅有 1% 的企业盈利，3% 的企业利润与支出持平，9% 的企业处于巨额亏损状态，剩下绝大部分企业都处于略微亏损状态。其主要原因在于产品质量把控和残次品处理流程标准化程度较低、运输成本较高、供需关系不稳定等。而依托于阿里的自建物流体系，盒马的运输成本和配送效率都得到了一定的保障，加之盒马对品控有严格的要求，通过与供应商直接合作保证了稳定的供给，能够更好地应对多变的需求端。但即便如此，盒马也用了近七年时间才实现全面盈利。

盒马鲜生位于整个冷链供应链的下游，属于零售商，十分注重与供应商和客户之间的联系，对于供应商的选择保持着较高的要求。通常盒马会采用质量安全管理体系来对各个供应商的资质进行甄别，然后再用抽样检测和持续追踪的方式来对供应商提供的食品进行检查。

若供应商所提供的商品既符合国家规定的标准，又能通过盒马的质量审核，盒马才会与之签约，共同构建可靠的合作供给体系。严格的供应链考核制度，不仅帮助盒马收获了稳定的供应合作伙伴，也提升了自身的竞争力，实现了双赢。除了对产品质量的把控，盒马为更好地满足客户的切身需求，配合其高效的物流运送体系，承诺3km内的订单商品最快可在30min内送达。此外，盒马还依靠大数据、智能物联网、自动化等先进技术实现对人、货、场的优化配置，并且阿里生态的其他企业也能够为盒马提供数据交互，在提升信息处理效率的同时，物流效率也得到进一步提升，从而保证了商品的新鲜度。

在维护客户关系方面，盒马始终坚持"顾客至上"的作风，从商品的生产至销售环节均考虑到用户需求。在各大电商平台大打价格战的时候，盒马依然坚守品质的底线，没有跟风推出"1分购"等活动来收割短暂的流量，仅推出"天天平价"的活动，用实实在在的品质吸引客户。此外，盒马还创建了一站式服务模式，使顾客可以在任意一家盒马超市将所需要的商品"一站式"购齐，极大地方便了顾客。

思考：

随着冷链生鲜电商模式的成熟，生鲜冷链行业的运营管理应该如何优化？

第一节　冷链供应链概述

一、冷链

（一）冷链的定义

《物流术语》（GB/T 18354—2021）是一项国家标准，对冷链（Cold Chain）的定义是：根据物品特性，从生产到消费的过程中使物品始终处于保持其品质所需温度环境的物流技术与组织系统。由此可见，冷链属于一种特殊的供应链系统。此系统需要确保最终转入消费者手中的产品具有良好的品质，并在此期间尽量降低产品的损耗，避免产品的污染或变质。具体来说，就是经过收购、加工或灭活等方式取得的食品原料、加工后的半成食品、特殊的生物制剂或药品等，在随后对其进行的加工、储存、运输、分销和零售等各个方面，都严格确保其始终处于必需的冷藏或冷冻低温环境下，直到成功售出，该产品的整个冷链过程才算真正结束。

按照不同类别的冷链产品所需的最佳环境温度，通常以温度区间为标准划分成四类：第一类为保鲜类物品，如蔬菜、鲜花、水果、保鲜疫苗、鲜活水产品、电子元器件等，一般温度区间要求在2~8℃；第二类为冷鲜类物品，如排酸肉品、江鲜产品和海鲜产品、豆制品、疫苗制品、巧克力等，一般温度区间要求在-5~0℃；第三类为冷冻类物品，如速冻食品、速冻海鲜产品和江鲜产品、冻肉制品等，一般温度区间要求在-18~-10℃；第四类为深冷冻物品，如冰激凌、活菌酵母面团等，一般温度区间要求在-45~-20℃。

结合冷链产品的物质属性，不难总结出，冷链系统中的任何一个环节出错均会导致全链断裂：在仓库月台的装卸搬运时，或在负载车辆的行驶路途中，或在零售超市的冷柜里，都有可能引发冷链产品的损耗、污染甚至变质。所以，冷链系统的所有环节都必须施以严格的把控，不仅要有恒定低温的监控，还要有运作流程的管理。可见，相比常温物流，冷链要求更高的时效、更多的资源以及更复杂的组织协调工作，其运作始终离不开能耗与运输成本的精打细算。只有做到既有效地控制冷链运作成本，又保证不降低其服务质量，才能保证冷链类产品业的发展。

（二）冷链的构成

根据冷链产品从生产到售出的整个过程，可认为冷链通常由原料前处理、预冷、速冻、冷藏、流通运输和销售分配等环节构成。此外，考虑到在我国的物流系统中，生鲜食品、农产品不但占有较大比重，且直接关系到我国的经济社会发展，本书认为冷链由低温加工、低温储藏、低温运输和低温销售四个部分构成。

1. 低温加工

原料前处理、预冷和速冻三个环节通常是生鲜产品的冷加工环节，在整个流程上，它们属于整条冷链的"前端工作"，可以统称为低温加工。其具体工作包括：冷冻条件下的鱼、蛋以及肉禽的加工操作，果蔬的冷水预冷、冰预冷、真空预冷、压差预冷等，各类速冻食品或奶制品的速冻等。低温加工环节通常需要预冷库、冷库、低温车间等设施，并要求能够提供冷却、冻结和速冻等相关设备或技术。

2. 低温储藏

在销售之前，已加工成成品的生鲜产品，显然需要一定时间的低温储藏。储藏条件的高低，决定了该产品初始品质的优劣，也关系到后续运输和销售工作的开展。结合生鲜产品的自身特点，该储藏条件必然高度依赖于自身需求的低温环境。所以，低温储藏分为冷藏、冷冻和速冻三种方式。其中，冷藏对应的温度最高，速冻则最低。冷藏和速冻是以不冻伤食品为前提的低温储藏，而冷冻则提供慢速冻结以求更长时间的低温储藏。该环节的核心任务是持续并恒定地提供生鲜产品所需的低温，主要涉及各类冷藏库（加工间）、冷藏柜、冻结柜及家用冰箱等。此外，果蔬的冷冻存储还可采用气调储藏法，是指将其放入密封的塑料薄膜帐内，抽出空气，充入氮气、二氧化碳来调节帐内的气体成分，降低其呼吸强度，抑制其生理活动，以达到延长储藏时期、减少损耗的目的。到目前为止，冷藏储藏的方式有四种：气调储藏技术、冰温储藏技术、减压储藏技术和气调保鲜储藏技术。

3. 低温运输

生鲜产品销售前的一项环节，便是高时效、严控温的低温运输工作。其包括生鲜产品的中、长途运输以及短途配送等物流环节。产品在运输途中，车体周围的温度环境必然持续发生变化，且距离越远，变化程度有可能越高。本环节最应关注的便是运输过程中的温度波动问题，而这恰恰也最容易引发生鲜产品品质下降、产生损耗甚至变质。因此，运输车辆必须具备优良的性能，一方面能够切实提供规定的低温环境，另一方面能够监控该温度在任何时间与环境之下都保持恒定状态，这对于长途货运来说尤为重要。低温运输主要有公路冷藏运输、铁路冷藏运输、水路冷藏运输以及航空冷藏运输等方式。所以，这其中所涉及的冷链设备主要有铁路冷藏货车、冷藏保温车、冷藏货轮、冷藏集装箱等。

4. 低温销售

这是转入消费者手中的最后一个环节，生鲜产品经此环节进入批发、零售的程序。该环节将由生产厂家、批发商和零售商等共同完成。该环节一方面继续要求提供产品所需的恒定低温环境，避免商品变质；另一方面在确保产品包装的完整与美观、促进销售的同时，避免商品损耗或被污染。生鲜超市的迅猛发展使其渐渐成为冷链商品的主要销售渠道，冷藏、冷冻陈列柜或储藏库等设施设备会在这些零售点被大量投入使用。低温销售在冷链中已是不可缺少的最后一环。

二、冷链物流

(一) 冷链物流的定义

物流 (Logistics)，其原始定义是"实物分发"或"货品配送"，它是供应链活动的一个组成部分，目的是满足客户的需求，对商品、服务的消费以及相关信息从产地到消费地的高效、低成本的流动和储存进行规划、实施和控制。因此，冷链物流 (Cold Chain Logistics) 的定义为：以冷冻工艺学为基础，以制冷技术和蓄冷技术为手段，高度集中于易腐产品、生鲜产品等的生产、运输、仓储、销售以及相关经济技术的各个环节，以确保这类产品始终处于规定的低温环境中的一项旨在保障产品质量和安全性，同时减少产品损耗的低温系统工程。可见，与一般常温物流相比，冷链物流具有明显的动态性、增值性，也更加面向用户需求。

冷链产品在流通过程中，可能会因时间、环境的变化而引发产品的不可逆、累积的品质降低。显然，生鲜产品的成功销售取决于物流的储藏与流通时间 (Time)、环境温度 (Temperature) 和产品耐藏性 (Tolerance)。本书将其统称为"三 T 原则"，"三 T 原则"体现出冷链产品为保持品质所需要的时间和温度之间的关联关系。因此，对于不同类型的生鲜产品，都必须建立有针对性的产品控制和储藏时间的技术经济指标。

(二) 冷链物流的特点

冷链物流是冷链产品及其价值实现的载体，而冷链物流的发展则与国家的相关经济建设水平息息相关。鉴于此，根据冷链产品的特点，结合我国目前的冷链发展状况，本书总结了当前我国冷链物流具有的六大特点。

(1) 冷链物流货物的易腐性。冷链物流配送的货物通常是生鲜产品，具有易腐特性 (Perishable)，对低温环境有强烈的需求。在产品的运输过程中，可以有多种因素导致其品质下降，而核心点一般在于能否始终如一地提供恒定的低温环境。温度成为影响其品质、是否引发冷链"断链"的决定性因素。如果我们能够量化食品的品质维持时间与冷藏温度之间的联系，那么将为实际的物流操作提供至关重要的指引。

(2) 冷链物流运输具有很高的时效性。生鲜产品的一个显著特点是其短暂的生命周期，尽管低温环境可在一定程度上保障其品质，但过长的运输与配送时间，同样会引发其品质下降，即使没有到不可食用的地步，但仍会对其销量造成影响。因此，生鲜产品在到达销售端之前，通常会有时间窗 (Time Window) 的限制，运输者只有在规定好的时间段内将产品送达，销售商才可向客户提供更高品质的服务，以获取更高的利润。鉴于该特点，如何科学地规划配送路线，考虑气候、时间、道路、管理等多方面的条件限制，对于减少公司的物流开销、增强客户的服务水平以及更有效地满足客户的需求都至关重要。

(3) 冷链物流组织的复杂性。在冷链物流高时效的要求下，冷链物流管理要求严格，涉及多个方面，如温度控制、运输车辆与设备、人员培训与管理、风险管理与安全措施等。一旦在任意环节内以及环节之间的衔接中出现管理疏漏、信息阻塞等情况，均会引发风险与增加成本。鉴于该特点，本文认为，只有建立健全冷链物流的信息化和追溯体系，充分发挥有效信息的导向作用，才能实现高效运作和可持续发展。

(4) 冷链物流装备的专用性。一天中的气温随着时间始终在变化，同一个时刻的温度也随着区域变化而有所不同。所以在物流过程中，只有使用特定的低温运输工具或保鲜设备，才能确保提供冷链产品需要的恒定低温环境。考虑到冷链物流这一特点，无论是产品的生产地、制造商还是第三方物流收购地，都应配备专门的冷藏和冷冻双功能仓库，并搭配专门用于冷藏冷冻的保温集装箱和冷藏运输设备。

（5）冷链物流技术的多样性。与常温物流相比，冷链物流需要专用的特殊设备，而专用的设备和复杂的组织流程，必然需要更多样化的专业技术，如制冷技术、保温技术、温湿度检测、信息系统和产品变化机理研究等。鉴于该特点，要求相关企事业单位能够开展并加强从业人员的专业培训和管理工作，使相关人员具备充足的专业知识和技能，让他们不仅能够掌握温度控制和监测设备的使用，还能够开展应急处理工作。此外，管理者需要制定相关的工作规范和流程并进行监督和考核，确保冷链物流的安全和质量。

（6）冷链物流的成本占据了很大的比重。相关数据显示，我国在冷链运输过程中的损耗率相当高，这导致物流成本大约占食品总成本的70%。然而，根据国际标准，冷链食品的物流成本在其总成本中不应超过50%。出现该结果的原因：一方面，我国专门从事冷链物流的第三方企业刚刚崭露头角，这些企业是从原先主要负责冷藏运输和仓储业务的公司转型过来的，冷链整体的服务水平相对不高，发展不够成熟，规模小，网络体系并不健全，所辐射的面积较小，分布也较为分散；另一方面，冷链基础设施的缺少以及分布不合理、冷库难以满足实际需求等都使得冷链物流市场混乱无序，竞争力明显不足。这种情况导致了冷链食品流通环节增多，进而降低了流通效率，增加了食品的损耗和成本。鉴于该特点，本文认为，应该合理地规划、管理冷链物流，使得冷链物流不仅不"断链"，更要实现"精链"与"短链"。

（三）冷链物流体系的运营目标

物流体系是物品在流动过程中的运输、储存、装卸、搬运、包装、流通加工、配送、信息处理等基本功能相互协同形成的一个有机整体，在各功能配置合理时，物流效果将会达到最优。在如今的经济社会中，无论是百姓的生活还是企业的经营，处处离不开物流，可见物流对于提高人民生活水平起着重要的作用。但是，物流并不总是能够站在管理科学的前沿，企业往往是在运营过程中出现问题后才会想到物流。随着企业信息化的推进，特别是电子商务的兴起，物流才逐步受到重视。

作为宏观物流体系的一部分，冷链物流体系自然也包含在宏观物流体系的目标之中。降低总成本，满足客户需求，是二者共同的核心目标。但是，生鲜产品与普通商品有所区别，从开始流动的那一刻起，成品的特性和存储环境的独特性，都使得冷链物流体系的运营目标具有其独特的属性，主要体现在如下两个方面：

（1）以自然规律为参考的成本控制途径。与工业品相比，生鲜产品在从生产到消费的各个阶段都存在明显的区别。由于受自然环境和社会环境影响较大，因此对生鲜产品的质量控制也就相对复杂起来。大家都知道，生鲜产品的生产在很大程度上依赖于自然的地理条件。尽管科技进步已经在生鲜产品的生产中取得了显著的成果，但在动物和植物的生产周期、土壤和水的依赖性等方面，仍然需要遵循自然的法则。

（2）满足客户需求的前提是产品或服务达到更高的标准。也就是说，如何通过有效的组织和管理方式实现上述目标是企业必须要解决好的问题。在制造行业，一个物流体系能否最大限度地满足客户需求通常用"5R"衡量，即体系能否以合适的条件（Right Condition）、合适的成本（Right Cost），在合适的时间（Right Time）将合适的产品（Right Product）送达合适的地点（Right Place）。冷链物流作为一种新型物流方式，已经越来越受到人们的关注和重视。它主要包括冷藏运输和冷冻存储两部分内容，而冷链物流技术则成为冷链物流发展的关键要素之一。在现代物流观念的指导下，企业内部物流与外部物流的衔接目标是在适当的时机将产品送达合适的位置，这对于降低库存、减少成本以及确保整个供应链的稳定运行具有至关重要的作用。冷链物流的核心在于产品从供应商到消费者之间的运输过程中保持一定的温度和新鲜度，而不是通过人为操作实现。尽管"5R"这一理念也适用于生鲜产品的冷链物流体系，但由于冷链物流产品具有其独特的性质，"5R"理念与制造业的物流体系存在明显的差异。稳定、新鲜、安全的产品供应不仅是冷链物流努力的目标，还是基本的条件。

三、冷链供应链

（一）供应链的定义及特征

目前，《物流术语》中对供应链（Supply Chain）的定义是：生产及流通过程中，围绕核心企业的核心产品或服务，由所涉及的原材料供应商、制造商、分销商、零售商直到最终用户等形成的网链结构。但我们应该认识到，由于供应链本身是一个范围很广的企业结构模式，人们对它的认识是伴随着世界企业的不同发展阶段而逐步深入的。多年来，专家和学者们都在不断地丰富并完善着供应链的含义，体现了供应链悠久的发展历程。此历程可用四个阶段来描述。

（1）物流管理阶段的供应链定义。早期的看法主要是将供应链看作企业内部的一个物流环节，认为它主要涉及物料采购、库存管理、生产和分销等多个部门的智能协调问题。最终的目标是优化企业内部的业务流程，降低物流成本，从而提高企业的经营效率。在此背景下，供应链理论开始出现并逐渐成为学术界关注的焦点之一。从那时起，随着企业管理层逐渐将对供应环节重要性的理解从企业内部扩展到企业间，供应链这一概念开始与采购和供应链管理紧密相连，明确了供应商间的相互关系，从而使供应商成为供应链管理的一部分。伯纳德·拉·隆德认为，供应链是将物料向前传递的一系列企业的集合，该供应链上的原材料及零部件生产商、产品组装商、批发商、零售商及运输商都是供应链的成员，链上的一些独立企业通常会共同参与产品的制造，并将其送达最终客户。在物流管理的这个环节中，我们可以观察到，人们主要是基于某一产品从原材料到最终产品的完整生产过程来解读供应链的。

（2）价值增值链阶段的供应链定义。进入20世纪90年代，企业的经营观念逐渐向"顾客至上"转变，消费者的最终地位受到了空前的关注，因此也被纳入供应链的考虑范围。过去的供应链可能是指一条单一的生产链，而此时的供应链已经进一步扩展为涵盖了整个产品运动轨迹的价值增值链。正如蓝伯雄指出的：所谓供应链，就是原材料供应商、生产商、分销商、运输商等一系列企业组成的价值增值链。从原材料到最终产品的形成，再到产品交付到客户手中，需要"链"上的企业依次进行接力，这个过程包含一个完整的供应链流程的全部活动。同样，可以肯定的是供应链不该只是一条连接供应商到最终用户的物料链，而应该伴随着物料在供应链上因加工、运输等过程而增加其价值的增值链。美国的史蒂文斯则进一步强调了供应链的外部环境，他认为供应链开始于供应的源点，结束于消费的终点，通过增值流程和分销途径来管理从供应商到用户的用户流动。于是，在价值增值链的这一阶段，全球供应链论坛在1998年对供应链的定义进行了修订，将供应链管理定义为：从终端用户到最初的供应商，所有为客户和其他投资者提供增值的产品、服务和信息的关键业务流程的整合。

（3）网链阶段的供应链定义。企业间的关系正随着信息技术的发展及产业不确定性的增加展现出越来越明显的网络化趋势，与此同时，供应链的定义也有了更深层的含义，其更加注重围绕核心企业的网链关系，即核心企业与供应商、供应商的供应商的一切前向关系，以及与用户、用户的用户的一切后向关系。1999年，哈里森便将供应链描述为执行采购原材料，并将其转换为中间产品或成品以销售到最终用户手中的功能网链；2010年，马士华更进一步丰富了供应链定义，认为供应链是围绕核心企业，通过对信息流、物流、资金流的控制，将从原材料供应到向最终消费者交付产品的整个链条所涉及的供应商、制造商、分销商、零售商以及最终用户整合而成的功能网链结构模式。显然，网链阶段的供应链定义已经完全不同于传统的销售链，因为其跨越了企业界限，并从全局的角度思考产品销售及链条运营，所以已经成为一种管理方法体系和管理思维模式。

（4）现阶段的供应链定义。时至今日，高附加值、高技术含量产品的出现，要求管理者既要有全球产业链的视野和价值链的思维，又要运用现代化的供应链管理技术，从多个维度，如产业、区域、市场、平台等来布局国际产能合作，形成集约式、包容式与可持续的高质量发展模式。鉴于此，过去由企业自发、分散的"走出去"形式必定与现阶段的供应链管理不相适应，需要加强系统的顶层设计，并制订建立于长远目标的合作规划。受此启发，本书将供应链定义为：供应链是在相互关联的部门或业务伙伴之间所发生的物流、资金流、知识流、信息流和服务流，覆盖从产品（或服务）设计、原材料采购、制造、包装到交付给最终用户的全过程的功能网链。

结合上述对企业不同阶段的发展以及随之不断丰富的供应链定义，可总结出供应链具备七个特征。

（1）以用户需求为主导。无论何种形式的供应链，其存在的前提是某种需求市场的存在，这种需求作为供应链的驱动力，促进节点企业的结盟、分工与合作，拉动供应链中信息、物资、资金的流动和交换，在为用户提供高质量产品或服务的同时实现价值的不断增值。

（2）动态性。供应链本质上是在一定市场环境和目标下，由各企业共同建立的一种竞争合作模式，当供应链目标、企业核心竞争力发生变化时，相应的链上企业及其地位也会随之改变。可见，供应链会通过对节点企业的调整和重组来适应市场需求。

（3）复杂性。在满足特定用户需求目标的前提下，供应链构建了一种企业之间横向优选和合作的网络结构。在这个链中，各个节点企业来自不同的地域、行业乃至不同的国家，它们根据自身的核心竞争力在链条中扮演着不同的角色。这些企业在制度、技术和组织等方面存在差异，使得供应链系统的复杂程度增加。与此同时，供应链中的动态特点进一步加剧了这一复杂性。

（4）交叉性。供应链中的节点企业有可能为多个供应链节点提供各种产品和服务，这导致了供应链中存在许多相互交织的特性。

（5）合作性。供应链的诞生代表了企业在面对国际经济整合的挑战时，如何合理地平衡企业之间的目标和利益矛盾。以供应链的共同目标为导向，实现从竞争到合作的转变，并通过这种策略性的合作来迅速适应市场的变化，从而达到供应链企业的双赢局面。

（6）信息共享性。信息技术，特别是以互联网为核心的技术，是建立供应链的基石。只有依赖它，供应链才能跨越时间和空间的限制，真正实现资源的共享和优选合作。这样，我们才能随时适应市场需求的变化，消除传统销售链中信息需求失真的问题，也就是我们常说的"牛鞭效应"，从而更好地协调和控制整个供应链，确保对用户需求的迅速响应。

（7）虚拟性。借助现代的信息技术手段，供应链的功能实现并不完全依赖于特定的企业来完成，来自不同地域或不同类型的企业可以通过相互之间的合作和连接来构建一种协同工作的组织结构。这种组织结构在特定的目标条件下表现出相对的稳定性，但并不一定是一个拥有明确机构的企业实体。

（二）供应链的基本结构

构成供应链的基本要素包括厂家、供应商、分销商、零售商、消费者。厂家主要负责产品的生产、开发以及售后服务等环节，是产品的制造企业；供应商则是为制造企业提供原材料或零部件的企业；分销商是实现将产品送到经营地理范围的每一个角落而设立的产品流通代理企业；零售商是将产品销售给消费者的相关企业；消费者则是供应链的最后环节，也是整条供应链的唯一收入来源。供应链的网链结构形式如图 1-1 所示。

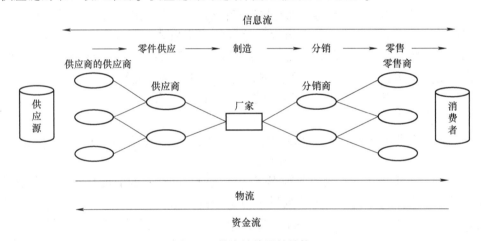

图 1-1　供应链的网链结构

由于供应链反映了企业的结构模式，所以在图 1-1 所示的结构基础上，可以根据企业在整个供应链中的相关地位，将供应链分为盟主型供应链和非盟主型供应链。盟主型供应链是较为典型的一种供应链，链条中的某一节点企业对其他企业具有很强的辐射能力，在整个供应链中占据主导地位，是供应链中的核心企业。如奇瑞汽车、TCL 等公司采用以生产商为核心的供应链；中国烟草、香港利丰、怡亚通等公司采用以中间商为核心的供应链；沃尔玛、家乐福等公司采用以零售商为核心的供应链；顺丰、华宇物流等公司采用以物流商为核心的供应链。与之对应的，非盟主型供应链是指链条中企业的地位无明显差距，对供应链的重要程度相同。

参考供应链的结构特性与复杂特性，根据金融资本主导的方式划分，供应链的结构还可分为如下三类。

（1）美国和欧洲等西方发达国家和地区的狮式供应链。该类型的供应链是以基金等金融资本主导的企业群所建立的"1+N"供应链模式。其中"1"是指基金和银团金融资本链主（资本化的自然人或法人），"N"是指供应链上的各环节。"1"的角色较为强势，表现出明显的个人英雄主义，往往冲在前面，被称为狮式企业，其供应链模式也被称为狮式供应链模式。这类企业的代表有微软公司、苹果公司、大众汽车等，其背后的基金会分别是比尔及梅琳达·盖茨基金会、伊坎合作基金会、保时捷家族基金会。

（2）日本和韩国等东方发达国家的狼式供应链。该类型的供应链是以商社等商业资本主导的企业群所建立"N+1"供应链模式。其中"N"是指供应链上的各环节，"1"代表商社等商业资本链主。"1"的角色较为低调，群英主义较为明显，往往隐身在后面，此类企业称为狼式企业，其供应链模式也被称为狼式供应链模式。这类企业的代表有日本三井财团、三菱财团、一劝财团，分别拥有商社三井物产、三菱商事、伊藤忠商事；韩国的三星财团、现代财团，分别拥有商社三星物产、现代商社。

（3）以中国为代表的羊式供应链。该类型的供应链是以国有资本为主导的企业群所组成的"1+1+N"的供应链模式。第一个"1"指的是国有资本的代表，国有资本往往是企业真正的链主；第二个"1"是聘请的高端职业经理人；"N"是指供应链各环节的企业。采用该种供应链的代表企业有一汽集团、广汽集团、中储粮集团等。

（三）冷链供应链的定义及特征

与供应链的定义相似，人们对冷链供应链的认识，也是随着冷链在日常生活中越发重要而不断深入的。第二次世界大战以后，物流管理进入供应链管理时代，在此背景下，美国食品药品管理局（Food and Drug Administration，FDA）对冷链供应链做出以下定义：在"从田间到餐桌"的连续过程中维持正确的温度，以阻止细菌生长。

欧盟对物流标准化的建设十分重视，目的是减少相互交流的障碍。因此，欧盟对冷链供应链给出的定义为：从原材料的供应、生产、加工或屠宰到最终消费的一系列有温度控制的过程。其具有标准化的特征，更加强调物流过程的可操作性。

第二次世界大战后的日本从美国引进物流思想，包括对冷链供应链的定义，在经济高速增长的带领作用下，日本的冷链物流也得到了快速发展。从其发展历程来看，日本的冷链物流更加注重使用先进的技术和设施设备，以及新的流通方式。日本的《明镜国语辞典》将其定义为：采用冷冻、冷藏、低温储藏等方法，使鲜活食品、原料可以保持新鲜状态并由生产者流通至消费者的系统。

根据上述的相关定义，不难发现冷链供应链的核心要素在于"冷"字所体现出的低温环境，而提供低温环境的根本目的在于保障冷链产品的品质，减少其损耗。相比之下，我国冷链物流的发展起步就晚得多，在20世纪80年代"物流"的概念才引入国内，进入21世纪以后冷链才得到重视。全国物流标准化技术委员会冷链物流分技术委员会（以下简称冷标委）于2009年11月30日在北京揭牌成立。随着经济社会的不断发展，冷链的覆盖范围不断扩大，包括：初级农产品，如蔬菜、水果、肉、禽、蛋、奶、水产品以及花卉产品等；加工食品，如速冻食品、冰激凌、奶制品、巧克力、快餐原料等；特殊商品，如药品、疫苗等。鉴于此，可将冷链供应链定义为：在食品和其他易腐、易变质产品的生产、加工、运输和储存过程中，通过合理的温度控制和物流管理，产品保持在适宜的温度范围内，以确保产品的品质和安全性的整个过程。

结合供应链的七个特征，立足于冷链产品的特点，可得出冷链供应链具备以下四个特点。

（1）冷链供应链的高集成性。供应链不仅局限于单一企业，而且还强调与上下游企业的紧密合作。从供应商到终端用户，所有的节点企业都被整合在一起，实现了从原材料采购到产品制造，再到仓储、配送、分销和零售的全方位一体化，从而显著提升了供应链的整体运行效率。而冷链产品往往从原材料开始就要提供始终如一的温度，这便对冷链供应链提出了高度的集成化要求。任意环节之间的衔接不畅，都有可能导致冷链产品的损耗、污染甚至变质。

（2）冷链供应链的高时效性。冷链供应链对温度环境的要求是严苛的，对链上各个环节的内部运作，以及环节之间的集成化水平的要求是高标准的。鉴于此，冷链供应链必然具备更高的时效性。时效性越高，冷链产品的品质发生变化的风险就越低，整条冷链供应链的系统化程度才会越高。

（3）对信息化的高依赖性。在供应链管理中，信息起到了桥梁的作用，促进了节点企业间的高效交流。利用先进的信息技术实现供应链各节点企业间的数据互通和信息交流，是供应链管理中的一个突出特点。鉴于此，冷链供应链的信息化程度的高低，直接决定其能否实现高集成与高时效。

（4）伴随科技水平而发展。冷链产品需要恒定与合适的低温环境，而低温环境的实现需要合适的技术与设备的支撑。运送距离越远，产品越丰富，那么对技术和设备发展水平的要求就越高；反过来，技术和设备越先进，对应的冷链供应链能够覆盖的产品就越多，能够提供的服务也越完善。

（四）冷链供应链的基本结构

冷链供应链作为一种特殊的供应链，其基本结构与传统供应链大致相同。但考虑到冷链供应链的目标，其结构的独特之处在于它要求参与冷链系统的多主体在工作任务上保持相对封闭化，在组织结构上保证集成协同化。首先，只有严格的封闭化，才能确保冷链产品在整个供应链环节中始终处于恒定的、规定的低温环境下；其次，只有高度的协同化，才能尽量避免部分节点企业因过分关注自己的利益和损失，不自觉且不同程度地忽视冷链供应链的整体利益。例如，在利润最大化的驱使下，企业容易忽视对生鲜产品的生产和加工质量，降低原材料的质量和价格，降低冷链运输质量控制成本等。所以，相比传统供应链，冷链供应链主体间的协调障碍更需要得到有效控制，必须要建立一个高效集成的供应链结构，使供应链成员及节点企业之间相互信任、开放合作，并在这样的供应链结构下实现整体利益的最大化。

一般来说，根据冷链产品由原材料获取直至成功销售的流程，可将冷链供应链大致划分为五个环节，即原材料获取与低温预处理环节、低温加工环节、低温仓储环节、低温运输环节、低温销售环节。其中的每一环节都会选择不同的合作伙伴，而物流的信息流、资金流始终贯穿这个复杂的网络结构，其链式结构如图1-2所示。

冷链供应链的基本结构说明如下。

第一，原材料获取与低温预处理环节。作为冷链供应链的首要环节，它在很大程度上决定了整个冷链供应链的运作质量。首先，食品或药品等的原材料在获取后必须立即实行低温存储，但低温存储的首要前提是原材料的保鲜、保质。如果产品在未经过特殊处理的情况下直接进入低温储存，保鲜效果必然会大打折扣。迅速、及时地对产品进行预冷处理，而后将其转入低温储存，对于确保产品由生产加工到销售阶段始终保持其原有品质是至关重要的。

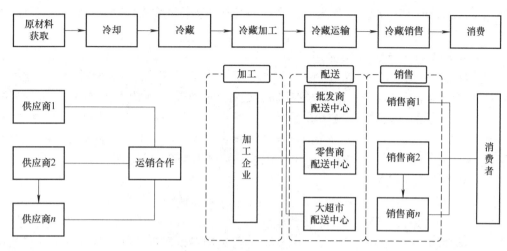

图 1-2 冷链供应链的链式结构

第二，低温加工环节。其包括肉禽类、果蔬、药品、疫苗等产品的预处理和各类速冻产品的加工。在此环节中的产品通常会不可避免地接触部分外部设施、工具、人员等，也使得温度的有效控制显得不太容易。鉴于此环节是冷链供应链增值与最终产品形成的重要一环，因此，科学合理管控与提供科学的技术及设施是关键所在。

第三，低温仓储环节。经过加工的产品同样需要存放在低温环境下。冷链产品具有易腐特性的主要原因：一是产品自身含有的活性酶与周围环境中的风险因素结合而引起的物理变化和化学变化；二是产品或者周围环境中的微生物会导致病毒的产生或是食品腐烂。因此，需要通过低温仓储的方式来对产品进行保鲜。目前主要有减压储藏技术、冰温储藏技术、气调储藏技术和气调保鲜储藏技术四种储藏方式。

第四，低温运输环节。冷链中的运输不仅实现了产品在物流中的流动性，还将冷链供应链的各环节连接起来，形成了一条完整的冷链供应链，并贯穿整个链条的始终。冷链运输方式有公路冷藏运输、铁路冷藏运输、水路冷藏运输和航空冷藏运输等，也可由多种运输方式组成综合运输方式。在此环节中，任意时刻温度的细微变化都很容易对产品质量造成不良影响，运输时间越长、运输距离越远，环境温度变化的可能性就越大，对运输设备专业性能的要求就越高。

第五，低温销售环节。产品从配送中心出发送至各批发零售点进行销售，整个流程是在生产商、批发商和零售商的参与下共同完成的。随着连锁超市在各地迅速地发展，冷链商品的主要销售渠道已经渐渐被各种连锁超市占据，并且在这些销售终端，冷藏库、冷藏陈列柜、储藏柜等设施设备也是必不可少的。

第二节 冷链供应链管理的基本要素

一、冷链供应链的关键环节及相关技术

实现冷链供应链效益最大化的根本在于冷链产品的高品质保障，而这需要整条供应链能够自始至终地维持规定的低温环境。根据冷链供应链的基本结构可知，这显然并非某个或某

些环节中的技术或装备问题。它需要针对全链的所有环节，开发对应的关键技术，如此才能实现冷链供应链管理的目标。

（一）预处理及相关技术

与其他产品不同，冷链产品（如蔬菜和水果等）在被采摘后，其细胞并没有真正死亡，而是依然保持生命。为减少病原微生物在储运过程中对蔬菜、水果鲜度的影响，需要将蔬菜、水果做包装前的预处理。包装前的预处理是指将蔬菜、水果等在包装前让它们经过放射性射线的杀菌处理，以消灭其表面带有的霉菌和细菌，从而减少蔬菜、水果在流通过程中遭受微生物的侵袭。此外，预处理也包括包装材料、包装衬垫和包装容器的灭菌处理。

（二）预冷及相关技术

预冷包括两个方面：一方面针对冷链产品；另一方面针对运输车辆。首先，所谓的蔬菜、水果采后预冷是指利用特定的机械设备和技术手段，迅速地将产品中的热量降至适合蔬菜和水果运输或储存的环境温度，以最大限度地保证产品的硬度、新鲜度和其他质量指标，从而延长其储存时间，同时也减少了制冷设备的大量能量消耗。对于那些选择使用塑料膜袋和大帐进行简易气调存储的蔬菜和水果，还可以防止袋子或帐内出现结露的情况。产品预冷通常可使用冷库预冷、差压预冷、凉水预冷或自然降温冷却。其次，除装车前对货物进行预冷外，冷藏车还应进行预冷，以便排出车体（包括车壁和保温材料）内的热量，更好地保证货物质量。但应注意，某些高代谢率的果蔬呼吸的热量可能非常高，有可能导致整个运输过程中车厢内的温度出现波动，引发产品品质的下降。

（三）包装及相关技术

在包装时，一方面，传统的果蔬包装，无论是传统纸箱还是网眼袋、编织袋和保鲜膜等，都不能达到保鲜的作用；另一方面，若包装中完全没有氧气，果蔬的呼吸作用将会停止，果蔬会迅速腐烂变质，而氧气过多，果蔬的呼吸速度加快，也会加速果蔬的衰败。因此，控制包装中的氧气和二氧化碳的透过率对于减缓果蔬变质有很好的效果。在低温环境下，果蔬品类的呼吸作用都会相对减弱，同时还会降低细菌的活性，这时配合气调技术的使用便可有效延长食品的保鲜期。鉴于此，具有控制气体功能的瓦楞纸箱等便成为合适的包装材料。在包装材料中加入保鲜片材、保鲜剂或蓄冷剂等物质对保鲜效果也有增强作用。

（四）储运及相关技术

一方面，虽然低温环境是冷链产品的需要，但很多产品却有其低温下限。也就是说，温度低于此下限，产品将有较大可能受到冷冻伤害，如肉类等。而对于水果类，若在较高温度下装货，通常只能将车辆预冷，达到货物快速降温的目的，但这种做法，也有较大可能使其产生冻伤现象。另一方面，在-18℃的温度下，大多数冷冻食品可获得较长的保质期，冷冻水产品要达到相同的状况则需要更低的温度条件；冷冻冷藏食品在-1.5~14℃的温度之间进行储存和运输也能适当延长保质期。但需要了解的是，依据冷藏温度的不同，冷冻产品的腐败周期也会有所不同。鉴于上述两个方面，应该合理量化冷链产品的温度、时间、品质的相互关系，科学分配冷链供应链中相关环节的时间，最大化冷链供应链效益。

最后，还应了解的一点是，冷链储藏与运输的手段只能在最大限度上保持产品的质量，但对产品质量并不会有提升作用。在冷链产品自身质量不高的情况下，可能还会花费较高的成本在冷链上，进而使销售成为一个难题。生产者的质量标准和检验标准以及销售的相关要求决定着产品的质量。

（五）运输设备及相关技术

对用于冷链运输的设备的要求是多样的。首先，设备必须是严密封闭的；其次，还需要配备适当的温度控制、监测工具和空气流通设备，以确保设备能够维持在最佳的工作状态。在开始装货的前一个月，就应该检查设施设备的状态，因为冷藏运输车、冷藏船和冷冻集装箱等设施设备的操作方法不同，应该确保承运人对冷链物流运输工具的操作非常熟悉。当货物数量较大时，要确保设施设备的安全可靠。

（六）零售及相关技术

随着运输流程的推进，商品会在冷链系统中经由批发商送达零售商，然后再销售给终端消费者。一方面，商品需要被展示销售，所以合适的冷藏设备是非常必要的，提供合理的冷空气循环在该环节也很重要，它不但能够消散侵入的热量，也能带走呼吸作用产生的热量，且开放式的多层货架本身就依赖于良好的空气流通来控制货物的温变。另一方面，该环节还要避免不合适的包装，随意堆放或者商品之间相互污染、串味等导致的商品损毁。总之，在这一环节，如果商品的品质降低到不能被消费者接受，那就意味着前面针对冷链所做的努力和耗费的能源全部白费了。

由此可见，冷链供应链中的每一个环节都会对最终的结果产生直接的影响，任何环节的失控都可能导致产品质量的下降，甚至可能导致产品变质，从而引发公共卫生安全的问题。实际上，除了上述的 6 个关键环节及相关技术，冷链还受到许多其他要素的影响。因此，从供应链的视角出发，研究冷链并消除各个环节之间的技术障碍，已经成为冷链供应链发展的首要任务。

二、冷链供应链的实现条件

不间断的低温是冷链运输的基础和基本特征，也是防止食品发生腐坏的必要条件，但并不是唯一条件。在冷链物流中，对易腐食品的品质产生影响的要素还有很多，只有综合考虑、相互协调，才能形成高效的冷链供应链。冷链的目标是保鲜，因而实现保鲜链的条件有以下几个方面。

（一）"三 P"条件

"三 P"条件即易腐食品原料的品质（Produce）、处理工艺（Processing）、货物包装（Package）。食品进入冷链初期的质量要求为原料品质好、处理工艺质量高、包装符合货物的特性。

（二）"三 C"条件

"三 C"条件即在整个加工与流通过程中对易腐食品的爱护（Care）、清洁卫生（Clean）的条件以及低温（Cool）的环境。这是保证易腐食品"流通质量"的基本要求。

（三）"三 T"条件

"三 T"条件即著名的"T. T. T."理论：时间（Time）、温度（Temperature）以及容许变质量（或耐藏性）（Tolerance）。美国西部农产物利用研究所的阿尔斯德尔等人在 1948—1958 年进行了大量实验，并对保持冻结食品的品质所容许的时间和品温之间存在的关系做了总结，其理论要点如下。

第一，任何一种冷冻食品在一定温度下质量的下降与在该温度下持续的时间存在着确定的关系。大量的实验资料（主要通过感官鉴定和生化分析）表明，随着食品温度的降低，大部分冷冻食品品质的稳定性呈指数关系增长。用 Q_{10} 来对这种影响关系进行表示，即温差与品质降低速度的比率，它也是指与原来相比，温度每下降 $10℃$，保持冷冻食品品质所经历的时间的延长倍数。如 Q_{10} 的值为 5，品温从 $-15℃$ 降到 $-25℃$，品质的降低速度减少为原来的 1/5，也可以说是冷藏期比之前延长了 5 倍。不同种类的食品，Q_{10} 的值自然而然也是不同的。在实用冷藏温度（$-15\sim25℃$）的范围内，其值为 $2\sim5$。

第二，在物流过程中，时间或温度导致的冷冻食品的品质降低是累积且不可逆的，且与所经历的顺序无关。

第三，T. T. T. 理论对于大部分冷冻食品而言都是适用的。温度越低，冷冻食品的品质变化越小，保鲜期相对也越长。它们的温度系数 Q_{10} 的值基本上在 $2\sim5$ 之间，不过也有小于 1 的食品，如腌制肉，这时的 T. T. T 理论便不适用了。冷冻食品的温度如果从生产出来直至向消费者进行销售都能稳定不变，则是保持食品品质的理想条件。但在实际操作过程中，物流的各个环节的温度都不可避免地会发生波动，进而影响食品的品质。因此，掌握冻品在物流中的品质变化是至关重要的。通过将食品所经历的时间和温度记录下来，根据 T. T. T 曲线即可计算确定食品的品质情况。

T. T. T. 计算方法是根据食品的温度时间经历所带来的影响累积变大的原则来进行的，但是该方法并不总是能够合理推算出冻品品质，在一些特殊情况下，食品实际降低的质量会大于通过该方法计算得出的质量损失。比如，冰激凌如果在运输过程中的温度持续波动较大的话，会导致其在融化变软和冻结变硬中不断反复，当这种反复过于频繁时就会产生大冰晶，冰激凌的口感也会由原来的顺滑变为粗糙，从而影响它的商业价值。再如，冷藏室在湿度过低的情况下内部温度会发生波动，冻品内冰晶成长，表面冰晶升华，那么干耗就会特别严重。最终食品重量就会变轻，质量也会严重下降，此时实际发生的质量损失会远大于用 T. T. T 方法计算得出的结果。

（四）"三 Q"条件

在冷藏设备数量（Quantity）方面进行有效协调，就能够保证易腐食品所需的低温环境。因此，冷链管理者要求产销部门预冷站中的各种冷库、铁路的冷藏车和冷藏车辆段、公路的冷藏汽车、水路的冷藏船等设施设备，都必须严格参考易腐货物在货源、货流方面的客观需要，并与物品的品质（Quality）标准高度协调，实现整条冷链的最优化管理。例如，包装与托盘、车厢之间的模数配合完美，就能充分发挥各项设备的综合利用效率。此外，快速（Quick）地进行作业组织是指生产部门的货源组织、运输车辆的准备与途中服务、换装作业的衔接、销售部门的库容准备等都应快速组织并协调配合。

"三 Q"条件在冷链物流的实际操作中具有重要的指导意义。例如，冷冻产品在常温条件下暴露 1h 所造成的质量损失相当于在 $-20℃$ 以下存放半年的质量损失。所以，要避免冻品暴露在过高温度下，或暴露时间不要过长。另外，由于成本、空间、水源等问题的限制，运输工具的温湿度条件很难达到与地面冷库一致，相应地只能通过加快作业过程和运输速度进行补救。再例如，在铁路冷链运输中可通过缩短装卸作业时间、加速车辆取送挂运等方法来进行弥补。

（五）"三 M"条件

"三 M"条件即保鲜工具与手段（Mean），是指在"保鲜链"中所使用的储运工具的数量要求、技术性能与质量标准等均应协调一致；保鲜方法（Method），是指在保鲜储运过程中所采用的气调、减压、保鲜剂、冰温、离子和臭氧、辐射和冻结真空干制等保鲜方法应符合食品的特性并能取得最佳保鲜效果；管理措施（Management），是指要有相应的管理机构和行之有效的管理措施，能够使各环节各部门之间的工作良好衔接，促成各环节的设备能力、技术水平和质量标准协调统一，提升作业效率。

三、核心管理要素与实施策略

供应链本身涉及相当多的环节，然而，冷链供应链作为一种独特的供应链模式，对于全程的温度管理、质量保障，以及人员与设备资源的有效连接等方面，都提出了更为严格的操作标准，并更加注重整个供应链的系统性和各环节之间的协同合作。因此，协同作为未来供应链管理模式的发展趋势之一，也必然是冷链管理的核心要素。

（一）核心管理要素

冷链系统是由原材料供应企业、生产加工企业、批发与零售企业、消费者等共同构成的复杂的网络系统。其依靠人员、设施设备、资金投入，经过系统转换，输出的是安全、高效、成本合适的一体化服务。冷链系统模型如图1-3所示。

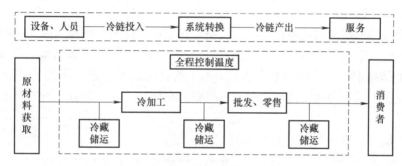

图1-3　冷链系统模型

依据冷链系统构成要素和运行机理，可认为冷链协同的核心管理要素包括：冷链协同对象、冷链协同内容和协同目标等。

1. 冷链协同对象

冷链协同对象主要包括组织协同、业务协同、信息协同、设施设备资源协同。第一，冷链组织协同，即构成冷链网络组织的各主体之间的协同。组织协同主要包括纵向主体之间的纵向协同和同一级别主体之间的横向协同。第二，冷链业务协同指的是冷链上各节点之间实现端到端的业务流程整合，令各工作节点之间环环相扣，业务对接更加紧密，沟通更加流畅，能够对客户需求迅速做出反应，打造冷链供应链的整体优势。第三，冷链信息协同是指要想成为实际意义上的以客户需求为驱动的供应链，就要在各节点企业间实现高质量的信息共享与信息传递，同时保证传递信息不失真。这对于避免出现"信息孤岛"、温度失控等问题是十分有效的，还能使上下游企业间的长期合作关系更加稳固。第四，设施设备资源协同是依靠冷库、冷藏车等设备所提供的温度控制环境来保证的。在考虑这些设备和设施的空间布局、大小和内部操作机制时，必须深入了解各个主体的实际需求，以满足整体运营的标准。这样的协作方式不仅确保了各个业务流程的无缝连接，还有助于减少单一企业的资源投入和潜在风险，从而提高了设备和设施的使用效率。

2. 冷链协同内容和协同目标

冷链系统是一个以确保客体品质为核心目标的特殊供应链体系，它具备一般供应链的特性，其中追求整体价值的最大化是其主要目标之一，但其最根本的目标是确保冷链客体的品质。在冷链系统里，客体的品质容易受到温度和工作环境条件的干扰，因此，确保品质的稳定性和安全性是实现冷链价值的核心标准。

在冷链协同中，战略层面的协同占据了首位，它明确了在策略和技术方面的协同程度和界限，代表了协同工作的最高水平。从战略角度来看，冷链协同的主要目标是通过适当的策略，将合适的公司整合为有竞争力的供应链集团，并建立一个涵盖信息共享、收益分配和风险共担等方面的合作机制，以促进各企业之间的协同合作，确保其高效运作。

从策略的角度来看，冷链协同的主要目标是在合作理念的引导下，加强企业间的互信和合作，并更好地协调各个企业，在各个企业之间更好地分配任务和资源，从而有效地解决冷链服务优化、成本最小化、效率最大化之间的目标矛盾。在企业策略层面，协同工作主要涵盖了与供应链直接相关的上游和下游企业之间的需求、库存、生产、物流和采购等多方面的协同策略。

冷链的协同工作建立在先进技术之上并得到了充分的保障。从技术角度来看，冷链的主要目标是增强冷链的端到端透明性，从而使决策过程更为迅速和高效。在战略协同和策略协同方面，技术协作起到了强有力的支持作用。例如，GPS（全球定位系统）和RFID（射频识别）这两种新技术在冷链系统中的运用，不仅为策略层在生产、物流、采购和销售方面的协同工作提供了强有力的支持，同时也为战略层在信息共享和风险共担方面提供了坚实的技术基础。

冷链系统协同机制模型如图1-4所示。

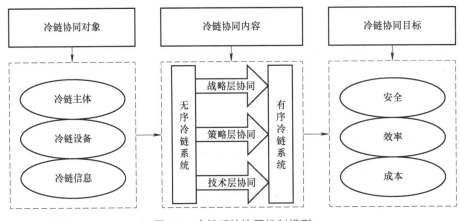

图1-4　冷链系统协同机制模型

（二）实施策略

冷链协同被视为一种全面的、与当前市场环境相适应的经营策略，它是增强供应链竞争力的核心。冷链协同机制基于协同的理念，融合了现代管理、信息和过程控制技术。它结合了冷链的主要合作对象，如冷链主体、冷链设备资源以及冷链过程中的信息，通过战略层、策略层和技术层三个层面的协同合作，实现了冷链系统各运行主体之间的有效协同，最终目标是提高冷链对象的安全性，增强冷链的运营效率并降低整体成本。

要想突破当前冷链协同的瓶颈，需要从以下几个方面着手。

一是培育"链主"，实现跨组织的冷链协同。在这个供应链竞争激烈的时代，跨组织的供应链流程优化成为供应链合作中不可或缺的环节。目前，我国的冷链上下游企业之间的合作机制尚未完善，跨组织的协作已经成为冷链合作的主要障碍，而在冷链体系中，"链主"企业在跨组织协同中扮演着不可或缺的角色。我国的冷链协同发展需要那些位于上游的食品生产和加工龙头企业、下游的大型连锁企业或新兴的冷链物流服务企业成为"链主"。这些企业将在规范冷链秩序和推进冷链标准等方面发挥着积极的推动作用。

二是建立信任机制，促进冷链利益协同。要实现冷链协同，首先要解决分配协同的问题，因为冷链协同是建立在公平、合理的利益分配机制之上的。客观来说，冷链上的各企业之间都会存在各种各样的利益冲突，包括利益分配、风险分担等问题。若冷链供应链中各节点企业间不存在相互信任，便会将责任风险、成本等不利因素转嫁给其他合作企业，与此同时，还会尽可能地追求最大利益，最终会导致利益分配的严重失衡，冷链协同以失败告终。因此，为了在冷链供应链中实现利益的共享和风险的共担，以及促进各个企业之间的资源分配和协作，建立稳固的互信关系是绝对必要的。

三是建立跨组织信息渠道，实现冷链信息协同。当前，我国的冷链要达成一体化的信息共享还存在着一些人为的障碍，因为冷链中的各企业过于专注自身利益。为了解决"信息孤岛"的问题，需要消除组织之间的"隔阂"，建立上下游企业的信息共享渠道，改变企业间的市场博弈行为。所有企业在追求供应链整体最大效益的基础上，应进一步追求个人利益的最大化，以确保供应链在市场上具有出色的竞争力。

第三节　冷链供应链管理的内容

冷链供应链管理主要涉及四个方面的内容，即原材料供应、半成品与成品制作、物流运输、需求满足。如图1-5所示，冷链供应链管理是以协同、一体的规划为指导，以信息网络建设与技术为支撑，围绕原材料供应、半成品与成品制作、物流运输与需求满足来实施的过程。该过程的核心是保障冷链产品的品质与降低全过程的交易成本，并且以两者之间的最优平衡点作为冷链供应链管理工作方向的指引。

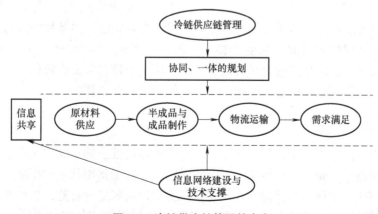

图 1-5　冷链供应链管理的内容

上述四个方面的内容，还可进一步细分为基础性工作与支持性工作。基础性工作主要包括产品工程、采购、生产制作、库存控制、仓储管理等；支持性工作主要包括设计、财务、客户服务、市场营销等。由此可见，冷链供应链不仅关注企业内部和企业间的分销和运输问题，还关注战略性供应商与用户合作伙伴的关系管理、冷链供应链产品需求的预测与计划、冷链供应链设计（企业、资源和设备的评估、选择与定位）、基于冷链供应链管理的产品设计与生产加工管理、生产集成的计划、跟踪与控制、基于冷链供应链的用户服务与物流管理（包括运输、库存和包装等）、企业间的资金流管理（如汇率、成本等）以及基于 Internet/Intranet 的供应链交互信息管理等。

冷链供应链管理主要关注的是整体物流成本与客户服务品质之间的均衡。为了确保冷链供应链的整体利益最大化，迫切需要通过各项工作的有机结合，最大限度发挥冷链供应链的整体力量，使链上企业群体获益。

（一）采购管理

1. 采购管理的概念

采购管理包括选择采购员、选择供应商、采购、洽谈价格与采购量以及合同管理。由于采购资金在总成本中占很大比重，采购在企业经营活动中占重要地位。采购是一个复杂的过程，针对不同环境可对其做出不同定义。对于冷链供应链来说，采购管理是为保证冷链供应链上企业的正常运行，对企业采购进行的管理活动。

2. 采购管理的特点

由于冷链产品的特殊性质，如季节性强、产品价格波动大以及产品损耗大等，其采购管理通常具有一定复杂性、风险性且规模性较低的特点。冷链供应链下的采购是基于需求的采购，供应商小批量、多频次连续进行补货，由供需双方共担责任、共享利益。

（二）生产管理

1. 生产管理的概念

冷链供应链生产管理是指冷链供应链中的生产商管理生产并协调与其他冷链供应链合作伙伴之间关系的各种活动，主要解决如何计划与控制冷链供应链中的生产活动问题。其目的是确保冷链供应链中的生产环节能够高效协同运作，以满足市场需求，提高产品质量和安全，并最大限度地降低成本和风险。

2. 生产管理的特点

冷链供应链要求从原材料供应到产品销售都保持在规定的低温环境中进行，包括中间的生产环节。与一般供应链常温产品生产相比，供应链环境下冷链产品生产要求更高、更复杂。因此，冷链供应链的生产管理具有以下特点：①决策信息来源多源化；②决策模式具有群体性、分布性；③信息反馈机制多样；④计划运行具有动态性。

（三）库存管理

1. 库存管理的概念

狭义的观点认为，库存是指静态库存，即仓库中暂时处于储存状态的商品。广义的观点认为，库存是动态的，是为了供将来使用而暂时闲置、处于备用状态的商品。库存可能是不同原因导致的结果，可能是为保持良好供应状态主动进行的货物补充，也可能是由于销售或者其他问题而被动引起的货物积压。货物的存放位置根据物流状态的不同可能位于不同场所，可能在仓库或者生产车间里，也可能在火车站、汽车站或是机场码头这样的流通节点，甚至可能在运输途中。库存中的物料不一定都是可直接进行销售的商品，有原材料、在制品、半成品、成品等各种形态，它们存在于供应链的各个环节。由于库存费用占库存物品价值的 20%~40%，各企业也非常重视库存管理和库存量。库存管理日益成为企业降低成本和提高服务水平的重点。

2. 库存管理的特点

冷链供应链库存管理是对冷链产品进行整合的关键环节，不仅要利用先进的制冷技术来实行产品的质量管理，降低损耗，还要通过有效的需求预测来制定采购和补货策略。冷链产品的特性决定了冷链供应链库存管理具有温度控制与产品品质保障难，供应链流程复杂且具有不确定性，客户需求具有多样性和时效性，库存成本高和风险控制难度大等特点。

（四）物流管理

1. 物流管理的概念

物流管理是供应链管理的一部分，它涉及计划、实施和控制冷藏冷冻产品从生产点到消费点的流动与存储及相应的信息反馈，其涵盖了运输、存储、包装、装卸搬运、流通加工、配送以及信息处理等多个环节。冷链物流系统包含冷链物流作业系统和冷链物流信息系统，冷链供应链中的物流管理则要通过对这两个系统的建设与整合，使产品的流通始终在规定的低温环境下进行，以保证食品质量，减少食品损耗。

2. 物流管理的特点

供应链下的物流管理具有信息共享、合作性与协调性、系统化、连接性、共享性、快捷性和灵活多样性等特点。这些特点使得供应链下的物流管理能够更好地满足市场和客户的需求，提高整个供应链的效率和竞争力。在此基础上，冷链供应链则要求有更高的协同程度、更好的服务质量、更精细的管理以及更科学的风险管理。

第四节　冷链业发展历程与现状

一、冷链业发展历程

（一）国外冷链业发展历程

1834 年，居住在伦敦的美国人雅各布·帕金斯发明了世界上第一台封闭式蒸发压缩冷冻系统，冷链便宣告诞生。19 世纪 70 年代至 20 世纪 40 年代是冷链业的初步形成阶段，蒸发压缩冷冻系统催生了冰箱的问世，各种保鲜和冷冻食品也随之开始进入市场和消费者家庭。在食品工业中，制冷机械设备的应用日益普及，而制冷的先进技术也为食品工业的飞速进步提供了动力。从那时起，制冷技术的应用范围逐步扩大，并显示出向工业化方向发展的趋势。在 1908 年，工程师阿尔贝特·巴尔里尔在探索如何确保生鲜食品的品质时，意识到低温环境是可行的。因此，他首次引入了冷链这一新概念，这标志着冷藏链初步建立。20 世纪 30 年代，欧美的食品冷链体系已经初步建立。20 世纪 40 年代，欧洲的冷链设施体系曾经在第二次世界大战期间被摧毁，但第二次世界大战结束后，冷链设施又很快被重建。

20 世纪 40 年代至 20 世纪末是冷链业在第二次世界大战后的逐步发展阶段。随着制冷技术的发展和制冷设备更加广泛且深入的运用，20 世纪 50 年代出现了商品形式的冷冻食品。各种保鲜食品、冷冻肉类陆续出现，食品冷链物流应运而生。在接下来的几十年里，欧美国家冷链物流业的发展风生水起，各类低温食品冷链得到完善。土建传统式的冷库被机械式单层冷库取代，制冷手段由食盐加天然冰转变为直接膨胀式制冷。公路运输取代水运和铁路运输，一跃成为冷藏运输的主角，冷藏集装箱崭露头角。冷链运输商品的品类越来越丰富，已形成完善的冷链物流体系。然而，那个时代仍然是传统的工业化阶段，以冷藏食品为基础的零售行业刚刚开始兴起，交通和其他基础设施还不够完善，冷链物流的运行效率也不是很高，冷链配送的衔接环节还不够完善。

20世纪末至今是冷链业发展趋于成熟的阶段。随着交通建设的不断完善，发达国家的物流基础设施逐步完善，各类低温食品冷藏链逐步完善。同时，由于微生物控制技术和电子信息技术的运用，冷藏库的工作效率得到较大提高。冷藏运输以冷藏集装箱多式联运为主。冷链运输的商品已由小品种运输演化成为多品种、小批量运输，"冷链"的范畴已由之前的"原产地预冷—冷库储存—冷藏车运输—批发站冷库"发展成为从"田间到餐桌"的全程冷链，即"原产地预冷—冷库储存—冷藏车运输—批发站冷库—超市冷柜—消费者冰箱"。在整个过程中，蔬菜和水果的筛选、分级、清洗、预处理、打包、冷藏搬运以及冷链保鲜的销售都是不可或缺的环节。

（二）我国冷链业发展历程

随着经济社会的不断发展，在学习、借鉴世界冷链先进成果的基础上，我国的冷链业发展也大致经历了三个阶段。

1. 冷链业发展的起步阶段

我国冷链业发展的起步阶段可以追溯到20世纪90年代初。当时，我国的冷链物流仍然处于起步阶段，冷链设施缺乏，运输设备和技术水平相对落后。在这个阶段，我国的冷链设备主要以冷藏库为主，用于存储一些易腐食品和冷链产品。冷链物流企业数量有限，业务范围也相对狭窄。由于起步阶段的冷链物流设施和技术存在不足，冷链行业的发展受到了一定的制约。

2. 冷链业快速发展阶段

随着我国经济的快速发展，人民生活水平逐步提高，对食品安全和质量的要求也越来越高。2008年，我国发生了食品安全事件，引起了广泛的关注和讨论。这些事件使得政府和企业都对食品安全问题高度重视，冷链物流逐渐成为改善食品安全的重要手段。

在这一阶段，我国冷链行业得到快速发展，冷链物流企业的数量激增，业务范围不断扩大。大量的资金投入使得冷链设施和运输设备的数量得到了大幅提升，冷链技术也得到了较大的突破。同时，政府加大了对冷链行业的支持力度，出台了一系列相关政策和规范，推动了冷链行业的健康发展。

3. 冷链业发展的提质升级阶段

进入21世纪10年代中期以后，我国冷链行业进入了提质升级的阶段。在这个阶段，冷链物流企业开始注重提升服务质量和运营效率，通过引进先进的冷链技术和设备，提高冷链运输的效率和安全性。同时，冷链物流企业还加强了对冷链人员的培训，提高了从业人员的专业素养。冷链行业还积极探索与其他行业的合作，实现资源共享和互利共赢。例如，与电商行业的合作，使得冷链物流与电商的结合更加紧密，满足了人们对生鲜食品的需求。同时，冷链行业还与农业、渔业等行业合作，推动了农产品的冷链物流发展，提高了农产品的品质和市场竞争力。

综上所述，我国冷链业的发展经历了起步阶段、快速发展阶段和提质升级阶段。随着人们对食品安全和质量的关注度不断提高，冷链行业也在不断发展壮大。未来，随着技术的不断进步和政策的进一步支持，我国冷链行业有望迎来更加广阔的发展空间，为保障食品安全和提升物流效率做出更大贡献。

二、冷链行业现状

（一）国外冷链行业现状

美国是最早提出物流管理的国家之一，其冷链物流体系已经发展得相当成熟。美国的农产品生产具有高度专业化、区域化和规模化的特点，产地市场非常集中。在农产品冷链运营模式上，以大规模直销和配送为主，约 78.5% 的农产品是从产地经物流配送中心直达零售商的，批发商销量仅占 20% 左右。举例来说，美国的蔬菜产业物流在世界范围内都是相当先进且具有代表性的农产品冷链物流，从田间采摘环节到最终消费环节，蔬菜始终处于低温环境下，整个物流过程的损失率仅有 1%~2%，实现了产前、产中和产后全程全方位的社会化服务，在解决蔬菜均衡供应的基础上，还保证了极低的腐损率。除了这些，美国政府对农业信息化建设也给予了极高的重视，每年都会拨出 1.5 亿美元用于相关的建设项目。目前，美国拥有全球最大的农业计算机网络系统 AGNET，该系统覆盖了美国和加拿大，以及美国和加拿大以外的 7 个国家，实现了与美国农业部、15 个州的农业署、36 所大学和众多农业企业的互联互通。农民可以通过电话、电视或计算机来共享网络上的信息资源，从而实现了生产者、运营者和销售者之间的资源和信息共享。在信息技术、储运技术和冷链技术的支持下，美国已经走在了农产品冷链物流现代化和专业化的前列，形成了完整的冷链物流体系，极大地降低了物流过程中的损耗。

日本的冷链物流业在第二次世界大战结束后，伴随着经济的快速增长而蓬勃兴起。在各大中型城市、港口以及主要的公路枢纽等关键区域，进行了物流设施的合理布局和规划。在全国各地，建立了包括高速公路网络、新干线铁路运输网络、沿海港口设施、航空枢纽港和流通集散地在内的一系列基础设施，从而构建了一个相对完善的冷链物流网络体系。为有效保障向城市供应生鲜品，日本建立了以农业合作组织为主、以中心批发市场为核心的农产品冷链物流体系，有 80%~90% 的农产品会经由批发市场到达消费者手中。日本国内的各生鲜农产品的主要产地设有高密度、专业化的冷库，农产品的保鲜、运输、仓储和加工等环节均采用了先进的冷藏技术和冷藏设备，大大降低了产品在物流过程中的损耗。在对果蔬进行分级、挑选、加工、包装和销售时也都采用了相应的保鲜技术，形成一套完整的"从田间到餐桌"的冷链物流运作模式。利用信息技术建立农产品冷链物流供应链管理系统，对果蔬的生产、储存、运输、销售各环节进行动态监控，在全国范围内实现物流信息的实时共享。1975 年，日本的冷链物流业进入了基本完善的阶段。进入 20 世纪 90 年代，日本为进一步促进综合性物流发展，先后颁布了《物流法》《物流二法》《物流效率化法》《综合物流施政大纲》《新综合物流施政大纲》等一系列法律规范和政策，全方位地指导日本物流业的发展。

综上所述，发达国家的冷链物流业起步较早，目前已发展得比较成熟。其主要的经验为：

（1）形成完整的"从田间到餐桌"的冷链物流体系，实现物流全过程的产品安全控制与管理。

（2）鼓励多种冷链物流模式共同发展，同时发挥大型批发市场和超市集团等龙头企业在冷链物流过程中的关键作用。

（3）采用先进的冷链物流设备为产品保驾护航，例如，在生产地对农产品使用真空或冰温预冷技术，以及采用自动化冷库技术和气调储藏技术等，都能有效对鲜活农产品进行保鲜，使储藏保鲜期比普通冷藏延长 1~2 倍。

（4）建立与完善相关的法律法规和物流标准，确保冷链农产品在物流过程中的品质与安全。

（5）制定一系列优惠政策，加大对冷链物流企业的帮扶与投入。

（二）我国冷链行业现状

我国农产品冷链物流的发展相较于发达国家来说起步较晚，国内的冷链物流业最早出现于 20 世纪 50 年代。随着我国的经济发展水平不断提高，消费者的观念也逐渐发生了变化，尽管国内冷链商品的供需都有大幅增长，但冷链物流业与发达国家相比依然存在较大差距，主要体现在以下几个方面。

（1）尚未形成一个独立完整的冷链系统。我国为农业大国，但在农产品产业化和产供销一体化上的水平并不高，易腐食品和农产品的供应链上下游之间不能实现良好的衔接与整体规划，要实现冷链流通自然是难上加难。观研报告网发布的《中国冷链仓储市场发展态势研究与投资战略研究报告（2023—2030 年）》显示，2018 年，我国果蔬、肉类冷链流通率分别为 25%、39%，腐损率为 15%、8%，而欧美、日本等发达国家和地区则有 80%~100% 的平均冷链流通率和 5% 以下的腐损率。产品在运输过程中损耗较高，仅仅是果蔬等农产品在各物流环节的腐损率就达到 25%~30%，据统计，每年在运输过程中有近 1.3 亿 t 蔬菜和 100 万 t 水果损坏。即使是冷链中的产品，从产地到进入销售市场期间也会出现"断链"。

（2）冷链物流的硬件设施建设不足、技术含量低。冷链物流基础设施建设落后，且在地理分布上差异较大，许多地区产品未能进入冷链市场，导致发展不均衡。用于农产品运输、存储的设施设备过于陈旧，无法为生鲜食品的品质安全提供保障。观研报告网发布的《中国冷链仓储市场发展态势研究与投资战略研究报告（2023—2030 年）》显示，2018 年，我国城市居民人均冷库容量仅为 0.13m³，而美国则为 0.49m³，全球平均人均冷库容量也达到 0.15m³；2021 年，我国冷藏车保有量为 34 万辆，在货运汽车中仅占 1%，汽车冷藏运输占全部货物运输总量的 20% 左右，铁路货运的冷藏车在总运行铁路车辆中占比仅为 2%，其中冷藏货运量不到铁路总货运量的 1%。大型农产品批发市场和区域性的农产品配送中心等关键物流节点的冷藏设施设备依旧处于稀缺状态，一些原有的冷冻冷藏设施也普遍陈旧老化，保鲜效果已经大打折扣。各类型冷库的结构比例不平衡，大型生产性冷库比较多，小型零售冷库比较少，肉类冷库比蔬果冷库多。

（3）冷链物流市场化程度很低，第三方冷链物流公司发展落后。在我国，第三方物流的主要业务仍然是货物代理、库存管理、搬运和定向运输等，很少有第三方物流企业能够提供全面的冷链物流服务。正因为第三方冷链物流的专业发展还不够成熟，冷链物流服务的覆盖范围有限，也没有建立完善的物流信息系统，所以冷链物流的服务质量和作业效率难以保证，一方面会不可避免地导致较高的商品损坏率，另一方面也会产生较高的物流成本。因此，众多的生产公司在面对第三方冷链物流的高昂成本时，可能会因为担忧冷链物流外包不能确保产品质量的安全性而选择独立运营，或选择将部分区域性的物流业务外包出去。近几年冷链物流业的发展虽得到了一定重视，但专业的第三方物流服务占比少、市场竞争混乱仍是这个行业亟待解决的难题。根据中商产业研究院的统计结果，2015年，我国冷链物流百强企业的总收入仅占全国冷链物流产业总收入的10%，市场极为分散，并且大部分的冷链物流是由企业自己运营的，中国仓储协会第五次中国物流市场供需状况的调查结果显示，仅有27%的冷链物流服务是由专业的第三方物流企业提供的，有62%是购货方自己运营的。这在一定程度上又限制了第三方冷链物流的发展。

（4）冷链物流标准缺失，法律法规不健全。整个行业的稳步发展，需要相关的国家标准作为保证，以此对已进入市场和即将进入市场的企业进行规范化、标准化管理。迄今为止，我国尚未有一个统一且具有法律约束力的执行准则，可以作为冷链物流行业发展的参考依据。例如，HACCP（危害分析和关键控制点，是识别、评估和控制食品安全危害的关键系统）的实施并不是强制性的。冷链物流行业在能量损耗、效率、操作技巧、温度管理、设备规格和操作流程等方面存在不明确之处，市场的监督和监测机制还未完全建立，这些方面都限制了我国冷链物流行业的健康成长。

（5）冷链信息技术的水平相对较低。目前，我国尚未建立起一个完备的冷链物流信息网络体系，这主要归因于信息设备的不足和冷链信息技术的相对滞后，使得冷链的追溯变得困难，流通过程中存在一定的盲目性。目前，还没有一个统一的农产品市场规划和设计方案，现有的物流信息系统所能提供的功能主要集中在财务管理和库存管理等方面。不同的企业在信息化方面存在显著的差异，并且缺少一个统一的信息交流平台。冷链物流业的进步受到了这些因素的制约。

（6）冷链物流管理和服务人才匮乏。冷链物流专业人才的稀缺无疑是我国冷链物流发展过程中存在的最大短板。与传统物流相比，冷链物流对专业知识和技能的要求更为严格。然而，我国目前在冷链物流人才培养方面的投入相对不足，这导致了冷链物流人才的严重短缺。特别是在如今的冷链物流领域需要进行整体规划和管理，但真正精通冷链物流技术和操作的人数极为有限，这大大限制了我国冷链物流行业的进步。

三、我国冷链行业发展分析

在我国，冷链物流产业链的上游主要依赖于冷链基础设施，这包括冷藏库、冷藏集装箱、速冻设备、冷库冷柜设备、制冷压缩机等；中游主要提供冷链物流服务，这一部分可以进一步细分为运输、仓储和配送等多个环节。在这些环节中，都出现了一些特色代表性企业。目前，我国的冷链物流服务包括运输型、仓储型、城市配送型、综合型、供应链型、电商型和平台型等七种不同的模式；在下游环节，冷链物流的需求主要集中在蔬菜和水果这样的新鲜食品上，涵盖了肉类、禽类、蛋类、水生产品、花卉制品以及医疗药品等多个领域。我国冷链物流产业链如图1-6所示。

近年来，随着国家骨干冷链物流基地、产地销地冷链设施建设稳步推进，冷链装备水平显著提升，我国冷链物流市场规模快速增长，从2018年的2886亿元增长到2022年的4916亿元，年均复合增长率达14.24%。中国物流与采购联合会最新统计数据显示，2023年1—5月，我国冷链物流市场规模达2395亿元，同比增长3.6%。以上数据与分析都表明，我国冷链物流业的发展环境已经越来越好，行业规模正逐步壮大。

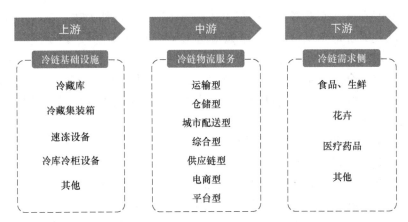

图 1-6 我国冷链物流产业链简示图

资料来源：《中国冷链物流行业现状深度调研与投资趋势分析报告（2023—2030年）》。

（一）我国冷链行业发展外部环境持续利好

近几年，我国冷链物流行业的发展环境在各个方面均呈现出利好的局面。我国冷链行业发展外部环境主要包括经济环境、政策环境、社会环境。

1. 经济环境

比起普通物流，冷链物流有着更高的要求，在资金和管理运营上需要大量的投入，因此冷链物流的价格自然会更高。近些年来，我国经济稳步增长，居民人均可支配收入不断增长，物流业也迎来了崭新的发展，社会物流总额也呈现逐年递增态势。观研报告网发布的《中国冷链物流行业现状深度调研与投资趋势分析报告（2023—2030年）》显示，2016年，我国社会物流总额约为 229.7 万亿元，截至 2022 年我国社会物流总额增长至 347.6 万亿元。如图 1-7 所示，2016—2022 年，我国社会物流总额逐年增长，可以看出近几年来我国冷链物流行业发展的经济环境良好。

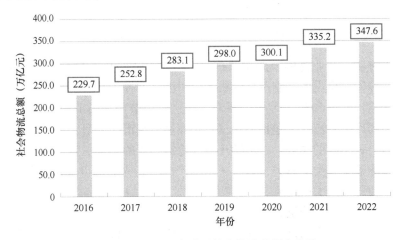

图 1-7　2016—2022 年我国社会物流总额变化情况

2. 政策环境

物流作为国民经济的动脉系统，其发展连接着社会生产的各个部分，并使之成为一个整体，对于我国经济发展有着不可替代的作用。而冷链物流是物流体系中最重要的组成部分之一。近年来，为了促进冷链物流行业的发展，我国陆续发布了许多政策。表 1-1 所示为 2018—2022 年国家层面冷链物流行业的部分政策。

表 1-1 2018—2022 年国家层面冷链物流行业的部分政策

发布时间	发布机关	政策名称	重点内容
2018 年	交通运输部	《关于加快发展冷链物流保障食品安全促进消费升级的实施意见》	加强冷链物流基础设施建设。加快建设具有仓储、集配、运输等功能于一体的公共服务型冷链物流园区，加快面向农产品生产基地，特别是中西部农产品规模较大地区的冷链物流园区建设
2019 年	中共中央、国务院	《关于坚持农业农村优先发展做好"三农"工作的若干意见》	统筹农产品产地、集散地、销地批发市场建设，加强农产品物流骨干网络和冷链物流体系建设
2020 年	国家发展与改革委员会、交通运输部	《关于进一步降低物流成本实施意见的通知》	继续实施示范物流园区工程，示范带动骨干物流园区互联成网。布局建设一批国家骨干冷链物流基地，有针对性补齐城乡冷链物流设施短板，整合冷链物流以及农产品生产、流通资源，提高冷链物流规模化、集约化、组织化、网络化水平，降低冷链物流成本。加强县、乡、村共同配送基础设施建设，推广应用移动冷库等新型冷链物流设施设备
2021 年	国务院办公厅	《"十四五"冷链物流发展规划》	完善国家骨干冷链物流基地布局，加强产销冷链集配中心建设，补齐两端冷链物流设施短板，夯实冷链物流运行体系基础，加快形成高效衔接的三级冷链物流节点；依托国家综合立体交通网，结合冷链产品国内国际流向流量，构建服务国内产销、国际进出口的两大冷链物流系统；推进干支线物流和两端配送协同运作，建设设施集约、运输高效、服务优质、安全可靠的国内国际一体化冷链物流网络
2022 年	中共中央、国务院	《关于做好 2022 年全面推进乡村振兴重点工作的意见》	推动冷链物流服务网络向农村延伸，整县推进农产品产地仓储保鲜冷链物流设施建设，促进合作联营、成网配套。支持供销合作社开展县域流通服务网络建设提升行动，建设县域集采集配中心
2022 年	交通运输部等部门	《关于加快推进冷链物流运输高质量发展的实施意见》	完善产销冷链运输设施网络。支持有条件的县级物流中心和乡镇运输服务站拓展冷链物流服务功能，为农产品产地预冷、冷藏保鲜、移动仓储、低温分拣等设施设备提供运营场所，改善农产品产地"最初一公里"冷链物流设施条件

为了响应国家号召，各省市也积极推动冷链物流行业发展，如浙江省发布的《浙江省人民政府办公厅关于支持冷链物流高质量发展的若干意见》中提出，完善冷链物流基础设施网络，对新认定并挂牌管理的省级冷链物流骨干基地和冷链物流园区，给予省发展与改革专项资金支持；鼓励省级冷链物流骨干基地和冷链物流园区承担相关国家应急物资储备功

能；支持打造公、铁、水、空综合立体冷链物流网络。表1-2所示为2020—2022年地方层面冷链物流行业的部分政策。

表1-2　2020—2022年地方层面冷链物流行业的部分政策

发布时间	发布省市	政策名称	重点内容
2020年	湖南	关于促进冷链物流业高质量发展的若干政策措施	开发建设冷链物流质量追溯和温控监管平台，选择部分重点城市和企业开展试点，对冷链生产、储存、运输、零售等各个环节进行监测、监管。对试点企业在冷库、冷藏车、冷柜等设施安装信息采集设备，购置订单、仓储、运输、零售等信息化系统给予一定补助
2020年	重庆	《重庆市城乡冷链物流体系建设方案（2020—2025年）》	建设全市冷链物流公共信息平台。依托现有各类冷链物流信息平台，在全市智慧口岸物流信息平台上增加全市冷链物流信息管控模块，接入冷链物流节点国库、预冷场所、冷链运输车辆、卸货入仓等数据，实现全程可追溯，实时掌握冷链物流运行情况
2020年	云南	《云南省支持农产品冷链物流设施建设政策措施》	支持集配型冷链物流设施建设。从事农产品冷链物流的企业，新增冷库、冷链运输及产品加工、供应链设施设备投入形成的资产性投资，实际投资额在1亿元以上的，按照实际投资额的10%给予一次性奖补。鼓励各州、市对实际投资额1亿元以下的，按照实际投资额的一定比例给予奖补
2021年	山西	《山西省"十四五"现代物流发展规划》	完善冷链物流设施。适应流通和消费需求，加强中心批发市场—区域批发市场—标准化菜场的冷链设施配置，保障食用农产品质量安全；提升太原国家物流枢纽、晋中国家骨干冷链物流基地的干线运输、快速转运、多向调运等核心组织功能；完善口岸冷链设施，服务生鲜农产品和温控食品进出口贸易
2021年	安徽	《关于加快农村寄递物流体系建设的实施方案》	协同推进城乡冷链物流建设行动，支持合肥骨干冷链物流基地建设，支持有条件的市申报国家骨干冷链物流基地。鼓励邮政快递企业、供销合作社和其他社会资本在农产品田头市场合作建设预冷保鲜、低温分拣、冷藏仓储等设施，提升农产品流通效率和效益
2022年	甘肃	《关于做好二〇二二年全面推进乡村振兴重点工作的实施意见》	加强县域商业体系建设，推动冷链物流服务网络向农村延伸，加快农村物流快递网点布局，加快实施"互联网+"农产品出村进城工程，推动建立长期稳定的产销对接关系
2022年	浙江	《浙江省人民政府办公厅关于支持冷链物流高质量发展的若干意见》	完善冷链物流基础设施网络，对新认定并挂牌管理的省级冷链物流骨干基地和冷链物流园区，给予省发展与改革专项资金支持；鼓励省级冷链物流骨干基地和冷链物流园区承担相关国家应急物资储备功能；支持打造公、铁、水、空综合立体冷链物流网络
2022年	山东	《山东省"十四五"冷链物流发展规划》	完善产运销冷链物流设施设备，分类优化冷链服务流程与规范，推动冷链物流与现代农业、加工制造、现代流通融合发展，助力重点品类冷链产品规模生产、渠道扩张、品质提升和品牌建设，打造全国重要生鲜农产品集散贸易中心

3. 社会环境

目前，我国城市化的快速发展正在持续地重塑我国的社会构成和消费模式。随着时间的推移，居民对食品安全的认识逐步加深，他们对食品的品质和新鲜度的关心也日益增强。冷链物流行业的进步对于确保食品的质量和安全性、提升居民的生活品质、减少物流的损失、延长食物的保存期限、促进食物在不同地区的传输以及减少社会资源的浪费都起到了积极的推动作用。因此，我国城市化率的提高、居民消费的升级为我国冷链物流行业的发展提供了较好的社会环境。

总的来说，未来随着我国经济的稳步发展，以及城市化率的提高，冷链物流行业发展的经济环境、政策环境和社会环境或将持续利好，同时行业政策监管也将逐渐趋于严格。

（二）我国冷链行业发展前景光明

我国当前的冷链物流发展水平与发达国家相比虽仍有明显差距，但同时也意味着具有更大的潜力，并且无论是冷链的硬件设施还是整个行业核心竞争力以及人们的关注度，都已经有了显著提升。

1. 上游基础设施不断完善

通过观察我国冷链物流行业产业链的上游部分可以看到，尽管我国在冷链物流行业的起步相对较晚，并且其上游的基础设施还未达到发达国家的水平，但在最近几年，得益于行业的经济环境、政策和社会环境的积极变化，上游的基础设施正在逐步得到完善。考虑到冷库是冷链物流的重要基地，我国在过去的几年里在冷库建设方面已经取得了显著的进展。从图 1-8 展示的数据中我们可以观察到，2017—2022 年，我国的冷库容量每年都在增长，并且每年的增长率都超过了 10%。2017 年，我国的冷库容量大约达到了 4750 万 t；截至 2022年，我国的冷库容量已经达到了 9726 万 t，相较于 2021 年有了 18.54% 的增长。

图 1-8　2017—2022 年我国冷库容量及同比增速变化情况

从冷藏车的发展情况来看，2017—2022 年，我国冷藏车保有量及销量均近乎呈现逐年递增的态势。如图 1-9 所示，2017 年我国冷藏车销量约为 31870 辆；到 2022 年年底便增长至 52000 辆。从冷藏车保有量来看，2017 年其保有量约为 14 万辆；到 2022 年年底便增长至36.9 万辆。

图 1-9　2017—2022 年我国冷藏车保有量及销量变化情况

2. 下游需求持续旺盛

通过观察我国冷链物流行业的下游可以发现，在最近几年，随着我国居民的收入逐渐增加和消费水平的上升，他们对食品的多样性、营养价值、新鲜度和口感的需求也显著增长。与此同时，伴随着国内电子商务的持续壮大，生鲜电商和蔬果宅配等相关业务也在不断地扩张。通过观察我国的生鲜电商市场可以发现，在 2017—2022 年，我国的生鲜电商市场规模已经从 903 亿元扩大到 3637.5 亿元（见图 1-10）。随着国内生鲜电商市场规模的不断壮大，我国在食品行业对冷链物流的需求也在持续上升。

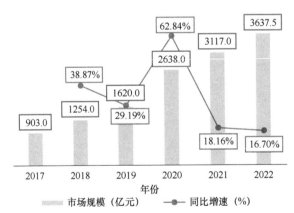

图 1-10　2017—2022 年我国生鲜电商市场规模及增速变化情况

除生鲜食品外，近年来我国医药的冷链需求也日益增长，医药冷链市场销售额也逐渐递增。如图 1-11 所示，经中国物流与采购联合会医药物流分会不完全统计，2017 年我国医药冷链市场销售额约为 2509.89 亿元，到 2022 年，我国医药冷链市场销售额达 5458.62 亿元，增长 117.48%，预计未来几年我国医药冷链的市场规模将进一步扩大。

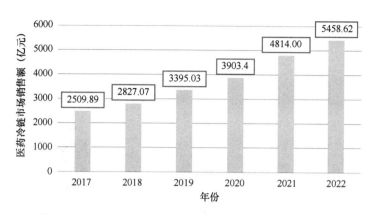

图 1-11　2017—2022 年我国医药冷链市场销售额变化情况

3. 行业集中度和企业竞争力加大

我国的冷链物流企业正在加速进行整合、并购和重组，在冷链仓储、运输、配送和装备制造等多个领域，已经形成了一系列的龙头企业。从图 1-12 可以看出，2022 年我国冷链物流百强企业的规模已经占到了市场总规模的近 20%，这使得企业的资源整合能力和市场竞争力得到了显著的提升。

图 1-12　2018—2022 年我国冷链物流百强企业市场占有率趋势图

4. 行业或将迎来黄金发展期

综合考虑，目前我国的冷链物流行业在经济、政策和社会环境上都展现出了持续的优势。上游的基础设施正在不断地完善，而下游的需求也在持续增长。这表明，我国的冷链物流发展已经到了一个成熟的阶段，行业的未来展望非常明确，并可能进入黄金时期。当前，与发达国家的生鲜产品的平均腐损率相比，我国生鲜产品的腐损率明显更高。2021 年，我国的果蔬平均腐损率大约是发达国家的四倍（见图 1-13）。将我国与发达国家的生鲜产品平均冷链运输率进行比较，可以发现，2022 年，我国的果蔬、肉类和水产品的平均冷链运输率分别达到了 15%、57% 和 69%（见图 1-14）。而与此相比，发达国家的果蔬、肉类和水产品平均冷链运输率则分别高达 90%、80% 和 98%（见图 1-14）。

从我国与发达国家生鲜产品平均腐损率和冷链运输率的对比中，可以看出我国冷链物流行业发展潜力巨大。近年来，我国冷链物流行业快速发展，未来我国冷链行业市场将是一片蓝海。

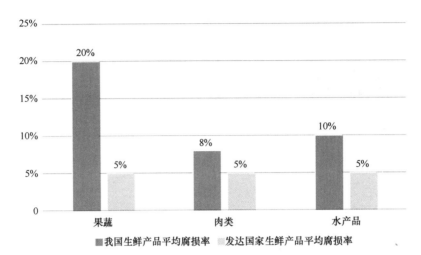

图 1-13　2021 年我国与发达国家生鲜产品平均腐损率情况对比

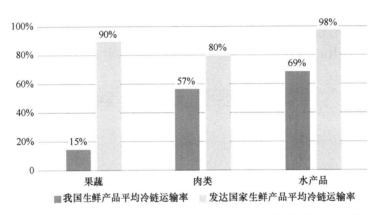

图 1-14　2022 年我国与发达国家生鲜产品平均冷链运输率情况对比

➡ 本章小结

冷链定义：根据物品特性，从生产到消费的过程中使物品始终处于保持其品质所需温度环境的物流技术与组织系统。冷链构成：本书认为冷链由低温加工、低温储藏、低温运输和低温销售四个部分构成。冷链物流：以冷冻工艺学为基础，以制冷技术和蓄冷技术为手段，高度集中于易腐产品、生鲜产品等的生产、运输、仓储、销售以及相关经济技术的各个环节，以确保该类产品始终处于规定的低温环境之中的一项旨在保障产品质量和安全性，同时减少产品损耗的低温系统工程。冷链供应链：在食品和其他易腐、易变质产品的生产、加工、运输和储存过程中，通过合理的温度控制和物流管理，产品保持在适宜的温度范围内，以确保产品的品质和安全性的整个过程。

冷链供应链关键环节及相关技术包括预处理及相关技术、预冷及相关技术、包装及相关技术、储运及相关技术、运输设备及相关技术、零售及相关技术。冷链供应链实现条件："三 P"条件、"三 C"条件、"三 T"条件、"三 Q"条件、"三 M"条件。冷链系统协同的核心管理要素：冷链协同对象、冷链协同内容和协同目标。冷链协同实施策略：一是培育

"链主"，实现跨组织的冷链协同；二是建立信任机制，促进冷链利益协同；三是建立跨组织信息渠道，实现冷链信息协同。冷链供应链管理的内容：采购管理、生产管理、库存管理、物流管理等。

国内外冷链发展历程：1834 年，居住在伦敦的美国人雅各布·帕金斯发明了世界上第一台封闭式蒸发压缩冷冻系统，冷链便宣告诞生；20 世纪 30 年代，欧美的食品冷链体系已经初步建立；20 世纪 50 年代出现了商品形式的冷冻食品；20 世纪末至今是冷链业发展趋于成熟的阶段。我国冷链行业发展分析：近年来，随着国家骨干冷链物流基地、产地销地冷链设施建设稳步推进，冷链装备水平显著提升，我国冷链物流市场规模快速增长，我国冷链物流业的发展环境已经越来越好，行业规模正逐步壮大。

综合案例

雀巢（Nestlé）的冷链供应链管理

雀巢（Nestlé）是全球领先的食品和饮料公司，成立于 1866 年，总部位于瑞士。该公司拥有众多知名品牌，如 Nescafé、KitKat、Maggi、Nestea、Perrier、Nestle Pure Life 等，在全球范围内享有盛誉。作为食品和饮料行业的领军企业，Nestlé 注重提供高质量、健康和美味的产品，同时致力于可持续发展和履行社会责任。

在冷链供应链库存管理方面，雀巢非常注重保持食品和饮料的新鲜度和质量，以满足全球消费者的需求。冷链供应链库存管理对于食品和饮料公司尤为重要，因为许多产品属于易腐品，需要在整个供应链中保持恒定的低温条件，以防止食品腐败和质量下降。

首先，雀巢在生产过程中采用先进的冷藏和冷冻设备，确保食品在生产时始终保持在适宜的温度条件下。不同类型的产品需要不同的温度条件，比如，冰激凌需要极低的温度，而冷冻肉类需要较低的温度。雀巢严格控制生产环境的温度，确保产品在生产过程中不会失去新鲜度和质量。

其次，雀巢在产品运输和仓储过程中也采取了严格的温度控制和监测措施。雀巢配备了高质量的冷藏货车和容器，在产品的运输过程中保持恒定的低温状态，防止产品在运输过程中受到温度波动的影响。同时，雀巢在冷库和仓储设施中安装了温度传感器和追踪器，实时监测货物的温度变化。一旦出现温度异常，系统会自动发出警报，供应链管理团队将及时采取措施处理温度问题，确保产品的质量和新鲜度。

再次，雀巢注重库存优化和需求预测。雀巢采用先进的数据分析和预测算法，准确计算每个仓库和门店的库存需求，根据历史销售数据、季节性需求和市场趋势，预测未来的需求量，以避免过量进货和库存积压，从而降低库存成本，并确保货物在供应链中的高周转率。在销售旺季之前，雀巢会提前增加冷冻食品和冷藏饮料的生产和库存，以满足节假日期间的高销售需求。而在销售淡季，雀巢会相应地调整生产和库存，避免产品过期和浪费。

最后，雀巢与其供应商和合作伙伴建立了紧密的合作关系，以实现供应链的可见性。雀巢共享实时的库存、销售和物流数据，共同协作解决供应链中的问题和挑战。与生产原材料供应商建立联动，实现原材料库存的及时补给，确保生产不会受到原材料短缺的影响。同时，雀巢与零售商和分销商建立合作关系，共享销售数据，帮助零售商更好地了解产品的需求和销售趋势。这种合作模式帮助雀巢更好地了解市场需求和产品流向，优化供应链。

雀巢作为全球领先的食品和饮料公司，在冷链供应链库存管理方面注重保持食品和饮料的新鲜度和质量。通过采用先进的温度控制与监测技术、库存优化与需求预测、供应链可见性与协作等措施，雀巢成功实现了高效的冷链供应链库存管理，不断满足全球消费者对高质量食品和饮料的需求。

思考：

1. 通过雀巢的案例，如何从整体上认识冷链供应链管理？
2. 冷链供应链与传统供应链的区别有哪些？

▶ 课外阅读

伍景琼，郑露，巴雪琴，等. 果蔬农产品冷链物流技术研究进展[J]. 北京交通大学学报（社会科学版），2023，22（3）：119-135.

第二章

冷链供应链采购管理

理解冷链供应链采购的含义、特点、原则及目标；了解冷链供应链采购的模式及流程；了解传统采购管理与冷链供应链采购管理；掌握冷链供应链采购策略。

📄 **引　　例**

Y 连锁超市的生鲜产品的供应商一般为批发市场、生鲜加工企业、生鲜产品生产基地、生鲜农贸菜市场等，由于供货商数量众多，而且供货商的水平也不统一，因此，目前还没有进行集中采购。生鲜产品由供应商原产地直接运送至物流配送中心，物流配送中心扮演了二级经销商的角色，减少了中间的流程环节，从而实现了分拣、包装、存储、配送等各个环节的规范化的管理运作，在物流配送中心进行简单的初级加工后，再通过物流配送中心运输配送到区域内的各大门店。Y 连锁超市 2021 年四个季度的果蔬、海鲜、肉禽三类生鲜产品的库存数量和销售额统计情况如表 2-1 所示。

表 2-1　2021 年 Y 连锁超市生鲜产品库存数量和销售额统计情况

商品种类	2021 年第一季度		2021 年第二季度		2021 年第三季度		2021 年第四季度	
	库存数量（kg）	销售额（万元）	库存数量（kg）	销售额（万元）	库存数量（kg）	销售额（万元）	库存数量（kg）	销售额（万元）
果蔬	10325	135	9428	113	9225	108	9695	110
海鲜	3530	81	3440	75	2885	70	3015	78
肉禽	3685	74	2294	59	2926	65	3215	67
合计	17540	290	15162	247	15036	243	15925	255

从表 2-1 的数据中可以分析出 Y 连锁超市的生鲜产品在各季度的销售数量和销售额的变化情况，2021 年第四季度的库存数量相比第三季度有所增长，增长比例为 5.9%，但是第四

季度的销售额相比第三季度只增长了 4.94%，其中果蔬产品的库存数量增长了 5.09%，然而销售额只增长了 1.85%。可见，Y 连锁超市生鲜产品库存数量的增加没有为其带来相匹配的经营利润增长，反而对其经营管理造成了一定的压力。

Y 连锁超市销售的生鲜产品种类繁多，不同产品之间的特性不同，然而 Y 连锁超市并没有对生鲜产品种类进行明确和科学的分类，订货也没有采取较为规范、标准的方式，经常只是依靠超市管理人员的个人判断来操作。对于快消商品，如蔬菜、水果等，只是根据前一阶段的销售量来决定下次的订货数量，订货具有比较强的主观随意性。对于其他生鲜产品，均采用定期补货的方式，并没有考虑不同生鲜产品之间的特性、顾客需求量的波动情况和随机性。Y 连锁超市自从营业以来，一直存在严重的库存积压问题，大量的库存会直接造成生鲜产品的新鲜程度大幅度下降，这将对 Y 连锁超市树立品牌形象和提高消费者的购买体验造成重大影响。

生鲜损耗通常是指在配送和搬运期间发生的包装损坏、运输过程中发生的生鲜产品变质，以及在超市内会有一些商品快要到保质期等。通过实地调研和信息搜集，发现只有极少数生鲜产品的损耗发生原因是运输过程中的包装破损，而产生更多损耗的主要原因是生鲜产品的过期、变质和腐烂。超市生鲜部门负责人将生鲜产品采购订单信息传递给超市的采购部门的时候，主要依靠自身的工作经验和主观判断，有的时候会因为订货过多导致生鲜产品变质或超过保质期，不仅浪费资金与库位，还增加了超市的损耗。由于不能精确地预测消费者的需求，生鲜产品的大量存货被积压，而且大部分的生鲜产品保质期都很短，商品无法保证可以在保质期内销售出去，这就造成了大量的损耗。Y 连锁超市生鲜产品的损耗是库存管理方式不当造成生鲜产品的水分蒸发、品质下降、质量降低，从而使生鲜产品以低价销售出去，甚至最后要进行下架回收处理。通过对超市月度盘点数据资料的分析，部分水果库存损耗率高于超市规定的损耗率 5%。同行业蔬果的平均损耗率标准为 2%~3%，Y 连锁超市的损耗率没有达到行业规范，损耗大也说明了超市对蔬果的管理方式还不够完善。Y 连锁超市的蔬菜类、水果类、海鲜类和肉禽类生鲜产品都有不同程度的损耗，造成 Y 连锁超市的利润损失，其中蔬菜类的损耗额最高，为 16.31 万元，损耗占比达 3.5%。通过多个阶段的调查发现，生鲜产品损耗并不是因为缺少硬件条件，如冷库温度过高而导致生鲜产品迅速变质，通常情况下，是因为 Y 连锁超市的生鲜产品的采购订单不合理或者销售价格不合理，所以出现生鲜产品损耗下架而产生损失的情况。

思考：

Y 连锁超市生鲜产品采购的主要问题有哪些？

第一节　冷链供应链采购管理概述

采购是一个复杂的过程，狭义地说，采购是企业购买商品和服务的行为；广义地说，采购是企业获取商品和服务的过程。事实上，采购的过程并非是将各种活动进行机械的叠加，而是对一系列跨越组织边界活动的成功实施，为供应链管理体系的源头所在，同时也是企业管理理论与供应链理论的核心所在。有效的采购管理可以为大多数企业的成功做出显著贡献。冷链供应链采购是涉及冷链运输和储存的冷链产品的采购过程。冷链供应链采购的主要目的是保持产品在整个供应链中的温度控制，从而保障产品质量，减少损耗和浪费，提升客户满意度。对于一些行业，如食品和医药行业，有着严格的法规和标准要求，冷链供应链采购可以帮助企业遵守这些法规和标准要求，减少法律和风险方面的问题。通过冷链供应链采购优化供应链流程，能够提升产品的运输和储存效率，减少库存积压和运输时间，提高供应链的整体效率。因此，在日益激烈的竞争环境下，冷链供应链企业想从源头上取得绝对的优势，就必须认识到采购的重要性，重视冷链供应链采购管理这一重要环节。

一、冷链供应链采购的含义、对象和特点

（一）冷链供应链采购的含义

冷链供应链采购是指冷链供应链上的企业在全程冷链的条件下，从供应市场获取冷链相关产品或冷链物流服务作为企业资源，以保证企业生产及经营活动正常开展的一项企业经营活动。冷链供应链采购是冷链供应链企业之间生产合作交流的一座桥梁，能将生产需求与物资供应紧密联系。为了使冷链供应链系统能够实现无缝连接，并且提高冷链供应链企业的同步化运作效率，就必须加强采购管理。

（二）冷链供应链采购的对象

冷链供应链企业所采购的冷链相关产品涵盖初级农产品、加工食品和特殊商品。例如，农产品、畜禽肉类、水产品、加工食品、冷冻或速冻食品、冰激凌和蛋奶制品、快餐原料、花卉、酒品饮料等；特殊的产品有药品（疫苗、血液）、化工品等。总的来说，这些产品具有以下特性。

（1）生产特点。大部分冷链产品都具有特定的生命周期，以及很强的季节性和周期性。以生鲜产品为例，生鲜产品的生产特点决定了其种类和数量有淡旺季之分，因而在经营销售的过程中也体现出明显的淡旺季差异。

（2）非标品性。非标品是指不是按照国家颁布的统一行业标准和规格制造的产品或设备。一般而言，生鲜农产品和水产品被认为是非标品。生鲜农产品、水产品类的每个产品的特性不同，因此，在产品采购环节还需要进行产品质量的合理化认定。

（3）个性化需求。不同的顾客群体呈现出不同的购买习惯和爱好，对于特定产品的需求也不尽相同。如何合理有效地解决顾客的个性化要求，也是冷链供应链采购需要思考解决的问题。

（4）物流特性。冷链产品的物流特性主要体现在时效性、鲜活性、低温性等几个方面，这就要求要尽可能地缩短中间环节，缩小配送环节的仓储半径，提高物流冷藏技术，从而整体提高物流配送的及时性和服务质量。

然而，不同的冷链产品其特性也不尽相同，采购过程所需关注的重点自然有一定的差异。

1. 肉类产品采购

目前肉类市场上销售的生肉主要包括热鲜肉、冷却肉和冷冻肉三种。热鲜肉是指宰杀后未经任何加工程序就在市场上出售的肉，这种肉的温度持续较高，容易滋生细菌，保质期只有1~2天。冷却肉是指严格按照检疫制度进行屠宰后的畜胴体，在-20℃的条件下，对其迅速进行冷却处理，使温度在24h内由38℃左右降低至0~4℃，并且在后续的流通、加工以及分销的过程中始终处于冷藏范围的冷链中。与前面两种生肉不同，冷冻肉则是指宰杀后的畜禽肉，通过预冷，在-18℃以下进行速冻，使肉品深层温度处于-6℃以下。肉类采购要确

保肉类来源的可靠性，必须配有动物卫生检疫及屠宰证明，符合国家食品卫生要求，并且全程处于"无断链"的冷链物流状态，减缓肉类氧化，抑制微生物生长繁殖。肉类一般采用当日采购原则，对肉质检查合格后，快速冷却，在低温环境下进行精细分割加工，整形包装后运输至采购方指定地点。在运输环节，冷冻肉主要使用冷藏汽车、冷藏船、冷藏列车或冷藏集装箱等进行配送，冷却肉则较多使用冷藏保温车进行配送。

2. 果蔬类产品采购

果蔬类产品鲜活性和多样性的特征明显，同时，果蔬类产品的生产又具有很强的季节性、区域性和分散性，这就形成了果蔬"产全国，卖全国"的市场特点。相较于普通商品，果蔬类产品对新鲜程度的要求更高，更容易产生货损，在采摘、运输、存储等过程中都必须采取相应的保护措施和控温措施，才能确保新鲜，降低货损。果蔬类产品采购需要考察供应商，确保产品无质量安全问题。检查合格后，同样采用当日采购的原则，选择品种优良、口感较佳、外观美观的蔬果，结合其存放要求，对其进行清洗以及去杂质、去坏果、去枯叶等，再按照统一的标准筛选、包装、码放整齐，由干燥、整洁的冷链运输车辆进行运输配送。

3. 水产品采购

水产品在为人类提供优良蛋白质方面功不可没。随着人们生活水平和消费水平的日益提高，我国市场对安全、健康、优质水产品的需求量稳步增长。水产品质量的重要性不言而喻，外观及形状是判断水产品质量的重要参考指标，品种、外形、大小、质地、色泽等都能在一定程度上反映产品的新鲜度。比如，新鲜的鱼类，其眼球饱满，鳃色鲜红，肌肉坚实有弹性，鳞片紧密有光泽；不新鲜的蟹类，其色泽暗淡，外壳呈暗红色，腹面出现灰褐色斑点和斑块，蟹肉松软，腿肉空松瘦小，螯足下垂。另外，水产品中还可能含有真菌、细菌和重金属、病毒、农药等有害物质，必须加以检测，确保消费者食用的安全性。

优质安全意味着水产品不仅要达到质量标准，还要符合国家可持续水产指南，取得国内外先进认证，并且对环境友好、低碳、可追溯。采购的过程中，采购人员往往需要根据需求，结合水产品的品种属性、新鲜程度、生产加工和流通的状况，考虑减少对自然环境、水生生物种群及社会环境的负面影响等，制定和实施采购方案。如遇进口水产品，还必须严格落实报关报检制度。

4. 乳制品采购

牛奶、羊奶等原材料经过清洗、消毒、均质、浓缩、干燥、发酵和包装等成为乳制品进入市场。乳制品能为人类提供的营养主要包括动物蛋白、脂肪、糖、维生素族群（A、B1、B2、B6、B12、叶酸、烟酸、C、D、E、H 等）、钙、磷、锌及其他微量元素。不同的乳制品，由于制备方法和处理方法不同，营养成分也会有很大区分。乳制品的选择除考虑新鲜程度、营养成分外，还必须达到国家食品安全标准，经过国家专业机构检测认证。近年来，我国对乳制品加工业市场的准入限制越来越严格，同时加大了对现有乳制品加工企业的整顿，奶源和销售渠道的控制得到加强。购买乳制品时，尽量选择有定型包装的品种，其标签内容需要含有商品名、配料、厂名、厂址、生产日期、保质期、食用方法、食品生产许可证编号等信息。

5. 速冻食品采购

采购的速冻食品，需要进行以下检验。

（1）包装检验。检验包装是否完好、产品标签是否清晰、有效期是否足够。针对有机食品、绿色食品、无公害食品，需要带有有机、绿色、无公害的标识，以及商品有效期内的认证证书。针对国产畜禽非调理类商品，其包装上还需要粘贴动物产品检疫合格标签。进口速冻食品收货时，剩余保质期大于或等于保质期的 1/2 为宜，国产商品收货时，剩余保质期占保质期的 2/3 以上为宜。

（2）感官检验。根据产品本身固有的形状外观、气味和色泽检验产品，不得存在异味、腐烂、发霉、变色和融化等情况；查看商品是否伴有血水，冷冻商品质地是否坚硬、有无异味等，判断商品是否存在化冻及复冻现象。

（3）温度检验。冷冻品中心温度需要达到 -12℃ 以下，在商品外观正常，不存在解冻的情况下，允许收货温度有 2℃ 以内的波动。可将温度探针插入产品约 1cm，待读数稳定后，判断商品存储温度是否合格。

（4）单证检验。国产畜禽类冷冻商品，需要查验动物检疫合格证明，核对供应商名称、品名、数量、重量、生产单位名称、目的地、签发日期和道口章等信息；进口冷冻商品则需要查看商品 CIQ 检验检疫证书、出厂检验报告等信息。

6. 医药产品采购

近年来，我国医药冷链产品的销售在药品销售中的占比呈上升趋势，其中包括疫苗、生物制品、血液制品和 IVD（体外诊断产品）等需要低温储存和运输的医药冷链产品。这些医药产品作为特殊物品，其安全和质量问题直接影响着每个使用者的身体健康，关系到民生社会稳定。《药品经营质量管理规范》（GSP）实施以来，我国医药冷链物流运作日趋规范，在新版《中华人民共和国药品管理法》《中华人民共和国疫苗管理法》相继实施后，对药品安全的要求再度升级。冷链医药产品的安全性与生产过程息息相关，严格把控采购、储存、运输等环节、确保活动符合药品特性要求同样至关重要。

表 2-2 所示为不同冷链药品所需的保存温度。

表 2-2　不同冷链药品所需的保存温度

类别	所需的保存温度	举例	冷链模式
化学药物	阴凉处、凉暗处（20℃ 以下）	如七氟烷需要在阴凉处保存，乙酰螺旋霉素需要在凉暗处保存	以保温为主，根据外界温度适时决定
	冷处（2~10℃）	门冬酰胺酶	制冷和保温结合
	特殊	如卡前列甲酯在 -5℃ 以下保存，乌司他丁在 -20℃ 以下保存	制冷、冷冻
中药	阴凉处（20℃ 以下）	疏痛安涂膜剂	以保温为主
	2~8℃ 避光	如伤寒疫苗、白喉霉素等	制冷和保温结合
生物制品	特殊	如冰冻血浆应在 -15℃ 以下保存，口服脊髓灰质炎减毒活疫苗应在 -20℃ 以下保存	制冷、冷冻

资料来源：根据公开资料整理。

7. 其他产品采购

对于其他冷链产品的购买，采购人员应该选择具有营业执照和产品合格证明、信誉良好的商家进行采购。通常来说，一般性的产品采用纸箱封装即可，而冷链产品对温度和保鲜具有特殊要求，建议对其采用冷冻箱包装，确保产品的新鲜、安全和健康。

(三) 冷链供应链采购的特点

与一般商品相比，多数冷链供应链采购的产品季节性强、保质期短、价格变化大、质量分级难。相应地，冷链供应链采购具有以下特点。

(1) 复杂性。第一，冷链产品价格易产生波动，导致采购人员在市场中时常面临挑战，同时价格的不确定性在一定程度上也增加了企业对采购人员拿回扣情况的管理难度。第二，冷链产品的质量难以统一标准化，采购部门在对厂家的质量进行比对和控制时难度较大，这种情况为采购人员降低质量以牟取个人利益提供了可操作的空间。第三，由于冷链产品的季节性特点，加之农业产品的生产受自然环境影响很大，导致产品产出具有不确定性，因此，对冷链产品采购的品种和数量进行预测存在一定的难度。以上三个问题，均加大了冷链产品采购的不确定性、复杂程度。

(2) 风险性。由于冷链产品特别是生鲜果蔬经营成本高、损耗大、要求多、操作复杂，一旦采购管理出现失误，经营冷链商品的超市将遭受损失，甚至造成大量亏损。这也是许多超市希望开拓冷链产品业务，但又害怕风险不敢贸然进入的一个重要原因。

(3) 规模性较低。冷链产品保质期短，部分甚至只有 1~2 天，而且很多超市还没有形成大规模的运营，导致冷链产品的采购范围较小。许多超市，尤其是跨地区经营的超市门店，大多都需要独立采购商品，这就削弱了连锁经营在整体采购方面可以实现的规模化收益。正因如此，在外来超市的威胁下，国内超市仍有生存空间，具备发展的可能性。尽管全国有一二十家外来超市，但是在一定的区域范围内，其分布较少，仅一两家，生鲜产品的规模效益还不易达到。而本土超市更容易形成规模，在此基础上，统一采购，从源头上获取价格优势，就能在与外来超市的生鲜产品竞争中占据有利先机。

二、冷链供应链采购的原则与采购活动的目标

(一) 冷链供应链采购的原则

(1) 质量第一。企业采购原材料和加工冷链产品时，材料及产品的质量和新鲜度除要达到企业的加工要求外，还要达到冷链产品市场竞争的质量水准，从而以采购产品的质量性能保障企业生产产品的质量和性能。

(2) 价格最优。在确保质量性能达到水准的前提下，采用比价、限价、招标等多种形式确定质量达标且价格最优的供应商，并结合实际情况、综合其他关键因素，确定企业的最优采购方案。

(3) 程序科学。采购过程的科学性和合理性，既能反映出对增值服务的需求，又能展示出对采购活动进行相应监督的原则。

(4) 信誉最佳。对供应商的信誉进行评估，选择信誉良好的供应商，建立和保持长期良好稳定的合作关系。

(5) 集中采购。通常，扩大采购规模和采购范围可以获取采购规模经济和范围经济效益的双重好处，这为企业增加采购战略优势。

(二) 冷链供应链采购活动的目标

冷链供应链企业采购活动，需要满足十个"适当"：适当的来源、适当的物品或服务、适当的质量、适当的数量、适当的包装、适当的时间、适当的地点、适当的运输方式、适当

的价格或成本、适当的客户。更准确地说，冷链供应链企业的采购活动要达到以下七个目标。

（1）提供稳定的原料流、供给流和服务流。冷链产品的及时到达，是维持企业生产、运营有序推进的必备条件。

（2）使库存投资和损失保持在最低水平。降低库存费用和冷链产品损耗率是降低企业成本、提高产品生产销售价值的重要途径。

（3）维持适当的质量标准。冷链产品的质量受到购买的原材料质量的限制，在追求较低的价格时不要在质量标准上妥协，寻求采购成本与质量要求的平衡。这一点无论怎样强调都不为过。

（4）以较低的费用实现采购的目标，建立采购成本优势。实现高质量、低成本的理想采购并非偶然。想要从供应商处获取高质量的产品，精确的管理流程是前提，同时尽可能抓住机遇与供应商合作，共同寻找并确认降低物料成本和次品率、优化系统设计等的方法。

（5）发现和培养合格的供应商。供应商的供货周期、产品质量、产品价格等影响着企业的生产计划、成品质量及成本和利润，因此拥有合格的供应商对冷链供应链采购企业至关重要。

（6）与组织的其他部门相互协调。冷链供应链下的采购活动不是孤立的，它几乎影响公司运作的各个方面。因而，采购部门与公司的其他部门进行有效交流是极其重要的，通过合作解决共同的问题。

（7）不断完善采购制度，改进组织的竞争地位。完善采购制度，以较低的最后定价购买合适的原料，可以提升公司的竞争地位。这不仅控制了支出，而且保证了原材料随时可用。通过采购还可以发展同供应商的关系，保证原材料源源不断地流动。

三、冷链供应链采购模式及流程

（一）冷链供应链采购模式

冷链供应链采购模式主要从采购的集中程度和采购的形式两大方面进行分析。

1. 采购的集中程度

按采购的集中程度，可将冷链供应链采购模式分为分散式采购和集中式采购。

分散式采购即门店采购。各店商品部自行采购冷链产品，可以就近采购所需，利用市场的竞争机制来大幅减少采购供应成本，同时互联网和信息技术的发展也为各地区部门自行采购材料提供了便利。在市场特征表现为买方市场（市场供应充足）、市场价格稳定（不存在数量折扣）时，企业采购物料可以采用分散式采购，程序相对简单、易于操作，且采购的周期比较短，具有很高的灵活性，有利于快速响应企业对该物料的需求。但是，由于分散采购每次采购数量较少，不容易获得价格优势，通常采购成本会比较高，不容易形成规模效益。

基于冷链供应链的集中式采购模式，是指将采购职能和供应商资源整合，进行跨部门集中管理，统一管理采购需求，促进与供应商的合作交流，整体提升采购在冷链供应链企业运营中的战略地位，以实现供应链总成本的最小化和总效率的最大化。与分散式采购不同，集中式采购主要将采购权集中在总部，而整个采购活动则交由专职的采购部门负责推进。各个门店有采购建议权，但无决定权。

在连锁超市进行非食品以及食品中干杂食品的采购活动时，总部采购这种集中式采购模式时常被用到。当采购生鲜食品时，这种采购模式较多地被应用到那些门店集中程度比较高的企业，特别是那些分布范围主要集中在某一城市内的连锁企业。从采购商品品种上来看，这种模式更适合于保质期较长的产品，如冻肉、冷冻水产品等。使用这种模式，有利于连锁店将重心集中于维持好门店销售工作；让连锁企业总部能发挥集中议价功能，具备集体定价能力，取得价格优势，控制并降低采购成本的投入；各门店的价格保持统一，控制利润较容易；各店"一盘棋"，有利于实行统一规划、促销等经营活动，对整个货源和库存的把控相对轻松。但这种模式也有一定的弊端，如门店工作弹性小，运营灵活度不高，无法充分满足顾客个性化的需求；此外，采购工作与销售工作之间也容易脱节。

2. 采购的形式

按采购的形式，可将冷链供应链采购模式分为国外采购、全国采购、当地采购和一站式采购。

（1）国外采购。国外采购是指国内企业向国外供应商采购商品，一般通过直接与国外供应商联系或找寻本地的代理商来间接采购商品。随着人们生活品质的提高，对冷链商品的需求更加多样化，许多冷链商品需要进口。在此情形下，冷链供应链企业通过供应商或者代理商的渠道在国外进行采购，极大地丰富了冷链产品种类，满足了用户的猎奇与尝鲜心理，也对国内采购的价格进行了制衡。国外采购扩大了供应商的范围，让冷链供应链企业有很大的选择余地，并且培养了适应经济全球化的能力。采购逐渐国际化不仅是大势所趋，伴随着信息技术和物流技术的快速发展，国外采购还将会成为推动全球经济发展的一个新的利润增长点，但国外采购不确定性高、风险性大、手续复杂、受关税政策影响大等问题，还亟待解决。

（2）全国采购。冷链供应链企业需要保证供给食物的充足性与供给产品的标准化，在选择产品时，考虑到部分农作物有主产区，如宁夏的枸杞、赣南的脐橙等，以上特产都需要从当地直接进行购买，因此针对这部分产品，企业通过全国采购的方式来购买。采用全国采购模式的冷链产品主要是那些能够在一定时间和范围内通过远途调运集中的，或者采用特殊保鲜加工工序处理的生鲜食品，这些产品具有一定的耐储性。如大白菜、土豆、冬瓜和洋葱等大批量大宗菜，柑橘、苹果等一些果实类水果，还有冷冻水产品和干鲜产品，以及一些保鲜封装的加工制成品等。全国采购省却了国际贸易中的运费、保险、交货付款条件等问题的协商过程，而且国内采购比国际采购所需时间较短，采购过程中所面临的风险小，不稳定因素少。

（3）当地采购。当地采购的冷链产品大多是无法适应远途运输的生鲜商品。依托附近的农产品批发市场、周边地区农产品生产基地或者专门的餐饮采购网等进行采购。通常，餐饮采购网直接与农产品生产基地对接，采购产品都能溯源。使用当地采购模式的冷链产品类有：叶菜类蔬菜、根据当地政府相关规定必须从当地肉联厂购买的鲜肉类产品、鲜活水产品、半成品凉菜和切配菜、部分副食产品（如豆制品、发糕、烤鸭等当地生产制作的新鲜糕点和熟食制品）等。

现阶段，大部分超市的生鲜区域的商品种类主要取决于当地的采购来源，主要原因包括：第一，大量冷链产品需要高度保鲜，不适合长途运输；第二，一些超市的生鲜区域的采购量难以满足大规模采购的需求，因此在同一地区，经营生鲜的超市其商品的差异性不大，使得超市的生鲜业务难以有特色。

（4）一站式采购。所谓一站式采购，就是为消费者构建一个覆盖广泛、多样性强、渠道丰富的采购平台。这样的平台集结了大量的供应商，使得消费者在进入该平台后，不必再为采购的问题而烦恼，平台将会为消费者提供一系列后续服务，如代理购买、配送以及降低开支等，从而满足客户的各种需求。

生鲜类产品包含蔬菜、水果、海鲜等，也包含冷冻类食品、生鲜肉类等产品，在采购这部分产品时，总体要求比保质期较短的产品低，因此可以采取一站式采购的形式一次性购齐几种商品，减少了分别前往几个门店采购的情况，提升了采购效率。

（二）冷链供应链采购流程

（1）需求的确定或重新估计。冷链供应链采购一般是指对新用户或老用户的需求做出反应，其中用户是指企业中的个人或部门。在某些情况下，已有的需求必须重新估计，因为它们可能发生了变化。在任何情况下，一旦需求被确认，采购过程就可以开始了。

（2）定义和评估用户的需求。企业在确定需求后，需要通过某种具有可衡量性的标准形式来表示需求。采购人员利用这些标准，将用户的需求告知潜在的冷链产品供应商。

（3）自制和外购决策。在明确需求后，采购企业需要针对产品或服务的获得方式进行决策，即判断是通过自身生产或提供获得，还是通过购买获得。

（4）确定采购的类型。采购类型的选择会对冷链产品的采购耗费时间以及其复杂性造成影响。一般来说，我们根据耗费的时间以及其复杂性将采购划分出三种不同的类别：根据过去的习俗来进行采购；根据当前的供货商或者投资物来做出决策，以此来调整采购；全新的采购，即完全由新的客户需求引发的采购。

（5）进行市场分析。不同的市场类型对冷链供应链企业采购的影响不同。比如，供应商可能处于完全竞争市场的机制下，或者身处一个寡头市场中，又或是处于一个垄断市场中，不同的市场类型导致市场环境和竞争机制不同，采购人员只有了解市场类型和竞争机制，才有可能做出有利的判断，确定供应商的数量，平衡供应商的权力，维护好供应商合作伙伴关系，判断哪种采购方式更有效。

（6）确定所有可能的供应商。这是指找出所有能满足用户需求的供应商。在全球化的环境下，找出所有的供应商具有挑战性，需要进行一定的研究。

（7）对可能的资源进行初步估计。清晰地理解和掌握客户的需求并对预期做出判断对销售企业而言是至关重要的。在此基础上缩小供应商范围。

（8）剩余供应商的再评估。在已缩小的供应商范围内，更进一步讨论哪些供应商最能满足用户的需求或期望。如果采购活动既简单又标准，并且市场存在充足的潜在供应商，便可采取竞争招标的方式来完成这些活动。但若市场状况不满足这些条件，企业就必须进行更进一步的调查和评估，配合采用工程实验或者模拟方法等确定最终的采用情况。

（9）选择供应商。供应商的选择也决定了买卖双方将建立的关系，决定了这些关系将如何组成，决定了与未被选上的供应商之间的关系将如何维持。实际选择将依据依次讨论的数据来进行，如质量、可靠性、总价等。

（10）接收产品的发运和服务。在供应商满足用户需求时，此项活动伴随产生。

（11）进行购买后的表现评价。企业收到供应商服务或接收发运的产品后，应对供应商进行评价，判断其产品及服务质量，以确定是否真正满足客户的需求。如果供应商难以提供满足客户需求的产品和服务，就需要对偏差产生的原因进行分析，并适时、适当纠正。

采购是指按采购订单规定指标去资源市场完成采购任务，它本身也有自己的管理工作，如与供应商谈判、签订合同、组织进货等。而采购管理是为了保障企业物资供应而对企业的整个采购活动进行的计划、组织、指挥、协调和控制活动；其不仅包含了具体采购过程中的业务管理，还涵盖了与采购业务有关的其他方面的管理。

四、传统采购管理概述

传统采购是企业一种常规的业务活动过程，制造部门提出需求后，采购部门发出订货信息，与供应商洽谈后，下达采购订单，供应商将采购订单转换成客户订单，制订相关计划，安排生产；供应商生产完工后进行质量检查，到达交货时间后将货物交至采购部门；采购部门进行货物验收，并通知制造部门。传统采购业务示意图如图 2-1 所示。

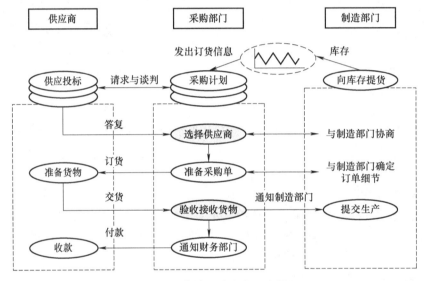

图 2-1　传统采购业务示意图

传统采购管理是为了达成生产或销售计划，在确保质量的前提下，适时适价从适当的供应商处购入适量的商品所采取的一系列管理活动。由于在传统采购活动中，采购行为主要是为了补充库存，以满足即时的生产或销售需求，库存水平的指标量往往是再次采购的触发点，这导致采购活动缺乏主动性，采购管理的重心偏向企业内部资源的配置和流程优化，只关注监控采购流程、提升谈判技巧，以及与供应商进行价格博弈。

随着市场环境的变化和企业需求的演进，传统采购管理逐渐显露出一些局限性和问题，主要包括：

（1）没有将采购管理上升到战略高度。例如，没有将采购策略与选择合作伙伴的评估标准作为企业整体战略中的一部分，不与供应商（战略合作伙伴）共同进行新产品的开发。

（2）没有明确的采购战略，缺乏对采购需求的分析、供应商的管理和采购的布局等。

（3）只关注低价，而忽视战略伙伴关系和双赢与激励的合作机制的建立。

（4）集团企业分散采购，忽略了整体利益的最大化。

（5）缺乏有效的工具和信息平台用于采购的跟踪、评估、分析和智能化决策。

（6）只注意组织内部的作业，而忽略了外部资源。

五、冷链供应链采购管理概述

冷链供应链的采购管理涉及冷链供应链的各个连接点，也就是说，在这个过程中，来自相互关联的下游企业会向其对接的上游企业提交产品订单，然后再将上游企业提供的产品供给需求方。在整个冷链供应链的运营过程中，冷链供应链的采购管理起着至关重要的作用，它是执行冷链供应链运营的前提。

冷链供应链采购管理是为保证冷链供应链上企业的正常运行，对企业采购进行管理的活动。冷链供应链采购管理的主要任务是整合企业资源，满足企业的物资需求，保障企业的经营战略得以实现。其内容主要包括：①针对采购需求的企业内部管理；②针对外界市场的评估及供应商管理；③针对采购流程的自我管理。冷链供应链管理的核心是以市场需要为指引，注重企业的创新性及竞争实力，提升企业之间的配合协作，有效地管理采购、储备、物流等环节，并借助信息技术改善每一个供应链步骤的运营。冷链产品需要精心规划复杂的储藏和运输环境，并且对原材料、半成品和最终产品的储藏条件提出了极高的标准要求；对保质期的要求也是如此，超过使用期限的食品必须立即处理；冷链产品还需要确保配送及时，以便供应商可以迅速响应顾客的需求；最后，还需要对每一个批次的产品运输进行全程追踪，包括对原材料及其制作后的产品的分批追踪。

因此，保证冷链供应链高效运作就必须确保冷链供应链中的任何一个环节都能有序无误地推进，避免出纰漏，特别是从上游采购就加强监管。仅仅关注最终的产品是不够的，没有安全的"原料"就无法生产出安全的冷链产品。冷链供应链的关键环节是采购管理，采购管理关系着企业的成本控制，冷链供应链企业想要在实现利润最大化的同时降低成本，就必须重视并做好采购管理。

冷链供应链整个采购过程的组织、控制、协调都是站在冷链供应链集成优化的角度进行的。企业首先要与供应商建立起战略性的合作伙伴关系，促进与供应商在产品开发、生产和供货方面的协同运作。企业的生产和技术部门运用企业内部的管理信息系统，根据订单情况，编制生产计划和物料需求计划。供应商利用信息共享平台和协同采购机制，可以随时获得用户的采购信息，根据用户的相关信息预测用户需求并引导其备货，在订单到达时确保可以迅速组织生产和发货，监控货物质量。在冷链供应链中，采购企业与生鲜供应商维持持久稳定的合作，一方面能够推动信息的流通，显著降低企业的采购成本，并减少库存，进而增加生鲜供应商的流动资金。另一方面在确保生鲜产品质量的同时，也能降低采购成本和产品的损耗。其核心在于通过协作和信息共享降低供应链的不确定性，进而减少不必要的库存，提升采购质量。

冷链供应链企业应当将采购提升到战略高度，组建相关的部门专门负责冷链供应链采购的相关业务。负责采购业务的部门，对内需要大力协调统筹好冷链企业内部各部门之间的配合，对外还需要与供应商建立并维持好良好的合作关系，只有将这两方面的工作都做好，冷链供应链采购才有可能获得期望的效果。企业的冷链供应链采购团队通常包括市场部、冷链商品销售部、财务部、新鲜质量监管部以及仓库管理部等部门。采购方案在被提出后，需要经过这些相关部门的评估通过后才能开始执行，同时各部门还将持续地对执行结果做出反馈与优化，以防止任何一个部分的草率决策干扰到整体的采购流程，继而引发采购过程中的偏差和问题。

　　冷链供应链的采购模式体现了供应链采购管理的同步性与协调性。尤其是在处理生鲜农产品这类易损且运输费用较高的商品时，冷链供应链采购对于生鲜企业的成长起到关键的推动作用。实现此模式的前提是企业与供应商建立了长期稳定的战略合作伙伴关系，同时能确保信息交流畅通无阻，最后是各种供应契约的设计与执行。设计和打造一个适合企业的信息处理系统是企业间信息交流畅通的关键。该系统根据信息来源的不同可分为企业内部信息交流系统和企业间信息共享系统。

　　（1）企业内部信息交流系统。虽然目前已有大量的信息处理系统构建方案，但是它们对于采购管理的重视程度并不高，有些系统甚至无法处理采购管理信息。目前的 MRP（物资需求计划）、MRP II（制造资源计划）和 ERP（企业资源计划）系统等对基于供应链的采购管理活动支持有限，甚至缺乏专门针对采购管理的数据库。它们更倾向于通过合理使用公司内部资源来提升效率和降低成本，而对于如何利用公司外部资源来创造价值的思考较少。尽管也有一些专门为采购管理信息处理设计的系统，但它们大多是独立的，并不能很好地与公司的其他信息系统进行整合。因此，建立基于供应链的采购系统，要将企业的采购信息与企业管理信息系统集成，为采购管理提供物料需求信息和库存信息。

　　（2）企业间信息共享系统。随着信息科技的不断进步，企业与供应商信息交流的平台越来越多，如互联网、EDI 等已被广泛用于到商业信息的传递，其中 EDI（电子数据交换）就是一种应用较为普遍的模式。EDI 作为一种电子数据交换规范，联系企业双方使用同一种规范来进行数据编辑和传递，利用企业间的计算机网络来实现信息的传递。EDI 的优势在于它可以在企业间快捷地传达信息，同时也拥有优秀的隐私保护功能。但其使用成本较高，不适用于中小型企业。目前，通过互联网与供应商共享信息是一种越来越普遍的选择。多数情况下，此种方式能够满足企业信息共享的需求，并且成本比 EDI 低很多，其 B/S（Browser/Server，浏览器/服务器模式）结构比较适合于小型供应商。随着信息技术的进一步发展，将会有更好的技术平台用于供应链合作伙伴之间的信息共享。

　　冷链供应链合作性采购方式和传统交易性的采购相比，其本质的物资供需关系并没有变，但是因为供应链上各个企业之间形成了合作伙伴关系，让采购活动在一种友好和谐的环境中进行，使得采购管理的理念、特征和实施都有了显著变化。与传统采购管理相比，冷链供应链采购管理具有以下特点。

　　（1）以用户需求订单为驱动。在传统采购管理中，采购是为了补充库存，即为库存而采购。采购部门并不关心企业的生产过程，也并不了解生产的进度和产品需求的变化，因为库存掩盖了需求的真实情况，不能精确地反映需求的变化。采购部门根据订货点、订货周期等被动地补充库存，缺乏主动性，因此采购部门制订的采购计划很难适应制订需求的变化。这样，一方面造成超量库存，增加了库存成本；另一方面又产生缺货，不能满足生产要求，影响生产。

　　冷链供应链采购管理下的采购活动以客户需求驱动企业生产、采购订单、供应商。在客户需求驱动模式下，供应商能共享制造部门的信息，提高了应变能力，减少了信息失真。同时，在订货过程中不断进行信息反馈，修正订货计划，使订货与需求保持同步，实现了冷链供应链计划同步协调。此外，订单驱动的采购方式简化了采购工作流程，采购部门的作用主要是沟通供应商与制造部门之间的联系，协调供应与制造的关系，为实现精细采购提供基础保障。

（2）以外部资源管理为重点。采购工作重点发生转移，从以内部资源最优配置转到有效利用外部资源，实现更大范围的资源配置。在传统采购管理中，采购部门是内部辅助部门，工作的重心是与供应商的商业交易活动，交易过程的重点是与供应商进行价格谈判，从多方竞争中寻找价格最低者。

冷链供应链采购管理的主导思想是协调性、集成性、同步性、共赢性，要求提高采购的柔性和市场响应能力。供应链采购的实质就是充分利用企业外部的资源，利用供应商的能力来实现企业供应保障，让供应商对自己的产品和物资供应负责，从而实现无采购操作的采购业务。这既降低了生产成本，又提高了工作效率，实现了双赢。采购工作的重点转向外部资源管理，强调要形成相对稳定的、多层次的供应商网络，建立供应商资料库，对供应商进行培育和扶持，建立供应商评价与激励制度，发展供应商或淘汰供应商。

（3）实施事前控制和过程控制。传统采购管理过程是由一系列相对独立的环节组成的。这些环节缺乏足够的协作、充分的沟通和信任，供应商对采购部门的要求不能得到实时的响应，关于产品的质量控制也只能进行事后把关，不能进行实时控制，这些缺陷使供应链企业无法实现同步化运营。

冷链供应链采购管理注重的是各个环节、节点之间的合作与互助，需方委派专人参与供方企业的生产计划制订与产品质量管理，实现信息共享、联合计划与同步化协作，对产品质量、数量和交货期进行过程控制。通过对过程的统一控制，以简化采购的订货流程和入库验收作业，最终达到采购过程总成本和总效率的最优匹配。

（4）从买方主动向买卖互动转变。传统采购管理是买方主导采购业务，订货购买的主要风险都由买方承担，订货采购业务主要由买方完成，采购工作效率极低。冷链供应链采购管理实现了从买方主导向买卖互动的观念转变，采购订货与补货变成了买方与卖方共同的事，采购管理不再局限于内部组织作业，而是更加注重与供应商的沟通协调。供应商的主动更富有效率和效益，不但为采购方缩减了采购业务，还可以根据采购方提供的市场需求信息及时调整自己的生产与进货计划，从而实现供需双方的双赢。

（5）与供应商建立双赢的合作伙伴关系。在传统采购管理中，供应商与需求企业之间是一种简单的、对抗型的买卖关系，双方缺乏足够的信任，是一种信息不公开的博弈行为，结果是"零和"竞争性关系。供需双方之间相互封锁、信息保密，不考虑对方利益，因此无法解决一些涉及全局性和战略性的供应链问题。

在基于伙伴关系的冷链供应链采购管理下，供需双方关系发生转变。供需双方通过建立合作伙伴关系，实现协调沟通、共同参与、信息共享、行为一致，从而避免供应链的"牛鞭效应"产生并降低交易风险。因此，通过合作伙伴关系，供需双方都因降低交易成本而获得好处，从而实现降低成本、改进品质、提高效率的目的。

第二节　冷链供应链的采购策略

在冷链供应链管理中，采购策略对于企业来说极为关键，它不仅关系到企业成本控制和利润的最大化，还直接影响到企业的市场响应速度、客户服务质量以及整体的竞争力。采购策略的制定和执行需要综合考虑市场需求、产品特性、供应链的稳定性和响应速度。在现代商业运作中，冷链供应链企业根据实际情况，往往会采用不同的采购策略。这些策略包括准时制采购、电子采购、全球化采购以及联合采购等。

一、准时制采购

准时制（Just-In-Time，JIT）采购对于供应链管理思想的贯彻实施有重要意义。在仓储难、物流难、易损耗的冷链产品领域，由于领域的独特性质和产品特点，如果希望实现企业效益的最大化，就要使用准时制采购。而冷链供应链采购策略与传统采购策略相比，最大的不同便是它采用订单驱动的方式。订单驱动使供需双方都围绕需求订单运作，旨在实现准时化和同步化运作。想要实现同步化运作，采购策略就必须是并行的，一旦企业采购部门产生了一个订单，供应商就要立即开展产品的准备工作。与此同时，一旦企业采购部门将具体的采购订单提供给供应商，供应商就能迅速按照预定的时限向企业交付产品。而当用户需求随实际情况发生改变时，生产订单又会推动采购订单进行调整，如此快速的调整过程，如果不采取准时制采购策略，供应链企业将很难适应市场需求的日新月异。因此，准时制采购提高了供应链的柔性和敏捷性。

（一）准时制采购的内涵

准时制采购的核心理念是：选择恰当的商品，以恰当的数量、恰当的价格，在恰当的时间内运送至指定的地点。传统采购策略主要依赖于库存，而冷链供应链采购策略则是根据客户的需求进行的。企业需求管理在冷链供应链采购管理中被视为 JIT 的订单驱动模式，其核心是向供应链的需求者提供信息，使得供应商能够实时了解用户的需求，并能根据实际情况适当地满足他们的需求。这种采购策略遵循了冷链供应链采购管理的"5R"准则。"5R"准则主要是指适时、适价、适质、适量、适地。只有遵循这些准则，企业才能实现最大的采购收益。

准时制采购是企业为了协调好与供应商的关系，使其按要求将符合质量、数量要求的物资在规定的时间送达指定的地点来满足自身生产需要的采购策略。在准时制采购策略下，企业采购部门在制订采购计划的同时，供应商已经开始筹备商品，而生产部门也在进行相关的生产准备工作。只要采购订单下达，供应商便可在很短的时间内交货。随着市场需求发生变化，生产和销售订单将会驱动采购订单进行调整，以实现准时制采购的目的。准时制采购是由准时生产发展而来的，是为消除库存和浪费而进行的持续改进。作为 JIT 系统的关键环节和循环的起始点，准时制采购对于 JIT 系统的顺利运行起着至关重要的作用。实施准时制采购策略是执行 JIT 生产经营的必要条件和前提。

（二）准时制采购的特点

准时制采购策略相较于传统采购策略，最大的特点在于它直接以满足生产需求为目标。这种采购策略的频次较高，批量较小，旨在尽可能减少库存。因此，它被视为一种既经济又高效的采购策略。采用准时制采购可以提升冷链供应链的柔性和敏捷性，展现出冷链供应链管理的协调性、同步性和整合性的特点，增加整个冷链供应链的效率和收益。因此，冷链供应链管理需要通过准时制采购来确保冷链供应链的全面协同运作。这种采购方式对于减少原材料的成本、降低库存、提升效率等方面有显著的效果，特别适合处理易损坏的新鲜农产品。JIT 采购与传统采购有很多的不同之处。

（1）供应商数量少而精。通常，传统采购方会选择多种供应渠道，供应商的数量也相对较多。而单一供应原则是准时制采购的主要特征之一。这是因为准时制采购一般需要与供应商建立稳定的合作关系，并且与某个专门的供货商达成协议，能够在规模经济方面获得优势，例如，能够获取持久且价格较低的原材料，进而减少开支；同时，为了剔除检查质量浪费的时间，准时制采购需要质量稳定的产品。所以准时制采购一般选择较少且稳定的供应商。

（2）多种因素选择。在传统采购方式下，供应商的选择基于价格竞争，而供应商与用户之间的关系是短期的合作关系。如果发现供应商不适合，可以通过市场竞标的方式重新挑选供应商。然而，在准时制采购下，由于供应商和用户是长期的合作关系，供应商的合作能力会对公司的长期经济利益产生影响，因此对供应商的要求就更高了。在挑选供应商的过程中，我们需要对其进行全面的评估。在评估供应商的过程中，价格并非最关键的因素，质量才是最重要的准则。这里的质量不仅是指产品的品质，还涵盖了工作品质、交付品质、技术品质等多个方面。优质的供应商更有助于构建持久的合作关系。

（3）小批量多次采购。小规模采购是准时制采购的一个基本特征。在传统采购中，采购量是价格波动、折扣、需求预测等多个因素决定的，因此，安全库存和订购量会相对较大。准时生产需要降低生产量，因此购买的物资也应该采用小批量方式，通常根据订单进行采购。对于生鲜制造商而言，准时制采购能够最大限度地减少库存，从而降低成本。然而，对于生鲜供应商来说，少量多次采购会导致运输频次和成本增加，这实际上是将采购企业的成本和库存控制转移到了供应商身上。通常有几种策略来处理这个问题：①让生鲜供应商靠近采购公司，减少采购范围；②让生鲜供应商在采购公司附近建立仓储场所；③让第三方机构负责物流运输。

（4）交货期短而准。准时制采购的一个重要特点是要求交货准时，这是JIT生产的前提条件。采用准时制采购的一个关键特点是对交货的时间要求严格，这是实施JIT生产的前提条件。一方面，交货的时间要求取决于供应商生产的可靠性和产品质量的稳定性。另一方面，供应商的生产和运输状况决定了交货的准时性。准时制采购对供应商的运输方式、路径和管理都有着严格的要求。对于传统采购，企业一般拥有缓冲库存，对这方面的要求要低一些。冷链供应链采购强调准时性，其准时性主要取决于中间物流环节。通常从几个方面进行：第一，提升生鲜公司的物流配送能力，制订完善且有效的配送计划和管理策略，以保证配送过程的准确性；第二，提高投入产出能力，减少新鲜农产品供应短缺的。

（5）供需信息共享。采用准时制购买，需要供应和需求双方的信息能够高度共享，以确保供应和需求信息的精确性和实时性。由于双方的战略合作关系，企业可以在生产计划、库存、质量等各个方面进行实时的交流，这样在遇到问题时就能够迅速处理。传统采购由于并不注重长期的、稳定的合作关系，一般不注重信息的分享。从准时制采购的特点来看，其成功实施离不开各节点企业之间的协同配合。借助协同技术，以提升供应链的效能和收益为目标，通过对供应链的各节点企业实施协同管理，能够让整个供应链的各节点企业更加互信、同步和团结。这也证明了供应链协同管理能够帮助各节点企业在信息共享的前提下构建持久且稳定的紧密协作关系，确保准时制采购的成功运行。

准时制采购体现出整个供应链采购管理的同步性。采用准时制采购策略，冷链供应链企业不仅能从源头上控制产品质量，还能更好地适应市场需求变化，最小化库存，降低成本和风险。对于生产经营生鲜农产品这样易损耗且物流成本高的冷链产品的企业来说，准时制采购无疑有着重要的发展促进作用。

（三）准时制采购的注意事项

准时制采购和传统采购存在一些显著的差别。要实施准时制采购，首先，需要挑选出最优秀的供应商，并对其进行有效的管理，这是保证准时制采购成功的关键；其次，供应商与用户的紧密协作是实现准时制采购成功的重要因素；最后，有效的采购过程质量控制是确保准时制采购成功的关键。因此，有效实施准时制采购需要注意以下八个方面。

（1）创建准时制采购团队。一支专业且高素质的采购团队在执行准时制采购方面有着至关重要的作用。采购团队成员有三个重要职责：寻找货源、商定价格、建立和供应商的合作关系并持续优化。因此，通常建立两个班组。一个班组负责处理供应商的相关事宜，其职责包括确定并评价供应商的声誉、技能，或者与供应商签订订单的及时性协议，并且为它们颁发免检的签证。此外，该班组还需要对供应商进行培训和教育。另一个班组则主要负责消除采购流程中的浪费。对于这些班组成员来说，他们必须深入理解并掌握准时制采购的技巧，必要时还需要接受相关的培训。如果他们自己对采购技巧的理解和掌握程度不够，那么他们就无法期待与供应商的协同工作。

（2）精选少数供应商合作。在准时制采购策略下，生鲜公司与供应商的关系并非仅仅局限于竞争，而是需要构筑一个互惠互利的伙伴关系，两者需要彼此的信赖、深入的协作以及共享的收益。在挑选供应商时，需要考虑几个方面的因素：产品的优良程度、供应的稳定性、适应环境的能力、所在的地理位置、公司的大小、财务状态、技术水平、价格以及它们对于其他供应商的可取之处。最后，挑选出一些符合需求的供应商合作伙伴，构建良好的合作关系。

（3）沟通共定采购的目标。制定采购策略，在当前采购方式的基础上进行改进优化，公平、正确地评价供应商，向供应商颁发签证等。在这个过程中，需要与供应商共同确定准时制采购的目标和相关的措施，并保持良好有序的信息交流。

（4）做好供应商教育培训。采用准时制采购需要供应与需求两者的协同工作，仅依赖于采购部门的付出是远远不够的，还需要供应商的协助。只有当供应商对于准时制采购策略和操作流程有所了解并且明白时，他们才会愿意提供支持和协助，因此，必须对供应商进行相关的教育和培训。供应商经过训练并与采购部门达成共同的目标，这样就可以有效地进行协同，以确保采购的及时性。

（5）供应商质量认证制度。与传统采购相比，准时制采购的独特之处在于消费者可以放心购买。为了实现这个目标，供应商必须保证提供全部的合格产品。只有满足这个条件，才能实施供应商的产品质量责任制，并颁发免检证书。

（6）精选物流商小批送货。实施准时制采购的最终目标在于确保公司的生产能够按时完成，因此，需要实现从预测的交货方式向准时化适时交货方式的转变。

（7）试点推广。先试点再全面推行。首先，从特定产品或生产线的试点开始，进行零部件或原材料的准时供应试点。在这个试点过程中，获得企业内部各个部门的支持是至关重要的，尤其是企业核心的生产部门。通过试点，更容易获得经验和总结经验，为接下来正式实施准时制采购奠定基础。

（8）供应商参与生鲜企业的采购管理。实施准时制采购需要生鲜供应商的参与，在各企业的协同配合下进行，联合持续性改进，而不能仅靠生鲜公司内部采购部门单打独斗。在准时制采购的每一步中，无论是产品的质量、及时性还是物流的过程，都离不开供应商的贡献。供应商在企业中发挥着重要的作用，它们共同推动生鲜行业的生产效率提升，以减少成本。为了保证产品的质量和交付的及时性，生鲜企业必须与供应商进行信息交流。如果采购计划有所改变，需要提前通知供应商，以便做出适当的调整。在执行采购的过程中，双方不断吸取经验教训，从减少运输费用、提升交付精度和产品质量、减少供应商库存等多个角度进行优化，以此来持续提升准时制采购的运行效果。准时制采购不仅要确保选择合适的供应商，还要与供应商建立长期的合作关系，制定良好的激励机制和培训机制，并有计划、有步骤地实施和不断改进。

（四）准时制采购的实施步骤

执行准时制采购与执行其他任务一样，必须遵循计划、执行、审查和总结提升的基本逻辑，具体包括以下步骤。

1. 组建准时制采购团队

组建准时制采购团队是实施准时制采购的关键和前提。

2. 分析现状，确定供应商

依据购买商品的种类，以高价值和大规格的主要原材料作为出发点，并考虑到与供应商的联系，首先挑选策略性或杠杆式的供应商并对其在实现即时购买方面的实施能力进行评估，以此来决定最佳的供应商。在评估购买商品和供应商时，需要考虑的因素包括原材料或零部件的购买量、年度购买总额、商品的重要性（对公司产品生产和质量等的影响）、供应商的合作精神、供应商的地理位置、商品的包装和运输方式、商品的储存环境和储存周期、供应商的现有供应管理能力、供应商主动改进的意愿、商品的供应周期、供应商生产该商品的周期以及关键原材料的采购周期、供应商的送货频率、商品的库存量等。然后，依据当前状况，深入探讨问题的根源以及引发问题的因素。

（1）设定目标。根据对供应商目前的供应情况的分析研究，提出改进目标，涵盖供货的周期、频次和库存等，改进目标设置的时间限制。

（2）制订实施计划。计划要明确主要的行动点、负责人、各阶段任务的完成时限、检查内容、检查方法，以及进度考核指标等。

（3）改进行动实施。执行优化计划的基础在于对原材料的品质进行优化和保证，同时，为了优化供应，需要考虑使用标准化、可重复利用的包装、周转物资和设备，以减少配送、搬运、存储的时间。优化计划的关键步骤是将订单与预测相结合，将原先独立开具的固定订单变为滚动下单，定期（例如，每个季度）向供应商提供采购预测，更好地帮助供应商制订产品的采购和生产计划；采购企业也能够按照约定的时间（例如，每周或每月）为供应商提供企业一段时间内的流动订单。流动订单既有固定部分也有可变部分，供应商接收订单后，按流动订单的要求定期、定量向采购企业送货。为了更有效地将供应商与整个供应链联合起来，供应商要尽可能按照一定的周期将库存报告（包括原材料、在制品、成品）发送给采购企业，使采购企业在接收客户订单和调整订单时能准确、迅速、清晰地掌握供应商的反应能力。在执行准时制采购时，高效是企业管理人员的期望，这离不开能高速传递信息的通信技术和电子设备，在确保信息及时、精确的同时，还兼顾信息的可靠性和安全性。在执行准时制采购的流程中，要有强烈的纪律意识，严格按照预定的时间做应该做的事情（例如，开具购买预测、订单、库存报告等），同时需要有团队协作精神和团队意识。只有采购、计划、仓储管理、运输、验收货物等作业紧密配合，采购企业和供应商之间合作良好，才能确保准时制采购的顺利进行。

3. 绩效衡量

衡量准时制采购的实施效果，需要构建指标体系，通过定期检查进度来管理和控制执行过程。企业的采购部门或专门成立的准时制采购实施小组需要按期对比计划执行情况，检查各项工作的进展情况，关注各项工作指标和采购目标的达成情况，并形成书面报告或图表提交给相应的管理人员或管理部门。对于未能按时、保质完成的工作，应当分析讨论，调整计划表或者工作方案，甚至调整工作目标，以促进工作的开展，确保采购目标的最大化实现。

二、电子采购

（一）电子采购的含义

电子采购（E-purchasing）也被称为网上采购、在线采购，是指通过信息通信技术，利用网络平台与供应商建立联系，以实现获取特定产品或服务的行为。当前网络、通信和 IT 技术正在飞速发展，全球范围内的网络普及使得现代商业拥有了不断增长的供应能力、不断增长的客户需求以及不断增长的全球竞争，这为常规采购与销售带来了巨大的影响与考验，从而触发企业的采购与销售策略的大转型，衍生出电子采购这一新的采购策略。时至今日，业界高度重视电子采购，电子采购已成为企业提升竞争力的必要手段，全球经济的发展也受到电子采购的显著推动。

（二）电子采购的优势

1. 宏观优势

（1）电子采购确保市场中的供需关系得到更好的连通。随着市场的公开化，买家与卖家可以更好地调节市场的需求。过去，尽管供货商可以降价，但是仍然无法清空过剩的库存。而现代的电子采购技术，让众多的买家与卖家都可以在网络交易市场中进行交流，从而通过连通需求的手段来解决这一问题。

（2）电子采购冲破了地理与语言的障碍。随着科技的进步和经济的发展，互联网和商业走向全球化，交易的参与者不再受限于地域或者国家边界，互联网为其沟通交流开辟了道路，潜在的买家或卖家轻易就能汇聚一堂。供应商和采购者可以在网络上寻找一些合作伙伴并进行交易，而这些在电子采购平台出现之前是难以实现的。虽然语言问题在全球贸易中仍然存在，但是第三方电子采购平台也在持续发展，逐渐提供多语言平台和产业、贸易专家等专业化增值服务，为国际贸易额的增长奠定了基础。

（3）通过电子采购，能够优化资源的配置，确保对有限资源的最大化利用，并且促使市场价格更加均衡一致。然而，由于信息匮乏和环境不确定，许多企业难以准确预测需求并进行合适的资源分配。为了减少这种情况给企业带来的不良影响，通常企业会在传统供应链中的每个环节都预备缓冲存储设备，但这也意味着会产生过多的库存和风险。信息的共享可以优化这一低效状态，同时也可以帮助企业更高效地调度资源。此外，电子采购平台还可以在库存耗尽之前，利用竞价的形式，向供货商提供一个更高效的处置剩余库存的策略。

2. 微观优势

（1）增强原材料供应的管理能力，拓宽询价和比价的领域，从对三家供应商进行货比转变为对千家供应商进行货比。

（2）降低采购成本，节约采购费用，缩短采购周期。

（3）对整个在线购物流程进行监督，增强对购买过程和库存的管理，确保没有任何漏洞，并且避免任何不正当的操作。

（4）高效地传递供应商信息，加速物料管理信息的流转，实现供应链企业间的资源共享。

（5）企业基于成功的电子采购方案，更容易衍生出一套趋于标准化的采购流程，这对于提升企业的管理水平有益。绝大多数的采购管理人员都期望推进和加强电子采购的应用。电子采购以其优于其他采购策略的稳定性和高效性越来越受到企业的青睐。

（三）电子采购的流程

一个典型的电子采购流程包括以下几个环节。

（1）提交采购需求。用户可以通过填写在线表格，预先告知其购买需求。针对采购频率较高的商品，供应商可以单独制作一个专门的目录来供用户挑选，便于用户快速提交购买申请。

（2）确定采购需求。依照企业预设的采购流程，采购需求提出后即刻发送至各个主管以获得批准。

（3）选择供应商。一旦采购申请被批准，采购团队将根据具体状况选择两种策略。如果采购需求已经与合作伙伴达成协议，那此项申请将会被视为订单自动传递至相关伙伴处；如果采购需求并未指定供货商，就必须利用公司的采购平台或者互联网来寻求相关的供货商。购买者不仅能在网络平台上获取供应商的价格和数量信息，还能获取购买决策所需的数量、价格以及功能需求等有关资料，在此基础上借助采购系统产生的供应商比较报告来做出最终的供应商选择决策。

（4）下订单。通过比较确定供应商后，采购方将通过电子邮件等途径发送订单至供应商处。

（5）订单跟踪。一部分拥有良好信息系统的供应商将提供一个订单编码，这样，采购团队就能够依据这个编码来跟踪订单的实施状态，一直到最后的交付。

（6）电子支付。若已连通银行网络，便能实施网络交易，从而完成采购的全过程。

（四）电子采购平台及模式

电子采购平台是一个集"全方位的资讯服务+多效的采购交易平台+管家式服务"为一体的企业采购协同工作平台。采购企业可以利用这个平台表达采购需求，与供应商进行价格磋商，追踪订单的发货过程，对供应商的表现进行评估，研究采购战略，寻找合作伙伴，掌握市场动态等。此外，供应企业还能够通过这种方式来进一步减少销售和供货的费用，并且能够接收到供货商的建议，从而抓住更大的商业机会，增加公司的经济利润。

电子采购平台包含第三方系统门户交易平台和企业私用交易平台。常见的第三方系统门户交易平台有阿里巴巴、京东商城等；企业私用交易平台是大型企业长期以来采用的一种主机式应用程序，与电子数据交换（EDI）系统类似，企业私用交易平台通过电子方式进行订单、库存报告以及其他相关信息的交流。

电子采购模式主要有三种。

（1）卖方一对多模式。这种模式指的是供应商在互联网上发布其产品目录供采购方浏览，采购方在其中找到需要的商品信息后，做出采购决策，并发出订单。常见的有，某些供应商为了提高市场占有率，开发了自己的电子商务平台，吸引大量买方企业登录浏览和采购自己的在线产品。

（2）买方一对多模式。这种模式通常是买方在电子商务平台、公司官网等互联网上发布采购需求，提供同类产品的供应商看到后在买方发布的信息下，展示自己公司的产品信息，供买方选择。买卖双方在网上经过评估、协商、达成一致、实时交易后，实现购买业务的整个流程。在买方一对多模式中，由买方建立、维护和更新产品目录，这与卖方一对多模式有所不同。买方公司可以设定目录中的产品种类和数量规格，甚至可以针对不同的采购员工设定相应的采购权限和数量限制，员工只需要通过一个界面就能轻松浏览到数家可能的供应商的产品信息，并进行比较和分析。尽管这种方式的成本较高，但买方能更有效地管理整个采购流程，因此，这种模式非常适合大型企业的直接物资采购。通常情况下，首先，大型企业拥有相对成熟可靠的信息管理系统，能够与电子采购系统有效地整合，保证信息的流畅性；其次，大型企业通常位于供应链的中心位置，只有几个固定的供应商，并且大型企业的采购量占据了供应商生产量的大部分，因此双方都扮演着重要角色，有助于形成长期稳定的合作伙伴关系；最后，大型企业具备足够的能力来完成建立、维护和更新产品目录的任务。

（3）网上拍卖模式。通常，网上拍卖平台会提供两种拍卖模式：一般拍卖模式和集体议价模式，少数平台还会提供反向拍卖模式。一般拍卖模式是指由供应商提供商品参与竞拍，买方参与商品竞价，通常以加价竞价的方式获得产品。集体议价模式是指同种商品的买方联合形成规模，从而集体获得优惠售价。反向拍卖模式是指买方在平台网站上公布购买需求，供应商一般采用减价竞价的方式来争取订单。反向拍卖模式的优点包括：①提高速度，无须耗费数月的等待期去获取并确认供货商的回复，全部流程只需要一个多小时就能结束；②降低开支，对购买方而言，通过网络反向竞价的手段，不仅能够减少与众多企业的沟通开销，还能促使商品价格大幅下降。当然，反向拍卖模式也存在一些问题。一是它过于注重价格，而忽略了与供应商的关系。由于拍卖的透明度和公开性，以及只关注价格的短期行为，很难确保购买的商品具有竞争优势，同时，供应商也难以与买方保持紧密的联系。二是预测的难度较大。采用在线反向拍卖模式，需求者很难预测最后的价格，每天都可能出现一个完全不同的竞标价格。网上拍卖模式通常用于间接商品，有时也会用于直接原材料。这种实时竞标的方式最适合大批量的普通商品，由于批量大，因此价格上的微小差异也可能累积成一个庞大的数目。

（五）冷链产品电商平台

目前，我国冷链产品电商构建出了"少数超级综合电商平台、多个综合竞争力强的生鲜垂直平台、小众成长性特色生鲜电商平台"的格局："少数超级综合电商平台"主要以阿里系和京东等为代表；"多个综合竞争力强的生鲜垂直平台"是指入行较早、具有较强竞争力的垂直电商平台，如沱沱工社、中粮我买网、天天果园等；"小众成长性特色生鲜电商平台"主要是指具有成长性的特色农产品电商，如淘鲜达等。根据实际情况，冷链产品电商企业主要分为综合性电商平台、垂直平台、特色冷链产品平台三种类型。这三种类型的企业之间是互相渗透、互相融合的。在综合性电商平台中，有平台自营生鲜模式，也有第三方生鲜企业入驻平台的合作模式，一些垂直生鲜平台或者小型的生鲜企业往往在创立之初会入驻综合性电商平台，以期用更低的成本获得更多的流量和销量。

三、全球化采购

近年来，全球化采购充斥着人们的生活，大型跨国企业和国际采购组织的采购网络正加速向中国市场延伸。全球化采购是指充分利用全球资源，在世界范围内找寻供应商，获取质更好、价更优的产品或服务。从微观层面来看，全球化采购对我国冷链供应链企业有诸多积极影响。第一，这种国际采购活动给予了我国的企业，尤其是一些曾经依赖于内销的国内企业一个扩大海外市场、构筑坚实的营销网络、推动产品出口的良好契机。第二，通过参与全球采购，或者与跨国公司或国际企业合作，我国的冷链供应链企业不仅可以构筑牢固的供需联系，还可以根据海外市场的规则制造并提供商品，从而帮助我国企业更迅速、更准确地理解海外市场并满足其需求；推动公司迅速优化其产品布局并进行科技革新，最终成功地进军全球市场，以此来体现其产品的优良性与竞争实力。第三，通过全球化采购，可以学习掌握如何进行资源配置。

从宏观层面来看，全球化采购作为一种新的贸易渠道和贸易方式，为我国产品走向国际市场提供了极其有利的条件，并对我国出口规模的扩大和出口结构的升级起到了非常积极的推动作用。另外，开展跨国采购活动、建设全球采购网络体系，可以将我国很多颇具竞争力的产品引入国际市场，从而扎实推动我国具有高附加价值、高竞争力的产品输出，进而推动我国出口结构的升级优化。同时，我国的经济结构特征既要从自身经济发展要求来进行主动的调整，也需要在国际分工新格局的形成过程中早作选择。全球化采购对我国的经济结构及产业结构的调整有着积极的促进作用，为国家经济发展、企业经济发展赢得了更广阔的市场空间。

冷链产品实施全球化采购的优势显著，极大扩大了供应商的选择范围，不仅可以"货比三家"，还可以"货比多家"。全球化采购集中化管理供应商，通过批量采购增加议价能力，选择质量优良、价格合理的产品。这有助于提高企业的产品质量、控制产品成本，从而提高企业竞争力和顾客满意度。

（一）全球化采购的优势

1. 价格优势

（1）劳动力成本。劳动力成本是指企业为雇用劳动力所支付的费用。企业寻求低劳动力成本，哪里的工资低，工厂就迁往哪里，试图降低生产成本并提升竞争力。但需要注意的是，随着机器人的广泛应用以及自动化技术的发展，企业车间工人数量减少，以往劳动力成本带来的显著差异也在逐渐缩小。

（2）汇率。汇率是指一国货币兑换成另一国货币的比率。汇率的变动会影响企业购买国外产品的成本，对全球化采购产生影响。

（3）效率。效率指的是在相同投入条件下获得更大产出的能力。某些国家具有某些设备的技术领先优势，其生产的设备性能往往高于其他国家。在这种情况下，基于生产技术上的要求，可以从国外进口更加先进的设备。

（4）垄断。垄断是指在一个特定的领域内，仅存在一家公司（或销售方）进行商品或服务的交易。一些全球性的原材料供应商会把生产力集中在特定的商品上，这样就能达到经济学上的自然垄断，并能够将出口商品的价格设置在一个相对较低的水平，实现大规模出口。

2. 质量优势

国外供应商的产品质量并不一定高于国内供应商所提供的产品质量，但不可否认，在某些产品上，发达国家的供应商有着更严格的质量管理体系和标准，以及和更先进的生产技术和设备，其产品质量更稳定。

3. 技术服务优势

为了获得最优质的服务，或者在合适的位置获取合适的技术，必须在全球范围内挑选供应商。国际市场的经验和资源网络也能为采购者提供更多的选择和支持。

4. 营销优势

为了打通销售渠道，有时在向其他国家出售产品时，也会答应向那些国家的供应商采购一定金额的货物作为交换，这可以带来双赢的营销优势。一方面，国内企业可以通过向国外供应商采购货物获得更多的市场机会；另一方面，国外供应商也可以通过向国内供应商提供销售渠道和合作机会来扩大自己的业务范围。

5. 竞争优势

通常，由于海外供应商的竞争，国内的供应商会有压力。购买者有权利选择进口，或者用进口威胁作为手段，对国内的供应商施加压力，以便使其在价格或其他方面做出让步。

6. 供应优势

由于设备和生产能力的限制和供应链管理方面的差异，部分发达国家的大型供应商的交货速度可能会比国内供应商更快。然而，国内供应商也在加强生产能力和供应链管理方面进行投入，以提高交货速度和满足客户需求。

（二）全球化采购的步骤

尽管各企业进行全球化采购时，执行的流程顺序有可能会有所差异，但是要想成功地进行全球化采购，以下步骤都是必须完成的。

（1）确定进行全球化采购的产品。即使所有产品都能通过全球化采购获得，全球化采购也并不一定是企业的最佳选择。通常企业要进行比较，优先选择那些质量更好、价格更优、风险可控，并且便于装运的产品进行采购。

（2）获取有关全球化采购的信息。一旦确定需要进行全球化采购，企业就要着手收集和评价潜在供应商的信息，或者找寻能够承担该任务的中介。这些中介包括贸易企业、驻外代理机构、贸易咨询机构等组织。

（3）评价供应商。实行全球化采购，对外国供应商的评价准则都应与对国内供应商的评价准则保持一致，甚至更为严格。外国供应商不会主动满足购买者的业绩标准或期望，通常购买者也不会一次性与一个外国供应商签订全部的采购协议，而是通过少量或试验性的订购逐渐建立供应商的业绩追踪记录。

（4）签订合同。在选定了合格的供应商之后，购买方需要提交对供应商的评价意见书。如果选定的外国供应商并不具备竞争优势，那么就应该选择国内供应商。如果外国供应商能够达到评估标准，购买方就可以与供应商商议合同条款。当然，冷链供应链全球化采购也为我国冷链供应链企业、政策经济和贸易制度等带来了许多挑战。比如，冷链产品的质量与标准是否达到国际市场的要求，国内相关行业和基础设施等能否适应全球化采购的要求，这些都是值得深入探究的领域。

四、联合采购

（一）联合采购的定义

联合采购（Joint Procurement）涉及多个购买者，他们对同一产品或服务有需求，通过合作来整合需求，以一个购买商的形式向供应商统一订货，从而扩大采购批量，达到降低采购价格或者降低采购成本的目的。

（二）联合采购的模式

联合采购的模式有很多种，常见的有合作型联合采购和第三方联合采购两种。合作型联合采购指的是采购者们通过达成的某些协议（比如，共担成本、利益分配、权利约束等）形成联盟，由联盟中的部分或者全部企业完成在协议范围内的采购活动。第三方联合采购则是指将采购活动委托给第三方完成，所有成员都不直接控制联盟的采购权利。

（三）联合采购的优势和不足

1. 联合采购的优势

（1）降低采购成本和其他环节的成本。多家企业联合，集体向供应商进货，使采购规模大幅扩张，容易实现批量采购，这样在与供应商接洽时更具议价能力，也更容易拿到优惠价格，降低采购成本。另外，随着现代通信技术的进步，公司也可以利用电子商务平台来订购产品，这样不仅能够提升采购的效率，还能够减少部分人力、财力，降低运营成本。为确保联合采购的质量，企业联盟需要加强对供应商信息的掌握，选择、评估和管理供应商，并且制定相应的采购标准和检验流程等。供应商的管理工作对任何一个买方企业都是必不可少的，但当需求产品相同的企业间形成联盟而采用联合采购策略时，供应商的管理工作可统一实施，产生的相关费用也能共同承担。这种方式能够有效减少重复工作，帮助企业降低运营成本。

除此以外，采用联合采购模式，共享和统一调配联盟中企业的库存资源，可以达到以下目的：①将各企业的储存备用物资变为共同储存物资，储存管理费用由各企业分摊，这样能大幅减少备用物资的积压，改善资金的占用问题；②进行资源整合，增加积压物资的使用机会，从而减少物资积压，盘活企业资产；③提高企业生产系统的鲁棒性，降低因物资短缺而可能造成的生产停顿的风险；④采购订单更为集中，订单处理的频次相对降低，有利于提高需求预测的准确性，在一定程度上削弱供应链上的"牛鞭效应"；⑤买方企业形成合作联盟，还能促进运输环节的合作，实现小批量的货物整合运输，提高运输设备装载率，减少运输频次，从而降低运输成本。

（2）提高市场透明度。企业的高效采购很大程度上受到产品透明度、供应商透明度和价格透明度等市场透明度的影响。了解哪些产品可以实现同质替换、哪些供应商可以取代现有供应商，以及产品市场价格如何等，对高质量完成采购活动至关重要。

（3）有利于创造协同效应。企业的资源禀赋存在差异，并且每个企业的资金和实力都是有限的。因此，借助合作来实现共享成长，根据一致的目标，恰当地运用资源，取长补短，就能够产生协调效果。

（4）避免无谓的竞争。传统的竞争方式是一种零和博弈，一方获利必然意味着另一方失利，最终往往导致"双输"的局面。联合采购通过同行的竞争合作，可以削弱企业之间的横向竞争，并减少恶性竞争，改变"双输"的局面。

（5）有利于降低采购风险。伴随着市场经济的持续壮大，企业的环境日益向全球化、社交化、复杂性转变。单个企业在应对日新月异的市场时，其生存与成长的困难越来越严重，无法独立应对各种采购的风险。然而，多家企业结盟，共同参与到采购的过程中，可以降低由于资金短缺、信息失衡等因素引发的风险。

（6）有利于实现规模经济。对于许多企业而言，达到具备竞争优势的规模化运营非单一企业所能实现的，它不仅难度大，还历时长，通过联合采购，能够迅速扩大合作企业的采购规模，实现规模经济。

2. 联合采购的不足

联合采购的不足包括：为了与联合采购协调一致，企业极有可能需要调整原有的采购周期，在这种情况下，某些企业可能会偏离原来的经济采购量，导致额外费用的产生；还有一些企业为了融入联合采购，需要改变其原有的采购流程；除此以外，企业间信息的共享可能会增加企业关键信息的泄露的风险，导致企业失去竞争优势；更有甚者，如果协调成本过高或难以协调，可能会对企业的生产造成不良影响，得不偿失。因此，企业在决定是否参与联合采购时，应权衡各种利弊，并根据自身的实际情况做出明智的选择。

第三节　冷链供应链采购供应商管理

随着市场竞争的白热化，企业想通过单打独斗获得成功越来越困难。作为冷链供应链企业，与供应商建立良好、长期的战略合作关系将会使企业在激烈的竞争中找到稳固且可信赖的货品来源，这对公司的持续运营和成长大有裨益。采购管理就是直接和供应商打交道，从供应商处获取各种物资。因此，供应商管理工作是冷链供应链采购管理中必不可少的重要环节。

一、冷链供应链采购供应商管理的基本内容

冷链供应链采购供应商管理，就是对冷链产品供应商的了解、选择、开发、使用和控制等综合性的管理工作的总称。其包括供应商调查、供应商开发、供应商评价、供应商选择、供应商使用、供应商绩效激励与控制等内容。

（一）供应商调查

想要建立信任、合作、开放的供应链长期合作关系，采购方首先需要对市场的竞争环境进行分析。企业必须知道现在的产品需求是什么，产品的类型和特征是什么，客户需求是什么，供应商的名称、地理位置、知名度如何，能提供什么产品，供货能力如何，市场份额有多大，员工素质如何，产品质量如何，价格和运力如何等，以此确认是否有发展供应链合作关系的必要。如果已建立供应链合作伙伴关系，采购方则需要根据需求的变化确认改变合作关系的必要性，同时了解现有供应商的现状，分析、总结企业存在的问题。

（二）供应商开发

供应商开发是从无到有寻找新供应商，建立符合企业要求、促进企业发展的供应商队伍的过程。通过开发供应商，企业可以选择更多不同类型的产品或服务，与能够提供高质量产品或服务的供应商建立起备用供应链，有助于企业确保其获得的产品质量和服务质量，通过供应商之间的竞争降低采购成本，利用备用供应链降低供应商中断的风险等。

（三）供应商评价

（1）供应商评价的目标。进行供应商评价主要是为了：获取满足采购企业质量和数量要求的产品与服务；促使供应商努力提供更多高质量的产品与服务，并且能快速响应采购企业的需求；尽可能用最小的成本换取最优的产品和服务；鉴别和筛除不符合要求的供应商，开发具备潜力的供应商，持续创新；建立和维护好长期稳定的供应商合作伙伴关系。

（2）供应商评价的内容。供应商评价是指利用指标评价体系，对供应商供货质量服务水平、供货价格、准时性、信用度等进行评价，以作为选择供应商的依据。供应商评价的内容包括多个方面，通常有：①质量表现，评估供应商的产品质量是否符合要求，包括产品的可靠性、一致性和符合性等方面；②交货准时性，评估供应商是否按照约定的交货期限准时供货，是否出现延迟交货或缺货等问题；③服务水平，评估供应商在售前、售中和售后服务方面的表现，包括沟通响应速度、问题解决能力、技术支持等；④价格和成本效益，评估供应商的价格合理性，并考虑与供应商合作所带来的总体成本效益，如降低库存成本、提高生产效率等；⑤供应链管理能力，评估供应商是否具备良好的供应链管理能力，包括供应链透明度、风险管理、配送能力等方面；⑥合规性和可持续性，评估供应商是否遵守法律法规和行业标准，关注供应商的环境影响、社会责任和可持续发展等方面；⑦创新能力，评估供应商是否具备技术创新和持续改进的能力，以满足企业不断变化的需求；⑧供应商管理体系和合作历史，评估供应商的管理体系是否健全，并考虑与供应商的合作历史和关系稳定性。

供应商评价涉及的内容很多，不同企业的要求和期望也不尽相同。就评价内容而言，有些方面是可以量化的，而有些方面则需要通过长期的工作观察获取。很多企业依据自身规模和运营情况，制定了针对供应商的考评指标体系。通过指标体系，多方面评价供应商，可以全面了解供应商的能力、表现和潜力，以选择最适合的供应商并优化供应链的管理。

（四）供应商选择

供应商选择是指对供应商的动态评价，贯穿供应商管理的整个过程。作为长期战略伙伴，冷链产品供应商是冷链供应链管理中一个重要部分，也是提升冷链供应链采购管理效率的核心。如果对冷链产品供应商的选择不当，轻则影响企业利润，重则导致企业丧失与其他企业的竞争机会。通常情况下，选择冷链产品供应商需要遵循以下两个原则。

1. 与竞争战略相匹配的原则

竞争战略是指企业在总体战略的制约下，在经营过程中针对市场竞争方面的计划和行动。通常，战略具有长远性的特点，竞争战略迫使企业保持危机感，企业必须时刻警惕，不断探索、创新、改进，以满足客户需求，抢占市场份额。为了后期更好地合作和携手，共同提高竞争水平，采购企业应尽可能选择文化背景趋同性较高的供应商作为合作伙伴。

2. 冷链产品供应商合作伙伴的细分原则

绿色供应链管理下的冷链产品供应商选择，要注重对供应商的分类。随着企业间竞争的白热化，资源的高效利用尤为重要。因此，可以将供应商划分为不同的层级，针对不同层级的供应商，采用不同的管理方法和管理手段，在大大提高企业的选择效率的同时，还能节约企业成本。供应商选择的七个阶段包括：

（1）分析市场竞争环境。了解市场竞争环境，可以让企业掌握市场的现状和趋势，包括消费者需求、竞争对手、经济环境、政策法规等，有助于企业做出针对性的决策，判断其是否需要建立供应链合作关系、应当建立何种供应链合作关系。

（2）建立供应商选择目标。对供应商的评价要落到实处，就必须确定好供应商评价程序的实施方案，首先要设定好具体且实际的目标。供应商评价和选择的过程，本质上也是业务流程重构的过程，因此，如果执行得当，能为企业带来诸多好处。

（3）建立供应商评价标准。供应商评价体系是供应商评价的根本遵循。反映企业本身和环境所构成的复杂系统的不同属性的指标，按照隶属关系、层次结构有序组合形成的集合即评价标准。对于不同的行业和企业、不同的产品需求和市场环境，供应商评价也不尽相同，但可能影响供应链合作关系的指标大都涉及这几个方面：供应商的业绩、设备设施、人才培养、质量控制、成本控制、技术创新、客户满意度和交货协议等。

（4）建立评价小组。供应商的选择，并非只关乎采购员个人，而是代表着企业的集体决策。公司必须组建一个由各个部门相关人员组成的团队，以便对供应商进行评估和决策。供应商的选择涉及公司的生产、技术、计划、财务、物流、市场等各个部门。

（5）供应商参与。企业决定开展供应商评价活动，评价小组就必须尽快和初步选定的供应商取得联系，确认其中哪些供应商有意愿与企业建立供应链合作伙伴关系，其是否在不断发展，力求达到更高的业绩水平。因此，企业应尽早地让供应商参与评价体系的制定过程。鉴于企业的实力和资源有限，只能与少数关键的供应商保持紧密的合作，所以，参与的供应商数量并非越多越好。

（6）评价供应商。是调查和收集供应商生产运营的全方位信息，基于获取的供应商信息，运用一定的工具和技术方法开展对供应商的评价活动，评价结论即为决策依据。通过这样的方法选择供应商，假如选择成功，则可开展供应链合作关系。但如果没有适合的供应商可供选择，则需要重新建立供应商选择目标进行评价选择。

（7）搭建供应链合作关系。企业在搭建供应链合作关系的过程中，市场需求不断变化，企业可以根据实际需求及时改变合作伙伴关系，或重新进行供应商评价，选择新的供应商。如果重新选择供应商，应当给予新、旧供应商足够的适应时间。

（五）供应商使用

企业在选定供应商后，将结束试运行阶段，签订正式的合作合同，开始投入正常的冷链产品供应服务，以建立相对稳定的冷链产品供需关系。合作开展初期，采购企业需要加强对供应商的指导和配合，对相关操作提出明确的规定和一些重要的工作原则、规则、规章制度、作业要求等，更要以书面形式明确规定，甚至添加至合作协议中。同时，还需要强化评估和考核，持续优化工作和协作关系，以达到较为成熟的状态。在达到较高的成熟状态后，我们还需要定期进行检查、合作和协商，以确保业务运作的协调和有序。

（六）供应商绩效激励与控制

要维持长期稳定的共赢关系，对供应商的激励必不可少。企业与供应商的整个合作过程都需要加强激励与控制，一方面大力推动供应商积极主动地优化物资供应业务，另一方面实施各种策略来限制供应商的不当行为，避免给企业带来损害。构建激励机制，可以向供应商提供价格折扣和柔性合同，或者赠送股权，促使供应商和制造商能够共享成功，让供应商在合作中感受到双赢机制的益处。当然，同时还应当注意遵循公平、一致的准则。

实施绩效化管理是激励和控制冷链供应链采购供应商的前提。

1. 冷链供应链采购供应商绩效评价指标选取原则

（1）全面性原则。在进行冷链供应链采购供应商绩效评价时，要全面考虑其绩效的影响因素，关注冷链供应链采购供应商的一系列服务过程。不仅需要关注冷链供应链采购供应商的响应速度和供给商品的新鲜程度，还需要关注规模效应下冷链供应链采购供应商的产品质量，以及给企业带来的成本优势等。冷链供应链采购供应商绩效评价体系是进行冷链供应链采购供应商评价的基础，也是指导冷链供应链采购供应商改进服务绩效的依据。因而，评价指标必须具有全面性，能够全面地反映出冷链供应链采购供应商的整体服务绩效。

（2）适用性原则。由于行业之间存在差异，需要充分考虑冷链供应链企业和冷链供应链采购供应商的特点，将其结合起来进行研究。在现有研究方法的基础上选取合理的评价指标，构建适用于冷链供应链采购供应商绩效评价的指标体系，使其能广泛适用于冷链供应链采购供应商的绩效评价。

（3）科学性原则。选取的指标应当相互独立、简单且具有代表性，同时要控制数量，尽可能从客观的角度出发，选择易于量化的指标，降低指标的主观性。选定指标后，需要对指标科学合理地归类并分层，确保每层指标能准确直观地反映冷链供应链采购供应商的服务能力。

（4）定量分析指标与定性分析指标相结合原则。评价结果的真实性与准确性是依靠客观数据来支撑的，因此，选取的指标应该具有可量化的特性，以便于对冷链供应链采购供应商的绩效进行准确评价。但在实际的研究中，部分指标难以量化。针对这部分指标，可以采取专家打分的方法对其进行评分，以确保评价的完整性。定量分析指标与定性分析指标相结合，可以更加全面地了解被评估对象的性能和表现。

2. 冷链供应链采购供应商绩效评价侧重点

通常，在对冷链供应链采购供应商进行绩效评价时，采购企业的关注点主要放在采购成本、冷链产品的品牌效应和供应商的服务水平等方面。

（1）采购成本。伴随着消费升级、冷链供应链的高速发展，冷链产品行业在迎来黄金发展期的同时，也背负着繁重的成本压力。有市场调研数据显示，国内一辆普通冷藏车的价格在 50 万~80 万元之间，而进口冷藏车的价格则更高。此外，冷链物流设施设备的运营成本也不容忽视。国内一个普通冷藏仓库的年租金在 100 万~300 万元之间，而冷藏车的年运营成本则在 150 万~300 万元之间。冷藏船的年运营成本则根据航线、船型、船龄等因素而异，一般小型冷藏船的年运营成本在 100 万~200 万元之间，大型冷藏船的年运营成本则更高。冷链产品因运输的特殊要求，成本远高于常温物流运输。因此，控制采购成本是企业运营的重要战略之一。

（2）冷链产品的品牌效应。通常，产品知名度的高低并不能直观反映出产品质量的好坏，但消费者仍容易倾向于购买熟知品牌的产品，所以，冷链产品品牌的知名度和影响力也是冷链供应链采购供应商绩效评价时需要考虑的一个重要因素。良好的品牌形象，更容易吸引消费者，从而提高销售额，保证冷链供应链企业的平稳运营。

（3）供应商的服务水平。冷链供应链采购供应商的服务水平的高低可以从其给出的商品折扣、产品质量、技术水平和售后服务等方面体现。确保产品质量是供应商服务的第一要义，采购产品质量的好坏直接关系到企业竞争力、经济效益、客户满意度、品牌价值等，冷链供应链采购供应商的技术水平则是保障产品质量和安全性的基础。此外，在进行批量订购时，很多供应商除了能给出折扣价格，还能为客户提供赠品，在保持合理利润空间的同时，吸引更多客户，建立稳固的合作关系。在双方合作的过程中，供应商若能及时响应客户的需求和问题，快速解决潜在问题，并提供有效的技术支持和咨询服务，其服务水平将很容易得到认同，继而发展成为优质的冷链供应链采购供应商。

二、冷链供应链采购供应商的分类及管理办法

供应商管理是冷链供应链采购管理中一个极为重要的问题，对冷链供应链采购供应商的分类和管理是实现准时制采购强有力的支撑。

（一）冷链供应链采购供应商的分类

根据物资的类型、采购金额的大小，以及风险状况等，可将冷链供应链采购供应商分为战略型供应商、瓶颈型供应商、杠杆型供应商以及一般型供应商四类。

（1）战略型供应商。通常，企业向战略型供应商采购涉及的金额庞大，而且供应风险较高，主要用于购买战略性的物资，对企业的生产和经营起着决定性的作用。

（2）瓶颈型供应商。企业向瓶颈型供应商采购的规模较小，但供应风险却非常高，采购商品具有非标准件、定制化、垄断性等特征。也就是说，瓶颈型供应商一般只提供非标准件，产品的同质化程度也不高，往往是客户定制或者按特别需求生产制造的。这类供应商所在的供应市场也呈现出垄断的状况。所以，尽管企业对瓶颈型供应商的物资需求并不大，但他们的产品质量却会对公司的生产造成重大影响，同时，公司也几乎没有与这些供应商进行讨价还价的空间。

（3）杠杆型供应商。企业向杠杆型供应商采购涉及的金额很大，但供应风险却很小。杠杆型供应商通常提供标准件，产品的同质化程度极高，处于竞争性质的供应市场。

（4）一般型供应商。企业向一般型供应商采购涉及的金额不大，供应风险也很低。此类供应商通常提供非生产原料性质的工业用品，如办公用品与设备、备品备件、实验仪器与试剂、劳保用品、低值易耗品等。这类物资本身价格不高、种类繁多，供应市场上也容易获得。

（二）冷链供应链采购供应商的管理办法

针对不同级别的各类供应商采取不同的管理方法。

1. 对各级战略型供应商的管理方法

Ⅰ级战略型供应商：企业增进与其在产品研发方面的交流与协作，加强生产效益规划，并保持一定的业务往来，每年由公司总经理与其进行洽谈合作，年采购额不低于同类物资的70%，现场审核频率每年不少于1次。

Ⅱ级战略型供应商：正常合作，年采购额不低于同类物资的50%，现场审核频率每年不少于1次。

Ⅲ级战略型供应商：暂停供货资格，供应商管理部门及时向供应商发送信息沟通单，要求其限期查找原因，并提交整改报告、跟踪整改结果；若期限内整改不达标或拒绝整改，将取消其合格供应商资格，独家供货及客户指定供应商除外。

Ⅳ级战略型供应商：取消其合格供应商资格。

2. 对各级瓶颈型供应商的管理方法

Ⅰ级瓶颈型供应商：正常合作，现场审核频率每2年不少于1次。

Ⅱ级瓶颈型供应商：每月进行一次沟通，掌握公司运营情况及库存状况，了解并掌握产品创新的前景及发展趋势；现场审核频率每2年不少于1次。

Ⅲ级瓶颈型供应商：供应商管理部门及时向供应商发送信息沟通单，要求其限期查找原因，并提交整改报告、跟踪整改结果；必要时可以派专职驻厂人员，现场督促其整改并进行验收，直至恢复正常生产；若期限内整改不达标或拒绝整改，则取消其合格供应商资格，独家供货及客户指定供应商除外。

Ⅳ级瓶颈型供应商：可以派专职驻厂人员，现场督促其整改并进行验收，直至恢复正常生产，若期限内整改不达标或拒绝整改，则取消其合格供应商资格，独家供货及客户指定供应商除外。

3. 对各级杠杆型供应商的管理方法

在建立标准的情况下，开发多家供应商，每类物资的供应商数量不少于3家。

Ⅰ级杠杆型供应商：正常合作。

Ⅱ级杠杆型供应商：供应商管理部门及时向供应商发送信息沟通单，要求其限期查找原因，并提交整改报告、跟踪整改结果。

Ⅲ级杠杆型供应商：暂停供货资格，供应商管理部门及时向供应商发送信息沟通单，要求其限期查找原因，并提交整改报告、跟踪整改结果，若期限内整改不达标或拒绝整改，则取消其合格供应商资格。

Ⅳ级杠杆型供应商：取消其合格供应商资格。

4. 对各级一般型供应商的管理方法

实行全面竞争，不享受优惠政策。在年度专评中必须达到及格及以上，若连续两年被评为优秀，可晋级为杠杆型供应商。

第四节　冷链供应链采购控制与采购决策

一、冷链供应链采购控制概述

采购对接上下游要做到知己知彼，既要了解消费市场的需求、变化，还要及时了解市场行情、走势，更要时刻记录公司采购人员的进货价格和品质。

（一）采购业务中常见的弊端

（1）盲目采购。购买团队并未按照预先设定的购买方案或申购清单来购买，反倒是盲目购买或购买延迟，导致库存堆积，或者产品供需失衡。

（2）收受回扣，中饱私囊。在所有可能遭遇的购买风险中，购买者获取回扣的行为绝对是极其不利的。购买者为了个人利益，在购买过程中没有进行价格比较，而是选择了有回扣的供应商，这通常导致购买的物品质量无法得到保障，或者价格超过市场平均价格，从而使公司利益受损，严重的话还可能引发食品安全事故。

（3）虚报损耗，中途转移。这是公司内部的盗窃行为，在运输过程中，为了追求个人利益，运输部门可能会因为贪图私利而转移资料，并在报告时故意隐瞒损失情况。

（4）混淆采购成本。在会计记账过程中，会计人员并未对采购成本进行精确的划分，导致某些为采购材料而发生的成本和购买费用难以区分。对于生产公司来说，与材料采购有关的运输费用、保险费用、合理损耗等都应该计入采购成本，但这对于商品流通公司来说并不适用。

（5）验收不严，以少报多，以次充好。采购验收人员玩忽职守，不能严格验收采购材料以保证质量和数量。比如，验收冷冻水产品时未进行温度检测和细致的外观检测，导致水产品解冻和复冻问题被忽视。假如购买和验收的职责并未分离，一个人承担两个不兼容的职务，这种内部管理的缺陷很可能导致在材料验收过程中出现欺诈行为，从而使得劣质材料混入供应链。这种情况轻则会损害公司的利益，重则可能引发劣质产品的大规模流入，对消费者的利益造成损害。

（6）违规结算，资金流失。一般来说，公司在接收购买发票之后，会根据发票的金额授权财务人员签署支付凭证，并在出纳员的审查下进行支付。若缺乏严谨的支付管理流程，就可能产生结算风险。比如，对同一项购买活动进行多次支付，或者因为延误支付而损害了信誉。

（二）冷链供应链采购控制要点

在冷链供应链采购中，需要对请购（采购申请）与审批环节、供应商管理环节、采购实施环节、验收及入库环节、付款环节等进行控制，以确保采购流程的顺利进行和对风险的控制。具体的控制要点包括以下五点。

（1）请购与审批控制。其主要关注：是否已建立请购的一般程序和特殊授权程序；是否编制请购单，对所有请购的商品和劳务进行记录和管理；购置商品和劳务是否有计划，计划能否被批准。

（2）供应商管理控制。其主要关注：采购中是否有报价、比价、议价环节，确保获取最有利的采购价格；采购中是否有样品品质确认与供应商整体评估环节；是否建立供应商长期考核管理流程，以对供应商进行持续的监督和评估。

（3）采购实施控制。其主要关注：采购人员是否定期轮换；是否明确采购人员的职责和权限，落实岗位职责，确保各项工作的有效进行。

（4）验收及入库控制。其主要关注：验收时是否进行商品盘点和订单查验，以确保商品的数量和质量与采购需求相符；验收部门如将商品送交仓库或其他请购部门，是否获得了对方签章的收据，以确保交接的准确性和完整性。

（5）付款控制。其主要关注：编制凭单时，是否将凭单同订购单、验收单和供应商发票配合，以确保付款的准确性和依据的合法性；是否将应付账款明细账与供应商及时核对，以确保账务的准确性和及时性；是否建立措施，防止未经核准的款项被支付，以加强对付款流程的审核和监控。

二、冷链供应链采购决策概述

（一）冷链供应链采购决策的目标与内容

冷链供应链采购决策是指冷链供应链企业的采购人员在采购过程中针对一些关键问题做出选择的行为。决策的目的在于实现组织目标。

1. 企业的采购目标

具体来说，冷链供应链企业的采购目标主要包括以下几个方面。

（1）通过物资供应采购，确保企业能够及时获取所需的物资和资源，以保证生产、经营活动的正常进行。

（2）基于市场需求和供应情况，实施科学的采购计划，以保证合理库存，避免过量采购或库存不足的情况发生。

（3）选择合格的供应商，并且与其建立良好的合作关系，以确保所采购商品的质量稳定且持续改进。

（4）发展有竞争力的供应商，建立长期合作关系，通过共同发展和创新，提升供应链的效率和竞争优势。

（5）实现采购的低成本等。

2. 采购决策的内容

对于一个冷链供应链企业来讲，采购决策的科学性，对企业运作的成本有直接影响。企业采购决策的内容主要有：

（1）采购价格决策。根据市场行情、供需关系和供应商报价等因素，确定合理的采购价格水平。

（2）采购质量决策。结合产品质量标准和企业的要求，选择符合要求的供应商和产品，并确保产品质量符合预期。

（3）采购数量决策。根据企业需求、销售预测和库存情况等考虑因素，确定采购物资的数量。

（4）采购品种、规格决策。根据产品的特性和使用需求等因素，确定所需采购物资的品种和规格。

（5）供应商选择决策。评估供应商的综合实力、信誉度、交货能力等因素，选择合适的供应商并与之建立合作关系。

（6）交货期决策。与供应商协商确定物资的交货时间，以满足生产和销售的需要。

（7）采购中的运输方式选择。根据物资的特性、数量和交货地点等考虑因素，选择合适的运输方式和物流方案。

（8）采购中的货款结算决策。与供应商协商确定货物结算方式、期限和支付方式等相关事项。

（二）冷链供应链采购决策的特点

（1）预测性。冷链供应链采购决策需要对未来的采购工作进行预测和推测，这需要基于对市场的预测和了解。预测性可以帮助采购人员在做出决策前对市场需求、价格趋势、供应商可靠性等进行预判，从而降低风险并提高采购效果。

（2）专业性。产品在使用方向、过程、安全因素、价格、质量表现等多方面都有某些特有的专业性，正是由于这些专业性要求，采购企业倾向于安排专业人士来实施产品采购，包括前期市场考察、产品选择、商务谈判、合同执行、纠纷处理等各个环节，从而确保采购产品的质量安全和用户使用安全。

（3）过程复杂性。采购流程包括前期考察、报价、洽谈、形成初步意见、报批、签订合同、执行合同等，其中某些环节可能会占用相当长的时间，甚至在形成初步意见和报批两个环节中，决策团体内部可能还会存在不同的意见，有时还会推翻之前的工作重新开始。

（4）目的性。任何采购决策都有一定的目标。这些目标可能包括降低成本、提高质量、保证供应稳定性、确保安全等。采购决策需要明确这些目标，并在决策过程中将它们考虑在内。

（5）可行性。采购决策方案必须切实可行，否则采购决策就会失去意义。决策必须基于实际情况和对可行性的考虑，包括供应商的实力和可靠性、所需资金的可支配性、技术可行性等。

（6）评价性。对各种可行的采购方案进行分析评价，选择满意的方案。

（三）影响冷链供应链采购决策的因素

为做好冷链采购工作，采购部门要以市场需求为导向，以企业经营效益为出发点，做到采购质量、数量、价格、货源、时间合理。对此，企业必须相应地做好采购决策工作。

在做采购决策时，采购部门会受到许多因素的影响。

（1）环境因素。冷链产品的市场环境与经济前景对产业的发展有着巨大的影响，也必然会影响产业用户的采购计划。

（2）组织因素。其主要涉及企业的营销目标、采购政策、流程管理、组织结构和管理体制等。

（3）人际因素。通常，企业的采购决策也会受到非正式组织中人际关系的影响。

三、冷链供应链采购质量管理与控制

（一）冷链供应链采购质量管理概述

质量代表了一个实体（如产品、流程或活动等）在满足具体或隐性的需求方面的能力的综合表现。而采购质量则是一个组织通过建立一套完善的采购质量控制体系评价和验证供应商的产品，以确保所购买的产品达到预定的质量标准。冷链供应链采购的品质或服务决定着采购的质量，因此，企业必须重点思考三个问题：首先，如何将质量管理的观念融入采购部门的每一个工作环节；其次，如何通过与供货商的协同工作，持续优化并提升产品质量；最后，如何构建一个完善的采购质量保障机制。

冷链供应链采购质量管理指的是冷链供应链企业对采购质量的计划、组织、协调和控制，通过评估和认证供应商质量，构建一套完善的采购管理质量保证体系，从而确保企业的产品供给。采购质量管理的实质是通过企业的一系列管理活动来确保和提升产品的质量，以便让客户满意并安心。采购质量管理是企业管理的一个重要部分，也是全面质量管理的关键点，它直接影响了采购工作的效果，其重要性主要包括以下几个方面。

（1）影响企业产品质量的提高。高质量的原材料是生产出优质产品的关键保障。

（2）保障企业生产稳步进行。适当的时间取得适当数量且符合质量要求的产品原料，是企业有条不紊地完成生产计划的基础。

（3）保证企业产品生产和使用环节的安全合理。通过实施有效的采购质量管理措施，企业获得满足质量、安全和性能要求的产品，从而降低生产风险、提高产品质量和客户满意度。

（4）对全面质量管理的成功实施有积极的推动作用。

（5）有利于为下游客户提供优质服务，并提高企业知名度，增强企业的市场竞争力。

（二）冷链供应链采购质量管理与控制的依据

为了保证所采购的冷链产品质量，企业管理人员和采购人员必须明确冷链供应链采购质量管理与控制的依据。一般而言，冷链供应链采购质量管理与控制的依据主要包括以下几个方面。

（1）技术标准。技术标准是衡量、评定产品质量的技术依据，也是采购人员应当了解的基础信息。企业用于生产的原材料、零部件等必须满足当前的产品标准。

（2）采购技术文件。冷链供应链的采购技术文件是一切采购行为的依据，其中包括一系列的详细信息，以确保采购过程能顺利进行和产品质量达到企业预期。其通常包括：产品图样和技术规格、工艺文件、合规性要求、产品试样、检验规程、冷链运输和储存要求、追溯体系要求、质量要求、服务要求和其他特殊要求等。这些内容指标将有助于确保冷链供应链采购过程中的产品质量、运输安全和合规性，降低采购风险，提高整体供应链效率。在编制采购技术文件时，企业应充分考虑自身需求和市场环境，力求详尽、准确和实用。

通常，企业的专业技术人员负责编制采购技术文件，并在设计、工艺、检查和质量管理部门的共同签署下，最终得到采购总负责人的批准后开始执行。尽管目前我国有很多供应商通过了 ISO 9000 质量认证，并建立了一套相对完备的质量体系和质量文件，但某些供应商仍然不能完全按照质量体系的规范进行运作。因此，根据采购技术文件进行采购，商品的采购成功率更容易得到保障，采购人员的操作也更简单，同时质检技术人员进行检查和验收也将有据可依。

（3）合同、技术协议。尽管合同、技术协议通常不被视为采购管理的依据，但对于一些对性能有特殊需求的外购生鲜产品，如果没有合适的技术标准，也可以通过与供应商协商，达成技术协议，签署合同后，依技术协议和合同进行采购。

（三）冷链供应链采购质量管理与控制的方法

在冷链供应链采购过程中，确保产品质量至关重要。以下是几种常见的质量管理与控制的方法。

（1）审核评定法。采购企业组织专业人员对购买信息和供应商的质量体系文件进行审核和评估，以确定供应商能否达到质量要求。这包括对供应商的生产能力、质量管理体系、原材料质量、生产工艺等方面的综合评定。

（2）监督检查法。采购方对供应商的生产制造、检验、包装及发货流程进行监督，以保证质量体系文件得到有效执行。这可以通过定期现场检查、视频监控、数据报告等方式实现。

（3）检验试验法。对采购商品的某个或多个特性进行测量、检查、试验或度量，并将结果和预设的要求进行比对，以判断每项特性是否符合要求。这包括对产品的外观、气味、安全等方面的检验。

（4）供应商培训与改进。采购方可以组织供应商进行质量管理、生产工艺、产品标准等方面的培训，提高供应商的质量意识和生产水平。同时，鼓励供应商持续改进，优化生产工艺，降低不良品率。

（5）建立质量追溯体系。建立完善的质量追溯体系，记录产品的生产、检验、运输、储存等环节的信息，以便在出现问题时能够迅速定位并采取相应的措施。

（6）明确质量责任与奖惩制度。明确供应商的质量责任，对质量问题进行严格追责。同时，建立奖惩制度，对质量优良的供应商给予奖励，对质量问题严重的供应商进行惩罚或取消合作资格。

通过采取以上方法，冷链供应链采购企业可以有效地对产品质量进行管理与控制，确保产品质量安全，降低采购风险，提高企业竞争力。构建全新的采购质量管理体系，是企业发展和振兴的关键。

四、冷链供应链采购审计、财务结合控制

(一) 冷链供应链采购审计的定义

任何管理活动都由计划、组织、领导、控制等几大职能活动构成。其中，控制职能对管理活动绩效进行衡量，对照事先拟定的标准，找出偏差并采取措施纠正偏差。冷链供应链采购审计是指对从采购规划到采购合同管理的整个采购过程进行系统的审查，旨在探索能够为该项目其他购买合同或执行团队内的其他项目提供参考和借鉴的成功或失败的经验。

(二) 冷链供应链采购审计的内容

(1) 采购计划编制依据的可靠性。审计人员要审查采购计划编制的依据是否可靠，这包括对市场调研、需求预测、供应市场分析等方面的审计，以确保采购计划的制订基于准确的数据和预测。

(2) 采购计划审批程序的合规性。审计人员要审查采购计划的审批程序是否符合公司内部的合规要求，这包括对审批流程、权限分配、决策制定等方面的审计，以确保采购计划审批过程的有效性和合规性。

(3) 采购计划的价格合理性。审计人员要审查采购计划的价格是否合理，这包括对价格比较、成本分析、价格谈判等方面的审计，以确保采购价格与市场价格相符，并且符合公司的财务预算和采购策略。

(4) 采购计划所列物资数量的合理性。审计人员要审查采购计划所列物资数量是否合理，这包括对需求预测、库存管理、物资消耗等方面的审计，以确保采购数量与实际需求相符，并且不会导致库存积压或浪费。

(5) 采购方式的合理性。审计人员要审查采购方式是否合理，这包括对供应商选择、采购方式比较、合同签订等方面的审计，以确保采购方式符合公司的采购策略和风险管理要求。

(6) 供货商选择的合理性。审计人员要审查供货商选择是否合理，这包括对供应商评估、供货商选择标准、供货商比较等方面的审计，以确保供货商选择符合公司的采购策略和风险管理要求。

(三) 财务效益评估的内容

财务效益评估的基本目标是对项目的盈利能力、清偿能力和抗风险能力等方面进行考察，主要包括以下内容。

(1) 项目的盈利能力。这直接影响到项目投产后是否能生存和发展，项目的盈利能力是企业进行投资活动的原动力，同时也是评价项目在财务上的可行性程度的基本标志。

(2) 项目的清偿能力。这是银行放贷的重要依据。

(3) 项目资金的流动性。计算资金流动比率、速动比率和负债与资本比率等重要财务指标，客观清晰地对项目投产后的资金流动情况进行比较分析，可以反映出在项目生命周期内的企业每年度的利润、盈亏、资产和负债、资金来源和运用等情况。

(4) 项目的抗风险能力。这可以采用盈亏平衡分析、敏感性分析或概率分析等方法进行评估，检验不确定因素的变动对项目收益等指标的影响程度。

(四) 财务评价的方法

企业财务评价在冷链供应链财务评价中扮演着重要角色。企业财务评价主要采用现金流

量分析、静态与动态获利性分析，以及财务报表分析等方法。在现金流量分析中，企业可以通过评估冷链供应链各个环节的现金流动情况，了解资金是否充足、周转是否灵活以及流动性状况等。这能帮助冷链供应链企业预测未来的资金需求，并优化供应链的资金运作。静态与动态获利性分析可以用来衡量供应链活动的盈利能力。通过分析冷链供应链的成本、销售额和利润等指标，可以评估冷链供应链的经济效益。同时，动态获利性分析可以帮助冷链供应链上的企业识别出冷链供应链中可能存在的风险和机会，从而采取相应的应对措施。财务报表分析也是冷链供应链财务评价的重要方法之一。通过对冷链供应链各个环节的财务报表进行分析，冷链供应链企业可以了解冷链供应链的财务状况、偿债能力、运营效率等方面的情况。这有助于企业全面了解供应链的财务风险和潜在增长机会，为决策提供有力支持。

➡ 本章小结

冷链供应链采购的含义：冷链供应链上的企业在全程冷链的条件下，从供应市场获取冷链相关产品或冷链物流服务作为企业资源，以保证企业生产及经营活动正常开展的一项企业经营活动。冷链供应链采购管理的含义：为保证冷链供应链上企业的正常运行，对企业采购进行管理的活动。冷链供应链采购管理的主要内容：针对采购需求的企业内部管理、针对外界市场的评估及供应商管理、针对采购流程的自我管理。

冷链供应链采购的对象：初级农产品、加工食品和特殊商品。冷链供应链采购的原则：质量第一、价格最优、程序科学、信誉最佳、集中采购。冷链供应链采购活动的目标：提供稳定的原料流、供给流和服务流；使库存投资和损失保持在最低水平；维持适当的质量标准；以较低的费用实现采购的目标，建立采购成本优势；发现和培养合格的供应商；与组织的其他部门相互协调；不断完善采购制度，改进组织的竞争地位。冷链供应链采购的模式：按采购的集中程度分为分散式采购、集中式采购，按采购的形式分为国外采购、全国采购、当地采购和一站式采购；冷链供应链采购的流程：需求的确定或重新估计；定义和评估用户的需求；自制和外购决策；确定采购的类型；进行市场分析；确定所有可能的供应商；对可能的资源进行初步估计；剩余供应商的再评估；选择供应商；接收产品的发运和服务；进行购买后的表现评价。

与传统采购管理相比，冷链供应链采购管理具有以下特点：以用户需求订单为驱动、以外部资源管理为重点、实施事前控制和过程控制、从买方主动向买卖互动转变、与供应商建立双赢的合作伙伴关系。

冷链供应链的采购策略：准时制采购、电子采购、全球化采购、联合采购等。冷链供应链采购供应商管理的基本内容：供应商调查、供应商开发、供应商评价、供应商选择、供应商使用、供应商绩效激励与控制。冷链供应链采购供应商类型：战略型、瓶颈型、杠杆型、一般型。

冷链供应链采购控制的要点：请购与审批控制、供应商管理控制、采购实施控制、验收及入库控制、付款控制。冷链供应链采购质量管理与控制的方法：审核评定法、监督检查法、检验试验法、供应商培训与改进、建立质量追溯体系、明确质量责任与奖惩制度。冷链供应链审计的内容：采购计划编制依据的可靠性、采购计划审批程序的合规性、采购计划的价格合理性、采购计划所列物资数量的合理性、采购方式的合理性、供货商选择的合理性。

综合案例

永辉超市的生鲜采购和供应链管理

永辉超市是中国首批将生鲜农产品引进现代超市的流通企业之一。永辉超市主要经营生鲜、服装、日用品三类，主打生鲜食品，其优势是直采、低价。永辉超市走在国内生鲜品经营的前列，各门店生鲜品的经营面积都达到40%以上，永辉超市水产品供应也因种类丰富、品质新鲜、价格合理受到顾客青睐，永辉超市水产品经营品种达到160种。永辉超市生鲜品成功经营的原因可归纳为以下五个方面。第一，超市拥有灵活的进货渠道，主要包括三种：①超市鼓励各连锁店对当地水产品进行采购，采购船与海中渔船对接，实现直接采购；②永辉超市国内建立两大采购基地，分别是福建海鲜采购中心和江西水产采购中心；③永辉超市积极拓宽全球采购渠道，永辉超市与澳大利亚纳福海鲜供应商于2014年签订合作协议，将澳大利亚鲍鱼、生蚝、肺鱼等水产品列入采购范围。第二，永辉超市加强了水产品的检验工作。超市分别在基地、采购、物流、门店设立检测点，增加产品检验环节。门店要对水产品等进行各项指标的检测，并将检测结构公布在销售区。同时，严格审核供应商资质，供应商要提交营业执照、卫生许可证和税务登记证等相关证件。在卖场内，销售人员时刻关注产品的销售情况，对腐败产品及时报损并下架，从而保证超市卖场内的产品品质。第三，永辉超市实现全天候经营，即在营业时间内全程保证水产品的鲜度及种类的齐全。超市通过提高配送频次，随时保证生鲜及水产品的品种，与此同时，对所销售的生鲜品实行精细化管理以降低店内损耗。例如：超市要求铺冰货架上摆的鱼只放一排，随缺随补，防止叠压导致鱼体磨损，从而适当延长水产品的保鲜期；对于鲜活类产品，在保证鱼池内成活率的同时，加大对突然死亡的鱼的检查，做到及时处理死亡鱼体，避免细菌传染造成更严重的水质污染。同时，超市卖场主管有决定权，对低价处理商品有话语权，从而减少办公环节，降低生鲜损耗。第四，永辉超市建有专门的水产品配送车队，有专业水产人员以及专业设备提供服务保障，同时建有配送中心，全面提高加工配送能力。第五，永辉超市注意对员工的培训。有专门针对水产岗位的培训，不同类型的水产品都有各自的操作流程，销售人员必须按照操作流程对水产品进行整理，严格执行超市标准，从而达到降低损耗的目的。同时，超市为顾客提供免费杀鱼等服务，满足了顾客的个性化需求。

永辉超市找到了与我国实际相适应的发展模式并不断壮大，启示可归纳为以下三个方面。①重视企业自营物流的建设。近年来，国内物流发展迅速，第三方物流尚处在发展初期，与日益扩大的社会需求相比，物流技术水平的发展滞后于社会经济的发展需要。连锁超市作为与现代消费者接触最为密切的消费场所，需要稳定、及时、优质、低成本的物流服务，社会物流短时间内难以满足，很多超市被动地承担起高昂的物流投资建设费用，以自营物流配送中心为强有力的枢纽，扩大配送服务范围，从而更大程度地满足超市对生鲜品的需要，成为我国超市生鲜经营的关键点。②以供应链思维建立高效的水产品流通渠道。建立以连锁超市为核心企业的供应链，有助于缩短流通时间、减少流通环节、降低流通费用、提高流通效率，使水产品在内的生鲜品流通更加通畅、价格更加透明，有利于实现生产、流通、消费各方利益最大化。同时，超市销售渠道建立后，有助于形成规模化农业生产基地；信息的交互有助于消费市场指导农业进行有序生产，以及生产者可以及时掌握市场信息，从而全面把握市场需求，加快我国农业现代化进程。③提高生鲜品附加值成为经营利润的重要来源。降低物流的高成本可以为连锁超市带来丰厚的利润，但随着社会物流水平的提升，其带来的利润不会无限增加，并会进一步降低其利润空间，取而代之的是通过提高产品附加值提高经济利润。近年来，各大连锁超市在产品流通中，利用原产地以及配送中心等场地，增加生鲜品的加工服务，加工形式主要包括净菜、分级、初级加工、半成品包装等，通过深加工来提高生鲜农产品的附加值，大大延长了产品的保鲜期，提高了初级产品的销售利润。同时，通过不断提高从业人员的专业水平，减少生鲜品（特别是水产品）在配送过程中的损耗，以及对生鲜品实行精细化管理同样可以增加产品的销售利润。

思考：

1. 根据本章所学内容，讨论永辉超市采取的采购模式和采购形式。

2. 试讨论永辉超市源头直采这一模式的优缺点。

▶ 课外阅读

[1] 张宇星. 我国农产品采购与供应链管理发展现状与对策：兼评《农产品采购与供应管理》[J]. 农业经济问题，2018（4）：141-142.

[2] 张明月，郑军，薛兴利. 对接优势、能力、环境与超市参与"农超对接"行为：基于15省526家超市的调查[J]. 现代经济探讨，2017（9）：115-122.

第三章

冷链供应链生产管理

学习目标

了解冷链供应链生产管理的含义；了解冷链供应链生产管理的要求；理解冷链供应链生产计划编制的影响因素；理解冷链供应链生产计划的分类；掌握冷链供应链企业的生产协调机制、协调控制模式和跟踪机制。

引例

全链条追溯　全覆盖检测

2020年9月，重庆市市场监管局开发建设了"渝溯源"进口冷链食品追溯管理平台（以下简称"渝溯源"平台）。据悉，目前该平台已在重庆38个区县投入使用。进口冷链食品流入渠道很多，既有经外地流转至本地的，也有直接通过口岸抵达的，为此，沙坪坝区市场监管局严把"入口关"，持续强化提醒督导。该局对"企业申报""首站赋码"等末端环节高度重视，定期召开视频工作会、开展专项监督检查，反复督促相关企业落实主体责任，凡经其他地区流转至该市的进口冷链食品，企业必须通过"渝溯源"平台录入食品品名、生产企业、检验检疫等关键信息。对从口岸直接抵渝的进口冷链食品，该局要求企业须在平台提交消毒证明和核酸检测报告，同时按照相应的编码规则进行"首站赋码"，如此方可进入市场流通。

沙坪坝区市场监管局还严把"流通关"，依托"渝溯源"平台的数据查询功能，对相关企业实施全方位、全链条、全过程监管，严把进口冷链食品的各个安全环节，采取3个"三"的创新举措，督促企业落实疫情防控主体责任：一是落实入境"三必检"，配合卫生健康部门对进口冷链食品、外包装及相关环境进行核酸检测，确保抓好源头防控；二是落实经营"三扫码"，定期对从业人员健康码、冷链食品溯源码以及商品信息条形码进行扫描核查，确保防控信息及时更新；三是落实销售"三专管"，在大中型商超设立进口冷链食品专柜，实行专人管理、专柜管理、专表管理，及时登记购买者的姓名、联系方式等信息，确保商品流向可追踪、可追溯。

此外，沙坪坝区市场监管局充分发挥"渝溯源"平台作用，严把"风险关"。2020年7月，该局成功处置了重庆市第一起进口冷链食品疫情突发事件，并积极总结提炼实践经验，为"渝溯源"平台的设计完善提供了参考。目前，"渝溯源"平台能实现进口冷链食品从海关入关、储存分销、生产加工、批发零售、餐饮服务到消费者全链条信息追溯管理。平台在沙坪坝区运行以来，市场监管部门对冷链食品环境、从业人员实施拉网式全覆盖检测，对冷链食品做到了批批全检、每日必检，极大提升了基层市场监管部门的防控工作效率。2022年4月20日，沙坪坝区市场监管局执法人员在对重庆某食品供应链科技集团有限公司监督检查中发现，该公司经营的438袋冷链带皮猪腿肉标识的生产日期与实际日期不一致，不符合食品安全标准。同时还发现，该公司自2022年2月购进的4000余件进口冷链食品入渝后未进行核酸检测和消毒，未录入"渝溯源"平台，"三证一码"资料不全。沙坪坝区市场监管局依法对上述产品给予查扣，并对该公司进行立案查处。

思考：

作为冷链供应链的前端，如何认识生产管理和追溯系统对于冷链产品安全的意义？

第一节　冷链供应链生产管理概述

多数冷链产品作为食品的重要类别，它们的生产、加工、储藏、运输、销售等各环节已经充分融入高度复杂的现代社会分工之中。较其他非冷链产品而言，冷链产品的产业链更长，从生产端到消费端涉及数十个环节。在冷链产品产业链的多个环节中，所涉及的环境、投入品、加工设备和程序、销售途径、烹饪方式等领域的任何一个方面出现问题，都会危及冷链产品的质量和安全。冷链产品的质量安全水平取决于质量安全风险，而质量安全风险的源头在冷链产品的生产环节。

一、冷链供应链生产管理的含义

冷链供应链生产管理是指冷链供应链中生产商管理生产并协调与其他冷链供应链合作伙伴之间的关系的各种活动，主要解决如何计划与控制冷链供应链中的生产活动问题。其目的是确保冷链供应链中的生产环节能够高效协同运作，以满足市场需求，提高产品质量和安全，并最大限度地降低成本和风险。生产活动是一个能够增值的过程，它是社会组织向社会提供有用产品的过程。冷链产品的使用价值主要取决于产品质量和提供的时机。冷链产品提供的时机是指在顾客需要时提供产品的时间价值。一旦超过必要的时期，产品就会失去价值，尤其在冷链产品中更为重要。产品质量和产品时机构成了实现生产价值所必不可少的关键要素。而产品的成本，以产品的价值形式展现出来，最终决定了产品能否被顾客接受或承担。只有在被客户接受或承担的情况下，生产价值才能最终实现。

产品的质量、适时性和成本是决定产品使用价值的关键条件。这些条件决定了冷链供应链企业生产管理的目标是"在顾客需要时，以合适的价格提供具有适当质量的产品和服务"。冷链供应链生产管理的根本问题，就是如何实现生产管理目标的问题。一般来讲，冷链供应链生产管理包括三个方面：质量管理（Quality Management）、进度管理（Delivery Management）、成本管理（Cost Management）。

（1）质量管理。确保产品质量并提升产品质量，这就是质量管理。它体现了产品的使用功能、操作性能等特征，与之相对应的是，这些特征在生产管理中被转换成产品的设计质量、服务质量和生产质量。

（2）进度管理。确保产品及时、适度地投放到市场上，这就是进度管理。它意味着在现代大生产的过程中，有大量的人员、设备、物料、资金等资源，在需要的时候，要把所有的资源元素都筹集到合适的位置，这是一个非常复杂的系统工程，也是生产管理所要解决的重要问题之一。

（3）成本管理。在产品的价格为顾客所接受的前提下，为企业创造合理的利润，这就是成本管理。它不仅关系到人力、能源、物料、工具、土地等资源的合理分配与使用，还关系到企业生产率的提高以及资金的使用与管理。

二、冷链供应链生产管理的特点

供应链管理思想的不断发展，对供应链企业生产管理提出了挑战。传统的企业生产管理主要围绕单个企业的物料需求来进行，缺少与供应商的协同。在制订规划时也没有将供应商和经销商的真实状况考虑进去，不确定因素会极大地影响到库存与服务水平。因此，在制定库存控制战略时，也很难起到应有的效果。然而，在冷链供应链中，单个企业的生产与库存的选择直接关系到整个供应链的运作。因此，企业的生产计划和库存的最优控制不能仅仅局限于自己的内部业务过程，而是要从整个冷链供应链的角度来进行综合的优化控制，突破以企业本身的物料需求为核心的生产管理边界，充分理解客户的需要，并与供应商的运作相配合，达到信息的共享和整合，以客户化的需求来驱动客户化的生产计划，从而获得灵活的、快速的市场反应能力。企业的经营活动是以顾客需求为驱动、围绕着生产管理展开的，要想真正从传统的管理模式转变到"冷链供应链"，就必须要建立起一套以冷链供应链为核心的生产管理体系，为建立具有适应性、竞争力的管理运行机制提供保障。由于冷链产品从原材料的采购到产品的生产都需要在特定的低温下进行，与一般的供应链常温产品生产相比，供应链环境下的冷链产品生产要求更高更复杂。其生产管理方式有以下特点。

（1）决策信息来源多样化。生产计划编制的主要依据是决策信息，也就是基本数据。在传统的生产决策模型中，企业的规划决策主要从市场需求和资源两方面进行。市场需求信息可分为用户订单和需求预测两部分，将两者相结合，获取制订生产计划所需的需求信息。而资源信息则是企业在进行生产决策时必须要考虑到的限制因素。此外，在供应链环境下，冷链产品的生产过程中，其所涉及的资源信息除来自企业自身外，还来自供应商、分销商、用户等多方。要在此基础上研究冷链物流系统中的多源特性。在供应链中，冷链商的生产经营受到了更多的限制，而随着资源的增加，他们也有了更大的空间来进行生产优化。

（2）决策模式具有群体性、分布性。在冷链系统中，生产经营决策属于分布式群体决策模式。由多个节点企业构成的冷链供应链体系是一个三维的网络，各节点企业处于同一位置，各自拥有对应的数据库与领域知识库，并对其进行临时监控与决策，同时也相互依赖，并存在着利益冲突，因此，急需一种有效的协调与冲突化解机制。如果一家冷链企业的生产计划发生变化，那么它就必须做出相应的调整，从而使整个供应链环境中的冷链系统能够做出同步响应。

（3）信息反馈机制多样性。冷链企业生产管理工作的有序推进，需要有效的控制机制作为保证。要进行有效的控制，必须建立一种信息反馈机制。而冷链供应链系统中，由于具有以团队工作为特征的组织模式，所以系统呈现出了网络状的结构特点，从而使其从传统的多层次管理向网络化管理转变。在冷链物流中，管理信息不是沿层级结构（权力结构）传导的，而是沿各节点（网络结构）传导的。在供应链环境下，为使其运行协调一致，其内部各企业间的信息交流也变得更加频繁，这就需要使用平行的信息传输方式。

（4）计划运行的动态环境。冷链企业进行生产管理的目标之一是物流企业能够适应快速变化的市场环境。在复杂多变的环境下，冷链企业的生产运作面临着更大的不确定性。此外，在供应链环境下，冷链企业的生产与经营多为订单化，具有更高的动态性。与其他产品相比，冷链供应链的生产管理有更多的不确定因素与动态因素，生产管理体系对提前期的柔性、生产批量的柔性等提出了更高的要求。

三、冷链供应链生产管理的要求

供需同步化是改善服务质量、节约成本的一种重要手段。实现供应与需求的同步是优化服务与控制成本的重要目标。通常情况下，影响供需匹配的因素主要有：

（1）生产上维持高效。由于客户的需求可能是多样化的、个性化的，因此要保证高效率、低成本的生产方式。

（2）批量生产模式。批量增大，供应水平提高，而需求是小批量的可能性很大，因此批量的生产方式会造成供需不匹配。

（3）降低高库存量和避免缺货。若大批量、低效率生产出客户并不需要的产品，这样就会使库存水平升高，进而增加库存成本。若生产不足，可能供不应求，导致缺货。因此有效的生产是为了降低库存成本，同时满足市场需求。

因此，运行模式的可靠性和灵活性是同步的关键；可靠而灵活的操作应当以生产、物流管理和库存控制为重点，销售和营销的角色是开拓市场。在冷链供应链中，终端用户的真实需求是通过各个环节传递的，当真实的需求发生改变时，各个环节都需要了解，并及时采取相应的措施。在保证供应链安全的前提下，有效地协调供应链中存在的各种问题。

第二节　冷链供应链生产系统

冷链供应链是一个由多个企业构成的网络，包括紧密型的联合体成员、合作型的伙伴，以及动态的联盟。整个冷链供应链是由一个核心企业来领导的，它可以对所有参与冷链供应链的企业进行有效的组织，并对整个冷链供应链的资源进行优化，使其能够在最短的时间内做出最好的产品，并且在最短的时间内满足客户的需要，从而实现对市场和客户的快速反应。这是冷链供应链中生产经营的最基本的目标和需求。

一、冷链供应链生产系统的概念

冷链供应链生产系统是指能在正常条件下为公司的日常经营提供支持的信息系统。该系统由生产数据、生产数据处理、生产网络三部分组成。冷链供应链生产系统是一个能够在多个位置上执行各个环节的任务的系统。根据其生产位置是否在同一企业内，可以将其划分为企业内的生产系统和企业间的生产系统，而冷链供应链的生产管理则主要关注企业间的生产系统。

二、冷链供应链生产系统的功能

（1）创新功能。冷链供应链生产系统可以通过引入创新的技术和方法，提升整个生产系统的效率和质量。例如，可以采用物联网技术和传感器来实时监测温度和湿度，并通过大数据分析提高预测和优化的能力，确保产品在整个供应链中的质量和安全。

（2）质量功能。冷链供应链生产系统致力于保证冷链产品的质量和安全。通过严格的温度控制、货物追踪和监控、风险管理和问题应对等措施，确保产品在运输和储存过程中不受损坏。同时，采用正规的供应链合作伙伴和合规的质量标准，确保产品符合相关法规和客户要求。

（3）柔性功能。冷链供应链生产系统需要具备柔性适应能力，以适应市场需求的变化和个性化的要求。通过合适的生产调度、仓储管理和物流路径优化等，能够快速调整生产规模和交付周期，满足不同客户和市场的需求。

（4）继承性功能。冷链供应链生产系统应该能够继承和整合已有的供应链资源和能力。这包括继承合作伙伴之间的默契和信任关系、继承已有的温控设备和物流网络等。通过继承性功能，可以减少重复投资，提高系统的效率和灵活性。

（5）自我完善功能。冷链供应链生产系统应该具备自我学习和优化的能力。通过持续收集和分析供应链数据，可以发现潜在的问题，并采取相应的改进措施。此外，通过不断优化流程和采用最新的技术和最佳实践，可以提高系统的效率和质量。

（6）环境保护功能。冷链供应链生产系统在保证产品质量和安全的同时，也要关注环境保护。通过节能减排和可持续发展的措施，减少对环境的影响。例如，采用节能的冷藏和冷冻设备、优化物流路径和运输方式，以降低碳排放和资源消耗。

三、冷链供应链生产系统的分类

常见的冷链供应链生产系统的类型有：

（1）战略型冷链供应链生产系统。这种生产系统主要适用于大规模企业，其目标是通过自身的产品开发和生产能力来获得市场竞争优势。这种生产系统通常具有自主决策能力和生产能力，并且对供应链中的其他企业进行外包。例如，一个大型食品加工企业拥有自己的冷库、生产线和运输设备，它能够独立完成产品的生产和配送，并根据市场需求进行生产规划和销售战略的制定。

（2）区域型冷链供应链生产系统。区域型冷链供应链生产系统是在特定地理区域内建立的供应链合作体系。不同规模和性质的企业共同组成一个区域联盟，它们相互合作和支持，共同开展业务。这种生产系统通常通过共享设施、信息和技术来实现合作。例如，某区域型冷链供应链生产系统由多个食品生产商、物流服务提供商和分销商组成，这些企业共同合作，利用区域内的冷库和物流网络，实现产品的生产和分配，以满足区域的需求。

（3）操作型冷链供应链生产系统。操作型冷链供应链生产系统是一种以生产作业为中心的供应链合作模式。各个合作伙伴协同工作，通过共享生产资源、协调物流和优化生产流程，以实现高效的生产操作。例如，在冷冻食品供应链生产系统中，生产商、分销商和零售商之间可以建立操作型冷链供应链生产系统来共享信息和协调物流，以确保冷链产品以最佳状态运输和储存。

（4）内部型冷链供应链生产系统。内部型冷链供应链生产系统是指企业自身建立的供应链合作体系。企业内部各个部门协同工作，进行生产流程的优化，以提高生产效率和降低成本。例如，大型超市连锁企业可能拥有自己的冷链供应链生产系统。它们将生产、存储和配送的所有环节都整合在自己的操作体系中，以确保产品的流通和销售过程中的冷链良好。

冷链供应链生产系统多样、灵活，企业可以根据自身需求和资源，选择适合自己的冷链供应链生产系统的类型，并进行合作管理，以保证冷链产品的顺畅生产和供应链的顺畅运作。

四、冷链供应链生产系统的合作前提

冷链供应链管理的基础是冷链供应链合作，冷链供应链生产系统的合作前提是对其核心能力的控制。没有一家企业可以拥有足够的核心资源来应对所有竞争。它们通常联合起来，以保护共同的利益。冷链供应链企业生产系统的合作前提有以下几个方面。

（1）关系透明。冷链供应链合作企业之间的关系应该是透明的，彼此需要进行广泛的沟通和交流，以互相了解并支持对方的决策和行动。冷链供应链管理要遵循双赢的原则，每个节点企业都应该希望与其他公司开展合作，在伙伴间构建利益共享和风险分担的体制，从而解决因信息不对称造成的供应链企业彼此封闭的问题。

（2）互信合作。供应链合作方之间应该建立起相互信任的关系，并进行良好的协商。在合作企业双方战略合作关系建立的实质阶段，企业要对自身的预期与需求进行分析，企业之间要密切配合并加强彼此间信息共享、技术交流与设计支持。在执行过程中，相互间的信任是最关键的。因此，协作公司必须互相信任，而且还要形成共同的责任感和意识，这样才能提高效率、减少交易成本。

（3）数据信息交换。数据信息交换可有效降低投机行为的发生，可加强重要生产数据信息的自由流动、消除"牛鞭效应"等。供应链合作方之间的数据交换需要在合适的规则下进行。合作方应该制定合理的数据交换规则，明确交换的数据信息内容和使用方式，以确保数据安全和合作的顺利进行。

（4）协调管理组织。制度环境和社会规范会对企业产生一定的压力。企业要朝着社会规范的方向发展，而最好的办法就是与合作伙伴建立联系，取得他人的信赖和一定的资源，以此来提升自己的标准化及制度化能力，获得重要的资源与经历，让企业的声誉、社会价值与所处的环境相适应。合作企业必须有协调管理组织来负责供应链生产系统合作的顺利实施。这个组织应该能够协调各个合作方之间的合作行动，确保生产系统的协调和顺利运行。

基于以上合作前提，冷链供应链生产系统才能够实现不同合作方之间的协调与合作，最大限度地提高效率、降低成本，并在保障产品在冷链供应链中高效运输和储存的同时，确保产品的质量和安全，这对于冷链产品的生产管理来说尤为重要。

五、冷链供应链管理生产系统的物流管理任务

强化生产系统中的物流管理是增强供应链各成员之间协作的状况的一种重要途径。供应链生产系统物流管理的最基础的工作包括：

（1）形成完善的物流系统。首先，要对物流系统的战略进行选择与确立。物流战略要

符合核心企业的基本发展策略、系统的主要目标，以及生产体系的原则。在此基础上，提出一种新的物流策略，如降低生产系统的物流费用、提高系统的自适应性、减少系统失效次数、缩短供货及配送时间等。其次，构建物流体系。其主要的研究内容包括：制定企业间的物流与信息流程序、在合作伙伴间进行物流作业的分派，并建立协调机制，以实现各物流行为的协调。最后，形成管理系统。一方面，它能让企业通过相关的措施和制度来影响其他合作者的行为；另一方面，还能让管理者发挥影响力，通过协调大量的合作伙伴，共同完成各自的工作。

（2）促进跨企业生产能力的形成。这依赖于生产系统的规划与控制、信息的沟通和良好的物流管理等。除采用先进的生产管理方法和先进的信息技术外，在物流管理方面还必须进行区域性运输规划，采用先进的物流管理方法和技术，降低物流成本，提高物流效率，从而维护和提高跨企业生产能力。

第三节　冷链供应链生产模式

在市场竞争日益加剧的今天，生产模式对企业的竞争力起着至关重要的作用。所以，如何改变和选择生产模式就成了整个供应链中的焦点。随着信息化发展、知识经济时代的来临，冷链物流的经营方式已经从传统的实体企业扩展到虚拟企业，并进一步扩展到供应链中。所以，冷链供应链的企业生产模式就是指企业在产品的研发、生产和经营过程中，所采用的策略、生产哲理、生产与管理方法、加工方式和标准等的集合体。生产模式的选择与市场、生产技术、信息技术、资源与人力资源、地域与民族文化传统等密切相关。生产模式的变化体现了生产力水平的提高、技术的进步、市场的变化，以及供应链的变化。其基本目标是通过高效地整合生产资源，为柔性、敏捷的供应链提供技术与管理上的支撑，进而提升企业甚至是整体供应链的竞争能力。

（一）准时制生产

准时制生产是由日本丰田公司基于自己的特性，通过多品种、小批量、高品质、低消耗的生产模式逐渐形成的一套独具特色的生产模式。准时制生产的理论基础来自超市"以需定供"的经营模式，也就是供应商根据订单通知单（看板），在指定的时间内将产品送到指定的位置，即：仅"在要求的时间内，提供所需质量和数量的产品"。具体而言，是根据下一阶段的要求，对加工或提供的产品的质量、数量和时间进行调整。所以，准时制生产就是将通用性强、自动化程度高的机械和设备应用到生产组织的每一个层次中，从而实现持续降低成本、无废品和"零库存"的生产。总之，就是要在瞬息万变的市场中，以最低的费用，根据需要的量，以完善的品质，向客户提供其所需要的产品与服务，使客户的需要最大化。准时制生产以杜绝各种浪费为中心，以达到"零库存"为目的。准时制生产方式的本质是：它是一种以消除所有浪费为中心的不断改进的思维系统，它以最小的费用和最好的品质来迅速地回应客户，以此来提高公司的竞争力。准时制生产的执行过程就是不断地对生产过程进行改进，提高企业对资源的使用效率，减少各类浪费，降低企业的成本，为企业提供符合市场需要的高质量的服务，提高企业的盈利能力和核心竞争力。在冷链供应链生产管理中，准时制生产可帮助冷链供应链企业按照客户需求和交货期限，精确安排生产计划和物流配送，以满足客户的时间要求，避免货物延误和品质降低。

（二）精益生产

精益生产也被称为精良生产，"精"指的是精良、准确、精致，"益"指的是效益，收益等。精益生产意味着准时生产，排除缺陷和所有的浪费，朝着"零缺陷""零库存"迈进。其生产特点如下。

（1）拉动式准时化生产。以终端客户的需求为生产出发点，注重物流均衡，以"零库存"为目标，要求在前一道工序完成后，能够立即进入下一道工序。流水线的组织依赖于一种叫作"看板"的方式。看板能将上一个要求传达给下一个要求（看板的形式没有限制，只要能传达出信息就行）。生产节奏可以通过人工干预和控制，重点是要确保生产过程中的物流均衡（对每个过程而言，就是为了确保后一道工序的供货准时）。由于使用了牵引式生产，所以在生产过程中，所有的计划和调度实际上都是由每一个生产单位独立进行的，而在这种情况下，集中计划并没有被执行。但是，在运行过程中，生产单元间的协作却是非常有必要的。

（2）全面质量管理。产品的质量在于生产加工，而不在于检测。最后的质量要通过生产加工中的质量管理来确保，在生产的每个环节中都要进行质量的检查和控制。注重对每个人的品质意识的培养，注重对每个生产环节的质量进行检验和控制，确保出现的质量问题能得到及时的解决。若在生产中发现有质量问题，可视具体情况及时停机，直到问题得到解决，以避免发生不合格产品的无效处理。对于产品的品质问题，通常都是由有关的技术和生产加工部门组成一个团队，共同努力，以最快的速度解决。

（3）团队工作。每个员工在工作中都不能只完成上级下达的指令，应该要主动扮演好决策和协助决策的角色。团队成员注重一人多用，需要对团队中其他成员的工作较为熟悉，确保工作配合顺畅。团队成员的工作表现在团队内受到评估。在一个团队中，需要保持长期监控，这样就可以避免对每个步骤的审核，从而提高工作效率。团队的结构是不断变化的，目标也在不断变化，同一个人也可以隶属不同团队。

（4）项目并行。在设计和研发过程中，把概念设计、结构构思、工艺规划、客户需求等有机地融合在一起，以确保工作高质量、高效率地完成。所有的工作都是由相应的项目组来完成的。在这个过程中，团队的成员可以独立地完成自己的任务，但是要能够在一定的时间内对所发生的问题进行反馈和处理，并且根据合适的信息系统的手段对整个计划进行反馈和协调。在产品开发和研发过程中，运用现代化CIMS（计算机集成制造系统）来支持项目并行。

精益生产的本质就是要具备调整创新的能力，持续注重对附加值过程的改善，增强与合作者之间的协作沟通，以适应顾客日益增长的个性化需要。在冷链供应链生产管理中，精益生产可以通过消除不必要的等待时间和活动、优化流程和资源利用率、减少库存、降低运输成本，以提高冷链供应链生产效率和质量。精益生产是从即时生产发展起来的，因此，它体现出即时生产的很多特征，并且与供应链管理的原则也存在很多类似的地方，主要包括了四个方面的特征：体现了价值链的理念，剔除了所有没有价值的角色和活动；提供了迅速反应的能力；在满足客户要求的基础上，根据客户的实际需要，进行拉动式、个性化的产品生产，转变了以往的大批量生产模式；提出以企业为主体的战略联盟，在产品研发、零部件供应等方面充分发挥其核心竞争力，进而实现一体化。

（三）敏捷生产

敏捷生产是指企业利用现代化的通信技术，通过对各类资源（技术、管理、人员等）的迅速调配，对客户的需求快速做出反应。敏捷生产是在三大资源支柱的支持下得以实现的，即把柔性生产技术、有技术有知识的劳动力与能推动企业内和企业间的协作的柔性管理结合起来，利用已建成的公共基础架构，对快速变化的市场需求快速做出反应。与其他生产方法相比，敏捷生产的反应速度更快。敏捷生产具有生产更快、成本更低、劳动生产率更高、机器效率更高、质量更好、生产系统的可靠性更高、库存更少等优势。敏捷生产的应用可以提高冷链供应链的灵活性和响应能力，确保产品及时供应并满足市场需求。在冷链供应链生产管理中，企业利用敏捷生产可以通过有效的沟通和协作，快速调整生产计划和物流安排，以适应市场需求的变化。

（四）柔性生产

柔性生产是一种生产方式和方法论，其核心内容是"生产系统对内部和外部环境变化的响应能力"。柔性生产这一概念最早由英国 Molins 公司于 1965 年提出，它是一种以灵活生产为基础的，以不断变化的市场需求和激烈的市场竞争为背景的，以市场为主导的，按需生产的新型生产方式。它的优势在于，提高了生产企业的弹性与应变能力，缩短了生产时间，提升了设备的利用率和职工的劳动生产率，从而使产品的品质得到了提升。所以，柔性生产是一种需求量很大、生命力很强的生产模式。

柔性生产是一种新的生产方式，它是为解决大批量生产的缺点而提出的。所谓柔性生产，就是在系统结构、人员组织、操作方式和营销方式上进行变革，让生产体系能够迅速地适应不断变化的市场需求，并避免浪费，努力实现企业的最大利益。柔性生产的物质和技术基础是计算机和自动化。比如，柔性制造系统（FMS）就是通过统一的信息控制系统与物流自动化系统相结合而形成的，它能够在生产过程中连续生产多种类型的产品，同时还具备一定的管理功能。灵活的生产是一个综合性的过程，它不仅是指设备灵活，还包括管理灵活，以及人与软件的灵活。

其内涵实质表现在两个方面，即虚拟生产和拟实生产。虚拟生产是指企业在快速变化的市场环境下，必须做出快速的反应。随着产品的复杂性和个性化的要求不断提高，单个企业已经无法以最快的速度和最经济的方式完成整个产品的生产，这就要求创建一个虚拟的组织结构，从而达到虚拟生产的目的。拟实生产又称拟实产品开发，它利用仿真、建模、虚拟现实等技术，为用户提供了一个 3D 的视觉环境。从产品设计理念的产生、设计、研发到生产的整个过程，都可以通过仿真的方式来实现；在生产之前，能够对产品的功能和生产工艺性进行精确的预测，从而能够更好地把握产品的实现方式，降低产品的投入、开发和生产成本。这两个方面决定了柔性生产与刚性生产的不同之处。显而易见，柔性生产的本质就是要实现灵活生产，增强企业的适应性，持续地满足顾客需求。

在冷链供应链生产管理中，柔性生产可以通过采用可调整和可转换的生产设备和流程，快速切换不同产品的生产，并根据需求的变化灵活调整生产。柔性生产的应用可以提高冷链供应链的适应性和效率，满足各种冷链产品的生产要求。生产模式的变革和应用的基本目标是对生产资源进行更高效的整合，为柔性、敏捷的供应链给予技术与管理上的支撑，进而提升企业甚至是整体供应链的竞争能力。

第四节 冷链供应链生产计划与控制

一、冷链供应链生产计划概述

（一）冷链供应链生产计划的概念

冷链供应链生产计划是指在冷链供应链中，对生产任务进行整体安排，制订产品的品种、数量、质量和进度等方面的计划。它是冷链供应链系统中企业经营计划中至关重要的部分，同时也是冷链供应链企业进行生产运营的基础。冷链供应链是一种涉及多企业、多厂商和多部门的网络化组织，高效的冷链供应链企业规划要求企业能够对市场的需求迅速做出反应。它要求对企业的需求预测、库存规划、资源分配、设备管理、渠道优化和生产运作计划，以及材料需求和采购计划等方面进行整合。

（二）冷链供应链生产计划的分类

1. 根据冷链供应链生产计划的决策空间进行分类

（1）冷链供应链战略生产计划。冷链供应链战略生产计划是基于企业整体战略目标和市场需求制订的长期计划，涉及资源分配、市场定位和产品组合等方面的决策。这个计划属于高层次的决策，包括确定冷链供应链企业的经营范围和定位。例如，选择经营冷藏食品、生物药品等特定领域；制定冷链供应链的市场开拓策略，包括渠道拓展、客户开发；确定产品组合和品牌策略，包括开发新产品、推广已有产品等。

（2）冷链供应链战术生产计划。冷链供应链战术生产计划是中期计划，根据战略计划制订而来，具体明确了资源和生产能力的利用方案。它包括确定冷链供应链企业的生产能力和产能规划，例如生产线的配置、设备的采购等；制订生产计划的时间框架和工期安排，包括生产阶段、次品率控制、产品质量保证等；确定库存管理策略和物流配送计划，包括原材料的采购、半成品的生产和成品的配送等；考虑供应链的可持续发展因素，包括环境影响、能源利用、物料回收等。

（3）冷链供应链运作生产计划。冷链供应链运作生产计划是针对日常运作的具体计划，管理和控制冷链供应链的实际运行情况，包括控制生产环境的温度和湿度、对生产设备进行监测和控制、记录温度和运行报警系统等。

2. 根据冷链供应链生产计划的决策时效进行分类

（1）长期生产计划。其主要内容包含产品发展方向、产品开发的规模、技术的发展水平、生产能力的水平、新设备的建设、生产组织的改革等。

（2）中期生产计划。其主要内容包含生产计划、总体能力计划、产品出产进度计划等。

（3）短期生产计划。其主要内容包含主要的生产计划、原材料要求计划、生产能力要求计划和生产运作计划。

（三）冷链供应链生产计划编制的影响因素

冷链的特殊性质使冷链产品从原材料的采购到产品的生产整个过程都需要在一定的低温下才能完成，冷链供应链企业编制生产计划应考虑各种影响因素或约束条件。从供应链的视角应特别重视以下三方面的因素。

（1）柔性约束。冷链供应链企业在生产过程中，不仅要考虑原材料的供给、市场需求的变化，还要考虑冷链环境下原材料、产成品的变质情况，因此冷链供应链企业生产计划的协调因素就显得更为复杂。为了减少市场环境的不确定性和冷链供应链企业本身的不确定性所带来的不利影响，冷链供应链企业一般要采取多方面的对策来获得冷链供应链的柔性。加强冷链供应链的柔性将导致供应链管理变得更加困难，比如，提高其柔性会使生产计划的制订和执行更复杂、更困难。这就要求冷链供应链企业在制订生产计划时，必须全面考虑各种柔性条件。

（2）生产进度。在冷链供应链中，生产进度信息是企业检验生产计划实施情况的一个主要基础，在制订滚动生产计划时，可以对原计划进行修改，制订新的计划。在冷链供应链中，生产计划是一种可以共享的信息，它体现了整个供应链的各环节的生产状况，对整个供应链的生产计划的执行、修正和控制，以及整个供应链的协同和连接都起着至关重要的作用。比如，在供应链的上游，如果知道了客户公司的生产计划，就能保证产品的按时供货。通过对上游公司的生产进度的掌握，下游公司可以做出调整生产计划的决策。

（3）生产能力。供应链管理对整条链上的相关企业提出了要求：各企业生产能力应相互衔接并相互匹配。因此，各个冷链供应链企业的产能及其整体产能的大小，将会直接影响并限制其生产规模和水平，进而限制其生产计划的制订。对冷链物流企业而言，在制订生产计划时，既要兼顾上下游企业的产能限制，又要兼顾其自身的生产能力；还可以通过对外资源，借用上下游企业的产能来填补自身在资源、产能等方面的欠缺。

二、冷链产品生产控制的内容

在供应链环境下的冷链产品生产控制与之前的企业生产控制模式大不相同。前者要求在企业内、在企业间进行协作，并反映出供应链中的战略合作原则。供应链中的冷链产品生产控制主要有以下内容。

（一）生产节奏控制

要使供应链达到同步，就必须使各个冷链供应链企业和企业内的各个环节协调一致，从而使其能够及时地向下游企业供应所需要的原材料。如果某一家公司无法按时交付货物，将会造成整个供应链的不稳定甚至瘫痪，从而降低其对顾客的反应能力。所以，要保证供应链的敏捷性，就必须对其进行严格的控制。

（二）库存和在制品控制

库存可以有效地应对不确定的市场需求，但同时也会造成资源的浪费。在供应链管理模式下，实施多层次、多点的库存管理策略，可以提升冷链物流企业的库存管理水平，降低生产成本。以即时制为基础的供应与采购、供应商管理库存与联合库存管理等新型供应链管理方式，可以有效减少库存。因此，构建供应链管理的库存管理系统与运营模式，对于改善我国冷链供应链的库存管理具有十分重要的意义。

（三）生产进度控制

对生产进度进行控制，是根据生产工作计划，对原材料的投入与产出数量、产出时间以及匹配性进行检验，确保冷链产品能够按时加工出库。由于很多冷链产品都是协同生产、分包的，且受到多种因素的约束，调度控制变得更加困难，因此，如何对其进行有效的追踪与反馈是非常必要的。冷链产品的生产计划控制是整个供应链中的一个关键环节，需要研究解决这些问题的方法。

（四）提前期管理

以时间为基础的竞争是一种新的竞争战略，在企业的操作层面上，它表现为产品质量控制的可靠性和有效的顾客响应战略。企业提出了一种基于供应链的冷链产品生产流程优化模型，并对其进行了研究。缩短提前期，提高交货准时度，对于提高供应链的灵活性具有重要意义。如何有效地控制供应商的不确定因素是供应链提前期管理中的一个主要难题。如何在供应链提前期中建立一个高效的供应提前期管理模型以及交货时间设定体系，是一个非常值得探讨的课题。

三、冷链供应链企业协同机制的内容

供应链管理是两个或多个独立的企业共同参与的过程，它要求各合作伙伴在战略、技能、管理流程和创新方面都协调良好，这样才能在多个方面达成平衡。如果彼此之间不能达到这样的状态，或者将来很难再达到这样的状态，那么就会出现矛盾和冲突。在此基础上，针对供应链中各成员间的利益冲突，提出了冷链供应链企业的协同机制，它决定着冷链供应链企业的协作效率，是供应链管理的重要内容。

（一）冷链供应链企业的生产协调机制

为了使冷链供应链上各生产环节的协调作业得以顺利进行，就必须从供应链出发，构建一种以供应链为基础的生产协调机制。冷链供应链生产协调的目标是实现信息的顺畅流通，减少由于信息扭曲造成的超量生产、超量库存等现象，使整个供应链与客户需求保持一致，即实现对市场需求的同步响应。冷链供应链生产协调按照其功能可以分为两种类型：一种是各功能活动间的协调和整合，比如生产-供应协调、生产-销售协调、库存-销售协调；另一种是按照相同功能的不同层级进行协作，比如多个企业间的生产协作。

（二）冷链供应链企业的协调控制模式

冷链供应链企业的协调控制模式分为中心化协调、分散化协调和集中与分散相结合的混合式协调三种。

（1）中心化协调控制模式。这种控制模式将整个冷链供应链视为一个整体纳入系统，采取集中式的方法进行决策，忽略了主体的自治，易造成"组合约束"的爆发；对不确定因素的响应速度相对较慢，难以满足不断变化的市场需求。

（2）分散化协调控制模式。这种控制方式过度强调了各代理模块之间的相互独立，导致了资源的共享水平不高，缺少了沟通，难以实现冷链供应链各个企业之间的同步。

（3）集中与分散相结合的混合式协调控制模式。在该控制模式中，各个代理模块在保持各自独立运行的同时，也要参与到整个冷链企业的供应链系统中。

（三）冷链供应链企业的跟踪机制

供应链中各代理间存在着"服务—被服务"的关系，跟踪机制能够实现供应链中各主体的协同生产和供应，并消除不确定因素给供应链企业的生产带来的冲击。为了减少不确定因素对供应链同步性的影响，需要在冷链供应链中构建服务跟踪机制。在冷链物流中，供应链中的追踪机制起到了两种协同的作用，即非信息协同和信息协同，这是根据协同的内容进行划分的。非信息协同主要是指完善冷链供应链运作的实物供需条件，采用准时制生产与采购、运输调度等；而信息协同主要是指通过对冷链供应链上企业之间的生产进程进行跟踪和反馈，从而对各企业的生产进程进行协调，确保客户的订单能够按时交付。冷链物流供应链

中采用追踪机制，是为了确保向下游企业提供优质的服务。追踪机制只有在企业一体化管理的前提下才能充分发挥其效用。在企业内，追踪机制体现为顾客（上游厂商）的有关信息渗入企业的生产体系。在这种情况下，顾客的需求信息（订单）就成了一个贯穿整个生产体系的主线，追踪机制成为生产计划、生产控制和物资供应相互联系和协调的一种手段。

1. 追踪机制的外部运行环境

供应链管理下的冷链供应链企业间的信息集成在以下三个部门展开。

（1）采购与销售部门。它是冷链物流中各企业之间进行需求信息交流的界面。在整个供应链中，需求信息通常由一家公司的采购部门传递到另一家公司。因此，建立一个稳定、长久的供货关系是必需的，我们可以重点关注需求信息的传递。企业的销售部门应当承担起从订货，直至交付完成整个过程的责任。但是，随着战略合作伙伴关系的形成，销售部门的功能变得更加简单。在供应链上下游企业之间，销售部门所扮演的角色只是一个信息界面，负责收集并处理与下游企业需求相关的所有信息。它不仅包含了简单的订单，还包含了下游企业对于产品的个性化需求，例如，质量、规格、运输渠道、运输方式等，这对于公司其他部门的工作而言必不可少。采购部门原来的工作就是要保障生产所需要的材料，既要发出订货单，又要保证所购材料的质量和准时入库。在供应链管理中，采购部门的工作就是把生产计划中的采购计划转化成需要的信息，并将其转化为与上游企业的电子订货。与此同时，公司也要从销售部门收集顾客对所购买的原料的个性化需求，并将这些需求与上游公司进行沟通。

（2）生产部门。生产部门的工作不只是负责生产，它还负责接收所购买的材料，并按时向下游公司提供产品。在这种情况下，生产部门实际上同时具有两种职能，一种是运输服务，另一种是仓库管理。生产企业之所以能做到这一点，一方面是由于其生产计划部门与上下游企业之间的信息整合，另一方面是由于其在战略合作伙伴中的品质保障系统。另外，生产部门还需要对生产流程中的订单进行实时采集，并将其进行分析，然后将其送到生产计划部门。

（3）生产计划部门。在一体化管理模式下，生产计划部门承担了相当多的任务，包括制订从上到下的生产计划、对本公司的销售及生产等部门的信息进行整合。它的主要作用包括以下几个方面。

1）滚动编制生产计划。对从销售部门发出的新订单信息、生产部门发出的订单生产进展信息、上游公司发出的外购材料的生产计划资料、上游公司的需求变化等方面进行分析。这四个方面的信息组成了企业进行生产计划的滚动编制的信息基础。

2）保证对下游企业的产品供应。下游企业的订单并不是固定不变的，从订货到现在，供需双方的内外部环境都在发生着变化，最后的供给时机其实是供需双方持续协调的成果，而双方的生产计划则是以双方持续更新的生产计划为手段来进行协调的。根据最后的合同要求，生产计划部负责向下游企业供货。这样的供货是根据下游公司的生产进度来及时进行的。由于产品一直被送到下游公司，所以生产部门没有太大的存货压力。

3）保证上游企业对本企业的供应。该功能与前一个功能相对应。生产计划部根据来自生产部门的实时生产进度进行分析，并将根据来自上游企业的生产计划（生产进度分析）资料与上游公司进行谈判，以确定每一批次订单的具体供应日期。上游企业按协议规定的时限向企业供货，减少了生产部门的存货压力。

2. 生产计划中的追踪机制

（1）建立订单档案。一旦收到了下游公司的订单，就会为上游公司创建一个具有用户对产品的特殊需求的订单文件，包括规格、质量、交货时间、交货方式等。

（2）分解订单。对订单进行外包分析，并将其分成"外包"和"自制"两部分。订单和子订单之间的联系主要表现在：订单一般是由单个客户发出的订购请求，而同一用户的需求中可能存在多个订购项目。因此，将同一客户的不同订单称为子订单。对次订货进行计划，调整各子订单在时间和数量上的设置，而各子订单之间的关系不变。在投入生产计划中，包括以下几个步骤。

1）子订单的分解。根据产品结构文件和工艺方案以及提前期数据，对生产进度进行倒排和安排；独立计算不同的子订单，不允许在子订单之间合并调度记录。

2）库存的分配。这一步和前一步同时进行，把在规划期间的可用存货分配到各个子订单。将次订货资料记入存货调拨记录中，确保专用货物。

3）能力占用。将工艺文件与设备组文件相结合，确定每个子订单的产能使用情况。该方法可以独立地评估各子订单对产量的影响。当对子订单进行调节时，不需要对整个项目的产能占用数据重新进行计算，只需要对子订单的产能占用数据进行调整。

4）调整。利用历史资料，对项目全过程中的产能利用率进行评估与分析，以发现潜在的瓶颈。针对某一时期产生的产能瓶颈问题，可以采用以下两种方法来解决：一是调整子订单的生产日期与产量；二是把子订单再细分成若干个小批，每一个子订单都有生产日期和产量。当然，再细分的子盘和原始盘之间的关系也要被保留。已调节的子订单以及在前一个周期规划中没有真正影响到生产的订单可以被再分解，生成新的规划。

5）修正。这一步其实比前面几步都要早，是对上一个循环中投入产出计划的实施情况的汇总。与一般的计划滚动过程相同，上一阶段的生产进度和存货信息也是不可或缺的，其区别在于，通过对各个子订单的进度进行精确的检验，并对各个子订单的数量设置进行适当的调整，使之更适合于生产的实际。之所以能实现这个功能，是因为在整个生产体系中，每个子订单之间都存在着固有的关联。

（3）车间作业计划。车间作业计划是用来引导实际生产活动的，其复杂程度很高，因此通常很难将其严格地按照子订单进行排序，但是可以将该批次的相关的子订单信息包含在工艺路线单中。对各子订单的生产数据进行实时采集，并对其进行反馈，为后续追踪机制的运作提供来自基层的数据。

（4）采购计划。采购部门收到的是按子订单下达的采购信息，其根据不同的采购策略来制定相应的采购方案，建立相应的采购决策模型。子订单的功能如下。

1）将采购部门与销售部门联系起来。对于下游企业的个性化需求，可能会涉及原材料、零部件的购买，而采购部门则可以通过子订单来查找这些信息，并将这些信息反馈给各个上游企业。

2）建立需求与生产间的联系。上游企业的生产流程和自己的子订单之间的联系是采购部的一项重要工作。在这种情况下，企业能够知道其所需的原材料在其内部的生产状况，同时也能够为其提供精确的供货日期。

3. 生产进度控制中的追踪机制

生产进度控制是企业生产经营管理中的一项重要职能，它对企业的生产计划与生产运作进行有效的管理。尽管在生产计划与生产经营计划中已经做出了较为详尽、详细的生产安排，但是市场需求也在不断变化，另外，不全面的生产准备工作或者生产地点的随机性，也可能造成计划产出与实际产出的差别。为此，要对生产流程进行实时监控与检测，及时发现偏差，及时调整、纠正，确保规划目标的完成。根据事先制订的工作计划，对各类原材料的投入和产出时间、数量进行检验，确保产品能够按时产出，并根据订单上约定的交货期按时交付。

追踪机制的建立使生产进度控制中的工作就是在加工路线单中保留子订单信息。另外将各种分析方法应用到生产计划控制中，例如，生产预估分析中的差推法和平衡系数法等。这两种方法也可以用在跟踪机制上，只是分析的对象不仅是方案的实施情况，还包含了各个子订单。在无跟踪机制的情况下，生产控制系统不能准确区分各子订单，只能对计划投入与产出进行控制。采用跟踪机制，其功能是对子订单进行生产控制，确保为顾客提供优质的服务。

（1）按优先级保证对客户的产品供应。子订单是订单的精细化，要确保订货按时完成，同时也要确保顾客的服务质量。同一企业内的多个子订货，其生产过程中所使用的原材料数量都是一样的或相似的。在制品不能及时到位是在制品的生产实际与计划不符所致。在产品结构树中，处于较低层次的环节出现缺件，会影响到整个产品的完整度，造成较高层次的零件生产不能正常进行。最好把这些问题限制在低优先权的子订单中，以确保高优先权的子订单的生产。当出现突发状况时，应尽量减少事故发生，使优先权较高的子订单得到生产资料保障。当优先顺序较低时，优先次序越高则越有可能得到更好的服务。反之，如果不能区分子订单，则不可能实施此种做法。

（2）保证下游企业获取所需要的实时计划信息。该要求对于企业来说，就是要利用准确的实时生产进度信息，及时地修改与订单相对应的各子订单的相应计划，保证生产计划的有效实施。由于缺乏有效的跟踪机制，同一批产品内部都有可能与多个订单相关，因此，实际中不能对特定产品的生产进度进行测度。因此，在生产计划管理中，需要建立一个跟踪机制，以便对基于订单的数据进行采集，从而使企业生产计划系统可以获取所需的信息，从而针对用户进行实时的计划修改。

第五节　冷链供应链生产管理体系

冷链供应链生产管理体系较为复杂，且涉及的主体、生产对象较多。由于全程冷链包含冷链产品从生产、流通加工到销售的全过程，因此有必要从冷链标准化的角度对生产管理标准进行研究。与冷链密切相关的冷链产品生产管理标准主要包括冷链产品的生产加工技术要求、作业规范、标识规范，人员管理以及卫生要求等。在生产管理标准中，冷链产品生产良好操作规范规定了冷链产品生产加工的基础要求，具体包括企业设施设备要求、卫生要求、过程控制和检验检疫的要求等内容，然后根据具体的冷链产品品类及相关要求等制定具体的生产标准内容，以及冷链产品生产质量体系。

一、冷链供应链生产管理体系概述

冷链供应链生产管理标准体系是一个由领域、内容和层级构成的三维架构。从领域上看，该体系覆盖了从原材料的采集、加工、储存、运输直至销售的整个冷链产品生产周期，还包括了对冷链设备、操作程序、管理规范以及环境保护等方面的标准化要求。这些领域共同确保了冷链产品在各个环节中能够满足既定的安全和质量标准，从而保障了产品的安全性和品质。从内容上看，它包含了两个级别的安全与品质，对冷链产品的安全性进行了评价，对冷链产品的理化指标和生物风险指标进行了分析。其中，质量方面的标准主要包括冷链产品的质量标准和与冷链产品的质量相关的产品的质量标准。从层级上看，我国已经初步建立起国家、行业、地方和企业四个层级的冷链相关标准体系。由国家市场监督总局主管的国家标准化管理委员会制定了我国冷链产品国家标准，该类标准的制定对需要在全国范围内统一的技术要求进行了统一。农业农村部制定并颁布了相关的国家标准，其主要涉及农、兽药产品质量，兽药残留和检验方法，以及转基因检验技术规范。渔业水产品的产业标准由农业农村部渔业渔政管理局制定。农业农村部渔业渔政管理局负责规划、立项、制定、审定、编号、公布、备案和复审。地方标准由各省、自治区、直辖市标准化主管机关统一制定、组织、审定、编号和发布。企业标准由企业自行制定，并按照省、自治区、直辖市人民政府的有关规定予以登记。

（一）质量认证体系

在国际上，质量与安全认证已被广泛应用于食品质量与安全的监管中。经济中的非对称信息理论指出，在卖家拥有多于买家的商品质量信息的情况下，消费者无法分辨出商品的质量与价格，从而使低成本商品获得了更大的市场竞争优势。这将最终导致高质量产品被淘汰出市场，并造成商品的品质不断降低。在此背景下，优质商品的销售商们为维护市场，建立起市场支配地位，从而获取最大的利益，不惜花钱向消费者展示其商品的质量安全标准，从而使消费者能够安心购买与使用。同时，消费者也期望得到全面、真实的信息，以便做出正确的判断，从而保护自身的权益。在信息披露机制下出现了质量安全认证，由此为买方和卖方建立了一条信息交流的通道和桥梁。

质量与安全认证按其所依据的属性可分为强制认证与自愿认证两类。按照认证客体，可将其划分为产品认证与系统认证两大类。目前，我国冷链产品生产企业主要通过 HACCP 体系和产品 QS 认证等方式进行认证。第一种是强制性的，第二种是自愿的。但在出口冷链产品的生产和加工企业中，除 HACCP 体系的强制性要求外，还应在国家出入境检验检疫部门进行备案登记。除强制性和基础性认证制度外，由于多数冷链产品属于农产品，所以我国冷链产品的品质认证也包含以下类别：

（1）无公害冷链产品认证。无公害冷链产品认证指的是冷链产品的产地环境、生产过程、产品质量都符合国家的相关标准和规范，通过一定的程序进行验证和认证，取得相应的认证证书，并在此基础上在已加工或未加工的冷链产品上贴上无公害产品标志。无公害冷链产品，即安全冷链产品，也就是在安全上达标的冷链产品。作为无公害产品认证的一个重要组成部分，无公害冷链产品认证采用产地识别和产品认证相结合的方式，注重对冷链产品的种植加工和生产过程的监控，把冷链产品的质量安全管理作为主线，把市场准入作为突破口，保障终端产品的消费安全。产地识别着重对饲养环境及生产过程中的质量安全进行管理，而产品认证则着重对产品的质量安全及市场准入进行研究。

（2）绿色冷链产品认证。农产品认证的关键组成部分是绿色认证，而绿色冷链产品就是在注重环境保护和可持续发展的前提下，根据一定的标准化的生产方法来进行生产的，它的产品和工艺都是经过专业的部门认证的，它是可以使用绿色食品标志的无污染、优质、安全的冷链类食品。相对于一般的冷链产品，绿色冷链产品有三大突出特征：一是注重产品产地的优良生态；二是实施"从池塘到餐桌"的全过程的品质监控；三是要依法对已通过的产品进行标识和管理。

（3）有机冷链产品认证。有机食品是指所有按一定程序生产的农副产品，即依照一个标准化的有机生产系统，并且按照国际上通用的有机农业生产要求和标准进行生产加工，并且经过了独立的有机食品认证机构的认证。而有机冷链产品则包含了两种类型，一种是有机冷链产品原材料，另一种是经过加工的冷链产品。有机冷链产品又被称作"生态冷链产品"，它要满足以下四个基本要求：一是有机冷链产品的原材料来源于有机生产系统，或是捕捉到的野生、自然的原生冷链产品；二是对有机冷链产品的培育、捕捉、加工、包装、储存、运输等各个环节都要严格执行，不得使用人工合成饲料、农渔兽药及其他化学添加剂；三是在生产和流通环节，建立健全的品质追踪和审核制度，并建立冷链产品生产和销售的全记录和文件；四是产品和企业均要获得国家认可的有机食品认证单位的认可。

（二）冷链产品生产控制体系

除政府组织的监督外，冷链产品生产者对冷链产品的质量和安全也起着决定性的作用。在冷链产品加工过程中，采取合适的品质监控系统是保证冷链产品品质安全最为直接和有效的方法。随着我国冷链产品出口贸易的发展，以及我国消费者对冷链产品质量安全的重视，我国冷链企业纷纷引入并构建了相关的质量安全监控系统，其在冷链产品加工过程中发挥着举足轻重的作用。当前，我国冷链产品质量安全监管系统主要有：危害分析与关键控制点（HACCP）体系；ISO 9000 品质管理及品质保障系统；食品安全管理系统；良好操作规范（GAP），良好生产规范（GMP）和良好动物卫生标准（GVP）；卫生标准操作程序（SSOP）等。

1. HACCP 体系

HACCP（Hazard Analysis Critical Control Point），也就是危害分析与关键控制点，它是在20世纪50年代末建立起来的，是一种当今世界上普遍采用的以预防为主的食品质量安全管理体系。HACCP 体系发展至20世纪末，已由最初的"危害辨识""关键控制点与无危害""监控体系"三大基本原则，发展为"五大基础""七大关键"。五大基础为：成立 HACCP 小组队伍，对产品和销售特征进行说明，对产品的期望使用和顾客进行说明，画出流程图，进行验证。七大关键包括：

（1）进行危害分析。危害分析就是在各工艺环节中，确定可能引入、控制或增加的重要危险因素，并采取相应的防范对策。这些危害有生物方面、化学方面和物理方面的。但从经济角度来看，人们更倾向于把注意力集中在显著的损害上。也就是说，当这种损害发生时，会给消费者带来无法承受的健康危险。

（2）确定关键控制点。关键控制点（CCP）是在冷链产品加工过程中，对其进行有效的监控，以避免或消除冷链产品安全风险，使其减少到可以被接受的程度。任何一种严重的冷链产品安全威胁，都要经过一项或多项重要的管制措施加以控制。一般而言，一个重要的控制点可以对多种显著性危害进行控制。比如，在冷链产品冻结过程中，不仅能抑制病原微生物产生，还能抑制组胺的产生。有时候也要求几个重要的控制点联合起来加以控制，比如，在处理红肉鱼的时候，要防止组胺的产生，就必须要有好几个重要的控制点。

（3）设定关键限值。关键限值是为了预防或排除一个特定的显著危险，或使它在某个临界点上下降到一个可以接受的参数限值。这个限值是判定一件产品合格与否的基础，也就是说，它可以判断产品是否达到了质量安全的标准。当运行重要的控制点时，当其偏离临界极限（消极偏差）时，为确保所涉冷链产品的品质和安全，需要采取校正行动。

（4）关键控制点的监控。关键控制点的监控是根据事先制定的 HACCP 程序，对某一关键控制点的运行是否符合临界极限进行观测或测量，以便在以后执行正式或第三方审计时对其进行检验。

（5）纠正措施。当对主要控制点进行监视，显示出与临界极限有负的偏差时，则要进行事先制定的矫正行动，并将其文件化。有效的纠偏方法有：一是识别、修正和消除引起偏差的根源，并保证其返回可控状态；二是对有关产品进行隔离、评价与处置；三是做好整改工作的记录。

（6）保持记录。为了更好地监督 HACCP 体系的运作效果，冷链产品加工企业应建立和维护相应的记录。其主要内容为：对主要控制点进行监测、整改措施的记录；确认记录，包括对监测仪器的检查记录，半成品及成品的检查记录；HACCP 项目及其配套资料。

（7）建立验证程序。该认证程序主要用来确认 HACCP 体系的有效性，也就是确认该体系能否根据该方案有效地运作。

HACCP 体系是在产品的产前、产中和产后的所有阶段，对冷链产品的质量安全进行预防和控制。HACCP 体系的管理目的是保证冷链产品在生产加工、包装储运、销售消费等各个环节的质量和安全性，在危险的辨识评估和响应的控制上具有系统性、科学性和合理性。它是对冷链产品供应链各个环节的物理性、化学和生物风险的科学辨识、分析与控制，并检验其控制效果。HACCP 体系的运作目的就是对整个过程进行控制，从而排除各种危险。

HACCP 体系是一种以过程控制开发为基础，对产品质量和安全进行系统管理的手段。它的基本管理目的是避免在生产过程（包括养殖、加工、生产、储存和销售）中的冷链产品中出现有害成分。HACCP 体系的运作并非依靠对成品的分析检验来保证其质量安全，它是通过对其栽培、加工、生产、储运和销售等各个环节进行控制，从而避免产品中存在已知的危险，或把危险降低到可以接受的水平。HACCP 体系是当今世界上许多国家、标准化组织和工业团体所采用的一种新的管理模式。美国、加拿大等重要的冷链产品贸易国都把 HACCP 体系纳入了法律的轨道，并把它列为强制性的标准。实践证明，HACCP 体系的应用，可以更好地防止食物的污染，从工艺上确保产品的质量和安全性。国际食品法典委员会（CAC）更将 HACCP 视为目前最经济有效的食品安全措施。

2. ISO 9000 质量管理体系

ISO 9000 质量管理体系（以下简称 ISO 9000）作为一套保障产品品质的标准，现已被全球 80 多个国家和地区采纳，它为许多企业在品质与品质保障系统的管理中提供了重要的参考。ISO 9000 是由 ISO/TC 176（国际标准化组织质量管理和质量保证技术委员会）于 1994 年首次提出的。ISO 9000 被用来证明一个组织有能力供应符合客户需求并符合法律规定的产品，其目标是提高客户的满意程度。

3. ISO 14000 环境管理体系

与 ISO 9000 质量管理体系相比，ISO 14000 环境管理体系（以下简称 ISO 14000）需要公司对环境法规、规章等做出反应，并努力预防污染。ISO 14000 环境管理体系以环境问题为中心，旨在建立符合各国环境保护法律、法规要求的国际标准，保护和管理生态环境。ISO 9000 和 ISO 14000 最大的区别就是：ISO 9000 是对顾客的承诺；在 ISO 14000 中，ISO 9000 缺乏一套行之有效的外在监督机制，而 ISO 14000 则要求政府、行政机关、公众和各种利害关系人都要参与进来。

4. ISO 22000 食品安全管理体系

ISO 22000 食品安全管理体系（以下简称 ISO 22000）主要用于指导生产、保障和评价食品安全。它是一种用来说明食品质量安全管理系统的规定，也是食品生产、经营和供应机构进行认证和登记的基础。ISO 22000 有效地克服了以往体系只满足某一类别食物供应链上的某一种具体需求的缺陷，它能够较好地反映出冷链产品安全管理的一般需求。在冷链产品生产方面，该体系涵盖了饲料加工，原材料加工，初级产品加工，冷链产品生产、运输和储藏，零售和餐饮服务在内的整个冷链产品供应链。其他与冷链产品生产有密切联系的设备、包装材料、清洗剂、添加剂等都可以适用。ISO 22000 将 HACCP 的原理、运用和预先规定的要求进行了动态结合，采用危害分析的方式，决定了要采用的战略，从而保证了在 HAC-CP 和预先规定的共同作用下，控制对冷链产品的质量安全造成的危害。

ISO 22000 采用了与 ISO 9000 相同的格式与结构，把 HACCP 的原理运用到整个管理系统中；在 ISO 22000 中，将危害分析法列为食品质量与安全控制的关键。ISO 22000 已将有关产品特征、预期用途、生产工艺和工艺步骤，以及控制措施，列入由国际食品法典委员会（CAC）制定的准备步骤中的危害分析和修订；在 HACCP 体系的运作过程中，将 HACCP 体系的前提条件进行了动态均衡的整合。

从整体上看，ISO 22000 食品安全管理体系是 HACCP 体系的一个重要组成部分。HAC-CP 的基本原理为保证冷链产品安全和品质达标提供了一种科学、可靠的理论依据。但在实施过程中，也暴露出了自身的不足，同时也存在着环境适应性方面的问题。HACCP 注重的是在管理流程中进行事前的危害分析，并进行数据分析和对关键点进行控制，但 HACCP 必须要有一个完善的、系统的、严格的管理体系，这一体系的构建还需要资金投入、人员培训等良好的资源支持。而 ISO 22000 食品安全管理体系通过对 HACCP 的基本原理和流程方法的全面吸收，从而丰富和完善了 HACCP 体系的理论。

5. GAP、GMP 和 GVP 管理规范体系

（1）GAP 是"良好农业规范"的英文缩写。GAP 是指在食品生产中，为保证产品质量而采取的一种预防措施。GAP 从经济性、环境性和社会性三个方面保证了食品的安全与品质。美国农业部以该规范为依据，制定了水产养殖 GAP 标准，对水产品的养殖、捕捞、销售等各方面进行了规定。从本质上讲，GAP 管理是农产品生产标准化和标准化管理的重要内容。其管制的对象是水产品、谷物、禽肉等。其管理办法是，在渔业生产中，通过制定并实施相应的作业规程，鼓励渔业减少渔用药剂的使用。GAP 是一种关注动物福利、环境保护、工人健康、生产安全、职工福利的标准化系统。我国最早实行 GAP 认证的是国家药品监督管理局和国家中医药管理局，它们对中药材生产环节进行 GAP 认证。从 2003 年开始，我国原农业部就开始在农业生产中进行 GAP 的引进和推广工作，同时，按照出口国家的有关规定，对部分农产品进行了相应的认证。近年来，冷链产品的认证工作正在快速推进。

（2）GMP 是"良好生产规范"的英文缩写。GMP 是国家在食品生产和储存过程中，通过国家的行政权强制实施的一类法律法规。本法规为 HACCP 体系的建立与执行提供了依据，同时也为食品工业中的生产操作提供了依据。在食品生产过程中，GMP 对食品的种植、生产加工、储藏、流通、销售的各个过程都有具体的要求，包括环境、卫生、操作、工艺、管理和控制标准等方面。我国从 20 世纪 70 年代起就开始实施 GMP 认证，主要是国家药品监督管理局对制药企业进行认证管理。从 2006 年 1 月 1 日起，《兽药 GMP 规范》正式在全国范围内被强制执行。对水产养殖中的渔兽药添加进行了强制性的规定，以及对加工环境和厂房设施、卫生设施、加工用水、设备和加工器具、人员卫生、原材料管理、生产管理、成品管理和实验室检验、卫生和食品安全管理等进行了规定。

（3）GVP 是"良好兽医规范"的简称。GVP 是农作物、畜禽和水产品在生产和饲养过程中执行的一项操作标准。冷链产品加工业中 GAP、GMP、GVP 等标准的执行，会对冷链产品的原料品质产生很大的影响，甚至会对冷链产品的质量安全产生重大影响。因此，它被广泛地用于冷链产品生产，特别是在冷链产品生产和加工方面。

6. SSOP 卫生标准操作程序

SSOP 是"卫生标准操作程序"的英文缩写。一些国家也称其为"SCP"，即卫生控制程序。该程序是指冷链产品生产企业为了保证产品质量达到 GMP 的要求而制定的一种卫生操作规程。其中包括八个方面的内容：确保水和冰的安全；清洁与冷链产品接触的物品的表面；防止交叉污染；洗手、消毒、清洁厕所设施；防止外来污染；毒害化学物质的标示、储存及使用；加强工人的卫生保健工作；虫害的控制。

二、冷链供应链安全可追溯体系

建立冷链产品安全可追溯体系极具系统性，与众多供应链环节相关。冷链产品安全可追溯体系与冷链产品的生产是一起诞生的，冷链产品安全可追溯体系就是对冷链产品生产全过程所进行的完整记录，实质就是详细记载冷链产品成长的"日记"。

（一）冷链产品安全可追溯管理体系的界定

冷链产品安全可追溯体系就是追踪冷链产品自生产开始，经过供应链各个环节，最后被送达人们的餐桌的生产流程的相关信息。加强冷链产品安全管理应增加冷链产品安全信息的透明度，通过有效的全程监管机制，促进冷链产品质量的提高，维护消费者的权益。冷链产品安全可追溯管理体系通过对冷链产品生产流通过程的全程记录，完善管理模式，针对冷链产品危害进行评估和预警，有效化解冷链产品风险。通过冷链产品安全可追溯的信息化系统，各个节点都可以向下追踪至承担方、向上追溯到生产源头。当冷链产品出现问题时，系统及时发出预警信息，对有问题的冷链产品所涉及的各方发出处理指令，进行召回或下架处理。冷链产品安全可追溯管理体系的建立，可以为企业发展、消费者的消费、监管者的有效监管提供更有效的条件。冷链产品安全可追溯管理体系总体框架如图 3-1 所示。

（二）冷链产品安全可追溯体系的作用

（1）通过冷链产品可追溯体系的构建，使充分共享冷链产品供应链上的信息成为可能，使全程供应链可视化成为现实。冷链产品可追溯体系与冷链产品的生产是一起诞生的，冷链产品可追溯体系就是对冷链产品生产的全过程所进行的完整记录，实质就是详细记载冷链产品成长的"日记"，是冷链产品成长的"见证人"。不只冷链产品供应链上的生产者能够看到这些信息，而是全部冷链产品供应链上的生产者都能够看到。冷链产品供应链上的各个生产商要想对冷链产品的详细信息进行了解，依靠冷链产品可追溯体系构建的中央数据平台就能够实现。这在很大程度上消除了冷链产品生产信息不对称的现象，从而提高了冷链产品生产供应链管理效率。为冷链产品供应链上的各个生产商增强计划性提供了依据，促进了各生产商利润的增加，成为它们改进技术的督促动力，从而达到提高生产效率和实现冷链产品供应链良性循环的目标。

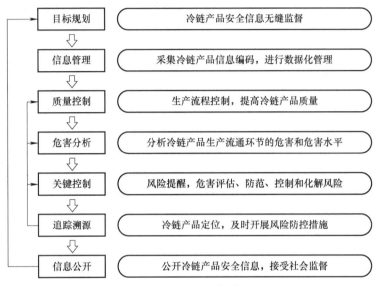

图 3-1　冷链产品安全可追溯管理体系总体框架

（2）冷链产品可追溯体系上的信息流所具备的可协调特征，大大降低了流通环节的交易成本。各利益相关者了解自己需要的所有信息极为便利，提高了沟通效率，降低了沟通成本。最终依靠冷链产品可追溯体系能够充分掌握冷链产品生产的全过程信息，有利于指导生产、降低库存，便于保质期比较短的冷链产品进行循环流通；有利于缩短生产周期，降低物流成本。

（3）消费者依靠查询公共信息平台系统，有利于对冷链产品生产和流通的所有信息进行查询，从而使消除消费者和生产者之间的信息不对称现象成为可能，便于消费者买到放心的产品。政府依靠冷链产品可追溯体系可实现全程监管整个供应链，降低监管成本，从而避免多段式监管瓶颈。

（三）冷链产品安全可追溯系统的组成要素

标志和存储数据系统、信息采集系统、查询信息系统是一个完善可追溯系统的具体构成要素。标志和存储数据系统的核心为中央数据库，负责将所采集到的数据信息进行处理（数据信息包括所采集信息的编码），要将编码转换成条码、射频、二维码等信息数据。信息采集系统包括若干个子系统，如生产加工企业使用的生产加工信息采集子系统，物流商、批发商和零售商使用的流通信息采集子系统、监管者使用的企业信息采集子系统。信息采集系统将冷链产品供应链的有效信息进行采集，并上报中央数据库，有效连接生产流通的各环节。查询信息系统以最终呈现在市场上的冷链产品安全追溯平台的形式出现，消费者可以通过网站、手机软件等形式访问可追溯平台，进行冷链产品的产地、配料、产品有效期、运输流程等信息的查询。查询信息系统最终将"从田间到餐桌"的产品具体信息公开，以接受社会监督。冷链产品安全可追溯系统将无缝链接冷链产品产业链的整个过程，从而使跟踪与追溯冷链产品得以实现。冷链产品安全可追溯系统的组成如图 3-2 所示。

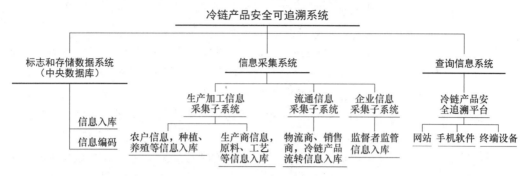

图 3-2 冷链产品安全可追溯系统的组成

（四）冷链产品安全可追溯系统在生产流通阶段的实现

建立冷链产品安全可追溯系统具有复杂性和系统性。就生产流通阶段的组成来看，冷链产品供应链的全部环节都被包含其中。每个环节都有具体的记录信息的要求，一般情况下，生产流通包含以下几个阶段。

（1）生产阶段。生产阶段是冷链产品供应链的开端，问题发生的关键因素取决于生产阶段的特殊属性。生产企业为产品追溯提供信息，必须对产品各项信息进行采集，并录入数据库进行统一储存，录入的不仅有可追溯产品的基本信息，还有与生产相关的其他信息，包括动物养殖企业的饲养环境等信息和植物的生长环境等信息。

（2）加工阶段。在供应链中，加工阶段至关重要，加工企业的产品质量标准、生产工艺和生产设备、控制质量的方法、使用添加剂与防腐剂的情况及生产环境等都是冷链产品质量的决定要素。冷链产品在加工过程中，生产企业需要在冷链产品安全可追溯系统中输入重要的相关信息。

（3）运输阶段。此阶段包括运输的时间和路径起止点以及物流路线，还有储运方式和温度环境等，这些都是决定冷链产品质量的关键环节。同时，销售企业对冷链产品进行运输所使用的工具、包装工艺等对冷链产品的质量也发挥着极为关键的作用。

（4）销售阶段。销售阶段为冷链产品产业链的最终阶段，消费者最终获得冷链产品就要经过这个阶段。欧盟在 178/2002 号法令中明确规定，从 2004 年起，不对在欧盟市场上销售的所有冷链产品进行跟踪和追溯是违法的行为。在冷链产品的销售阶段，消费者通过冷链产品标签了解冷链产品名称和厂名以及成分等信息，因为冷链产品供应链环节的相关信息都被写在冷链产品的标签上。在冷链产品安全可追溯系统中，所有上市销售的产品的全部信息记录都被涵盖其中，保存这些信息的时间较长，要超过冷链产品在供应链的流转时间，便于对有问题的冷链产品的各个环节进行追溯。

（五）冷链产品安全可追溯系统信息传递和查询

参与冷链产品供应链的企业应当在信息采集系统中输入企业相关信息和标识产品信息，使冷链产品安全可追溯系统上的信息更加完善。在监管过程中，各监管部门需要对所管辖的企业的产品信息的真实状况进行抽检核实。各监管部门可以共享冷链产品安全监管信息，还可以把政府制定的政策法规等进行公布，为企业行为提供指导。建立每一个注册企业的质量信息档案，把该档案作为对企业行为进行约束的依据。法定检验部门承担监督控制企业冷链产品质量的职责，对产品的检验结果定期进行检验，对企业产品的基本信息做定期检查，在企业质量信息档案中记录。相关部门需要及时把企业质量信息档案公布，使消费者和合作伙伴随时能够查询到企业的相关信息，让企业行为被有效地监督。

在冷链产品产业链上的冷链产品在各参与企业间流动，依靠冷链产品安全可追溯系统这个平台，把冷链产品的相关信息提供给社会公众。如果发现不安全因素，可以拒绝接收，并向冷链产品安全监管部门进行上报，由监管部门进行调查评估，发出预警，有利于及时消除冷链产品的危害。如果冷链产品与安全标准能够保持一致，那么人们能够对产品进行接收，对必需的产品信息进行收集，连同标识产品信息，共同在冷链产品安全可追溯系统中录入。冷链产品在冷链产品供应链中流通，冷链产品安全可追溯系统采集信息对上游企业的冷链产品质量也发挥了监督作用，并能够继续把追溯信息传递下去。这种机制有利于在冷链产品销售终端出现问题时，对冷链产品生产的具体环节进行追溯。应用冷链产品安全可追溯系统能够在冷链产品出现安全问题时进行准确定位，找出出现问题的环节，进而迅速做出反应，找到相关责任人，积极采取相应的措施，降低危害，保障消费者权益。

本章小结

冷链供应链生产管理是指冷链供应链中生产商管理生产并协调与其他冷链供应链合作伙伴之间的关系的各种活动，主要解决如何计划与控制冷链供应链中的生产活动问题。冷链供应链生产管理的特点：决策信息来源多样化，决策模式具有群体性、分布性，信息反馈机制多样性和计划运行的动态环境。

冷链供应链生产模式：准时制生产、精益生产、敏捷生产和柔性生产。冷链供应链生产计划的分类：战略生产计划、战术生产计划、运作生产计划。冷链产品生产控制的内容：生产节奏控制、库存和在制品控制、生产进度控制、提前期管理。

冷链供应链生产管理体系：质量认证体系，包括无公害冷链产品认证、绿色冷链产品认证和有机冷链产品认证；冷链产品生产控制体系，包括 HACCP 体系，ISO 9000 质量管理体系，ISO 14000 环境管理体系，ISO 22000 食品安全管理体系，GAP、GMP 与 GVP 管理规范体系，SSOP 卫生标准操作程序。

冷链产品可追溯体系就是追踪冷链产品自生产开始，经过供应链各个环节，最后被送达人们的餐桌的生产流程的相关信息。

综合案例

综合案例一

厦门市食品追溯系统

一、业务流程

1. 总体业务流程

厦门市工商行政管理局通过该系统将市场准入申报、产品检验、打印凭证、索证索票、工商查验等交易流程电子化，将涉及的信息数据化、共享化。食品生产经营者通过入场登记、经营者备案获得市场准入资格，并在生产经营过程中，填报食品生产、检验和交易信息。公众通过系统查询到相应的食品生产和检验信息。

2. 各个分流程

（1）监管部门的流程。监管部门人员进行日常监管时，可通过食品追溯系统对食品生产经营者、食品生产和检验信息进行查询，对比印证。当发现不具备生产经营资格的经营者与不合法的食品时，要求生产经营者进行整改或执行其他行政处罚，并按时检查整改或行政处罚执行情况。

（2）食品生产经营者的流程。食品生产经营者包括食品生产者（非强制要求）、食品批发者（强制要求）、食品零售者（非强制要求）。通过在系统中录入食品生产经营者、食品备案和关键人员等信息进行备案，在系统中建成档案，完成市场准入；通过将所生产、经营的食品生产、检验和交易信息录入系统，建成食品生产、经营（含食品购进、销售、库存）、检验信息档案；共享食品生产和检验信息、食品生产企业信息，形成食品流向追溯信息库。

（3）公众的流程。公众通过在食品追溯系统中对食品信息（含食品生产和检验信息、食品生产企业信息）进行查询，确定所购买食品的合法性与安全性。

二、取得的成效

（1）基本覆盖流通环节的大中型超市。据统计，系统在上线运行三个月后，厦门市的家乐福、沃尔玛、乐购等 1042 家大型超市和食品批发企业都在系统内备案、开户、运行，促使 29234 种食品纳入监管，含乳制品 1868 种、食品添加剂 340 种、饮料和酒类 3054 种、其他食品 23972 种；批发商上传食品购进与销售记录 140 多万条。系统基本覆盖了食品流通环节的大中型超市。

沃尔玛、家乐福、麦德龙、乐购、新华都、金中华等 52 家商场超市同时配备了查询终端，免费供公众查阅问题食品与食品信息。

（2）简化食品生产经营者的备案与台账工作。按照《中华人民共和国食品安全法》的要求，批发企业每销售一批食品都要提供一整套"一照一证一报告"（营业执照、食品生产许可证和食品检验合格报告）的复印件。商场超市、食杂店等食品零售者购进每批食品也必须索要营业执照、食品生产许可证和食品检验合格报告的复印件，并按照要求保存 2 年。该工作操作烦琐，增加了复印成本开支，导致部分食品生产经营者为节约成本、简化程序，不索要营业执照、食品生产许可证和食品检验合格报告的复印件。

在食品追溯系统中实现食品的"一照一证一报告"的复印件的电子信息共享后，食品生产经营者通过系统上传"一照一证一报告"的复印件的电子信息，在系统中形成索证索票记录；通过数据共享获取上一环节的食品生产经营者提供的营业执照、食品生产许可证和食品检验合格报告的信息，减少重复性工作，提高工作效率，节约成本。

（3）快速定位与处理问题食品。食品追溯系统在发现问题食品时，快速定位问题食品所在位置，要求食品生产经营者快速下架、回收或销毁问题食品。以 2013 年"美素丽儿"奶粉事件为例：2013 年 3 月 28 日，央视《每周质量报告》节目曝光：国内销售的"美素丽儿"奶粉由来路不明的过期奶粉和进口奶粉混合而成。2013 年 3 月 31 日，厦门市工商行政管理局根据福建省食品安全委员办公室和福建省工商行政管理局发布的关于下架问题奶粉的通知，通过食品追溯系统对此批次"美素丽儿"奶粉进行流向追溯查询：首先，快速确定问题食品销售源头，在食品流向追溯模块输入食品名称并选择"批发商"，由系统排查出该问题奶粉的源头批发商为"泉州天恒贸易有限公司"和"厦门宁泰贸易有限公司"；其次，快速确定问题食品的流向，通过对 2 家批发商的问题奶粉进行追溯查询，确定具体流向；最后，准确掌握每个食品生产经营者对问题奶粉的进销情况，通过查询食品批发商及该批发商的下游零售商的购进、销售、库存等信息，掌握问题奶粉的具体情况。其具体情况为厦门市在售的"美素丽儿"奶粉共有 6 个品种，这些奶粉已通过 2 家经销商销往市内的 21 家妇幼店、母婴店。根据所了解的情况，监管人员立即约谈"泉州天恒贸易有限公司厦门办事处"和"厦门宁泰贸易有限公司" 2 家经销商，要求尽快下架、召回问题奶粉。同时，厦门市工商行政管理局通过食品追溯系统发布通告，要求各食品生产经营者展开自查，立即下架问题奶粉；同步要求负责食品监管的人员针对经营奶粉的经销商展开"点对点"的台账清查工作。当天下架、召回的问题奶粉有 2265 盒，共 816kg，占流入厦门市总数的 76.5%，完成问题奶粉的全面清查。

食品追溯系统开放了查询功能给公众，便于公众通过系统查询所购买食品的信息，确保食品安全性与合法性，维护自身权益；提供了进销货台账信息化平台给食品生产经营者，由其自行填报与共享信息，简化食品生产经营者的索证索票程序与台账工作；监管部门通过该系统把控食品进入市场的源头，确保进入市场的经营主体合法性和食品合法性，根据系统的查询定位功能，实现问题食品的高效处理。

思考：

1. 通过案例，如何认识冷链产品可追溯体系在冷链供应链管理中的意义？
2. 请讨论冷链供应链生产管理标准体系和食品安全的关系。

综合案例二

联合国最新报告指出，2022 年全球有 7.83 亿人仍在忍受饥饿，全球 58 个国家和地区面临严重的粮食不安全问题。反观中国，以占世界 9% 的耕地、6% 的淡水资源，养育了世界近 20% 的人口，从新中国成立前 4 亿人"吃不饱"到今天 14 多亿人"吃得好"，响亮回答了"谁来养活中国"这一问题。在此基础上，从更好满足人民美好生活需要出发，顺应人民群众食物结构变化趋势，树立"大食物观"，完善食物供给体系，有利于提高粮食产业链供应链韧性，更好实现各类食物供求平衡，满足人民群众日益多元化的食物消费需求，不断增强广大人民群众的获得感、幸福感、安全感。藏粮于地、藏粮于技战略，是端牢"中国饭碗"的关键。2023 年 7 月 20 日，习近平总书记在中央财经委员会第二次会议上发表重要讲话强调，粮食安全是"国之大者"，耕地是粮食生产的命根子，要落实藏粮于地、藏粮于技战略，切实加强耕地保护，全力提升耕地质量，充分挖掘盐碱地综合利用潜力，稳步拓展农业生产空间，提高农业综合生产能力。截至 2022 年年底，全国已经建成 10 亿亩（1 亩 = 666.6m²）高标准农田，相较于 2012 年增加了 9 亿亩；农业科技进步贡献率达到 62.4%，比 2012 年提高 7.9 个百分点。2022 年，我国粮食生产实现"十九连丰"，产量达到 13731 亿斤（1 斤 = 500g），总产量连续 8 年保持在 1.3 万亿斤以上。口粮实现绝对安全，谷物实现基本自给，人均粮食占有量 483kg，高于国际公认的 400kg 粮食安全。这正是得益于藏粮于地、藏粮于技战略的深入推进。

思考：

生产管理对于藏粮于地、藏粮于技战略的意义。

➲ 课外阅读

［1］薛宝飞，郑少锋．农产品质量安全视阈下农户生产技术选择行为研究：以陕西省猕猴桃种植户为例［J］．西北农林科技大学学报（社会科学版），2019，19（1）：104-110.

［2］徐玲玲，赵京，李清光，等．食品可追溯体系建设的标准问题研究［J］．重庆大学学报（社会科学版），2017，23（4）：56-63.

第四章

冷链供应链库存管理

📎》学习目标

了解冷链供应链库存的概念、内容、特点及功能；掌握冷链供应链库存分类管理策略和库存中心的规划方法；了解创新技术在冷链供应链库存管理中的应用；掌握冷链供应链管理库存模式、优化模型和优化决策等。

📎》引　例

DHL 的冷链库存管理

DHL 是一个非常著名的公司，它是全球领先的物流和快递服务提供商之一。在过去几年里，DHL 一直在推动其冷链供应链的发展，以满足不断增长的全球冷链物流市场的需求。DHL 的库存管理系统涉及多个方面，包括仓库布局、库存管理、库存跟踪等。为了更好地管理冷链库存，DHL 利用了物联网和传感器技术，以实时跟踪和监测其库存。这些技术使得 DHL 能够快速地响应客户需求，减少库存过剩和过期的风险，提高库存周转率，同时确保产品的安全和质量。DHL 还开发了一套智能库存管理系统，该系统通过与客户的订单系统和物流系统集成，可以实时监测库存情况，并根据预测需求自动调整库存水平。这使得 DHL 能够更加准确地预测未来需求，从而优化库存水平，提高库存利用率。此外，DHL 还使用了一些先进的技术来跟踪库存，包括 RFID（无线射频识别）、条形码和 QR（快速响应）码等。这些技术使得 DHL 能够更加准确地跟踪和管理库存，并快速识别和解决问题。

根据 DHL 的数据，其全球冷链物流市场规模已经超过 250 亿美元，并且预计将在未来几年内以每年超过 10% 的速度增长。据 DHL 公布的数据，其全球冷链物流服务的收入在 2019 年达到了近 60 亿欧元，同比增长超过 8%。此外，DHL 还在不断扩大其冷链物流业务的规模和范围，为各行业客户提供高质量的冷链物流服务，包括制药、食品、化妆品和生命科学等领域。这说明冷链物流市场具有很大的潜力，并且需要更加高效和可靠的供应链和库存管理来满足市场需求。对于冷链物流，DHL 还采用了一些特殊的库存管理策略。例如，

DHL会对不同类型的产品进行分类存储，并使用温度控制技术来确保产品的质量和安全。此外，DHL还采用了一些特殊的包装和运输技术，以确保产品在整个运输过程中保持最佳状态。DHL在全球拥有超过200个冷库和50000m² 的冷链运输服务网络，为客户提供一站式的冷链物流解决方案。同时，DHL还利用先进的技术来提高库存管理效率和产品质量保障，如智能温度控制和追踪系统。除了运输和存储方面的优化，DHL还注重客户体验和可持续发展。例如，DHL的生命科学和医药物流业务采用了独特的绿色包装技术和可再生材料，以减少对环境的影响。此外，DHL还提供了全球范围内的紧急物流服务，以帮助客户应对紧急的供应链问题和突发事件。

总体来说，DHL作为全球领先的物流和供应链解决方案提供商，致力于为客户提供高质量的冷链物流服务，并通过不断创新和技术升级来提高效率和可持续性。随着全球冷链物流市场的不断增长，DHL将继续发挥其优势和专业技术，为客户提供更好的服务。

思考：

如何提高冷链库存管理的效率，从而优化冷链供应链管理？

第一节　冷链供应链库存管理概述

一、冷链供应链库存管理的概念与内容

（一）冷链供应链库存管理的概念

冷链供应链库存管理是在冷链供应链系统中对易腐、易变质产品的库存进行专业化和科学化管理的过程。冷链供应链库存管理是整合食品供应链和农产品供应链概念的重要组成部分，并依赖冷链物流技术来实现对冷藏、冷冻产品库存的合理控制和优化管理。在食品和农产品等冷链产品供应链中，库存管理是非常关键的环节。由于食品和农产品等冷链产品易腐、易变质，其库存管理需要更加细致和精确。冷链供应链库存管理需要考虑以下几个方面。

（1）有效的需求预测。准确预测市场需求对库存管理至关重要。在冷链供应链中，由于产品的保质期有限，过多的库存可能会导致浪费或损耗，而过少的库存则可能造成供应不足。因此，对市场需求的准确预测可以帮助优化库存水平，避免库存积压和短缺。

（2）合理的采购和补货策略。根据预测的需求和产品的保质期，制定合理的采购和补货策略；及时补充库存，确保产品的持续供应，同时避免过多采购导致库存积压和浪费。

（3）严格的库存监控。冷链供应链需要实时监控库存情况，包括库存数量、保质期等信息。通过精确的库存监控，可以及时发现库存异常，采取相应措施避免库存损耗。

（4）先进的冷链物流技术。冷链供应链库存管理离不开先进的冷链物流技术。合理的运输温度和湿度控制，以及完善的储存设施，都是确保产品保鲜和产品质量的重要因素。

（5）完善的产品追溯和质量管理体系。冷链供应链库存管理需要建立完善的产品追溯和质量管理体系。通过追踪产品的来源、运输和储存情况，可以及时发现问题并追溯责任，确保产品质量和安全。

综上所述，冷链供应链库存管理是整合食品和农产品等冷链产品供应链的关键环节，通过有效的需求预测、合理的采购和补货策略、严格的库存监控、先进的冷链物流技术以及完善的产品追溯和质量管理体系，实现对易腐、易变质产品库存的科学化管理，保障产品在整

个供应链中保持适宜的低温环境，延长产品的保质期，降低库存损耗，确保产品质量和安全，并满足市场需求，为消费者提供优质的冷链产品的过程管理。只有建立科学合理的冷链供应链库存管理体系，才能实现供应链高效运作，提高企业市场竞争力。

（二）冷链供应链库存管理的内容

冷链供应链库存管理是一项重要的供应链管理任务，涉及冷链产品的存储、管理和运输等方面。冷链物流是指在特定的温度和湿度条件下运输、存储和分配冷藏和冷冻商品的物流活动。对于不同类型的冷链产品，库存管理策略也会有所不同。下面将对冷链供应链库存管理的内容进行详细介绍。

1. 温度

温度是冷链物流中最重要的参数之一。不同的冷链产品需要在不同的温度下存储和运输，因此库存管理需要对温度进行管理。一般来说，冷链产品的温度范围见表4-1。

表4-1　冷链产品的温度范围

温度范围	适用产品
冷藏温度（0~8℃）	新鲜蔬菜、水果、肉类、乳制品等
冷冻温度（-25~-18℃）	冷冻肉、鱼、海鲜、冷冻蔬菜等
超低温（-80~-60℃）	生物制品、疫苗、医药产品等

根据不同温度范围的要求，库存管理需要采取相应的措施，例如，选择不同的存储设备、调节温度等。

2. 商品

在库存管理中也需要对不同类型的冷链商品进行管理。根据商品的属性，可以对冷链商品进行分类（见表4-2）。

表4-2　冷链商品的分类及库存管理要点

商品分类	商品描述	储存和运输要求	库存管理要点
食品类	新鲜蔬菜、水果、肉类、海鲜、乳制品等易腐食品	在较低的温度下储存和运输（冷藏），防止腐败和细菌滋生。温度应保持在2~8℃之间，避免温度波动，保持食品的新鲜和质量	冷藏库存管理是关键，确保温度稳定；严格控制温度、湿度等环境因素，及时监测和处理可能导致食品损坏的情况
农产品类	谷物、蔬菜、水果、畜禽产品等	在适宜的温度下储存和运输，保持新鲜	冷藏库存管理是关键，保持农产品质量、延长保鲜期；控制温度、湿度等环境因素，避免农产品变质
医药品类	药品、疫苗、生物制品等	在控温范围内储存和运输，确保药效不受损害	控温库存管理是关键，使用专业设备确保稳定的温度环境；密切监测和记录温度，防止药品失效或变质
特殊商品类	某些特殊药品、实验样本、生物制品等，可能有特殊要求，需要在恶劣条件下储存	根据商品特性和需求采取额外措施，确保产品质量和安全性	特殊库存管理需要对不同商品采取针对性措施，严格监控和记录环境条件，避免影响商品质量和安全

不同类别的商品在库存管理中需要采取不同的措施，例如，分类存放，分别进行温度控制、包装等。

3. 库存数量

库存管理的内容还包括库存数量。库存数量通常被分为以下几类。

（1）保障库存：为了满足客户需求而保持的库存量。这种库存通常与销售量有关，可以根据历史销售数据来预测。

（2）安全库存：在供应链中保留的一定量的库存，以应对供应链中出现的不可预测的事件，如生产延误、交通拥堵、天气突变等，以确保供应链的稳定性和可靠性。这种库存量通常根据预测的生产和交货时间来确定。

（3）季节性库存：为满足特定的季节性需求而保持的库存量，如在中秋节、除夕等特定节日对冷链商品的需求激增。这种库存需要在销售季节前准备，以确保供应链的顺畅。

（4）过剩库存：超出实际需求的库存量，可能是预测偏差、产品变更、市场变化等导致的。这种库存会增加库存成本和风险，并可能导致产品过期和利润率降低。

在冷链供应链中，这四种库存数量的分类同样适用。由于冷链物流的特殊性质，保障库存和安全库存非常重要。在确定季节性库存时，需要考虑气温变化和季节性需求的变化，以便在销售季节前适当准备库存。对于过剩库存，需要在准确预测需求的基础上优化采购和生产计划，以避免此类库存的出现，从而降低库存成本和风险。总之，冷链供应链库存管理是一个复杂的过程，需要综合考虑产品特性、库存周期和库存数量等因素。通过科学合理的库存管理，企业可以最大限度地降低库存成本和风险，提高供应链的效率和可靠性，为企业的发展提供有力的支持。

二、冷链供应链库存管理的功能

冷链供应链库存管理在现代物流和供应链中扮演着至关重要的角色。有效的冷链库存管理不仅确保了产品的质量和安全，还能最大限度地减少损耗，提高运营效率。以下是冷链供应链库存管理的具体功能和详细描述。

（一）温度监控与控制

温度监控与控制是冷链库存管理的核心。通过实时监测仓库和运输过程中的温度，可以确保易腐物品在适宜的温度范围内存储和运输，从而保证产品的质量。先进的温度监控系统能够在温度异常时及时发出警报，并自动调整温控设备以恢复正常温度。这不仅防止了产品损坏，还减少了不必要的经济损失。

（二）库存追踪与管理

高效的库存追踪系统能够提供实时的库存信息，包括库存量、存储位置和产品状态等。这有助于企业及时了解库存情况，避免库存过剩或短缺。通过条形码、RFID（射频识别）标签和GPS定位等技术，企业可以实现库存的精确追踪，确保产品在整个供应链中的可见性和可控性。

（三）先进先出（FIFO）管理

先进先出（FIFO）原则在冷链库存管理中尤为重要。通过优先处理先入库的产品，可以减少因产品过期而导致的损失。自动化的仓库管理系统（WMS）能够根据产品的入库时间自动安排出库顺序，确保产品以最佳状态到达终端消费者。

（四）质量控制与保证

质量控制是冷链库存管理的另一重要方面。通过定期检查和测试库存产品，企业可以确保产品在存储期间的质量和安全。质量控制措施包括对产品的外观、气味、温度和湿度等参数的检测，并记录相关数据以备查验。这有助于提高客户满意度，减少退货和投诉。

（五）运输优化与管理

冷链库存管理不仅涉及仓储，还包括运输环节的优化。通过优化运输路线和运输方式，可以减少运输时间和成本。冷链物流车辆配备有先进的温控设备和监控系统，确保产品在运输过程中的温度控制和安全。运输管理系统（TMS）可以帮助企业计划最佳运输路线，实时监控运输状态，并与仓库管理系统（WMS）无缝对接，实现全程可视化管理。

（六）数据分析与预测

通过对库存数据的分析和预测，企业可以更好地进行需求规划和补货管理。数据分析工具能够识别出库存管理中的潜在问题，并提供优化建议。例如，季节性需求波动、销售趋势变化等都可以通过数据分析提前预见，从而制定相应的库存策略，避免出现库存不足或积压。

（七）合规管理

冷链库存管理必须符合相关的法律法规和行业标准。企业需要确保其操作过程和产品质量符合食品安全标准、医药监管要求等。合规管理包括文件记录、审计追踪和合规培训等方面，确保企业在运营中始终保持高标准的合规性和透明度。

冷链供应链库存管理是一个复杂而重要的过程，涉及温度监控与控制、库存追踪与管理、先进先出（FIFO）管理、质量控制与保证、运输优化与管理、数据分析与预测和合规管理等多个方面。通过有效的库存管理，企业可以确保产品质量和安全，提高运营效率，降低成本，增强市场竞争力。现代技术的应用，如自动化系统、数据分析工具和物联网技术，使冷链库存管理更加精确和智能化。未来，随着科技的不断进步，冷链库存管理将继续向高效、智能和绿色方向发展，为企业和消费者带来更多的价值。

三、冷链供应链库存管理的特点

冷链供应链库存管理的特点主要包括温度控制和产品品质保障要求较高、供应链流程复杂和不确定、客户需求多样和时效性强、库存成本高和风险控制难度大。下面将分别进行详细的介绍和分析。

（一）温度控制和产品品质保障要求较高

冷链供应链库存管理重要的特点之一就是对温度控制和产品品质保障的高度要求。由于涉及冷藏或冷冻的产品，在整个供应链中需要严格控制温度，以保障产品的品质和安全。此外，在不同的温度区间内，产品的保存期限也不同，这就要求库存管理人员精准掌握库存温度的变化和趋势，及时采取措施，避免产品过期或变质，降低库存损失和避免浪费。

为了解决温度控制和产品品质保障的问题，库存管理人员需要建立完善的监控体系，对不同温度区间内的库存进行分类和管理。同时，还需要建立冷链配送体系，确保产品在运输过程中保持适宜的温度。此外，库存管理人员还需要进行风险评估和应急预案制定，及时应对温度波动和突发事件，保障产品的品质和安全。

（二）供应链流程复杂和不确定

冷链供应链库存管理有供应链流程复杂和不确定性较高的特点。由于冷链供应链库存管理涉及多个环节，包括采购、生产、配送等，而且每个环节都有不同的参与者和利益相关者，导致供应链的复杂性和不确定性增加。例如，供应商延迟交货、生产遭受灾害、物流配送失误等问题，都可能导致库存管理人员面临不同的挑战，包括缺货、库存积压、产品过期、浪费等。为了解决供应链流程复杂和不确定的问题，库存管理人员需要建立有效的供应链协作机制，加强对供应链各环节的监控和管控，及时处理异常事件和潜在风险，保证库存管理的稳定和可靠。

（三）客户需求多样和时效性强

随着市场竞争的加剧和消费者对品质和服务的要求提高，冷链供应链库存管理要面对客户需求多样和时效性强的现实。不同的客户对产品的品质和服务有不同的要求，例如，一些客户对产品的新鲜度要求高，需要尽快交付，而另一些客户则更加注重产品的安全性和可追溯性。这就要求库存管理人员能够满足不同客户的需求，同时保证库存的安全和稳定。为了应对客户需求多样和时效性强，库存管理人员需要建立客户分析和预测模型，了解客户需求的变化和趋势，制定相应的库存管理策略和配送计划。此外，还需要建立灵活的库存管理体系，包括可调整的库存容量和配送频率，以适应市场需求的变化和波动。

（四）库存成本高和风险控制难度大

冷链供应链库存管理还面临着库存成本高和风险控制难度大的问题。由于冷链库存的特殊性和要求，库存成本往往比普通产品高很多，包括设备、场地、人员等各方面的成本。同时，由于冷链库存的敏感性和复杂性，库存管理人员需要面对更多的风险和挑战，包括温度波动、货损、物流延误等问题。为了降低库存成本和风险，库存管理人员需要采取多种措施。例如，可以优化库存结构和布局，选择适当的存储设备和场地，加强库存监控和管理，建立风险评估和应急预案，制定灵活的库存调整策略等。

总之，库存管理人员需要建立有效的监控体系和风险控制措施，以应对不同的挑战和问题，保证库存管理的稳定和可靠。

四、冷链供应链库存管理的目标和指标

（一）库存管理的目标和指标

库存管理的目标是满足客户需求，同时控制库存成本和风险。为了实现这一目标，需要筛选科学合理的指标，包括库存量、库存周转率、库存成本、服务水平等。

（1）库存量。库存量是指库存的实际数量，是衡量库存管理效果的一个基本指标。合理的库存量可以保证产品供应的稳定性和可靠性，但过高的库存量会增加库存成本和风险。因此，库存量需要根据客户需求、生产周期、供应链的稳定性等因素进行科学合理的控制和调整。

（2）库存周转率。库存周转率是指单位时间内库存的销售量，是衡量库存管理效率的一个重要指标。高效的库存周转率可以降低库存成本和风险，同时提高资金利用率和企业效益。

（3）库存成本。库存成本包括库存运营成本和库存资金成本。库存运营成本包括库存设备、场地、人员等产生的成本，而库存资金成本则是指库存所占用的资金成本。降低库存成本是库存管理的一个重要目标，可以通过优化库存结构、加强库存监控和管理、制定灵活

的库存调整策略等方式实现。

（4）服务水平。服务水平是衡量库存管理满足客户需求程度的一个重要指标。服务水平可以通过库存满足率、订单响应时间、配送及时率等指标进行评估和衡量。高水平的服务水平可以提高客户满意度和忠诚度，同时也能增加企业的市场竞争力和盈利能力。

（二）冷链供应链库存管理的特殊目标和指标

冷链供应链库存管理的特殊性要求确定更加科学合理的目标和指标。首先，冷链库存需要严格控制温度和湿度等参数，确保产品品质和安全性。因此，温度控制和产品品质保障是冷链库存管理的特殊目标。其次，冷链供应链库存管理的流程复杂，涉及多个环节和参与者。为了保证库存管理的效率和效果，需要筛选更加细致和协同的指标。例如，可以建立供应链配送时间、产品可追溯性、库存质量损失率等指标，对各环节进行细致监控和评估。最后，冷链供应链库存管理需要考虑客户需求的多样性和时效性。客户需求的多样性要求库存管理具有灵活性和定制性，能够针对不同客户的需求进行个性化的库存服务。客户需求的时效性要求库存管理具有快速响应和快速配送的能力，能够及时满足客户的需求。

（三）冷链库存服务水平的衡量方法

冷链库存服务水平是衡量库存管理满足客户需求程度的重要指标之一。冷链库存服务水平可以通过冷链库存满足率、订单响应时间、配送及时率等指标进行评估和衡量。

冷链库存满足率是指客户需求能够在规定时间内得到满足的比例。冷链库存满足率越高，代表冷链库存管理越能更好地满足客户需求和提高客户满意度和忠诚度。冷链库存满足率的计算可以采用式：

$$冷链库存满足率 =（当期库存满足的订单数量/当期订单总数）\times 100\%$$

订单响应时间是指客户下订单到订单开始处理的时间。订单响应时间越短，代表库存管理越能更快速地响应客户需求和提高客户满意度和忠诚度。订单响应时间的计算可以采用式：

$$订单响应时间 =（订单开始处理时间-客户下订单时间）/订单数量$$

配送及时率是指订单完成后产品能够在规定时间内配送到客户手中的比例。配送及时率越高，代表冷链库存管理越能更及时地满足客户需求和提高客户满意度和忠诚度。配送及时率的计算可以采用式：

$$配送及时率 =（规定时间内配送完成的订单数量/当期订单总数）\times 100\%$$

通过以上指标的评估和衡量，可以更好地了解库存管理的效果和客户需求的满足程度，及时调整和优化库存管理策略，提高库存管理的效率和效果。

第二节　冷链供应链库存管理策略

一、冷链供应链库存分类管理策略

（一）基于 ABC 分类法的冷链供应链库存管理策略

ABC 分类法是一种经典的库存分类管理方法，将库存根据重要性分为 A、B、C 三类，分别代表高、中、低重要性的库存。在冷链供应链中，由于不同商品的特性和需求不同，采用不同的冷链储存条件和运输方式，因此需要对库存进行分类管理。下面将介绍基于 ABC

分类法的冷链供应链库存管理策略。

1. ABC 分类法的基本原理

ABC 分类法是根据二八法则，即 20% 的商品创造 80% 的销售额，而 80% 的商品只创造 20% 的销售额。将库存按照销售额从高到低进行排序，然后根据某个比例将库存分为 A、B、C 三类，A 类库存的销售额最高，但库存量最少；B 类库存销售额中等，库存量适中；C 类库存销售额最低，但库存量最多。这种分类方法能够减少库存管理的成本，提高库存的管理效率，降低存储费用和仓储风险。

2. ABC 分类法在冷链供应链中的应用

（1）根据产品的特性进行分类。在冷链物流中，不同产品需要采取不同的储存温度和运输方式，例如，冰激凌需要在 -20℃ 的环境下保存，而鲜花需要在 2~8℃ 的环境下保存。因此，在冷链供应链中，可以将库存按照产品的特性进行分类，例如，将需要在 -20℃ 保存的产品分为 A 类库存，将需要在 2~8℃ 保存的产品分为 B 类库存，将需要在 8~15℃ 保存的产品分为 C 类库存。

（2）根据产品的需求进行分类。除了根据产品的特性进行分类，也可以根据产品的需求进行分类，例如，根据产品的交货期限、订单量、销售额等指标进行分类。对于交货期限短、销售额高的产品，可以将其分为 A 类库存；对于交货期限较宽松、销售额适中的产品，可以将其分为 B 类库存；对于交货期限长、销售额低的产品，可以将其分为 C 类库存。

3. 针对 A、B、C 类库存采用不同的管理策略

对于 A 类库存，由于销售额高，存货周转快，因此需要采取较为严格的管理策略，例如实行"先进先出"原则，定期进行盘点，避免库存过多导致过期损失。

对于 B 类库存，由于其销售额和存货周转率处于 A 类库存和 C 类库存之间，因此需要采取中等严格程度的管理策略。一种常用的管理方法是根据产品的重要性和销售量进行分类，将 B 类库存进一步细分为 B1 类、B2 类和 B3 类，然后针对不同的分类采取不同的管理措施。其中，B1 类库存是销售量较高但重要性较低的产品，需要定期进行盘点，采取"先进先出"原则进行管理。B2 类库存是销售量较低但重要性较高的产品，需要定期进行盘点和评估，根据市场需求进行调整和管理。B3 类库存是销售量和重要性都较低的产品，可以采取定期检查和清理库存等方式进行管理，避免占用过多的仓储空间。

对于 C 类库存，由于其销售额和存货周转率低，因此需要采取相对宽松的管理策略。一种常用的管理方法是采取定期清理、调整和降价销售等方式进行库存管理，以保持库存水平在可接受的范围内。另外，还可以采取供应商管理的方式，减少进货数量和提高供应商的供货效率，以减少库存占用和产品过期损失。

综上所述，基于 ABC 分类法的冷链供应链库存管理策略是根据产品的销售量和重要性等因素进行库存分类，并采取不同的管理措施进行管理，以达到优化库存结构、减少库存占用和产品过期损失等目的。

（二）基于生命周期的冷链供应链库存管理策略

基于生命周期的冷链供应链库存管理策略是一种以产品生命周期为基础的库存管理方法，可以有效地优化冷链供应链的库存管理。

基于生命周期的冷链供应链库存管理策略的核心思想是根据产品生命周期的不同阶段的特点和需求，采用不同的库存管理策略。一般来说，产品的生命周期包括引入期、成长期、

成熟期和衰退期。在不同阶段，产品的销售需求、市场竞争、成本结构、存货成本等都存在差异，因此需要采用不同的库存管理策略，以达到最优的库存水平和最低的库存成本。

在引入期，产品销售需求相对较低，市场份额较小，存货成本相对较高。因此，库存管理策略应该以最小化存货成本为目标，采用"先进先出（FIFO）"和"定期盘点"等方法控制库存水平，减少过多库存和滞销产品。

在成长期，产品销售需求逐渐增加，市场份额逐渐扩大，存货成本相对降低。因此，库存管理策略应该以最大化销售量和最小化库存成本为目标，采用"经济订货量（EOQ）"和"定期补货"等方法控制库存水平，确保及时补货和满足销售需求。

在成熟期，产品销售需求逐渐趋于稳定，市场份额相对稳定，存货成本相对稳定。因此，库存管理策略应该以最优化库存水平和最小化库存成本为目标，采用"定期盘点"和"按需补货"等方法控制库存水平，避免过多库存和滞销产品积压。

在衰退期，产品销售需求逐渐下降，市场份额逐渐缩小，存货成本相对升高。因此，库存管理策略应该以最小化库存成本和最大化盈利为目标，采用"清理库存"和"降价促销"等方法控制库存水平，清理库存和减少滞销产品。

（三）基于预测的冷链供应链库存管理策略

基于预测的冷链供应链库存管理策略是以市场需求预测为基础的，它可以最大限度地优化库存水平和减少库存成本，同时确保产品供应和客户满意度。

需求预测是基于预测的库存管理的核心，是库存策略的基础。准确的需求预测可以帮助企业制定最佳的库存管理策略，优化库存水平和减少库存成本，同时确保产品供应和客户满意度。在冷链供应链中，需求预测需要考虑产品的季节性、天气以及客户的需求。为了实现准确的需求预测，可以采用多种方法，如历史数据分析、市场调查、客户反馈分析、竞争分析等。

（1）历史数据分析。历史数据分析是一种基于过去的销售数据对需求进行预测的方法。通过分析过去的销售数据，可以预测未来的销售趋势和季节性需求。历史数据分析可以采用多种方法，如趋势分析、季节性分析、周期性分析等。通过这些方法，可以确定产品的需求周期和峰值，以便更好地制定库存管理策略。

（2）市场调查。市场调查是一种通过问卷调查、面谈、焦点小组讨论等方式来收集客户需求和市场行情的方法。通过市场调查，企业可以了解客户的需求和偏好，以便更好地制定库存管理策略。同时，市场调查还可以帮助企业了解市场竞争情况，以便更好地制定销售策略。

（3）客户反馈分析。客户反馈分析是一种通过分析客户反馈信息来预测市场需求的方法。客户反馈包括客户投诉、建议和评价等。通过分析客户反馈，企业可以了解客户对产品的需求和评价，以便更好地制定库存策略和产品改进计划。

（4）竞争分析。竞争分析是一种通过对竞争对手的产品和市场趋势进行分析来预测市场需求的方法。竞争分析可以对竞争对手的产品的特点、价格、销售渠道等方面进行研究，以便更好地制定库存策略和销售策略。

基于预测的库存管理策略需要根据需求预测的结果来确定库存水平。通过准确的需求预测，可以减少库存成本，同时确保产品供应和客户满意。在冷链供应链中，库存管理需要考虑产品的保鲜期和存储温度，以确保产品质量和安全性。为了优化库存管理策略，可以采用多种方法，如设置安全库存、确定经济批量、提高库存周转率等。

（1）设置安全库存。设置安全库存是一种为应对市场需求的不确定性而采取的预防性库存管理策略。安全库存需要考虑供应链的可靠性和交货时间，以确保及时满足客户需求。在冷链供应链中，安全库存需要考虑产品保鲜期和存储温度的限制，以确保产品质量和安全性。

（2）确定经济批量。确定经济批量需要考虑产品价格、库存成本、订货成本和需求预测等因素，以制定最优的订货量和库存水平。在冷链供应链中，确定经济批量需要考虑产品保鲜期和存储温度的限制，以确保产品质量和安全性。

（3）提高库存周转率。库存周转率主要涉及库存水平和库存周期。库存周转率需要考虑产品的保鲜期和存储温度，以确保产品质量和安全性。在冷链供应链中，库存周转率需要根据产品的保鲜期和存储温度来制定库存周转策略，以确保产品质量和安全性。

（四）基于市场化需求的冷链供应链库存管理策略

基于市场化需求的冷链供应链库存管理策略是指在满足市场需求的前提下，最小化库存成本和风险的策略。其主要内容包括：

（1）分析与预测市场需求。在制定冷链供应链库存管理策略时，首先需要进行市场需求的分析与预测。通过了解市场上的需求趋势、消费者行为和产品生命周期等因素，可以更好地预测未来市场需求的变化。同时，还需要考虑季节性需求和突发事件对市场需求的影响。

（2）确定库存水平。库存水平是指冷链供应链中的库存量，其大小直接影响着库存成本和库存风险。在基于市场化需求的冷链供应链库存管理策略中，需要根据市场需求和供应链特点确定合理的库存水平。通过对库存水平的优化和控制，可以在满足市场需求的同时降低库存成本和风险。

（3）监控和调整库存。监控和调整库存是基于市场化需求的冷链供应链库存管理中的重要环节。在库存管理过程中，需要及时监控库存水平，便于发现问题并及时调整。同时，还需要与供应商和客户保持良好的沟通，共同应对突发事件和市场变化。

总之，基于市场化需求的冷链供应链库存管理策略需要深入了解市场需求，确定库存水平，并通过监控和调整库存保证库存成本和风险的最小化。

（五）冷链供应链定期库存盘点策略

为了确保冷链产品在供应链中的质量和安全性，定期库存盘点是非常必要的环节。

1. 冷链产品的分类

冷链产品可以分为食品、药品、化妆品等。不同的冷链产品具有不同的特点，需要采取不同的保鲜措施和控制方案。因此，在进行库存盘点时，应该对不同的冷链产品进行分类，以便更好地进行管理和保护。

2. 冷链产品库存盘点的流程

（1）制订盘点计划。在进行库存盘点之前，应该制订详细的盘点计划，包括盘点时间、盘点地点、盘点人员、盘点工具等。盘点计划应该尽可能详细，以确保盘点的准确性和全面性。

（2）清点库存。在盘点时，应该逐一清点库存，确保每个冷链产品都得到了盘点。在清点时，应该仔细核对冷链产品的种类、数量、保质期等信息，确保库存信息的准确性。

（3）检查库存质量。在进行库存盘点时，应该对库存产品的质量进行检查，包括温度控制、封装是否完好、保质期是否过期等方面。对于存在质量问题的产品，应该及时采取措施，以确保库存产品的质量和安全性。

（4）确定库存差异。在进行库存盘点后，应该根据实际库存数量和系统库存数量之间的差异，进行调整。如果实际库存数量小于系统库存数量，应该及时查找原因，对于遗漏或者损耗的冷链产品进行补充或者赔偿；如果实际库存数量大于系统库存数量，应该及时查找原因，避免库存过量。

（5）形成盘点报告。在完成库存盘点后，应该及时形成盘点报告，将盘点的结果、存在的问题以及改进方案等内容详细记录下来，并且要及时向上级管理部门汇报盘点结果，以便进行后续处理和改进。

3. 冷链产品库存盘点的注意事项

（1）确保温度稳定。在进行库存盘点时，应该确保冷链产品所处的环境温度稳定，避免出现温度波动导致冷链产品受损或者过期。在盘点前，应该检查冷链设备的工作状态，确保设备正常运转。

（2）注意库存安全。在进行库存盘点时，应该注意库存的安全性，避免冷链产品被损坏或者被盗。在盘点过程中，应该加强安全管理，确保库存的完整性和安全性。

（3）注意保密。库存盘点涉及企业的核心资产，应该注意保密，避免泄露企业的商业机密。在进行库存盘点时，应该建立健全的保密制度，确保盘点结果的安全性。

（4）做好记录。在进行库存盘点时，应该做好详细的记录，包括盘点过程、存在的问题以及改进方案等内容。记录应该尽可能详细，以便后续的跟踪和分析。

（5）建立监督机制。为了确保库存盘点的准确性和全面性，应该建立健全的监督机制。在盘点时，应该由专门的监督人员对盘点工作进行监督，以便及时发现和纠正存在的问题。

二、冷链供应链库存中心的规划方法

冷链供应链库存中心的规划作为搭建冷链物流体系的关键环节，起着重要的作用。

（一）冷链供应链库存中心的选址

库存中心的选址是冷链供应链规划的重要环节之一，需要根据地理位置、气候条件、交通运输等因素来选择。

（1）地理位置。库存中心的地理位置需要考虑客户的分布、物流运输的路径和距离等因素，以便更好地服务客户。据统计，2019年，全球冷链物流市场规模达到2470亿美元，预计到2025年将达到3890亿美元，其中中国市场的规模占全球的1/3。因此，在选择库存中心的地理位置时，需要考虑中国物流市场的发展前景和市场规模，选择人口密集、经济发达、交通便利的城市。

（2）气候条件。气候条件直接影响库存中心的温度控制，因此库存中心需要选择气候条件稳定、温度适宜的地区。根据相关国家标准，库存中心的环境温度应为2~8℃，相对湿度应在50%~70%之间。因此，在对库存中心进行选址时，需要考虑当地的气候条件，避免温度过高或过低、湿度过大或过小的问题。

（3）交通运输。交通运输是冷链物流的重要环节，库存中心需要选择交通便利、运输成本低的地区。据统计，2021年，我国的物流成本占GDP的14%以上，其中运输成本占物流成本的70%左右。因此，在选择库存中心的地理位置时，需要考虑当地的交通状况，避免物流运输成本过高的问题。

（二）冷链供应链库存中心的设计

库存中心的设计需要考虑货物储存区域、货物流转区域，以及工作人员的安全和工作效率。具体包括以下几个方面。

（1）货物储存区域。货物储存区域需要根据货物种类、存储量、存储时间等因素来设计，以便更好地控制温度和湿度。根据相关国家标准，冷链供应链库存中心的货物储存区域应该考虑以下几个方面。

1）储存区域划分。根据货物种类和温度要求，将储存区域划分为不同的温度区域，如 0~5℃、5~10℃、−18℃ 等，以便更好地控制温度。

2）货架设计。货架设计需要考虑货物的大小、重量和存储密度，以便更好地利用空间。

3）存储容量。根据客户需求和市场需求，确定库存中心的存储容量，以便更好地满足市场需求。

（2）货物流转区域。货物流转区域需要根据货物的流转和处理流程来设计，以便更好地保证货物的安全和运输效率。具体涉及以下几个方面。

1）装卸区。为了更好地保护货物的安全，装卸区需要设置防撞柱和护栏，以避免货物在运输过程中受到损坏。

2）货物流转路线。货物流转路线需要根据库存中心的布局和货物的运输流程来设计，以便更好地提高运输效率。

3）货物运输设备。为了更好地保证货物运输的安全和效率，库存中心需要配备各种货物运输设备，如叉车、输送带等。

（3）工作人员的安全和工作效率。工作人员安全和工作效率是库存中心设计的重要考虑因素之一。具体涉及以下几个方面。

1）安全出口。库存中心需要设置安全出口和疏散路线，以便在紧急情况下保证工作人员的安全。

2）照明设备。库存中心需要配备充足的照明设备，以保证工作人员的安全和工作效率。

3）工作台和工具。库存中心需要提供符合人体工程学的工作台和工具，以便更好地保证工作人员的工作效率。

（三）冷链供应链库存中心的设备

库存中心的设备选型需要根据货物种类、储存温度和储存时间等因素来选择。具体包括以下几种设备。

（1）制冷设备。制冷设备是库存中心的核心设备之一，它需要根据货物种类、储存温度和储存时间等因素来选择。具体包括以下几种制冷设备。

1）空气冷却式制冷设备。该设备适用于 0℃ 以上的货物储存，如新鲜果蔬。

2）冷凝式制冷设备。该设备适用于 −18℃ 以下的货物储存，如冷冻肉类、海鲜等。

（2）货架设备。货架设备需要根据货物种类、尺寸和储存密度来选择。常用的货架设备有普通货架、滑轨式货架和自动存储系统等。

（3）运输设备。运输设备需要根据货物种类、储存温度和运输距离等因素来选择。常用的运输设备有手动叉车、电动叉车、输送带和 AGV（自动导引车）等。

（4）安全设备。安全设备需要考虑工作人员和货物的安全。常用的安全设备有防火墙、照明设备和监控系统等。

三、创新技术在冷链供应链库存管理中的应用

在冷链供应链库存管理中，创新技术的应用对于提高效率、降低风险以及确保冷链商品的质量和安全性起着重要作用。接下来对每种创新技术的应用进一步展开讨论。

（一）物联网（IoT）技术

物联网（Internet of Things，IoT）技术在冷链供应链库存管理中扮演着关键的角色，它通过物联网传感器和智能设备的连接，实现了对冷链商品的实时监控、数据采集和远程管理。这些技术的应用使得冷链供应链能够更加高效、智能和可靠地管理库存，从而确保冷链商品的质量、安全和保鲜度。以下是物联网技术在冷链供应链库存管理中的主要应用。

（1）实时温湿度监控。物联网传感器可以安装在冷藏设备、运输箱或包装中，实时监测冷链商品的温度和湿度。一旦温湿度超出设定的范围，系统会立即发出警报，供应链管理人员可以及时采取措施，避免商品变质和损失。

（2）位置追踪。物联网技术可以实时追踪冷链商品的位置和运输状态。通过 GPS 或其他定位技术，供应链管理者可以随时了解商品的实时位置，确保货物的准时送达和安全运输。

（3）数据采集与传输。物联网传感器收集的温湿度和位置等数据会实时传输到云端平台。在云端平台上，这些数据被存储、处理和分析，供应链管理者可以随时访问和查看这些数据，了解库存状况。

（4）实时监控与预警。物联网技术实现了对冷链商品的实时监控和远程管理。供应链管理者可以通过手机、平板电脑或计算机远程查看库存数据和状态。一旦出现异常情况，系统会自动发出预警，管理者可以及时采取措施，防止问题进一步扩大。

（5）数据分析与优化。物联网技术采集的大量数据可以进行深度分析和挖掘。通过大数据分析，供应链管理者可以了解库存需求趋势、消费者行为和产品销售情况。这些数据有助于优化库存管理策略，提高库存周转率和供应链效率。

（6）货物追溯。物联网技术结合区块链技术，可以实现冷链商品的溯源。在区块链上，冷链商品的生产、运输和存储等信息被记录和存储，可确保数据的真实性和完整性。这样一来，消费者可以通过扫描产品上的二维码或使用手机 App，追溯商品的生产和供应链信息，增加对商品的信任度。

物联网技术在冷链供应链库存管理中的应用，使得冷链商品的质量、安全和保鲜度得到有效保障。实时温湿度监控、位置追踪、数据采集与传输，以及实时监控与预警等应用，使得供应链管理者可以随时了解库存状况，及时采取措施应对问题。同时，大数据分析与优化、货物追溯等应用，帮助企业优化库存管理策略，提高供应链效率和运作水平。通过物联网技术的全面应用，冷链供应链将更加高效、智能和可靠地管理库存，确保冷链商品在整个供应链过程中的质量和安全。

（二）区块链技术

区块链技术是一种分布式账本技术，它被广泛应用于不同领域，包括冷链供应链库存管

理。在冷链供应链中，区块链技术的应用可以实现对供应链数据的安全和透明记录，确保库存信息的真实性和完整性。区块链技术在冷链供应链库存管理中的应用，对于冷链供应链的管理和运营具有重要的意义，特别是在保障商品质量、追溯商品来源、优化供应链流程和建立信任方面。以下是区块链技术在冷链供应链库存管理中的主要应用。

（1）数据透明与追溯。区块链技术可以实现供应链数据的透明和追溯。在冷链供应链中，商品的生产、加工、运输和储存等环节都可以被记录在区块链上，形成一个不可篡改的数据链。供应链管理者和消费者可以通过区块链上的数据，了解冷链商品的全过程信息，包括产地、生产条件、温度记录等。这样的透明性增加了消费者对商品的信任，同时有助于供应链管理者及时发现潜在问题，保障食品安全和质量。

（2）防伪与品质保障。消费者可能会购买到伪劣商品。区块链技术可以确保商品的真实性和品质。每个商品都有独一无二的区块链信息，包括唯一的加密 ID（身份标识号码）。这些信息可以帮助消费者验证商品的真实性，并确认商品是否符合标准和质量要求。在出现问题时，区块链技术的数据追溯功能可以帮助消费者追踪问题源头，找到责任方，减少食品欺诈和伪劣产品的流通。

（3）温度监控与记录。在冷链供应链中，温度是关键的因素之一。区块链技术结合物联网传感器可以实时监控商品的温度，并将温度记录在区块链上。这样，商品的温度历史数据可以被永久保存，供应链管理者和消费者可以随时查阅。一旦温度超出设定的范围，系统会自动发出警报，供应链管理者可以及时采取措施，避免商品变质和损失。

（4）智能合约的应用。区块链技术支持智能合约的应用，智能合约是一种自动执行合同条款的计算机程序。在冷链供应链中，智能合约可以自动执行供应链中的各种业务规则和合同条款。例如，当冷链商品到达目的地时，智能合约可以自动触发付款，不需要人工干预，提高了供应链效率和自动化程度。当库存低于设定的安全水平时，智能合约可以自动触发补货流程，向合适的供应商下订单，减少人为错误和时间延误，提高库存周转率。

（5）供应链合作伙伴信任的建立。由于区块链技术的去中心化和数据不可篡改特性，供应链中的各个参与方可以相互验证和确认数据的真实性，而不需要依赖中间机构的认证。这有助于减少合作伙伴之间的纠纷和不信任，促进供应链合作关系的健康发展。

区块链技术在冷链供应链库存管理中的应用，为冷链商品的质量控制、供应链透明性和食品安全提供了全新的解决方案。数据透明与追溯、防伪与品质保障、温度监控与记录、智能合约的应用和供应链合作伙伴信任的建立等突出应用，使得冷链供应链能够更加高效、可靠和安全地管理库存，确保冷链商品的质量和安全。随着区块链技术的不断发展和应用，冷链供应链的管理水平将进一步提升，为消费者提供更加优质和可信赖的冷链商品。

（三）大数据分析技术

大数据分析技术在冷链供应链库存管理中的应用，对于冷链供应链的管理和运营具有重要的意义。冷链供应链的特点在于需要保持低温环境，确保冷链商品的质量和安全性。以下是大数据分析技术在冷链供应链库存管理中的突出应用。

（1）温度监控与预测。在冷链供应链中，温度是重要的关键指标之一。大数据分析技术可以通过对大量温度数据的收集和分析，实时监控冷链商品的温度状况。这些数据可以用来预测温度波动趋势，提前发现潜在的温度异常，从而及时采取措施防止商品的变质和损失。

（2）库存需求预测。冷链商品的需求受到季节和天气等因素的影响。通过大数据分析技术，冷链供应链可以对历史销售数据进行深入分析，准确预测未来的需求趋势。这有助于库存管理者合理安排库存，并在需求高峰时做好备货准备，避免因库存不足而导致的销售损失。

（3）供应链透明与追溯。冷链供应链中涉及多个环节和参与方，包括生产商、物流公司、批发商和零售商等。大数据分析技术结合区块链技术可以实现供应链数据的透明和追溯。每个交易和操作都被记录在区块链上，确保数据的真实性和完整性。供应链管理者和消费者可以通过区块链上的数据，了解冷链商品的来源、生产条件、运输路线和存储环境等信息，增加对商品的信任度。

（4）智能库存管理。大数据分析技术可以帮助冷链供应链实现智能库存管理。通过机器学习算法和数据模型，系统可以自动分析库存需求和销售趋势，进行智能的库存补货和调配。这样可以避免因库存不足导致的销售机会丧失，也减少了过多库存的浪费。

（5）风险管理。冷链供应链面临各种潜在的风险，如温度波动、交通延误、设备故障等。大数据分析技术可以对这些风险进行预测和评估，并提供相应的风险管理策略。例如，可以根据天气预报预测交通延误的可能性，并提前做好备货计划，或者通过设备传感器监测设备的运行状态，及时发现故障并进行维修，保障供应链的稳定运行。

（6）供应链效率优化。大数据分析技术可以帮助冷链供应链实现供应链效率的优化。通过对供应链数据的深入分析，可以发现供应链中的瓶颈和低效环节，并提出改进方案。例如，可以优化供应链网络，缩短运输路径，提高运输效率；或者优化仓储布局，减少物品搬运和储存时间，提高仓库的利用率。

大数据分析技术在冷链供应链库存管理中的应用，使得冷链供应链能够更加高效、智能和可靠地管理库存，确保冷链商品的质量和安全。温度监控与预测、库存需求预测、供应链透明与追溯、智能库存管理、风险管理和供应链效率优化等突出应用，为冷链供应链提供了全方位的数据支持和决策指导。这些应用使得冷链供应链能够适应复杂的市场需求和供应挑战，为消费者提供更加新鲜、安全和优质的冷链商品。

（四）人工智能技术

人工智能技术在冷链供应链库存管理中的应用，为冷链供应链的高效运作和质量保障提供了重要的支持。人工智能技术能够处理大规模的数据并从中提取有价值的信息，帮助冷链企业做出智能决策、优化库存管理、预测需求、提高供应链效率，以及确保冷链商品的质量和安全。以下是人工智能技术在冷链供应链库存管理中的应用。

（1）预测需求。人工智能技术可以分析历史销售数据、天气等情况，对未来需求进行准确预测。在冷链供应链中，由于需求波动较大，因此准确的需求预测对于避免库存过剩或缺货至关重要。通过人工智能技术的预测模型，冷链企业可以更精准地安排库存，避免库存积压或不足，提高库存周转率。

（2）温度监控与控制。人工智能技术结合物联网传感器，可以实时监控冷链商品的温度。通过机器学习算法，系统能够学习和分析温度数据，预测温度波动趋势，并及时发出警报。这样有助于避免温度异常导致的商品损坏，确保冷链商品在适宜的温度条件下运输和储存。

（3）智能补货和调配。人工智能技术可以根据需求预测和库存情况，自动进行智能补货和调配。智能算法能够分析供应链中的库存数据，优化补货时间和数量，确保供应链畅通，减少库存积压和降低库存成本。

（4）智能仓储管理。人工智能技术可以优化仓储布局和作业流程。通过分析仓库数据，智能系统可以自动规划货物存放位置，优化货物搬运路线，提高仓库的运作效率和利用率。

（5）品质检测与预警。人工智能技术可以辅助品质检测，通过图像识别和数据分析，检测冷链商品的外观和质量特征。一旦发现异常，系统会自动发出预警，供应链管理者可以及时采取措施，确保只有合格商品进入供应链。

（6）数据分析与优化。人工智能技术可以对供应链数据进行深度分析，挖掘数据中的潜在问题和优化机会。通过大数据分析和机器学习，冷链企业可以优化供应链流程，提高供应链的效率和灵活性。

人工智能技术在冷链供应链库存管理中的应用，为冷链企业提供智能化、高效化的库存管理和供应链运营。需求预测、温度监控与控制、智能补货和调配、智能仓储管理、品质检测与预警以及数据分析与优化等应用，突出了人工智能技术在冷链供应链中的重要作用。这些应用使得冷链供应链能够更加高效、安全和可靠地管理库存，提高供应链运作效率和灵活性，确保冷链商品的质量和安全。随着人工智能技术的不断发展和应用，冷链供应链的管理水平将不断提升，为消费者提供更加优质和可信赖的冷链商品。

（五）车联网技术

车联网技术在冷链供应链库存管理中的应用，为冷链供应链带来了许多创新的解决方案，特别是在冷藏运输过程中的监控和管理方面。车联网技术将物流车辆与互联网连接，实时监控车辆的位置、温度、湿度等信息，为冷链供应链提供了更高效、安全和可靠的库存管理。以下是车联网技术在冷链供应链库存管理中的应用。

（1）冷藏车辆实时监控。通过车联网技术，冷链企业可以实时监控冷藏车辆的位置、行驶速度、温度和湿度等参数。这些信息可以通过云端平台进行收集和分析。实时监控有助于确保冷链商品在运输过程中始终处于适宜的温度条件下，减少商品损失和质量问题。

（2）温度控制与报警。车联网技术可以实现对冷藏车辆的温度控制和报警功能。一旦车载传感器检测到温度异常，系统会立即发出警报，提醒司机和供应链管理者采取紧急措施，避免冷链商品的损坏。

（3）路线优化和实时导航。车联网技术可以对冷藏车辆的行驶路线进行优化，避免拥堵和绕行，缩短运输时间，提高运输效率。同时，实时导航功能可以帮助司机选择最优路线，减少行驶距离和时间，降低运输成本。

（4）数据记录与追溯。车联网技术可以记录冷藏车辆的运输数据，包括温度变化、运输路径、停留时间等。这些数据可以被永久性地存储在区块链上，形成一个不可篡改的数据链，实现对冷链商品的全程追溯。

（5）货物实时跟踪。车联网技术可以通过 GPS 定位，实时跟踪冷链商品的位置和状态。供应链管理者可以随时查看货物的实时位置和运输状态，确保货物的安全和准时送达。

（6）运输过程中的监控与管理。车联网技术可以提供运输过程中的监控和管理功能。通过车载传感器，可以实时监测车辆的状态，如燃油消耗、车速等，帮助企业进行车辆维护和管理，确保冷链供应链运作的稳定性。

车联网技术在冷链供应链库存管理中的应用，为冷链商品的运输和储存提供了更高效、安全和可靠的解决方案。冷藏车辆实时监控、温度控制与报警、路线优化和实时导航、数据记录与追溯、货物实时跟踪，以及运输过程中的监控与管理等应用，突出了车联网技术在冷链供应链中的重要作用。这些应用使得冷链供应链能够更好地管理库存，确保冷链商品在整个供应链中的质量和安全。随着车联网技术的不断发展和应用，冷链供应链的管理水平将不断提升，为消费者提供更加优质和可信赖的冷链商品。

（六）虚拟现实（VR）和增强现实（AR）技术

虚拟现实（VR）和增强现实（AR）技术在冷链供应链库存管理中的应用，为冷链供应链带来了许多创新的方式，特别是在库存管理和培训方面。这些技术可以提高库存管理的准确性和效率，并改善供应链员工的培训和操作体验。以下是虚拟现实（VR）和增强现实（AR）技术在冷链供应链库存管理中的应用。

（1）虚拟仓储和库存管理。虚拟现实技术可以创建虚拟仓储环境，让供应链管理人员在虚拟现实场景中进行库存管理。他们可以通过 VR 头盔和手柄来模拟仓库操作，包括货物的接收、储存、装载和出库等。通过这种方式，供应链管理人员可以更加直观地了解仓库的布局和库存情况，准确掌握库存量和位置，优化库存布局和运作流程。

（2）增强现实订单拣货。增强现实技术可以将虚拟信息叠加到现实场景中，例如，将订单信息和货物信息显示在物品上。供应链员工可以通过 AR 眼镜或手机 App，看到订单中需要拣货的物品和对应的位置，从而实现更高效的订单拣货过程。AR 技术能够提供实时导航，指引供应链员工按照最优路径完成拣货任务，减少错误和提高准确率。

（3）虚拟培训和操作。虚拟现实技术可以用于培训供应链员工，特别是针对复杂的操作和危险环境。通过虚拟现实场景，供应链员工可以模拟实际操作，学习正确的操作流程和安全规范，而不需要真实进入冷链环境。这样可以降低事故风险，节省培训成本，并使供应链员工更好地适应实际工作场景。

（4）虚拟环境中的温度模拟。虚拟现实技术可以模拟不同的温度环境，帮助供应链员工了解不同温度条件下的商品储存和运输特性。供应链员工可以在虚拟环境中进行温度测试和商品储存模拟，了解不同温度对商品的影响，并做出相应的库存管理决策。

（5）增强现实的质量检查。增强现实技术可以用于冷链商品的质量检查。通过 AR 眼镜或手机 App，供应链员工可以在实际环境中查看虚拟的质量检查指引，比如，检查商品的标签、外观和包装等。AR 技术可以帮助供应链员工快速准确地完成质量检查，提高质量控制的效率。

虚拟现实（VR）和增强现实（AR）技术在冷链供应链库存管理中的虚拟仓储和库存管理、增强现实订单拣货、虚拟培训和操作、虚拟环境中的温度模拟，以及增强现实的质量检查等应用，为冷链供应链带来了许多创新的解决方案。这些技术的应用使得库存管理更加高效和准确，减少了错误和损失的可能性，同时提高了供应链员工的培训和操作体验。随着虚拟现实和增强现实技术的不断发展和普及，冷链供应链的管理水平将不断提升，为消费者提供更加优质和可信赖的冷链商品。

这些创新技术在冷链供应链库存管理中的应用，共同为冷链供应链带来了全方位的优化和改进。物联网技术实时监控冷链商品的状态，区块链技术确保数据的安全和透明，大数据分析技术预测需求和优化库存策略，人工智能技术自动优化补货和管理，车联网技术实时监控冷藏车辆，虚拟现实和增强现实技术提供智能培训和操作。通过这些应用，冷链供应链能够实现高效的库存管理，确保商品的质量和安全，优化供应链流程，降低风险，提高运作效率，为消费者提供更加优质、新鲜和可信赖的冷链商品。这些创新技术的不断发展，将进一步推动冷链供应链的现代化和智能化，为未来的冷链供应链管理带来更多的机遇与挑战。

第三节　冷链供应链库存管理模式与优化模型

一、冷链供应链库存管理模式

冷链供应链的库存管理是现代物流管理中的重要环节。为了满足消费者对食品品质、安全和新鲜度的要求，需要通过冷链供应链的管理来保障商品的品质和安全。同时，库存管理模式也是影响供应链效率和成本的重要因素。

（一）JIT 模式

JIT 模式是一种被广泛应用于物流和生产领域的库存管理模式，其核心理念是"减少废品和库存，提高效率和质量"。在冷链供应链中，JIT 模式可以在短时间内实现库存快速周转，减少产品的过期损失和运输时间，提高生产效率和产品质量。但是，这种模式需要供应链中的各环节紧密协作和高度的信息共享，以及高度的生产和物流灵活性。

（1）精细化生产流程管理。JIT 模式要求企业精细化管理生产流程，包括管理原材料采购、生产计划、生产调度、产品制造等环节，以实现库存最小化和提高生产效率。

（2）企业与供应商紧密协调。JIT 模式要求企业和供应商之间紧密协调，以确保所需零部件和原材料能够在需要的时间到达。为此，企业和供应商之间需要建立长期合作关系，以实现共赢。

（3）安全存货的维护。JIT 模式要求企业维护安全存货，以应对突发事件和订单变更等不可预见的情况。企业需要制定合理的库存策略，确保能够在需要的时候快速响应市场需求。

（4）质量管理。JIT 模式要求企业严格控制生产过程中的质量，避免生产废品，确保产品的质量和稳定性。

（5）持续改进。JIT 模式要求企业持续改进生产流程和供应链管理，以提高生产效率和响应速度。

总之，JIT 模式可以帮助企业优化供应链流程，降低库存水平和库存成本，提高生产效率和产品质量。但是，JIT 模式也需要企业和供应商之间的紧密协调和高度信任，只有这样才能够获得良好的效果。

（二）供应商管理库存模式

供应商管理库存（Vendor Managed Inventory，VMI）模式是一种供应链管理模式，也是一种基于供应商与客户之间的密切协作关系的库存管理模式。在冷链供应链中，这种模式可以通过供应商对库存进行实时监控和管理，确保库存水平的控制和优化，从而实现高效的库存周转和减少产品的过期损失。但是，这种模式需要供应商与客户之间的良好合作和高度的信息共享，需要更为复杂和精密的供应链管理技术。

在 VMI 模式下，供应商可以监测客户的库存水平，定期补充库存，并在必要时调整供应量。VMI 模式的核心思想是，通过供应商管理客户库存，可以优化供应链流程，减少库存水平和库存成本，提高供应链效率。以下是 VMI 模式的一些特点。

（1）数据共享。在 VMI 模式下，供应商和客户之间需要建立紧密的合作关系，共享信息和数据。供应商可以收集客户的销售数据和库存信息，以便进行生产和库存管理。

（2）自动补货。VMI 模式要求供应商定期监测客户的库存水平，自动进行补货，确保库存水平在合理范围内。这可以减少客户的库存水平和库存成本，提高库存周转率。

（3）库存共享。在 VMI 模式下，供应商可以将自己的库存视为客户的库存，这样可以最大限度地减少库存水平和库存成本。

（4）按需供应。VMI 模式要求供应商根据客户的需求进行供应，以确保及时满足客户的需求，并减少废品和过剩库存。

（5）风险共担。VMI 模式要求供应商和客户之间共同承担供应链中的风险，例如，需求波动、物料短缺等，以确保供应链的稳定性和可靠性。

总之，VMI 模式可以帮助企业优化供应链流程，降低库存水平和库存成本，提高供应链效率和客户满意度。

（三）拉动式库存管理模式

拉动式库存管理（Pull Inventory Management）模式通过对市场需求进行实时监测和快速响应来控制库存水平和降低库存成本。拉动式库存管理模式比较灵活，可以很好地满足市场需求，并减少过剩库存和废品。

以下是拉动式库存管理模式的一些特点。

（1）基于市场需求。拉动式库存管理模式是基于市场需求进行库存管理的，它实时监测市场需求，根据市场需求进行补货和制订生产计划。

（2）灵活性。拉动式库存管理模式更加灵活，它可以根据市场需求和实际生产情况进行动态调整，避免库存过剩和缺货。

（3）精益生产。拉动式库存管理模式倡导精益生产，通过实现高效生产和零库存来降低成本。它强调不断改进和减少浪费，提高生产效率和质量。

（4）快速响应。拉动式库存管理模式要求供应链各环节能够快速响应市场需求，以确保能够及时满足客户需求，减少库存水平和成本。

（5）合作关系。拉动式库存管理模式要求供应商和客户之间建立良好的合作关系，共享信息和数据，以便快速响应市场需求，并共同制定库存策略。

总之，拉动式库存管理模式可以帮助企业实现高效的供应链管理，降低库存水平和成本，提高生产效率和质量，提升客户满意度。但是，它也需要企业建立紧密的合作关系，并实现高效生产和快速响应市场需求。

（四）推动式库存管理模式

推动式库存管理（Push Inventory Management）模式是另一种供应链库存管理模式，与拉动式库存管理模式相对。在推动式库存管理模式中，库存水平和生产计划基于预测的需求而不是实际的市场需求。以下是推动式库存管理模式的一些特点。

（1）基于预测需求。推动式库存管理模式是基于预测的市场需求进行库存管理的。它依赖于历史数据和市场趋势来预测未来的需求，并相应地制订生产计划和库存策略。

（2）固定生产计划。在推动式库存管理模式中，生产计划通常是提前确定的，而不是根据实时市场需求动态调整的。这可能导致过剩库存或缺货，因为生产计划可能无法完全匹配实际需求。

（3）较低的灵活性。相较于拉动式库存管理模式，推动式库存管理模式缺乏灵活性。它是基于预测的需求，所以在需求变化时可能无法及时做出调整。

（4）高库存水平。由于推动式库存管理模式是基于预测的需求，所以往往会导致较高的库存水平，尤其是在需求被低估或波动较大时。

（5）可能存在过剩和废品。如果预测的需求与实际需求不匹配，就会导致库存过剩，从而增加废品率和库存成本。

综上所述，推动式库存管理模式在某些情况下可能会带来一定的效益，但相对于拉动式库存管理模式，它更容易受到市场波动和需求不确定性的影响，因此在实践中需要谨慎评估并与拉动式库存管理模式相结合，以实现更好的库存管理效果。

（五）越库配送模式

越库配送（Cross-Docking）模式是一种基于交叉配对的库存管理模式，其核心是将运输的批次和订单进行匹配和整合，从而实现快速配送和短时间内的库存周转。在冷链供应链中，越库配送模式可以通过短时间内的集中配送和整合，减少库存损失和运输成本，提高库存周转率和供应链效率。但是，这种模式需要高度的物流和信息技术支持，需要供应链中的各个环节紧密协作，同时也需要高度的安全性和质量控制。

越库配送模式适用于需要高速配送的场景，如快速生鲜配送和紧急药品配送。通过越库配送模式，产品可以快速配送到消费者手中，缩短了产品的物流时间，降低了产品过期和变质的风险。然而，越库配送模式也存在一些风险和挑战。由于产品在中转过程中需要频繁地进行装卸、整合和配送，容易导致产品的损失和质量下降。

（六）推拉式库存管理模式

推拉式库存管理（Push-Pull Inventory Management）模式是一种综合了推动式和拉动式两种库存管理模式的供应链管理模式。这种模式旨在平衡库存水平和降低库存成本，同时确保能够满足市场需求。推动式库存管理是基于预测市场需求而进行的库存管理，它通过生产计划来推动供应链向前推进，以满足预测的市场需求。这种方法适用于市场需求比较稳定的产品，但是它也容易导致过剩库存和废品，增加库存成本。

（七）多级库存管理模式

多级库存管理（Multi echelon Inventory Management）模式是一种通过优化多个层次库存，实现供应链整体优化的库存管理模式。在冷链供应链中，由于产品的特殊性和运输的复杂性，多级库存管理模式可以有效地降低库存成本和库存水平，同时提高产品的新鲜度和质量。多级库存管理模式包括多个层次，每个层次对应着不同的库存点和库存水平。在最上层，供应商需要根据市场需求和销售预测，计划生产和库存商品，为下一级供应商和零售商提供所需商品。在中间层，下一级供应商将从上一级供应商接收商品，并存储一定量的库存以应对市场需求和销售波动。在最底层，零售商将从下一级供应商接收商品，并根据市场需求和销售情况存储一定量的库存。多级库存管理模式通过优化每个层次的库存水平和库存数量，实现供应链整体优化。在冷链供应链中，多级库存管理模式可以通过优化每个层次的库存水平和库存数量，降低库存成本和损失，同时提高产品的新鲜度和质量。此外，多级库存管理模式还可以通过对供应链的监控和管理，实现对供应链效率和成本的控制。

然而，多级库存管理模式也存在一些挑战。首先，多级库存管理模式需要高度的供应链协调和信息共享，同时需要满足产品的快速交付和库存周转，这对供应链中各个环节的物流和信息技术支持提出了较高的要求。其次，多级库存管理模式需要对产品的新鲜度和质量进行严格的控制和管理，以确保产品的品质和安全。最后，多级库存管理模式需要考虑供应链中的各种风险和不确定性因素，包括市场需求和销售波动、供应商的能力和可靠性、运输和储存的安全等。

二、冷链供应链库存管理优化模型

（一）EOQ 模型

EOQ（Economic Order Quantity，经济订货批量）模型用于确定最优订货量和最优库存水平。在冷链供应链中，EOQ 模型可以用于确定最优的采购批量和最优的库存水平，从而实现库存成本最小化。

EOQ 模型的计算公式为：

$$EOQ = \sqrt{2DS/H}$$

式中，D 表示需求量；S 表示订货成本；H 表示持有成本。其中，需求量（D）是指在一个特定时间段内，企业对某种物品的总需求量，通常以年为单位，但也可以是月、季度等。需求量的确定对于 EOQ 模型非常重要，因为它直接影响订货次数和每次订货的数量。需求量可以通过历史销售数据、市场预测和销售计划等方法估算和确定。订货成本（S）是每次订货所需的固定成本，不论订货的数量是多少，订货成本的大小会影响到最佳订货量的计算。持有成本（H）是指每单位物品在仓库中存储一段时间（通常为一年）所支出的费用，持有成本的大小影响到企业在仓库存储物品的经济性和库存策略。在冷链供应链中，持有成本主要包括仓储费用、保险费用、折旧费用和损耗费用等。

在实际应用中，还可以根据不同的产品特性和供应链需求，使用 EOQ 模型的变体，例如：EPQ（Economic Production Quantity，经济生产批量）模型，用于计算最优生产批量；EBQ（Economic Batch Quantity，经济批量）模型，用于计算最优批量订货量；ESQ（Economic Supply Quantity，经济供应量）模型，用于计算最优供应量。

（二）MRP 模型

MRP（Material Requirement Planning，物料需求计划）模型是一种以计划制造为核心的库存管理模型，用于计算生产所需的原材料和零部件的数量。在冷链供应链中，MRP 模型可以用于优化供应链的生产计划和库存控制，提高生产效率和产品质量。

在 MRP 模型中，通过对生产计划和需求量的分析，计算出生产所需的原材料和零部件的数量，并进行库存控制和补货计划。在冷链供应链中，MRP 模型还可以与其他供应链管理模型相结合，例如，ERP（Enterprise Resource Planning，企业资源计划）模型和 SCM（Supply Chain Management，供应链管理）模型相结合，实现供应链的协调和优化。

总的来说，冷链供应链库存管理模型是一个综合的管理体系，它包括了多种库存管理模型和技术，以实现库存成本的最小化和服务水平的最大化。在实际应用中，需要根据供应链的特点和需求，选择合适的库存管理模型和技术，以实现供应链的优化和协调。

在冷链供应链中，库存管理模型和技术的选择和应用，需要考虑几个因素。①产品特性和需求：不同的产品具有不同的特性和需求，例如，温度要求、保质期、季节性需求等，这些因素将直接影响库存管理模型和技术的选择和应用。②供应链结构和环节：供应链的结构和环节也将影响库存管理模型和技术的选择和应用，例如，供应商的地理位置、物流环节的复杂程度等。③库存管理成本和效益：库存管理模型和技术的选择和应用还需要考虑成本和效益的平衡，即在实现服务水平的最大化的同时，最小化库存管理成本。

综上所述，冷链供应链库存管理模型是一个综合性的管理体系，需要考虑多个因素和技术手段的综合应用。通过选择合适的库存管理模型和技术，可以实现供应链的优化和协调，提高供应链的效率和服务水平，从而实现企业的竞争优势和经济效益。

第四节　冷链供应链库存优化决策与库存管理发展趋势

一、冷链供应链库存优化决策

（一）有替代供应源下的冷链库存优化决策

在冷链供应链管理中，如果存在替代供应源，可以通过合理的库存管理来减少库存成本。如果进行有替代供应源下的冷链库存优化决策，首先我们需要确定在不同的供应源下的需求量分布，然后我们可以通过概率方法来计算库存成本和缺货成本。在此基础上，我们可以采用以下策略来进行库存优化。

（1）采用流动库存策略。流动库存是指在库存充足的情况下，按照一定的规则将库存转移至下一个期间，从而减少库存成本。例如，可以采用动态周期策略，即根据需求量的变化，调整补货周期。

（2）采用优先供应策略。当出现替代供应源时，应该优先选择库存成本更低的供应源。例如，当库存充足时，应该优先选择本地供应商，而当库存不足时，则应该选择其他供应商。

（3）采用合理的补货策略。在库存不足的情况下，应该采用合理的补货策略，例如，可以采用安全库存和补货点的方法，即在安全库存以下时触发补货操作。

（4）采用合理的订货量策略。在考虑到库存成本和缺货成本的情况下，应该选择合理的订货批量。例如，可以采用经济订货批量（EOQ）模型来确定订货量，从而实现总成本最小化。

总之，有替代供应源下的冷链库存优化决策需要综合考虑流动库存策略、优先供应策略、合理的补货策略、合理的订货量策略等，从而实现库存成本最小化的目标。

（二）无替代供应源下的冷链库存优化决策

在冷链供应链管理中，如果不存在替代供应源，库存成本就会变得更加重要。在这种情况下，需要采取一些特殊的冷链库存优化决策来最小化库存成本。下面介绍无替代供应源下的冷链库存优化决策。

（1）采用预测和计划。在无替代供应源的情况下，我们需要采用预测和计划来降低库存成本。预测是指根据历史数据和市场趋势来预测需求量。计划是指根据预测结果来制订合理的补货计划和库存策略。这可以有效地优化库存水平，从而减少库存成本。

（2）采用周期性库存管理。周期性库存管理是指根据需求量的周期性变化来管理库存。例如，在需求量低峰期，可以采用推迟补货和减少补货量的策略来降低库存成本。而在需求量高峰期，则需要采用增加补货量的策略来保证库存充足。

（3）采用合理的订单和补货策略。在无替代供应源的情况下，订单和补货策略对库存成本的影响非常大。因此，需要采用合理的订单和补货策略来最小化库存成本。例如，可以采用安全库存和补货点的方法来确定补货时间和数量，从而避免过量补货和缺货的情况发生。

（4）采用合理的库存管理技术。库存管理技术可以帮助我们更好地管理库存，从而减少库存成本。例如，可以采用 ABC 分类法来确定库存的重要程度，从而更加关注高价值物资的库存管理。此外，还可以采用批量优化技术、库存模拟技术等方法来提高库存管理效率和减少库存成本。

综上所述，无替代供应源下的冷链库存优化决策需要综合考虑预测和计划、周期性库存管理、合理的订单和补货策略以及合理的库存管理技术等，从而最小化库存成本，并保证供应链的顺畅运作。

（三）随机需求下的冷链库存优化决策

在实际运作中，冷链库存优化决策面临的最大挑战之一是需求的随机性。需求的随机性指的是需求的数量和时间是不确定的，可能会受到天气、季节、市场趋势等多种因素的影响，从而导致库存水平和供应能力不匹配。

为了优化随机需求下的冷链库存管理决策，需要使用概率和统计学工具来对需求进行建模和分析。下面介绍几种常用的随机需求下的冷链库存优化决策方法。

（1）随机需求下的定期补货模型。定期补货模型是一种基于时间的补货策略，它指的是指定一定的时间间隔（通常为一定的工作日或周期），在这段时间结束时进行一次固定数量的补货。由于需求的数量和时间不确定，所以这种模型会产生一定的库存储备。定期补货模型的目标是最小化总库存成本，其中包括订货成本、存储成本和缺货成本。

（2）随机需求下的定量补货模型。定量补货模型是一种基于需求量的补货策略，它指的是指定一个固定的订货数量，当库存水平降到某个指定的重新订货点时进行补货。由于需求的数量和时间不确定，所以这种模型会产生一定的缺货风险，即在供应未到达之前库存水平下降到零。定量补货模型的目标是最小化总库存成本和缺货成本。

（3）基于服务水平的随机需求下的定量补货模型。服务水平是指在一定时间内能够满足一定比例的需求量的能力。在随机需求下的库存管理中，服务水平是一个重要的概念。基于服务水平的随机需求下的定量补货模型考虑在给定的服务水平要求下，最小化总库存成本和缺货成本。具体而言，该模型首先确定所需的服务水平，然后基于该服务水平确定重新订货点和订货量。

（4）多阶段决策模型。多阶段决策模型是一种动态规划方法，它将库存优化决策分解成若干个阶段，并在每个阶段根据当前状态和已知概率计算最优决策。在随机需求下的库存管理中，多阶段决策模型可以根据需求和其他随机变量的概率分布，制定最优的库存管理策略，从而最小化总成本或最大化总利润。多阶段决策模型的基本框架包括以下三个要素。

1）状态。状态是一个描述系统状况的变量，例如，库存水平、订单数量等。每个阶段的状态由上一阶段的状态和当前决策决定。

2）决策。决策是在每个阶段根据当前状态和已知概率制定的最优行动方案，例如，采购数量、库存水平等。

3）转移函数。转移函数是描述状态如何在不同决策下转移的数学方程式，它反映了库存系统的演变过程，即下一阶段的状态如何依赖于当前阶段的状态和决策。

在多阶段决策模型中，我们需要考虑以下两种不同类型的决策：

静态决策。静态决策是指一次性制定一个决策方案，然后在未来的所有时期中使用相同的方案。这种决策适用于库存需求相对稳定的情况，但不能很好地适应需求波动的情况。

动态决策。动态决策是指根据当前状态和已知概率制定每个阶段的最优决策方案，以适应需求波动和变化的情况。这种决策需要更多的计算和决策时间，但可以更好地适应变化的需求和市场环境。

多阶段决策模型的应用可以通过以下步骤来实现：确定库存系统的状态和随机变量，例如，需求和供应时间等；建立转移函数，以描述状态在不同决策下的演变过程；制定决策规则，以确定每个阶段的最优决策方案；对每个阶段的决策进行优化，以最小化总成本或最大化总利润；对库存管理策略进行评估和监控，以确保其在实践中的有效性。总之，多阶段决策模型是一种强大的库存管理工具，可以帮助企业制定最优的库存优化策略，适应需求的波动和变化，最小化库存成本，最大化利润。

二、冷链供应链库存管理的发展趋势

冷链供应链库存管理是冷链供应链管理的重要组成部分，对于保障产品品质、满足客户需求、降低库存成本、提高供应链效率和风险控制能力具有重要的意义和作用。随着物流技术的不断发展和应用，冷链供应链库存管理将迎来更加广阔的发展空间和机遇，未来的发展趋势主要包括以下几个方面。

（一）数字化和智能化

未来，冷链供应链库存管理将越来越数字化和智能化。随着物联网、大数据、人工智能等技术的广泛应用，冷链供应链库存管理将实现数字化数据采集、智能化分析和自动化操作，从而提高库存管理的精度和效率。例如，企业可以通过物联网技术实现对冷链产品的温度、湿度等环境参数的实时监测和记录，通过大数据技术分析产品的销售数据和市场需求，从而实现对库存管理的自动化和智能化。

（二）绿色和可持续

未来，冷链供应链库存管理将更加注重绿色和可持续发展。随着社会的环保意识的提高和可持续发展理念的深入人心，企业将借助清洁能源、环保材料、可降解包装等技术手段，实现对库存管理的绿色和可持续发展。例如，企业可以采用可降解材料制作冷链包装箱，减少环境污染和资源浪费。

（三）共享和协同

未来，冷链供应链库存管理将更加注重共享和协同的发展。随着共享经济和协同合作的发展，企业将借助先进的物流网络和信息技术手段，实现库存管理的共享和协同，从而实现库存管理的高效和优化。例如，企业可以通过建立共享库存平台，实现库存的共享和协同，降低库存成本和风险。

（四）个性化和定制化

未来，冷链供应链库存管理将更加注重个性化和定制化的发展。随着消费者需求的个性化和定制化，企业将采用更加灵活的库存管理方式，实现对产品的个性化和定制化服务。例如，企业可以通过智能化仓库管理系统，实现库存按需补货。

另外，随着智能物流技术的不断发展和应用，冷链供应链库存管理也将更加智能化。例如，利用物联网技术和传感器监测温度、湿度等数据，通过云计算和大数据分析进行预测性库存管理，提高库存的准确性和精细度。同时，人工智能技术的应用也将改变传统的库存管理方式，提高库存决策的效率和精度。例如，利用机器学习技术对历史库存数据进行分析和预测，自动化生成库存策略和计划。

除此之外，冷链供应链库存管理的可持续性也将成为未来发展的关键议题。随着全球气候变化和环境污染的加剧，各国政府和社会组织对于环保和可持续发展的要求越来越高。在冷链供应链库存管理中，可持续性不仅涉及能源和资源的节约利用，还包括对产品包装、运输方式等方面的优化，以减少环境污染和碳排放。

冷链供应链库存管理在未来将不断发展和创新，应用更多的技术和理念，以满足消费者需求的多样化和个性化，同时提高供应链的效率和可持续性。随着物联网技术、自动化技术、人工智能技术、绿色化管理和网络化协同等技术的不断发展，冷链供应链库存管理将会越来越智能化、自动化、精准化和绿色化。同时，随着供应链管理平台的建设，供应链管理将会越来越协同化、高效化和透明化。

◇ 本章小结

本章主要讨论了冷链供应链库存管理的概念、内容、功能及其特点。在冷链物流中，由于货物需要在特定的温度条件下运输，因此库存管理成为冷链供应链中不可或缺的一部分。冷链供应链库存管理是整合食品供应链和农产品供应链概念的重要组成部分，并依赖冷链物流技术来实现对冷藏、冷冻产品库存的合理控制和优化管理。本章对库存的分类管理策略和库存中心的规划方法进行了介绍，旨在提高库存管理的效率和减少库存成本。ABC 分类法是一种经典的库存分类管理方法，将库存根据重要性分为 A、B、C 三类，分别代表高、中、低重要性的库存。在冷链供应链中，由于不同商品的特性和需求不同，采用不同的冷链储存条件和运输方式，因此需要对库存进行分类管理。此外，本章还阐述了冷链供应链库存管理模式、优化模型和优化决策，探讨了如何利用现代技术手段提高库存管理的精度和效率。最后，本章对冷链供应链库存管理的发展趋势进行了展望。

② 综合案例

"永辉生鲜" 的生鲜食品供应链管理

"永辉生鲜" 是我国知名的生鲜食品供应链管理企业之一，它成立于 2001 年，其主要业务涵盖肉类、水产品、蔬菜、水果等多个品类。企业致力于提供新鲜、安全、高质量的生鲜食品，以满足消费者对健康食品的需求。"永辉生鲜" 在库存管理方面取得了显著的成效。根据公司公开披露的数据，截至 2022 年，永辉生鲜已经拥有了覆盖全国的供应链网络，拥有超过 200 家门店和近 1 万个生鲜商品品类。同时，"永辉生鲜" 还建立了一套完善的生鲜商品溯源体系，以确保产品质量和安全。

此外，"永辉生鲜" 还积极开展社会责任活动，通过捐赠农产品、搭建农产品销售平台等多种方式，支持农产品销售和农村经济发展。

然而，随着消费者对生鲜食品的需求日益增长，企业面临着库存管理方面的一系列挑战：

（1）保质期短：生鲜食品的保质期相对较短，需要在保证新鲜度的同时，尽快进行库存周转，否则将会出现过期、损耗等问题，从而导致企业的经济损失。

（2）温度控制：生鲜食品需要在适宜的温度下储存，否则将会影响产品的品质和安全。

针对以上挑战，"永辉生鲜"采取了以下措施来进行库存管理：

（1）数据分析和预测。永辉生鲜建立了一套完善的数据分析和预测体系，通过对历史销售数据、季节性需求等方面的分析，预测未来一段时间内的销售情况，以此来制订进货计划，保证货物供应的及时性和准确性。此外，"永辉生鲜"还通过对销售数据的实时监测，调整库存管理策略，以最大限度地满足市场需求。

（2）建立冷链物流系统。"永辉生鲜"建立了完善的冷链物流系统，确保生鲜食品在运输过程中的质量和新鲜度。同时，"永辉生鲜"还采用了先进的温度和湿度控制技术，确保货物在仓储和运输过程中的适宜环境，保证产品的质量和安全。

（3）采用智能化仓储管理系统。"永辉生鲜"采用智能化仓储管理系统，通过自动化的数据采集和分析，实现库存管理的智能化，提高库存周转率和管理效率。该系统还可以根据实际销售情况和保质期等因素，自动进行库存调整和产品陈列，以最大限度地减少库存损耗和浪费。

（4）采用优化的库存策略。针对生鲜食品的特殊性，"永辉生鲜"采用了定期盘点和严格的库存控制策略，避免库存过高或过低的情况发生。同时，"永辉生鲜"还采用了先进的质量检测技术和食品安全管理体系，确保产品质量和安全性。

"永辉生鲜"在库存管理方面采取了一系列的措施，包括数据分析和预测、建立冷链物流系统、采用智能化仓储管理系统、采用优化的库存策略等，以最大限度地满足市场需求，保证产品质量和安全。这些措施的有效实施，为"永辉生鲜"的业务发展提供了重要的支持，也为其他生鲜食品供应链管理企业提供了可借鉴的经验和启示。

思考：

1. 通过案例，分析"永辉生鲜"冷链产品库存管理问题的成因和相应的解决路径。

2. 试讨论哪些技术可以优化冷链产品库存管理。

课外阅读

［1］刘敏，易祎晨. 生物医药企业冷链库存管理优化策略研究［J］. 江西社会科学，2022，42（12）：61-70.

［2］王淑云，姜樱梅，牟进进. 基于新鲜度的冷链一体化库存与定价联合决策［J］. 中国管理科学，2018，26（7）：132-141.

第五章

冷链供应链物流管理

学习目标

掌握冷链物流系统的结构、功能、要素及特征；能够辨析冷链物流管理和冷链供应链管理的区别与联系；了解冷链供应链下物流管理的原则与需求以及组织模式；掌握冷链物流企业的主要运作模式，以及在冷链供应链中选择第三方冷链物流公司的优势与劣势。

引　例

联邦快递（FedEx）的冷链物流的质量和效率提升

联邦快递（FedEx）是一家总部位于美国田纳西州孟菲斯的全球性物流企业。联邦快递提供包括快递、地面运输、航空运输、物流解决方案和电子商务等服务。联邦快递也是一家领先的冷链供应链管理企业，它通过一系列措施来确保冷链物流的质量和效率。

一、冷链供应链网络的建立

联邦快递通过建立完善的冷链供应链网络来确保产品在运输过程中的质量和安全。该网络包括冷链储存设施、冷链运输设备和冷链配送网络。联邦快递在全球范围内拥有超过 80 个冷链储存设施和 500 多个冷链运输设备，可以满足不同类型产品的运输需求。

二、物流技术的应用

联邦快递采用最先进的物流技术和设备来优化冷链供应链的运营效率和质量控制。例如，联邦快递在冷链运输设备上安装了温度和湿度传感器、智能控制系统和远程监控系统，可以实时监测和调整运输过程中的温度和湿度等参数，并及时对异常情况进行预警和处理。此外，联邦快递还采用 RFID（射频识别）技术对产品进行追溯和溯源，以确保产品的来源和质量。

三、库存管理的优化

联邦快递通过优化库存管理来减少库存浪费和损失。联邦快递建立了智能化的库存管理系统，可以根据实际需求量和预测的需求量自动调整库存的数量和位置，以最大限度地减少浪费和损失。

四、质量控制的强化

联邦快递在冷链供应链的质量控制方面也采取了一系列措施。联邦快递制定了严格的质量控制标准，并对冷链供应链的每个环节进行严格监管和管理。联邦快递还采用了国际标准以确保产品的质量和安全。

第一节　冷链供应链物流系统结构

供应链管理包括物流活动和制造活动，因此物流管理自然是供应链系统中不可或缺的一部分。物流管理（Logistics Management）指的是依据管理原理及方法，对物质资料在生产过程中的物流进行计划、组织、协调与控制等一系列管理活动来降低物流成本以及提高经济效益。显而易见，冷链供应链下的物流管理，其重点便是参与冷链产品流动过程中的多家企业或多个环节，对冷链产品品质的接力保障工作。

一、冷链物流系统概述

（一）冷链物流系统的定义

物流系统（Logistic System）是指由两个或两个以上的物流功能单元构成，以完成物流服务为目的的有机集合体。通常来说，系统是指由一组功能相互关联的要素、变量或目标组成的统一整体。对于系统管理来说，不仅要关注单个变量，还应该关注多个变量作为一个整体是如何协同运作的。因此，物流系统的成功要素是使物流系统整体优化以及合理化，并服从或改善社会大系统的环境。

鉴于此，本书将冷链物流系统定义为：以低温维持为根本任务，包含了冷链产品的供应物流、生产物流、销售物流，在整个供、产、销的全过程中，由参与其间的所有机械、设备、站点、线路、物资、人员等要素共同组成的、高度统一并服务于品质保障这一目标的有机整体。各要素之间相互联系、相互制约，共同协作，实现冷链物流系统总体功能的合理化。

（二）冷链物流系统的组成

冷链物流系统由两个部分组成，一是冷链物流作业系统，二是冷链物流信息系统。

（1）冷链物流作业系统。冷链物流作业系统，是指易腐、生鲜食品等在流通过程中的、一体化运作的运输、保管、搬运、包装、流通加工等工作内容。此作业系统质量的好坏，在于引入先进的管理技术与对应的设施设备，如此才能实现工作效率的提升，并推动生产据点、物流据点、运输路线等的网络化和整体化。

（2）冷链物流信息系统。冷链物流信息系统提供物流过程中所需的所有信息，包含从订货、进货到入库、出货、配送等的相关信息。冷链物流一体化实现的核心，就在于该信息系统的建设水平。只有围绕及时、详尽的物流信息，才能打造优质的冷链物流作业系统，也才能够达到从整体上保障冷链产品品质的目的。

（三）冷链物流系统的目的

冷链物流系统的目的主要包括以下几个方面。

（1）保障冷链产品能够在规定时间内、在规定的品控需求下送达客户。

（2）确保冷链物流中心始终维持合适的库存，避免冷链产品的断供。

（3）实现冷链运输、仓储、装卸、包装等一体化作业。

（4）引进先进的技术与设备，逐步完善信息系统，实现降本增效。

（四）冷链物流系统的特点

相较于常规物流系统，冷链物流系统以运输产品的品质保障为目标，有如下三个特点。

（1）系统运作要求更严格。冷链物流一般分为冷藏物流和冷冻物流。其中，冷藏物流的温度区间为 0～5℃，冷冻物流的温度则维持在 -15℃以下。不同的产品要求对应温度能够持续在某个合理的区间内。因此，冷链物流系统对温度的合理把控是冷链物流运作的关键，这对系统的运作提出更为严格的要求。

（2）系统构建条件更苛刻。从系统结构的角度来看，冷链物流系统对存续环境、基础设施、运输系统等组成要素的构建方式有更高的要求。例如，生鱼片在冷链物流中要求的温度为 -50℃，鲜肉则要求 -2℃。这类冷链产品对温度、湿度等的需求持续存在于储、运、装的所有环节之中，要求系统内部的各组成要素都能较好地协同、衔接，任何环节的失误都可能导致产品品质的下降甚至破坏。显然，构建冷链物流系统的条件比构建常规物流系统更为苛刻。

（3）系统投资规模更大。与常温物流系统比较，冷链物流系统在硬件设备方面不仅有更高的技术规格，在运营管理模式方面也有更精细化、协同化的需要。鉴于此，其投资通常是常温物流系统投入的 5～10 倍，甚至更多。除此之外，冷链物流系统的回报周期也会更长。

二、冷链物流系统的结构与功能

（一）冷链物流系统的结构

冷链物流系统的结构包含了不同规模和数量的物流要素，即物流主体、物流客体和物流设施设备。冷链物流系统的结构模式对于物流运作的效果有着直接影响，其中主体要素的空间布局在很大程度上决定了物流的路线和流程。合理的冷链物流系统结构，一是体现在物流主体、物流客体以及物流设施设备彼此相适应，且符合资源优化配置的原则；二是体现在物流设施设备的设置能够使物流作业高效运行。

冷链物流系统的主体要素包括原材料供应商、加工制造商、批发与零售商、消费者、冷链物流企业及冷链物流系统的监管部门。鉴于冷链物流系统的监管部门和消费者均不参与冷链物流业务，因此在研究冷链物流系统的结构时暂不考虑这两者。理论上，从原材料供应商到最终消费者的所有物流运作都可由冷链物流公司包办。按照主体类型、主体数量与规模，以及物流企业的作用，可以将冷链物流系统的结构分为以下三大类型。

1. 主体类型不同的结构

冷链物流系统结构包括四个主体：原材料供应商、加工制造商、批发与零售商和冷链物流企业。按冷链物流系统的主体构成进行分类，其结构可以分为复杂型和直销型。

（1）复杂型冷链物流系统结构。复杂型冷链物流系统结构的主要特征包括：中间环节多、冷链物流运作主体多以及规模大小不一。由于消费者对产品的要求越来越多样化，对产品原材料的要求也越来越高，产品的制作工艺也越来越烦琐。通常原料来自多个产地，使得供应物流问题更加复杂，不仅如此，销售点和消费地的分布过于分散也会导致冷链物流在运输、配送等方面的运作变得更加困难，因此，整个冷链物流系统的网络结构相对简单型要庞大得多。以麦当劳为例，它的冷链物流系统就属于这一范畴。制作汉堡所需的原料包括汉堡酱、鸡肉、牛肉、面包、莴苣等，供应商通过冷链物流系统将原料从全国各地送到工厂进行加工，再将加工好的食品发往各个地区的网点，或是送到指定地点进行现场加工。

（2）直销型冷链物流系统结构。直销型冷链物流系统结构的显著特征是：物流活动的主体少，通常适合用于简单处理后即可销售的商品。该类型的冷链运作可以越过供应链中的多个节点，如制造商、配送中心等，将原材料供应商与零售商连接在一起。比如，在农村种植的蔬菜经过简单的清洗和预冷处理后，通过车辆运输，再加上一些简易的保鲜措施，快速运往市区的农贸市场或超市进行售卖。靠近城镇地区的蔬菜、水果供应多采用这种冷链物流系统结构。

2. 主体数量与规模不同的结构

按主体数量与规模不同进行分类，冷链物流系统结构可分为对称型、收敛型和发散型三种。

（1）对称型冷链物流系统结构。所谓的对称型冷链物流系统结构，是指上游供应商和下游客户在数量和规模上基本对等。伴随着新型零售模式的兴起和发展，大型连锁超市正逐步占领零售市场，传统零售渠道在这种冲击下被逐渐取代。与此同时，一些生产制造企业的规模不断扩大，部分商品被几家大型企业集中供应，从而形成了对称型冷链物流系统结构。该结构的特点是：负责生产与销售的为少数几家大型企业；供应商数量的减少使得系统内部结构更加精简，进一步提高了整个供应链的运营效率，也对冷链物流系统提出了更高的要求，保证了物流服务质量。比如，我国鲜奶业的冷链物流，伊利、蒙牛、光明等几个大型企业和家乐福、沃尔玛等几个大型连锁超市就是对称型食品冷链物流系统结构的主体企业。

（2）收敛型冷链物流系统结构。所谓的收敛型冷链物流系统结构，是指上游供应商数量多且分布广泛，通常规模较小，而下游中间商和销售商的数量较少且规模大，呈现收敛的状态。这种结构适用于产销两地距离较远且消费需求存在较大差异的情况。由于冷链产品具有易腐性，生产商必须借助批发商、零售商以及冷链物流企业等中间机构提供的服务才能将产品顺利销售给消费者。举例来说，水产往往是由批发商前往沿海地区进行产品收购，或者是渔民自行将其运送到城市，最后再送至各个饭店和海鲜连锁店进行销售。整个冷链物流系统的结构呈现收敛状态。

（3）发散型冷链物流系统结构。发散型冷链物流系统结构与收敛型冷链物流系统结构正好相反，即上游供应商数量少而规模大，下游客户的数量多而规模小，呈现发散的状态。一些产品的原材料供应会受到地域限制，也就是说只能由特定地区进行供应，而产品的消费却分布在其他地区，此时的冷链物流系统的结构呈现发散的状态。我国地域广阔、地形多变，不同地区存在不同的气候条件，长此以往便累积了不同的社会经济与技术条件，于是许多商品的生产在地理上的分布也呈现出明显的地域性特点。例如，辽南丘陵、山东丘陵和珠江三角洲被称为我国的"三大果园"，但它们生产的水果品种各有不同；山东寿光是我国重要的蔬菜供应基地；河南、四川是我国重要的肉制品供应基地等。因此，在发散型冷链物流系统结构中，供应地和销售地通常距离较远，上游供应商数量相对较少，下游中间商、分销商数量较多，这与收敛型冷链物流系统结构刚好相反。这种结构的冷链物流系统呈现出由供应地向销售地辐射的状态，在供应地会设立代理商和零售网点，开辟销售渠道，再通过本地的配送中心，经由冷链物流向各地进行远距离运输，最后到达销售网点或消费者手中。

3. 物流企业作用的不同结构

（1）冷链物流业务自营型冷链物流系统结构。冷链物流业务自营型冷链物流系统结构指的是在没有第三方物流企业的参与下，冷链上所有的物流活动均由供应商、加工制造商或是批发零售商自己负责规划运营。

（2）冷链物流企业参与型冷链物流系统结构。冷链物流企业参与型冷链物流系统结构社会化程度较高，整个供应链中的大部分物流活动是委托给第三方冷链物流企业进行的。目前，我国冷链物流市场日趋壮大，但缺乏专门的冷链物流企业，冷链物流在我国的发展在很大程度上依旧受到制约。冷链物流外包已成为许多生产、零售企业关注的热点问题，国内的冷链物流也正呈现出这种发展趋势。通过第三方冷链物流企业向客户进行冷链配送，可以让生产商与销售商把更多的精力放在产品的生产与营销上，提高自身的核心竞争优势，同时冷链企业也可以发挥自身的专长，利用先进技术与冷链物流设备，为消费者提供更高质量、更专业化的冷链物流方案。此外，第三方冷链物流企业还可以同时为多家企业提供物流服务，通过共同配送等方式实现规模效益。专业化冷链物流企业的不断涌现，更有利于形成一体化的冷链物流运作体系，冷链食品的安全将能够得到更好的保障，物流系统的运作效率也会进一步提升。与其他结构相比，冷链物流企业参与型冷链物流系统结构能够带来更多优势，同时其发展前景也不容小觑，在未来必将成为冷链物流系统的重要选择。

（二）冷链物流系统的功能

冷链产品从生产阶段到最终到达消费者手中，经历了从加工制造到冷冻储存，再到运输配送和冷冻销售等多个环节，每一个环节都存在影响产品品质的因素，只有确保每个环节都有充分的品质保障措施，才能保证冷链商品的真正品质。依据功能在冷链物流系统中的作用，我们可以将冷链物流系统的功能划分为基本功能和辅助功能。冷链物流系统的基本功能主要包括冷链运输、冷链仓储、冷链配送和冷链物流信息处理。冷链物流系统的辅助功能包括冷链包装、冷链装卸搬运和冷链流通加工。

1. 冷链物流系统的基本功能

冷链物流系统的基本功能主要包括冷链运输、冷链仓储、冷链配送和冷链物流信息处理。

（1）冷链运输。冷链物流系统最基本的一个功能是要将冷链商品从发货方运输至收货方。由于受到地理位置和气候状况等多种因素的影响，必须通过运输来解决供、产、销等地之间的距离问题，以满足不同地区的消费需求。在对商品进行运输之前要先对商品进行预冷处理，并在整个运输过程中对运输设备内部的温度进行控制，设备内部各处的温度要保持一致，防止温度有过大的波动。在冷链物流系统中，冷链运输环节的成本相对较高，因此它也是控制物流成本中关键的环节之一。这一环节中的温度控制或是路线选择都会对物流成本产生很大的影响。与一般物流运输不同的是，冷链运输的效果还受到一个重要因素的影响，那就是对于车辆损伤、温度控制设备出现故障等突发状况的处理能力。在冷链运输途中，需要严格控制并记录冷链商品所处环境的温度。

（2）冷链仓储。冷链仓储主要是对冷链商品进行储存和保管，是冷链物流活动中不可缺少的重要环节，主要涉及各类冷库、加工间、冷藏柜、冻结柜及冰箱等。通常，对于一些保质期较短的冷链商品可以利用冷藏车来直接连接生产和消费。有的商品之间可能会产生相互作用和影响，或是可能会发生化学反应，因此要注意在存储过程中不能将商品随意混合存放。对于那些带有特殊气味的冷链商品，如水产品、生物活体等，混合存放可能导致串味，损害其原有价值。

（3）冷链配送。冷链配送需要依靠冷链配送中心来解决冷链物流过程中"最后一公里"的问题。与普通的物流配送方式相比，冷链配送较为特殊，它在整个配送过程中对时间管理、温度控制等方面的要求都更高，因此，冷链配送全程需要配备各种冷藏专用运输工具。冷链配送的主要特点包括：①配送成本较高；②时效性要求较高；③配送设备有特殊要求，投入成本较高。作为供应商与客户之间的桥梁，冷链配送中心在冷链配送系统中具有战略性地位，其合理的选址能够有效降低物流成本，提高货物的运输效率，保证生鲜食品的品质，还能提升物流企业的收益。

（4）冷链物流信息处理。冷链物流系统的正常运作需要物流信息在各层次中进行衔接，在整个物流过程中，物流信息被不断地在不同环节中进行传递，确保了各子系统之间的协同工作以及物流系统的运行效率。冷链物流信息包括物流设备的信息和物流管理的信息。冷链物流设备的信息主要包括条码、RFID（射频识别）、GPS（全球定位系统）、GIS（地理信息系统）和温湿度红外遥感控制等信息技术及自动化设备的应用而产生的信息。冷链物流管理的信息包括 MIS（管理信息系统）、DSS（决策支持系统）等系统中用到的信息。时间在冷链物流的实际运作中是至关重要的因素。冷链商品均需要存放在特定的温度和湿度条件下，这些信息能够实现对物流流程的追溯与监控，从而降低运营风险。冷链物流系统中各功能的实现离不开冷链物流信息在其中的衔接作用，它推动各环节协同运转，形成一个完整高效的冷链物流系统。

冷链物流系统中的主要信息包括原材料产地、食品的在途状态、质量检测信息、需求信息、温度监控信息、保质期、包装要求和订单信息等。其中，温度监控信息最为关键，它是确保商品品质的重要标准。在整个冷链物流过程中，需要实时监测货物周围的温度变化，并利用信息管理系统，及时调节环境温度发生的异常，降低货物的温度波动。冷链物流信息在各主体之间的传递不仅能够提升物流效率，还有助于物流资源的有效调度，促进冷链物流系统的协同运作。冷链的特殊性质对于物流时间的控制有着极高的要求，因此，利用数据采集技术、网络技术等收集各种物流信息，以信息库存代替实物库存，可以有效地减少物流过程中不必要的停滞，进而减少对商品的损耗和外部环境对商品的危害。要实现商品信息可追溯和冷链物流过程的透明化，就要从源头开始收集好相应的信息，即商品从原材料生产到消费者购买整个过程的信息。一旦出现质量问题，就能够准确地定位问题商品并追溯问题的根源，以便及时回收这些问题商品，从而减少由此产生的不良影响。这也是冷链物流在未来的一个主要发展趋势。

2. 冷链物流系统的辅助功能

冷链物流系统的辅助功能包括冷链包装、冷链装卸搬运和冷链流通加工。

（1）冷链包装。冷链包装承担着冷链物流过程中对商品进行必要包装的职能。在现代的冷链物流过程中，商品的包装在从生产到消费的整个过程都是不可缺少的一环。商品的包装有助于保护商品的外观和原有品质，确保在物流过程中不会受到损害，延长商品的保质期，丰富商品种类，为消费者提供便利，方便物流操作，并且有助于避免商品受到污染，推动物流合理和有计划的发展。与一般商品有所不同，冷链商品的安全性是放在第一位的。因此，在选择包装材料时，首要考虑的是其卫生和安全性。冷链商品的类型、形状及特性通常有着各自的特点，应根据其特点对包装材料和包装技术进行合理选择。用于对商品进行包装的材料应该符合相关的卫生标准且不与冷链商品产生化学反应，在运输或搬运的过程中能够防止商品受到损坏，对商品起到保护作用。此外，为防止微生物以及外界因素对产品造成影响，包装材料还需要具备一定程度的阻隔、密封和遮光功能。一些冷藏食品具有不耐压的性质，要在包装材料内部增加一些支撑物，减轻在运输途中产生的碰撞。在包装易失水冷藏商品时，应在包装容器内加塑料衬。用于进行填充的各种材料也应符合相关的卫生标准。

（2）冷链装卸搬运。冷链装卸搬运承担着冷链在物流节点上装卸搬运的职能。装卸搬运在冷链商品的运输、储存、保管、配送、包装或是流通加工中都是不可或缺的环节，贯穿冷链物流的全过程。因此，装卸搬运作业的成本与效率和整个物流链条的运作有着直接联系。冷链物流过程的合理化包含着装卸搬运的合理化，提升装卸搬运效率和减少搬运次数对于整个冷链物流的总效益都有重要的影响作用，它们可以加快商品的运输速度、减少资金占用、避免货物损失以及避免与外部接触对商品品质造成的质量影响。在冷链物流系统中，为确保冷链商品的品质不受温度波动的影响，装卸和搬运工作通常在冷藏环境中进行。在此之前，应先按货物运输的目的地对冷链商品进行初分类，根据后卸商品先装载，先卸商品后装载的顺序进行装载；商品堆积要紧密，与厢壁周围应留有缝隙，货物与后门之间宜保留至少10cm 的距离，顶棚和货物之间宜留出至少 25cm 的距离，用支架、栅栏或其他装置来防止商品移动，保持冷气循环。商品在进行装卸或是进出冷库的操作时，要尽量做到动作迅速，并严格控制作业环境的温度和时间，确保商品温度符合规定要求。在没有密闭的装卸口的情况下，应保持运输车门随开随关。运输工具应在上一次运输任务结束之后及时进行清洁、消毒并晾干，然后再开始新的运输任务。

（3）冷链流通加工。我国每年在运输过程中由于保鲜措施上的不足而导致的产品损耗相当严重。因此，不得不通过流通加工的方式来降低损耗、延长产品的保质期，以达到物流过程的增值和增效。生鲜食品的流通加工主要有以下几种形式：一是冷冻加工。新鲜的鱼肉在物流过程中的保鲜及搬运装卸的问题可以通过低温冻结的方式来解决，还可有效延长产品的保存时间。二是分选加工。农副产品的规格及质量常常都是离散且不均匀的，通常要采用机械或者人工的方法对食品先进行分选加工才能获得符合一定标准的食品。这一方法在瓜果及各类蔬菜的流通加工中得到了广泛应用。三是分装加工。尽管许多生鲜食品的零售规模相对较小，但为了确保其能够高效地被运送出厂，它们的包装通常会更大，同时也有部分公司选择了集装的方式来运往销售区域。为了便于销售，在销售地区要按需要进行新的包装，即大包装改小、散装改小包装、运输包装改销售包装等。

三、冷链物流系统的要素与特征

（一）冷链物流系统的要素

要素分析是系统研究的基础。按照分类标准的不同来划分，冷链物流系统的构成要素有多种。根据生产力三要素理论，可将系统划分为三个基本要素：劳动者、劳动对象和劳动工具。同理，可将冷链物流系统进一步分为主体、客体及设施设备三个主要类别的要素进行探讨。冷链物流系统的主体要素一般包括原材料供应商、加工制造商、批发商与零售商、冷链物流企业、消费者以及冷链物流系统的监管部门等。根据产品存放温度的要求，客体要素可以被划分为四个类别：冷却商品、冻结商品、冰鲜商品以及超低温商品。冷库和冷藏车是设施设备要素的主要组成部分。

1. 主体要素

冷链物流系统的主体要素是指冷链物流系统运作的主体。

（1）原材料供应商。作为冷链物流系统的源头，原材料供应商主要负责供应商品的原材料。通常原材料的地理位置分布较散且数量具有很大的弹性，企业的规模有时可能非常小，有时又可能非常大。原材料在供应时通常保持其自然形态，基本上不会对其进行清洗、包装和预加工等预处理，即便有，通常是一些初级包装以便于运输或者减少运输过程中的损耗。对于冷链的原材料供应商来说，采用企业化的组织形式更易于制定标准化的生产流程和操作标准，规模化的生产方式有助于保证冷冻冷藏技术的应用，而信息收集的规范化也便于实现商品的追踪溯源。所有这些有利条件都可以确保商品品质的一致性。原材料供应商数量众多，差异化程度大。不管是大型的公司还是个体经营者，作为冷链物流运作的主体，最基本的条件是具备相应的冷冻和冷藏设备，并针对产品采取适当的冷冻冷藏措施。尽管原材料供应商的数量庞大，但是冷链物流本身的复杂性和高门槛使得在众多供应商中能够成为冷链物流主体的少之又少。

（2）加工制造商。许多商品在使用前都需要经过加工处理。在特定的温度和湿度条件下进行产品加工，有助于更好地保持商品品质。在冷链系统中，商品的加工和制造是非常重要的一环。在冷链商品的制造和加工过程中，其品质可能会受到多种因素的影响，包括加工和储存过程中的温度控制不恰当、冷却操作不规范等问题。随着社会对冷链物流的日益重视，我们应该在冷链的制造和加工企业中推广质量管理策略，结合全面质量管理理论和加工的特点，通过对整个冷链商品加工过程的持续监控，确保冷链商品始终保持在规定的温度区间，从而提高商品的安全性。鉴于缺少规模较大的第三方冷链物流公司，为确保冷链产品的质量，许多加工制造企业选择自己运营冷链物流业务。加工制造企业的正向物流业务主要包括供应物流、生产物流和销售物流。冷链物流系统中的供应物流和销售物流将链上企业紧密地串联起来，其中的大型食品制造企业往往都处于核心位置，并自主运营供应物流和销售物流，比如，双汇集团在冷链物流方面的业务规模甚至超过了第三方冷链物流公司。

（3）批发商与零售商。批发商负责将制造商和零售商连接起来，它们的物流特点在于产品种类较少、批量大且物流简单；零售商又将批发商与最终消费者连接起来，其物流特点是品种多、批量小且物流复杂。随着经济的迅速发展，商业模式也衍生出多种形式，批发商不再只作为制造商与零售商的中间商来活动，它可以直接与消费者进行交易。同样，零售商也可以直接与制造商进行交易。不同于以往的界限分明，批发与零售正在不断地在创新中相互融合。因此，在研究冷链物流系统的主体要素时，可以不用严格区分批发商和零售商，而是将它们视为一个主体来进行研究。冷链批发商和零售商是连接生产与销售的纽带，是整个冷链物流中至关重要的一环。

以食品冷链来说，超市与农贸市场代表了两种典型的批发商和零售商模式。在我国的许多城市和乡镇，超市在人们的日常生活中占据了非常重要的位置，成为消费者主要的食品购买地点。相较于其他的食品销售渠道，特别是农贸市场，超市是这一环节中更为安全的选择。超市的环境保持得更为干净和整洁，配备了空调、冷藏保鲜柜等大型设备，农贸市场通常不具备这些条件。但是，超市也可能没有严格规定食品配送的操作流程，供应商则为了节约成本而采用棉被加冰块等简陋的方式代替冷藏车进行配送，导致配送过程中的温度不符合标准，降低了食品的品质，甚至可能会滋生有害细菌，对食品安全性产生影响，造成更严重的后果。例如，超市里售卖的冰激凌常常是变形的，这是因为在运输过程中没有采取相应的低温措施，冰激凌在运输途中就已经融化，然后在超市再次冻结，严重破坏了其原有的口味。一些经济实力相对较弱的超市由于没有足够的冷链物流的支持，常出现生鲜食品供应不足，甚至不新鲜食品依然在售的情况。鉴于我国的特殊情况，在中小型城市和经济欠发达地区，消费者购买食品的场所还是以农贸市场为主。在农贸市场的食品销售环节，冷链物流"最后一公里"的问题尤为突出。大多数农贸市场的加工方法简陋，进货渠道混乱，卫生状况不佳，并且很多市场都是露天的。另外，农贸市场的物流设施和设备较为落后，特别是在冷库和冷柜等温度控制设备方面存在明显不足，使得生鲜食品质量无法得到有效保障，造成大量的浪费。此外，农贸市场上的许多商贩经营规模较小，信息化水平低，食品信息缺乏可追溯性。虽然农产品市场在食品销售上存在诸多问题，但它仍然可以作为我国当前生鲜食品销售的重要渠道补充，通过整合多个流通路径来构建一个网络，贯通城乡，并采取相应措施对其加以规范和治理。一般情况下，大型连锁零售商自营食品冷链物流，农贸市场的物流以供应商提供的物流服务为主。

（4）冷链物流企业。作为专门从事第三方物流的企业，冷链物流企业在理论上有能力承担冷链中的所有物流活动。冷链物流企业应当采用先进的低温冷藏技术，并提供专业化的冷链物流服务，以确保从原材料供应商、加工商、批发商和零售商直至最终消费者的整个物流过程中，冷链产品始终保持在适宜的温度和湿度环境中，从而确保冷链产品的品质。不同冷链产品对温度、湿度和存储时间的要求各有不同，这无疑为冷链物流企业设定了更多更严苛的标准。例如，在运营过程中需要更多的资金投入，需要面对更高的运营风险，同时对服务的质量也有更高的要求。这种情况导致许多第三方物流企业对冷链物流领域望而却步，也是我国冷链物流行业发展缓慢的主要原因之一。目前，我国的多数冷链物流企业是在原先的冷库经营公司的基础上发展起来的，虽然它们扩展了自己的业务，但它们的管理模式大多都没有彻底实现由仓储型向配送服务型的转变，短时间内还难以完全满足现在的市场。此外，设施设备的落后也是我国冷链物流发展的一大阻碍，即便是专门负责冷链运输的公司也可能还在用着陈旧的冷冻冷藏设备，达不到较好的制冷效果，甚至造成冷链商品的变质。种种问题使得冷链物流的质量难以得到提升，同时也不利于客户与第三方物流企业之间的信任与合作。但随着冷链物流市场的持续扩张，冷链物流业务外包的需求量依旧在不断增长，企业为了提高自身的竞争力也会不断地加强业务能力，这无疑会推动冷链物流行业的快速发展。

（5）消费者。消费者是冷链商品的最终接受者，位于冷链物流系统的末端。消费者结构及偏好的变化对冷链物流系统的运作有决定性的影响。随着人们生活节奏的不断加速和对冷链安全问题的日益关注，冷链物流行业也得到了相应的推动和发展。冷链物流系统中的其他主体应主动适应市场需求，及时做出反应，并根据消费者的实际需求调整它们的经营策略。

（6）冷链物流系统的监管部门。如今，冷链物流已经不仅是一种企业和市场行为，它还与人们的健康和安全息息相关。因此，加强冷链物流系统的质量监管是全社会的共同职责，这需要冷链企业、政府和相关的职能部门齐心协力来实现。政府相关部门需要加强对冷链物流全过程的质量管理，不能仅关注某一特定节点的温度和卫生状况，而应构建一个全面的冷链物流跟踪和监控体系，以推动冷链物流运营质量的持续提升。此外，还需要增强冷链物流在安全、运输、储藏，以及卫生检疫等方面的执法力度，坚决打击不合规的企业，杜绝安全隐患。

2. 客体要素

冷链物流系统的客体要素，即冷链物流的服务对象，是需要保持在一定低温环境下的冷链商品。冷链商品为冷链物流系统处理的目标对象，这些商品对卫生要求较高，大多是一次性的消费品，市场需求弹性相对较小。冷链物流系统的客体要素可以根据其对温度的不同要求划分为四个类别：冷却商品、冻结商品、冰鲜商品以及超低温商品。

（1）冷却商品：温度要求为0~7℃。

（2）冻结商品：温度要求为-18℃以下。

（3）冰鲜商品：温度要求为0℃至商品各自的冻结点。

（4）超低温商品：温度要求在-30℃以下，主要为某些水产品，如金枪鱼等。

3. 设施设备要素

与其他的物流系统一样，冷链物流系统也需要多个硬件资源支持其功能的实现。然而，食品的特殊性质使得食品冷链物流所需的资源与其他物流活动相比有所不同。因此，在设计食品冷链物流时，除了要满足一般物流系统的基本功能外，还应该充分考虑到食品的特性。从设施设备的角度来考虑，食品冷链物流各功能以及各环节的运行都需要很多的物流资源，如运输设备、储存设施、装卸搬运设备和物流信息设备等。以食品冷链物流系统为例，其基本设施包括：

（1）冷库。冷库是用于对商品进行冷冻和冷藏的建筑物，其工作原理是用人工制冷技术使库内维持一个较低的温度。在冷库的墙壁、地面和屋顶都设置了一定厚度的隔热层和防潮隔气层，以降低外部环境传入的热量对其造成的影响。为了保证安全生产，并延长冷库使用寿命、节约维修费用、提高企业经济效益，在进行冷库工程管理时，应根据冷库的特性实行科学管理。图5-1展示了常见冷库的结构示意图。冷库有多种分类方式，根据其结构形式可以被分为土建冷库和组合冷库（也称活动冷库）；根据其使用性质可以被分为生产性冷库、分配性冷库以及零售性冷库；根据其冷藏容量可以被分为大型冷库（10000t以上）、中型冷库（1000~10000t）以及小型冷库（1000t以下）等。

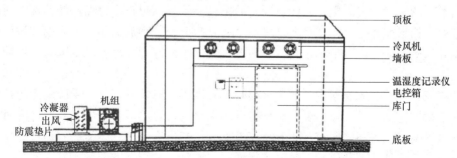

图5-1　常见冷库的结构示意图

（2）冷藏车。冷藏车主要承担冷链货物的运输任务。根据客户的需求，冷藏车厢体可以选择使用铝合金、玻璃钢板或彩钢板来制造，厢门的设计可以是后双开门或者侧开门。冷藏车与普通厢式货车的区别主要是，冷藏车配备了制冷机组，并使用优质的保温材料来制造密闭车厢。制冷机组可分为两种类型：独立型和非独立型。非独立型制冷机组利用汽车发动机的动力工作，能使相匹配货厢内的最低温度达到 -18℃。独立型制冷机组必须加装独立的蓄电池和柴油发动机。相较于非独立型制冷机组，独立型制冷机组的性能表现得更为优越，能够使货厢内的最低温度达到 -28℃，同时也不会因为汽车自身出现故障而影响其制冷效果，但这也意味着其造价成本更高。

（二）冷链物流系统的特征

相较于常规的物流系统，冷链物流系统具有特殊性。冷链物流的目标是确保易腐、生鲜食品的品质，满足保持低温环境的核心要求，这使得冷链物流的要求比传统的物流更为严格和复杂。冷链物流系统的特征主要包括七个方面，即安全首要性、时间敏感性、高成本性、信息多样性、技术复杂性、空间分散性和环境严格性。

（1）安全首要性。物流系统属于社会经济系统中的一个子系统，在提供物流服务的过程中追求的首要目标是经济效益，也就是说，在优化物流系统的时候要同时兼顾效率与成本。通常，企业要实现一定的经济效益需要在所提供的物流服务水平与其产生的成本之间确定一个均衡点，并以此作为基准。然而，冷链物流系统的对象通常具备鲜活性、易腐性和保质性等特性，这些物品的质量将直接影响到人们的身体健康，甚至可能危及人们的生命安全。另外，由于运输环节的不规范操作以及储存过程中可能发生的各种意外情况，极易造成货物变质或者损坏，带来经济损失。因此，尤其需要关注冷链物流系统的安全问题。整个冷链物流系统的运行应该以冷链产品在运输过程中的安全作为基本前提。另外，为了保证冷链物流的质量，满足客户的需求，还必须采用先进的技术与设备。

近几年来，我国的食品安全问题时有发生，导致食品安全状况越来越严峻。大部分问题都源自我国冷链物流系统的不成熟和不完善。冷链物流应该是一条完整的、连续的链条，而冷链中的安全问题依赖于冷链各参与企业之间的密切合作与配合。

（2）时间敏感性。冷链物流的周期较短决定了冷链物流系统的时间敏感性，物流速度与时间是实现产品价值的重要指标。无论选择哪种存储方式，冷链产品的使用价值始终与时间有关，也就是说，它与商品的保质期有关。一旦超出了这一时间期限，商品的质量就无法得到保障。在相同的保存环境中，各种商品的保质期并不是一致的；即便是同一种商品，其保质期在不同的储存环境下也会有所不同。冷链仓储管理不仅负责将商品储存在合适的条件下，还有一个相当重要的工作就是要做好商品的库龄分析，存放商品的保质期应该要定期检查，过期商品应该禁止进入市场售卖，要遵循先进先出的原则，尽量减少因商品过期导致的浪费。

冷链物流系统的构成要素十分复杂且易受外界因素的影响，给整个系统的运行都带来了一定难度。为了保证商品质量，要严格把控商品在物流过程中所耗费的时间，这就对冷链物流系统的效率提出了更高的要求。相较于其他商品，从生产、加工、流通到销售的整个供应链过程中，冷链商品大部分质量都是逐步损耗的，并且这种损耗的速度比普通商品要快。当商品的质量损耗达到某种程度时，它将无法继续使用，这可能导致商品报废、成本难以收回。这种情况在生鲜食品领域尤为常见，生鲜食品的价值与物流时长有着最直接的联系，同样质量的商品会因为到达时间的早晚而导致价格有很大的差异。这也解释了为何许多来自南方的高品质水果需要空运至北方的城市进行销售。商品要在保质期内实现其预期价值，就要尽可能地延长货架期，提高商品销售的柔性。

（3）高成本性。冷链物流系统需要依靠装有专业制冷设备的物流网络实现正常运转。从设备和设施的角度来看，冷链物流系统与普通物流系统的差异主要在于冷链物流需要冷藏车、保温车、冷冻仓库，以及其他相关的配套设备和技术支持，由此可见冷链物流系统的资金投入也会显著高于普通物流系统。冷藏车、保温车和冷冻仓库等设施设备不仅会耗费巨大的购置成本，在使用过程中也会产生相当大的能耗，因此冷链物流系统除高投资以外，还会有较高的运营成本。冷链物流过程中对于商品的质量安全也有不同于其他商品的特殊要求，这需要在硬件和软件等相关保障措施上进行大量的资金投入。由于冷链对象具有多种生物属性，因此在冷链物流的储存、运输和保鲜等各个环节，都存在着严格的技术要求，这就需要专门的设备和设施来满足。大多数冷链产品具有易腐特性，因此在冷链物流过程中必须采取各种措施以实现产品的长期保鲜，这都依赖于专业的知识和先进的设备。为了达到更高的服务标准，冷链物流在技术设备、商品质量的检查以及管理和控制上的投资都是非常庞大的。在目前的市场环境中，由于商品的多批次、少批量和需求点众多的特征，冷链物流的运行半径受到了限制。再加上部分冷链商品无法进行混装运输，更是增加了冷链物流的难度和运营成本。

（4）信息多样性。食品安全问题对人的身体健康有着直接影响。如果食品的质量出现问题，将对消费者和整个社会产生巨大的影响。因此，从食品的生产到最后的消费，都应该受到信息追踪系统的严格监控，确保其来源是可追溯的。冷链物流的可溯源是商品可溯源的基础和保障，而冷链物流的可溯源本质上是对冷链物流信息的追溯。在冷链物流的全过程中，从原材料生产、加工、运输、储存和配送等环节都产生了许多分散信息。这些信息信息量大、来源多样化、更新更快，直观地展示了冷链物流全过程中的相关信息，与消费者的生命健康有着密切的联系。所以，及时地收集、记录和分析这些信息，并将其提供给消费者，显得极为重要。

（5）技术复杂性。与普通的物流系统相比，人们对冷链物流系统的运作水平提出了更高的标准。冷链物流系统依赖于冷链技术的支持，这不仅包括传统的现代物流技术，还涵盖了制冷、保温、制冷保鲜以及生物技术等多个方面。制冷和保温技术是冷链物流系统能够维持所规定环境温度的关键。目前，低温保鲜技术在国际上得到了广泛的应用，其中包括速冻保鲜、真空冷冻干燥以及真空预冷等。对食品冷链来说，导致食品变质的主要原因是微生物活动和酶产生了生化反应，但这些反应需要在适当的温度和水分条件下进行。当温度下降和水分减少时，细菌的活动程度和酶活性都会下降，这种变化会变得更为缓慢，从而对食物的损害降低。当温度和湿度维持在一个相对较低的区间时，食物的腐蚀和变质风险会降低，从而保质期延长。这就是低温冷藏技术的理念。相较于脱水、腌制、发酵和制罐这些防腐及技术，低温冷藏技术可以更好地保持食品的原始风味、色泽和营养，食用的安全性更高。另外，减缓微生物活动和降低酶活性也是避免食品变质的主要途径，这需要得到生物技术的有力支持。

（6）空间分散性。冷链物流系统在空间上的特点主要是供应和需求之间存在的空间差。社会分工与地理条件决定了供需之间的空间差。冷链物流系统通过运输等功能要素改变了冷链对象的空间位置，创造了空间价值。以农副产品为例，它们是冷链运输中的重要对象。在我国，珠江三角洲被誉为"水果之乡"，特别是荔枝、柑橘、香蕉和菠萝，当地的品质和数量都是最上乘的。每到采收的季节，大批来自南方的水果通过各种运输方式不断流入北方，同时，东部沿海地区的丰富水产品，如虾、蟹等，也持续流入中西部和其他内陆地区。正是这样的空间差异为食品冷链物流带来了盈利的机会。

（7）环境严格性。冷链物流系统对于环境条件有严苛的要求。依据冷链物流的实际操作经验，除少数特殊商品外，大部分商品，特别是生鲜食品，都需要储存在-20～20℃的环境中，并确保储存区域内的空气干燥，这样可以抑制微生物活动和酶活性，保证商品的质量，并延长商品的保质期。另外，在储存过程中，很多冷链产品还会有其独特的储存规定，例如，不同种类的水果不应混合存放以防止催熟，气味浓烈的商品不应混合存放，以防止串味，鲜活产品和冷冻货物也不应混合存放。另外，冷链商品对于存储环境的清洁度有更高的要求。

冷链的主要目的是利用制冷和保鲜技术来确保冷链商品的品质。不同商品对于温度和湿度的需求各不相同，因此，为不同的冷链商品创造合适的冷链物流环境是关键。

第二节　冷链供应链物流管理特性

一、冷链物流管理和冷链供应链管理的联系与区别

冷链物流管理的范围包括冷链产品在物流运输过程所涉及的各个环节，以及对各环节实时温度、湿度等要素的监控与追踪。而冷链供应链管理则更注重参与其间的各个组成元素，也包括对供、产、销全过程状况的持续关注。由此看来，冷链物流管理注重过程，而冷链供应链管理则更关注结果。因此，可认为冷链供应链管理更偏向于管理，而冷链物流管理更偏向于技术。

（一）冷链物流管理和冷链供应链管理的联系

冷链物流管理是冷链供应链管理的一个重要子集，是冷链供应链管理的核心内容。随着人们对供应链管理重视程度的逐渐加大，它已经类似于穿越不同组织界限、一体化的物流管理。而实际上，冷链供应链管理的成功，必然是以冷链物流管理为基础的。二者的联系主要体现在如下三点。

（1）冷链物流是冷链供应链的载体、具体形态或表现形式。冷链供应链的载体或表现形式不止冷链物流，还有信息流和资金流，但是冷链物流是一种外在的有形流动，是冷链供应链最直观的表现形式。

（2）冷链物流实现并确保冷链供应链中产品的使用价值。任何供应链中的生产与物流都是相互依存的，生产是物流的前提，离开物流的产品使用价值是无法实现的。而冷链物流管理在冷链产品的整个运输环节中，确保了该产品品质不会下降甚至被破坏。

（3）冷链物流供应商是冷链供应链中的一个节点。广义上的冷链物流系统包含原材料的供应物流、生产物流、销售物流，在整个供、产、销过程中都需要被充分冷冻、冷藏。因此，在一个冷链供应链网链结构中，往往需要多个物流供应商的参与，并且物流解决方案一般由该冷链供应链来决定。

（二）冷链物流管理和冷链供应链管理的区别

冷链物流管理和冷链供应链管理是相互关联的概念，冷链物流管理是冷链供应链管理的

一个重要组成部分，而冷链供应链管理则是一个更为综合化、整体性的范畴。借助于供应链管理，可以帮助冷链产品在整个供、产、销的过程中协调和优化所有环节，从而提高效率和服务质量、降低成本、增强企业竞争力。二者的区别主要体现在如下三个方面。

（1）范围和视角不同。冷链物流管理是冷链供应链管理的子集。冷链物流管理是以冷链产品在流动或存储过程中的点对点进行管理，而冷链供应链管理不仅需要考虑物流，还需要将物流以外的其余要素整合到一起。冷链物流管理主要考虑的是如何在冷链供应链中实现物流效率和成本控制，让消费者满意；而冷链供应链管理更关注确保相关冷链产品的价值能够获得最大的竞争优势。

（2）目标和重点不同。冷链供应链管理的主要目标是通过协调和整合供应链的各个环节，以实现冷链原材料等资源的高效利用并减少库存、提高交付速度和客户满意度等。冷链物流管理的主要目标则是确保货物准时、准确地从供应商到终端消费者，包括物流网络规划、仓储管理、运输管理等。

（3）活动内容不同。冷链供应链管理涉及供应商关系管理、需求计划、产能规划、订单管理、库存控制、运输管理、客户关系管理等广泛的活动。而冷链物流管理更注重具体的运输、仓储、包装和配送等物流活动。

二、冷链供应链物流管理原则与需求

（一）物流管理原则

物流管理是供应链管理的一个重要组成部分，是为使商品由生产的一方运至消费的一方以实现商品价值而进行的一种物理性活动。立足于此，依托于供应链管理体系，物流管理须同时具有供应链管理特征与集成化优势，使物流系统的运行反应更加敏捷，企业的工作效率进一步提升，企业的收益更上一个台阶。对于冷链物流来说，无论是生产、出厂、运输、储存、终端都需要冷链保障。不能"断链"是冷链物流最基本的原则，否则可能导致效果下降或失效，严重影响和破坏产品质量。除此之外，冷链供应链下的物流管理，还需遵循如下七条原则。

（1）全链规划先导性原则。冷藏冷鲜类货物对温度的持久性、恒定性要求极为严格，对环境的波动极为敏感。此外，还涉及全链过程中可能存在的制作、转运、仓储、再运输等流程，这就要求冷链供应链下的物流规划必须处处考虑在前，细致且明确。

（2）温度控制协同性原则。整个冷链供应链过程，包含从原材料、半成品、成品的所有仓储、运输过程中的低温维持，所以在温度的控制方面，不仅需要考虑运输，还需要考虑其他环节的制造或仓储的需要，确保货物在全链过程中都能得到合适的温度条件。

（3）货物包装全局性原则。选择适合冷链物流的货物包装材料，确保包装材料具有良好的隔热和保温性能。还需注意货物包装在全链过程中对冷藏冷冻物品的保护与影响。

（4）运输工具衔接性原则。一方面，选择符合运输要求的冷藏车辆和冷藏舱，确保运输工具具有良好的保温和制冷设备；另一方面，在全链过程中，对于冷藏冷冻物品的转运、仓储、制作等流程，还需要考虑不同运输工具之间的衔接、配合。

（5）温度监控实时性原则。在整个供应链过程中，对冷藏冷鲜货物的温度进行实时监控、持续监控，以便及时发现温度异常并采取相应的措施。

（6）风险预防及时性原则。针对可能出现的突发情况和风险，合理制定预防和应急措施，确保货物能够安全稳定地运输。同时，考虑不同冷链产品对环境变化的敏感度、耐受度不同，有针对性地根据产品特性制定风险预防措施。

（7）数据追溯可靠性原则。建立健全的冷链物流数据追溯系统，对整个运输过程进行跟踪和追溯。

（二）物流管理需求

与一般环境下的物流管理模式相比，冷链供应链下的物流管理的信息流比重得到了大幅度增加，需求信息和反馈信息的传递也不再是逐级传递，需求信息、供应信息和共享信息都得到了充分、合理的利用。具体来说，冷链供应链下的物流管理需求主要表现在以下六个方面。

（1）共享信息的增加。共享信息的增加对于冷链供应链下的物流管理来说十分重要。信息的共享使得整条供应链上的所有企业都能及时获得关于冷链产品的状态，以及市场需求和用户反馈等信息，并且所有相关企业都能随时掌握供应链的运行状况。供应链上每个环节的信息的共享和交流使得需求信息难以出现失真的现象。

（2）规划物流网络能力的增强。规划物流网络能力的增强也是冷链供应链下的物流管理特征的一大体现。在冷链供应链环境下对物流网络进行规划，更强调充分利用第三方物流系统，或者依靠代理运输等方式来缓解冷冻冷藏产品的库存压力，提高库存安全水平，减少物流成本。

（3）作业流程的快速重组。作业流程的快速重组是指在冷链物流网络管理中消除对增加产品价值没有作用的环节和时间，从而进一步降低物流成本，为冷链供应链反应速度的提高和精细化运作提供保障。

（4）跟踪信息能力的加强。跟踪信息能力的加强能在很大程度上提高了冷链供应链下的物流管理系统的透明度，同时也给企业对物流过程进行实时监控提供了条件。

（5）合作性与协调性。合作性与协调性是冷链供应链下物流管理的一大重要特征。物流系统的无缝连接是合作性与协调性发挥作用的重要前提，因为只有实现无缝连接，冷链类产品才能及时送达客户手中，客户的需求才能得到满足。

（6）灵活多样的物流服务。在供应链环境下，冷链物流系统提供的服务越来越多样和灵活，这个特征满足了不同消费者的不同需求，提高了客户对物流服务的满意度。通过信息的共享，企业可以及时获得来自供应商和运输部门的关于用户需求的反馈信息，从而调整产品和服务项目，提高企业对市场和用户特殊需求的反应能力。

与此对应，冷链供应链下的物流管理，还需要考虑其独特之处。①流通产品的特殊性，即冷链物流必须始终如一地遵循易腐、生鲜食品的低温要求特点；不仅要满足该产品对温控的需要，也包括对该产品流通加工的方式的选择以及对该产品中途换装次数的把控。②企业间关联的特殊性，即冷链供应链上的各企业之间必须实现高效的协同运营；不仅包括企业之间管理模式、经营思想的调整与转变，也包括提高企业间信息共享的程度以及一体化建设的水平。

鉴于此，冷链供应链下的物流管理还附带如下四个新的需求。

（1）更高的协同程度。在冷链供应链管理环境下，物流管理需要与供应商、生产商、销售商等各个环节进行高度协同，以实现冷链产品流通信息的共享和协调，从而提高物流效率和降低物流成本，保障产品品质。

（2）更好的服务质量。冷链产品大多属于生活物资，因此在冷链供应链环境下，物流管理需要更加注重服务质量，以满足客户的需求和期望。物流企业需要提供更加精准、快速、安全、可靠的物流服务，以提升客户满意度和忠诚度。

（3）更精细的管理。冷链产品的品质是客户接受的前提，而对品质的保障要求更注重精细化管理，以提高物流效率和降低物流成本。物流企业需要通过信息化手段实现物流过程的可视化、可控化和可优化，从而实现物流过程的精细化管理。

（4）更科学的风险管理。冷链产品在生产、流通过程中面临的风险相对于一般产品更高，温度的波动、时间的延误、设备的故障等几乎都会引发其品质的下降。因此，冷链物流企业必须建立更科学合理的风险管理机制，包括风险评估、风险预警、风险应对等，以保障物流过程的安全和稳定。

三、冷链供应链下的物流组织模式概述

由于冷链供应链管理对全链把控的高度、对参与企业的协作度、对仓储和运输设备技术水平的专业度要求都非常高，所以，到目前为止，我国发展成熟的冷链物流体系尚不多见，这也使得第三方物流产业通常不会轻易涉足冷链行业。

冷链物流常规的对象产品有农产品、禽肉类产品、水产品、花卉、加工食品、冷冻或速冻食品、冰激凌和蛋奶制品、快餐原料、酒品饮料等；特殊的有药品（疫苗、血液）、化工品等。2023 年中国农产品冷链物流行业市场供需现状分析的数据表明，我国农产品冷链占整体冷链市场的 85%，多数冷链公司均涉及农产品冷链业务。鉴于此，本章将以农产品为例，阐述目前较为常见的冷链供应链下的物流组织模式。

（一）以生产者自营为核心的物流组织模式

目前，我国农业生产经营主体仍然以小规模的农户为主，总数仍达近 2 亿户。因此，绝大多数的冷链生活产品，仍然依靠小规模的土地分开进行生产，由分散的农户自行经营。所以，迄今为止，我国在农产品流通方面还主要处于初始阶段。

（二）以生产者合作为核心的物流组织模式

为增加农户的收益，提高农户的生产效率，农户之间必然要形成一种集体化的组织，这样既可以减少交易成本，又可以以整体的形式来提高议价能力，更有利于谈判，于是产生了如农民协会（农协）这样的合作组织，并且发展得相当迅速。以农民合作组织为核心的农产品物流组织模式如图 5-2 所示。

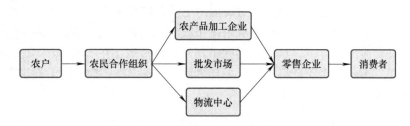

图 5-2　以农民合作组织为核心的农产品物流组织模式

（三）以流通加工企业为核心的物流组织模式

采摘完成之后的农产品，通常都要经过流通加工环节，才能从农民手中进入市场销售。

因此，农产品在进入消费市场前，首先要经过农产品加工企业的初级加工。因此，在冷链供应链中，农产品加工企业起着举足轻重的作用，是供应链中不可缺少的重要主体。以农产品加工企业为核心的农产品物流组织模式如图5-3所示。

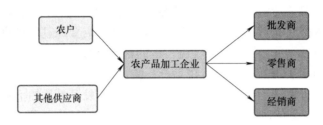

图5-3　以农产品加工企业为核心的农产品物流组织模式

（四）　以批发市场为核心的物流组织模式

由于我国的农业建设体系尚不发达，大部分农产品仍然通过批发市场等传统的销售渠道进行销售，小规模的生产使该组织模式呈现出小规模、大群体的特点。以批发市场为核心的农产品物流组织模式如图5-4所示。

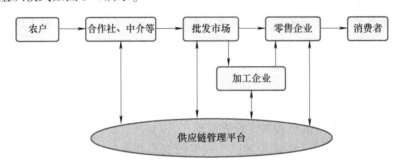

图5-4　以批发市场为核心的农产品物流组织模式

（五）　以超市为核心的物流组织模式

发达国家通常具备更为成熟的物流配送体系，并以连锁超市作为果蔬等农产品的主要销售渠道。大规模的物流配送中心可以为超市进行更加高效的集中配送，降低运送成本的同时，超市也获得更优质的服务，可以以较快的速度获取新鲜的农产品，从而在市场竞争中占据优势。

这种物流组织模式以超市为核心来对物流的上下游进行整合。为超市提供物流服务的配送中心可向上游拓展其物流业务，形成从果蔬采收、加工到及时配送的一套完整业务流程，在保证农产品新鲜度的同时，以最快速度将其送到消费者手中，提高了消费者的满意度。许多有实力的第三方物流企业已经开始着手自建物流配送中心，为向超市提供专业化的农产品物流服务做准备。

第三节　冷链供应链第三方物流

如今企业由于自身硬件和软件设施的欠缺，以及管理方式和技术等因素无法完成全部的冷链物流活动，从而往往在经营过程中把冷链环节外包给第三方来完成，这是一项系统工程。所谓第三方是相对"第一方"发货人和"第二方"收货人而言的。第三方冷链物流是由第三方冷链物流企业来承担企业物流活动的一种物流形态。第三方冷链物流企业既不属于第一方，也不属于第二方，而是通过与第一方或第二方的合作来提供专业化的物流服务，它不拥有商品，也不参与商品的买卖，而是为客户提供以合同为约束、以结盟为基础的系列化、个性化、信息化的物流代理服务。

第三方冷链物流（Third-Party Cold Chain Logistics，3PCCL）是指冷冻冷藏生产经营企业为集中精力搞好主业和节约成本，把原来属于自己处理的冷链物流活动，以合同方式委托给专业冷链物流服务企业，同时通过信息系统与冷链物流企业保持密切联系，以达到对冷链物流全程管理控制的一种冷链物流运作与管理方式。

一、第三方物流的起源与发展

第三方物流最早兴起于 20 世纪 90 年代，企业开始将自身无法完成或完成相对困难的物流业务外包给专业的第三方物流企业代理，久而久之，形成了规模较大的第三方物流系统，逐步实现了从传统物流到多元化、数字化、智能化的发展转型。我国的物流外包呈现迅猛增长的趋势，表 5-1 所示为三类企业的全部或部分物流外包业务占总物流业务的比例。

表 5-1　三类企业的全部或部分物流外包业务占总物流业务的比例

企业类型	全部或部分物流外包业务占总物流业务的比例
生产企业	73%
制造企业	57%
商贸企业	38%

物流外包已经成为一种非常重要的商业行为。企业将物流外包业务作为一种提高自身竞争优势的战略。企业通过将自己的非核心业务外包给第三方专业物流企业，来集中精力发展自己的核心业务，从而实现企业竞争优势的提升。

目前，我国冷链行业持续向好发展，以下四个方面推动了第三方冷链物流的不断发展。

（1）城镇化趋势稳步推进。我国城镇化道路起步较晚，尚处于初级阶段，有较大的发展空间。联合国开发计划署发布的报告中指出，预计到 2030 年，中国将新增 3.1 亿个城市居民，届时中国城市人口总数将超过 10 亿，城镇化率将达 70%。城市居民无法实现农产品等食品的自产自销，进一步带动了肉禽蛋、水产品、乳制品等易腐食品和反季节蔬菜水果的消费总量；城镇化进一步推动了农产品规模化、集中化、区域化生产，因此加大了食品消费需要通过冷链物流方式实现由产地向城市输送的需求。

随着我国城镇化进程的不断推进，我国城镇人口持续增加，而在城市居民的食品结构中，易腐食品占比较大，储运离不开冷链。依照发达国家经验，冷冻、冷藏食品需求将逐步得到释放，并推动冷冻冷藏食品消费和冷链产业的建设发展。

随着城镇化水平的提升、收入的提高、生活节奏的加快，人们对于标准化的冷链供应产品需求将不断增加，并推动冷链行业持续稳定发展。

（2）生鲜电商快速崛起。近年来，生鲜电商备受资本和市场青睐，生鲜网络零售额快速增长。生鲜电商产品冷链运输比例远高于初级农产品整体平均水平，这将成为带动总体冷链率上升的关键因素，生鲜电商需求也将支撑冷链物流市场的增长下限。

第三方冷链物流适合缺乏大规模投资自建物流能力的中小规模电商。早期生鲜电商多采用自建冷链物流保证服务质量，但生鲜电商目前正处于扩展业务版图的阶段，自建物流投资未必能始终跟上，因此成本低、社会化程度高的第三方物流若能保障服务质量，成功树立品牌，将得到更多生鲜电商的青睐。

以电商为主体的生鲜食品配送、自提业务，虽然面临着单客消费低、生鲜商品标准化低（品质、重量）等问题，但对于城市工作生活节奏快的白领阶层有较大吸引力，将带动着冷链物流设备的发展。

食品配送对时效性和品质的要求越来越高，而由分销网点向消费者配送的"最后一公里"还处于"蓝海"市场阶段，以轻型冷藏设备、生鲜自提设备为代表的冷链终端，是解决需求多样化、配送个性化、食品品质保证的最后一道环节。

（3）无人零售渐成趋势。随着人工智能在各个领域的应用推广，无人超市、无人便利店、无人值守停车场、无桩共享单车这类无人值守范畴内的新型零售模式开始在各个地方兴起；当人们越来越厌烦在长久的排队等待中消磨时间时，新的无人零售方式带给了消费者更个性、更便捷的消费体验。未来，无人零售店将逐步替代传统便利店，同时，随着成本降低，无人零售店的铺设规模可能远超传统便利店的数量。

保守预计，未来十年，无人零售店新增 20 万家，无人零售店的投资额将达 200 亿元。假设每个无人零售店配置 5~10 台商用冷链产品设施，无人零售店对于商用冷链终端设施的新增需求就可达到 100 万~200 万台；如果每台冷链产品设施的单价为 5000 元，则无人零售店对应的冷链产业链规模将达到 50 亿~100 亿元。

（4）国家政策大力扶持。近年来，冷链物流产业规划、扶持政策和行业标准频繁出台，政策支持是冷链物流行业发展的重要逻辑之一。政府层面对于冷链物流的发展高度重视，开始从政策、法规角度推动物流行业及冷链物流转型升级，支持力度不断加大，提出健全农产品冷链物流体系，支持冷链物流基础设施建设等要求，督导冷链物流行业的快速完善。

政策支持为冷链物流行业发展提供了有利的环境，降低农产品冷链物流成本，支撑冷链物流基础设施的建设，支持建设全程冷链物流和覆盖农产品收集、加工、运输、销售各环节的冷链物流体系。

二、冷链物流企业的主要运作模式

（一）以自营为主的运作模式

以自营为主的运作模式指的是由企业投资购置冷链物流设施，利用自身设备和工具来实现冷链物流。其主要分为两种类型：一种是以生产企业为主导的冷链物流模式（第一方物流），另一种是以零售企业为主导的冷链物流模式（第二方物流）。第一方物流由卖方生产者或供应方来组织进行物流活动，但是他们的核心业务是生产和供应商品，当出于自身生产或销售业务的需要时，他们会进行物流网络及设施设备的运营和管理。第二方物流由买方销售者来组织进行物流活动，他们的核心业务是采购并销售商品，出于自身销售业务的需要来投资建设物流网络，购买物流设施和设备，并进行具体的物流业务运作和管理。

（二）以第三方冷链物流企业为核心的运作模式

以第三方冷链物流企业为核心的运作模式指的是生产经营企业为了专注于自己的主业，将原先自行处理的物流活动以合同方式委托给专业物流服务公司，同时，通过信息系统与物流服务企业保持密切联系，实现对物流全程管理和控制的方式。第三方冷链物流是独立于生产企业和销售企业来提供专业化物流服务的业务模式，是物流专业化形式在冷链行业中的应用。第三方冷链物流企业不仅能为需求方提供冷藏运输、冷藏仓储和冷藏加工等，还能提供高效完善的冷链物流解决方案，实现对冷链物流的全程监控，在将冷链产品从生产现场运输到销售点的同时确保其安全和质量。

（三）以第三方冷链物流企业联盟为中心的运作模式

以第三方冷链物流企业联盟为中心的运作模式指的是生产企业与第三方物流企业以合作协议的形式结成联盟，共同完成冷链物流活动。在这种模式下，冷链物流基础设施可能由生产企业与第三方物流企业共同提供，也可能全部由第三方物流企业提供。第三方物流企业主要负责为生产企业规划其物流系统与完成生产企业的基本物流活动，而生产企业则通过信息系统与第三方物流企业保持联系，对冷链物流过程进行监控与管理。第三方冷链物流企业在与生产商结成联盟之后，先是按照条款提供运输环节的功能服务，然后再针对性地改进冷链物流的运作和管理模式。这种物流模式侧重于战略合作，企业和第三方物流企业之间建立了伙伴关系，而不仅仅是业务关系，相比单纯将冷链物流业务外包给第三方冷链物流企业更稳定。

（四）以冷链供应链物流联盟为基础的运作模式

以冷链供应链物流联盟为基础的运作模式是一种以生产企业为中心，与供应链中的一个或多个企业建立物流联盟的模式。这种模式将供应链中的所有节点企业视为一个统一的整体，以信息技术为支撑，在特定的制度安排下，形成一个集成化的供应链管理体系。这样，在人员、技术、流程等共享资源的充分利用下，通过企业间协同运作，可以以更低的成本、更高的质量、更快的速度向市场提供物流产品和服务。该模式的运作方式和组织网络均与传统物流模式有一定的区别，其优势在于：可以提高企业生产计划的适时性，可以提高流通企业需求预测的准确性，可以提高零售企业库存、补货的合理性。以大型乳制品、肉制品生产企业及大型连锁超市中的自营冷链的建设为代表，该模式的运用目前来说最为广泛。

三、选择第三方冷链物流公司的优势与劣势

（一）选择第三方冷链物流公司的优势

企业选择将一部分的物流业务外包给第三方专业的物流公司进行代理往往出于不同的原因。表 5-2 所示就是企业选择外包的原因。

表 5-2　企业选择外包的原因

战术外包	战略外包
减少成本	增强核心能力
释放现金，获得新服务	利用高水平能力增加再造收益
将固定成本变为变动成本	减少管理风险，改变资源用途
增加功能，解决问题	获取技能，获得灵活性

总的来说，企业选择第三方冷链物流公司可能会带来以下几方面的好处。

1. 企业获得更加专业化的服务，降低运营成本

第三方冷链物流公司通常具有丰富的经验和专业知识，熟悉冷链运输和储存的要求和标准。他们了解各种货物的特性和处理方法，能够提供专业的服务，确保货物在整个运输和储存过程中的质量和安全。并且，第三方冷链物流公司通常具有广泛的运输网络，涵盖了多个地区和国家。他们能够提供全球范围内的运输和储存服务，确保货物能够及时到达目的地。通过使用第三方冷链物流服务，企业可以避免自己建立和管理冷链物流系统所需的高昂成本。第三方冷链物流公司可以根据客户的需求提供定制化的服务，根据货物的特性和规模进行合理的定价，帮助企业降低成本并提高效率。企业将物流业务外包给第三方冷链物流公司获得了更专业化的服务，同时也降低了企业的运营成本。

（1）降低运输成本。大型的第三方冷链物流公司在各区域拥有一定的覆盖密度，其配送网络的范围更广，因此单一物品的平均运输路径相对较短，降低了运输成本。

（2）降低库存水平。一方面，第三方冷链物流公司为众多企业提供了存储、分拣和运输的服务，这有助于协调多家企业共同承担缺货风险，相当于多家企业之间的库存可以即时共享和调拨，从而有助于减少总库存水平。另一方面，当多家企业从同一个供应商那里购买商品时，得益于采购规模的增加和存储位置的整合，供应商的运送成本降低，与供应商的谈判能力增强，有助于缩短供应商的送货周期，进一步降低库存水平。

（3）降低分拣成本。第三方冷链物流公司有专业的人员会持续对业务流程进行分析并实施各种流程优化方案，使分拣的成本逐步降低。对于类似便利商店这样的连锁企业，控制分拣成本是尤为关键的。

（4）降低物流固定设备投资。现代化的物流管理离不开各种先进技术及设施的支持，并且由于现代技术的发展飞速，要保持领先的物流管理能力，还要不断地更新设备。第三方冷链物流公司通常拥有先进的设备、技术和设施，如冷藏车辆、温控仓库等。这些资源可以有效地支持冷链运输和储存需求，确保货物在适当的温度和湿度条件下进行运输和储存。

（5）降低交易成本。从供应链管理的视角来看，企业与供应商之间的交易成本也应包含在物流成本之内，如谈判费用、运输成本和商品价格等。第三方冷链物流公司通过整合多个企业的采购需求，再向供应商进行联合采购，从而实现规模经济优势，如运输成本的规模经济效益、更低的进货价格以及更短的进货周期等。

2. 解决企业资源有限的问题，专注核心业务发展

企业的主要资源包括资金、技术、人才、生产设备、销售网络以及配套设施等，这些因素都是制约企业发展的重要指标。因此，企业想要更好地提升自身竞争力，就应该把这些有限的资源集中运用在核心业务上，如果企业在开发核心业务的同时，还要兼管物流服务的开发，就会造成资源的供不应求的状况。对冷链物流有需求的企业一般以生产低温、易腐类产品为主，这些企业对冷链物流中的基础冷藏技术、冷藏运输技术和操作的要求都很高，还要求有一套完整的冷藏物流链，并且需要企业建立精良的冷藏运输装备和专业的运输管理机制，而这些恰恰是生产类企业的薄弱环节。将物流外包给第三方冷链物流公司能有效缓解这一问题，企业可以集中资源在核心能力的提高方面，保证自身能持续地发展下去。

3. 提高企业的运作柔性和形象

提高企业的运作柔性也是企业选择第三方冷链物流公司的重要原因之一。企业通过将物流外包给第三方冷链物流公司来实现组织结构的精简，从而减轻由于组织规模过大导致的反应迟钝、缺少创新精神等问题。借助第三方冷链物流公司的信息网络及节点网络可以加速对客户订货需求的响应，加速订单处理，缩短从订货至交付的时间，实行门对门运输，提升客户满意度，这对企业树立良好的品牌形象，吸引更多的客户有重要意义。

4. 降低风险

企业通过外包冷链物流业务，实现了和其他企业共同承担物流业务风险的目的，从而降低了自身的物流风险。企业若是自己进行冷链物流，不仅要面对投资的风险，还要面对存货的风险。若是选择第三方冷链物流公司，则能有效规避这些风险，还能加速存货的流动，减少企业内部的安全库存量，降低企业的资金风险。同时，企业之间可以通过建立战略同盟关系的方式，使各企业自觉发挥自己的长处，保证商品的质量，减轻各企业的运营风险。

（二）选择第三方冷链物流公司的劣势

选择第三方冷链物流公司，企业就不需要自建配送、仓储中心等设施，大大节约了运营成本，这似乎为生鲜配送企业带来了许多的利益，但对于生产企业来说也存在一定的劣势。

1. 对第三方冷链物流公司产生依赖

使用第三方冷链物流公司的服务意味着企业需要依赖外部供应商。如果供应商出现问题或服务质量下降，可能会对企业的运营产生不利影响。企业需要选择可靠的第三方冷链物流公司，并与其建立良好的合作关系，以降低风险。

2. 生产企业对物流的控制能力降低

与自己拥有和管理冷链物流系统相比，使用第三方冷链物流公司的服务可能会导致企业对物流过程的控制力下降。第三方物流配送很难实现直达，必须要经过多个配送站点的周转，这无形之中就加快了生鲜产品的损耗，使保鲜问题更加严峻，产品质量得不到保障，最终导致客户体验的下降，退货率上升，隐性成本加大。而作为委托配送，问题出现后在双方的协调过程中，可能会出现物流失控的风险，使生产企业的服务水平降低。另外，由于外部服务商的存在，企业内部更容易出现推诿，影响效率。

3. 信息安全存在风险

第三方冷链物流公司并不只面对一个客户，在为企业竞争对手提供服务的时候，企业的商业机密被泄露的可能性将增大。因此，与第三方冷链物流公司共享信息可能存在一定的安全风险。企业需要确保与第三方的信息交流和数据共享安全可靠，以避免敏感信息泄露或被滥用的风险。

➲ 本章小结

冷链物流系统的含义：以低温维持为根本任务，包含了冷链产品的供应物流、生产物流、销售物流，在整个供、产、销的全过程中，由参与其中的所有机械、设备、站点、线路、物资、人员等要素共同组成的、高度统一并服务于品质保障这一目标的有机整体。各要素之间相互联系、相互制约，共同协作，实现冷链物流系统总体功能的合理化。

冷链物流系统的结构：按照主体类型不同可分为复杂型和直销型；按照主体数量与规模不同可分为对称型、收敛型和发散型；按照物流企业的作用不同可分为冷链物流业务自营型和冷链物流企业参与型。

冷链物流系统的功能可根据功能在冷链系统中的作用划分为基本功能和辅助功能。冷链物流系统的基本功能主要包括冷链运输、冷链仓储、冷链配送和冷链物流信息处理。冷链物流系统的辅助功能包括冷链包装、冷链装卸搬运和冷链流通加工。

冷链物流系统的特征主要包括七个方面：安全首要性、时间敏感性、高成本性、信息多样性、技术复杂性、空间分散性和环境严格性。

冷链供应链的物流组织模式：①以生产者自营为核心的物流组织模式；②以生产者合作为核心的物流组织模式；③以流通加工企业为核心的物流组织模式；④以批发市场为核心的物流组织模式；⑤以超市为核心的物流组织模式。

冷链物流企业的主要运作模式有：以自营为主的运作模式、以第三方冷链物流企业为核心的运作模式、以第三方冷链物流企业联盟为中心的运作模式、以冷链供应链物流联盟为基础的运作模式。

综合案例

综合案例一

蒙牛乳业冷链运输体系

蒙牛乳业（以下简称蒙牛）在2019年的业绩公告中呈现了几个关键点。首先，公司实现了营收和利润的双位数增长，分别达到了790亿元和41亿元，显示了其在市场中的强大竞争力。其次，液态奶、常温奶、低温酸奶等多个产品线在市场中的份额得以扩大，尤其是鲜奶市场份额更是翻番，这反映了蒙牛乳业在不同领域的产品都取得了显著的市场份额增长。这一成功背后的关键因素在于公司的渠道精耕策略，通过不断优化供应链、渠道管理，以及提升销售网点覆盖率等手段，持续丰富品牌产品体系。总体而言，蒙牛乳业在2019年的业绩取得了令人瞩目的成绩，不仅在财务指标上有了显著增长，同时通过战略举措在市场中不断扩大影响力，为公司未来的发展奠定了坚实基础。

蒙牛用于控制主要运输成本的关键手段在于冷链运输和信息技术融合的系统。首先，公司在冷链运输方面进行了大量投入，包括购置冷藏车、建设冷库以及配置卖场冷柜等固定资产。尽管这些举措增加了成本，但却有效地降低了在途和在售阶段的产品损失。其次，蒙牛注重对信息技术等无形资产和软件的投入，通过加强对大数据技术的应用，实现对冷链全程的有效控制。这不仅有助于保障产品的质量，同时也提升了整个运输过程的效率。通过信息技术系统，公司能够实时监测产品的运输状况，从而及时采取措施应对潜在的风险。

蒙牛通过自建的冷链运输体系，成功地降低了生鲜产品的损毁成本。该体系包括自产自销、自行配送和大数据整合，确保从产品原产地到消费者手中的整个运输过程高效有序。蒙牛在网络销售渠道上采取了省、市两级划分的配送区域，实施直接送达消费者的策略。这种精准的配送方式不仅降低了空间成本，同时提高了显性和隐性利润。通过将销售渠道分级，蒙牛能够更精准地满足不同区域的市场需求，提升了供应链的整体效率。

蒙牛在销售前和加工过程中采用了两种冷链运输模式来确保高效管理奶制品的质量和流通。一是"规模牧场加公司"，二是"分散农户，集中挤奶，统一加工"。不论奶源是来自自营牧场还是第三方农户，公司都统一使用自有冷藏车进行运输。这种集中负责冷藏及运输的策略有助于减少分散运输和加工过程中的时间浪费，保证了供应链的运行效率。在实体销售环节，蒙牛通过立体仓储和大数据技术进行产品跟踪管理。产品按照规划路线被分配到各卖场和自营网点，电商平台销售的产品则按照任务迅速送达客户手中，这种精准的配送方式不仅提高了运输效率，还通过大数据技术实现了对产品的全程追踪管理。蒙牛通过冷链运输和大数据结合的方式，巧妙地规划路线、管理运输时间与方式。这不仅节约了外包物流分散管理的时间，还在确保产品质量的同时提高了整个供应链的运作效率。这一综合性的冷链和大数据战略为蒙牛在市场上取得竞争优势提供了坚实的支撑。

思考：

1. 相对于第三方物流，请讨论蒙牛为什么要自建物流体系。

2. 如何认识蒙牛乳业的两种冷链运输模式？

综合案例二

粮食安全是国家之本，在保障粮食安全的过程中，物流体系的高效运转尤其发挥着不可替代的作用。依托多年来在一体化供应链物流的持续投入，京东物流积极履行企业社会责任，参与国家粮食物资应急保障和相关信息化平台、仓储基础设施等建设，针对性整合相关服务能力，优化内部响应机制，获得了广泛的认可。如今，京东物流已经构建起了一套平时服务、灾时应急的一体化供应链物流保障体系。2021 年 9 月，京东物流就与国家粮食和物资储备局签署了战略合作协议，获批成为国家粮食应急保障企业。2022 年 3 月，国家粮食和物资储备局应急物资储备司也与京东物流签署"共同推动粮食应急保障和中央应急救灾物资储备高质量发展合作框架协议"。在多次应急救灾保障中，京东物流持续发挥效能，在多次突发自然灾害时，积极协调各方资源，通过兼具柔性与韧性的一体化供应链，保障各地民生物资的高效流通。同时，京东物流还充分带动社会专业力量参与国家应急管理体系建设，提升应急物资保障服务水平。2023 年 7 月、8 月，受台风"杜苏芮"的影响，京津冀等多地因极端降雨引发洪涝和地质灾害。为此，京东物流持续保障运输各项生产生活物资，为河北涿州、涞水、阜平及北京房山、门头沟等多地提供支持。同时，京东物流还第一时间调集运力人力，配合各地救灾计划，协助房山、门头沟、涿州等地的社会救灾物资运输保障工作。如今，京东物流正在以"技术驱动，引领全球高效流通和可持续发展"为使命，致力于成为全球最值得信赖的供应链基础设施服务商，建立了高度协同的六大物流网络，具备数字化、广泛和灵活的特点，服务范围广泛。

思考：

如何认识京东物流获批成为国家粮食应急保障企业？

课外阅读

[1] 罗千峰，张利库. 农产品冷链物流高质量发展的理论阐释与实现路径[J]. 中国流通经济，2021，35（11）：3-11.

[2] 孙秀，程士国. 日本现代花卉冷链物流体系的构建及其启示[J]. 世界农业，2020（5）：101-107+140.

第六章

冷链供应链网络组织结构

学习目标

了解冷链供应链网络组织结构的含义、特点和设计难点；熟悉常见的冷链供应链网络组织结构模型；掌握冷链供应链运作网络组织体系设计的内容；了解冷链供应链运作管理的目标与原则；了解冷链供应链运作参考模型；了解冷链供应链常见运作组织模式。

引　例

上海九曳供应链管理有限公司冷链供应链的组织模式

上海九曳供应链管理有限公司（以下简称九曳供应链）实现了业内多个"第一"：国内第一家农业、生鲜供应链解决方案运营商；国内第一家专业的B2C冷链仓储服务商；国内第一家第四方冷链物流企业。九曳供应链为客户提供全国生鲜仓储运营服务、基于全国分仓的生鲜宅配服务、生鲜零担运输服务、保鲜及包装的冷链物流一体化解决方案，通过先进的物流技术和高效的运营为生鲜电商客户提供柔性生鲜供应链服务。企业在建立生鲜农产品"从田间到餐桌"的加工、储存、包装、运输到冷链宅配"一条龙"服务体系的同时，在北京、上海、广州、成都等热点城市迅速布点冷链物流集散中心。截至2019年，九曳供应链在国内外建造供应链"静态节点"生鲜配送中心24家和仓储中心15家，打造以生鲜云仓为基础的干线和支线运输线路的"动态节点"1800多条。得益于运输线路的广泛覆盖，多配送中心和仓储中心的资源供给覆盖，支撑九曳供应链在全国86%的市级以上城市实现了肉类、果蔬等生鲜宅配服务，在全国502个市区和571个县区实现了次日达和隔日达。

九曳供应链为提升配送效率，利用空间换取时间，基于分布式仓储进行冷链产品的集约式配送，既减少了冷链产品的损耗，也降低了冷链物流的运营成本。九曳供应链在数字化转型下持续进行信息化建设，长期对供应链的核心系统进行研发和升级，保证应用系统的高度可扩展性。九曳供应链为降低冷链运输成本进而压缩冷链物流的运营成本，采取一系列举措优化冷链供应链，削减了冷链物流运输过程中的中间环节，提高了物流供给的资源整合效率。九曳供应链充分利用企业信息化，使用数据挖掘找出冷链业务的不同特点，优化供应链组织网络内的供给侧资源，其冷链供应链组织模式有以下三种。

一、同城配送冷链物流组织模式

九曳供应链信息化的持续建设推动了同城配送冷链物流作业的标准化。通过冷链车货匹配系统，全面协调自建、合作中心仓及分拨仓资源，在仓储资源协调利用的基础上建立周转箱流通平台，从而有效提高终端配送效率。

二、跨区域冷链物流组织模式

九曳供应链信息化的持续建设推动了跨区域冷链物流管理和运输的智能化。依托智能运输系统对组织网络内的成员企业进行统一管理，明确分工合作内容，并进行相应的组织和协调。客户通过九曳供应链的订单管理系统对物流需求进行下单，智能运输系统收到客户的冷链物流需求订单后，根据成员企业的特点，将订单任务分解成具体的工作任务并分配到组织网络内可执行相关工作任务的成员企业。

三、信息化冷链物流组织模式

九曳供应链信息化的持续建设在冷链物流运输的各环节都发挥着重要且不可替代的作用。冷链车货匹配系统、周转箱流通平台、细分组织网络内成员企业的物流资源，实现资源有效调度和终端的高效配送。强大的信息集成平台能够实现客户海量订单信息的及时处理，日处理峰值超 20 万单/日，通过对运输车辆运输状态、装载率、地理位置等信息的信息管控，实现冷链物流环节的动态管理及运输车辆的合理调度，从而提升冷链物流的整体运营效率。九曳供应链的信息化建设实现了冷链物流的全程可视化管理，向客户提供与冷链物流各环节的信息交互通道。

九曳供应链网格化、规模化、信息化的冷链物流服务得到了大型生产企业、国际贸易商、零售企业的青睐，获得了如新希望、三全、大成等大型企业的合作机会，其高度可扩展性的应用系统、合理的订单分工也吸引了全国各地区知名冷链物流企业参与合作。

思考：

上海九曳供应链管理有限企业是如何构架组织网络以获得竞争优势的？

第一节　冷链供应链网络组织结构概述

一、冷链供应链网络组织结构含义和特点

冷链供应链网络组织结构是指在冷链产品生产和销售过程中，所涉及的各个环节和参与方之间的组织结构和关系。它包括从冷链产品生产到产品销售的整个流程，并涉及生产商、供应商、加工制造商、冷链运输、分销商和零售商等多个参与方。冷链供应链网络组织结构的特点主要体现在以下几个方面。

（1）多方合作。冷链供应链网络组织结构中涉及多个参与方，比如，农产品冷链包括生鲜电商、加工企业、农批市场、大型商超、小零售商、酒店等流通渠道主体。在冷链供应链网络组织结构中，每个参与方作为不同角色承担不同的责任，彼此之间相互依赖、相互合作。冷链供应链网络组织结构中的各个参与方之间存在着明确的分工和合作关系。每个参与方负责自己的环节，通过协作和协调，实现整个冷链供应链网络组织结构的高效运转。

（2）纵向整合与横向协同。冷链供应链网络组织结构的特点之一是纵向整合与横向协同，即从生产资料采购、冷链产品生产到产品销售的全过程的组织和管理。纵向整合可提高冷链供应链网络组织结构的效益和竞争力，实现资源的优化配置。除纵向整合外，冷链供应链网络组织结构还需要各个参与方之间的横向协同。不同参与方之间的协同合作可以提高上下链的响应速度和灵活性，满足市场需求的变化。冷链供应链网络组织结构强调供应链中的节点企业形成能够行动一致、风险共担、利益共享的整体，建立战略合作伙伴关系。

（3）高度复杂。冷链供应链网络组织结构的特点之一是高度复杂。冷链供应链网络组织结构中涉及的环节众多，每个环节都可能存在风险和不确定性，需要进行有效的管理和控制。由于涉及多个企业共同参与并且要建立起战略联盟的关系，因此供应链必须保持其开放性和协作能力以有效地运用外部的各种资源。而"不确定性"是造成冷链供应链网络组织结构管理复杂性的关键因素，它体现在三个方面：①生产的不确定性，如农产品受到农药与化肥的影响；②供给的不确定性，比如，新鲜食品的产出量会因气候条件、自然灾害或物流过程中产生的损失而波动；③市场的不可预知性，包括需求量、消费者的消费能力和购买习惯的变化。

二、冷链供应链网络组织结构设计难点

多个动态过程（冷链运输）和静态过程（冷链仓储）共同组成了一个完整的冷链产品在供应链中的流通过程，冷链产品在冷链供应链中的流通由时间、空间相结合的静态—动态—静态—动态等多个过程组合而成。执行动态过程的运输线路和执行静态过程的仓储节点构成了冷链供应链网络组织结构。在冷链供应链管理模式下构建适当的组织结构可以促进信息在供应链上的循环和交流。冷链产品供应链中的不确定性、时效性、经济性等特征对冷链供应链网络组织结构设计提出了很高的要求。冷链供应链网络组织结构设计需要解决以下两个设计难点。

（一）形成冷链供应链网络组织结构的主导思想

冷链供应链网络组织结构应以流程化的思想去组织，按顾客、产品和重要环节（冷链仓储、冷链运输等标准服务）的划分扩展为整个冷链供应链的组织结构。冷链供应链网络组织结构应具有完整性和可扩展性。完整性是指每一个环节都可以面向客户的需求提供一个完整流程服务。可扩展性主要包括两个方面：定制化服务和可替代性。定制化服务是指冷链产品的冷链物流供给者既可以根据需求者需求提供个性化服务，也可以提供从供应地到需求地的冷链产品运输全程一体化服务。可替代性是指一些组织内部职能可被外部的网络环节替代，原来单一的供应链结构可以因为流程的需要被组织到一个动态的供应链结构中，增加供应链服务客户的灵活性。设计冷链供应链网络组织结构是一个系统性的任务，它需要有效地协调各种不同功能活动（如冷链运输、冷链仓储、包装和流通加工等）以满足消费者的真实需求。

（二）发挥冷链供应链网络组织结构的专业分工优势

专业分工对于能够在短时间内满足用户大量订货需求的冷链供应链网络组织结构来说是至关重要的，专业化能够提升冷链供应链的运作效率，降低冷链供应链的运作成本。以流程为基础的冷链供应链网络组织架构具备强大的信息处理能力，能够使用更快、更有效、更整合的方式提供产品或服务，增加网络组织的灵活性。但单一流程式的网络组

织结构，仅能实现供应链内部整合的目的，发挥不出供应链专业化优势，因此，冷链供应链网络组织结构需要有明确的专业分工和较强的信息处理能力，应是职能结构和流程结构的混合结构。强大的信息处理能力能实现高效集成，从而充分利用专业分工的优势，比如，冷链供应链网络组织结构中的要素和资源包括冷库、冷藏车、制冷技术、信息系统等。冷链供应链协调供应网络中不同要素和资源，在此过程中激发冷链供应链的潜在需求，逐渐形成差异化的产品服务，从而实现供需匹配；以局部带动整体，促进冷链供应链的发展与转型。

三、冷链供应链管理对冷链供应链网络组织结构的要求

冷链供应链涵盖了自购入至交付消费者的全部步骤，致力于实现服务的最佳效果和最低运作费用的目标，既能满足顾客需求又能降低运行成本。因此，冷链供应链不仅要保证整条产业链的一体性和连贯性，还要尽力减少或去除那些无增值作用的中间环节。具体来说，冷链供应链管理对冷链供应链网络组织结构的要求有以下七个方面。

（一）开放性

冷链供应链的优势之一就是其过程环节具有高度可扩展性。冷链供应链网络组织结构中的企业在保持自身产品竞争力的同时，应该保持开放性，有效利用供应链资源及外部资源来及时响应用户需求。为了满足客户的需求并维持自身的市场优势，冷链企业必须保持开放性，并和供应链上各个环节的企业紧密合作，积极地利用外部的资源。供应源头由采购部门负责与上游供货商建立战略联盟；而在产品推向市场的末端，销售团队则需与下游经销商沟通以确保业务的有效开展。这种新型网络组织方式能够构建出一个灵活且网络化的组织结构，呈现为"X"形状的分散式布局。在这样的开放式冷链供应链网络组织结构中，冷链供应链中企业的流程或职能可能延伸到冷链供应链的其他企业中，流程对企业而言是非闭环状态。开放性的冷链网络使相关信息高效融入冷链供应链运作，使得非闭环状态下的企业流程或职能可以获得供给资源和需求资源的共享，也催生了冷链供应链网络组织结构中的共享经济。

（二）集成化

冷链供应链管理的关键点在于运用集成化的思想与策略，借助信息化工具及先进的管理手段，有效控制和协调企业运作过程中涉及的生产资料流、信息流和决策流，形成集成化冷链供应链网络组织结构。在进行冷链供应链管理时，不仅需要打造供应链企业内业务的一体化流程，还需要抛开传统观念，把冷链供应链网络组织结构内所有合作企业的技术和资源串联起来，构建集成化冷链供应链网络组织结构，并将其作为提升竞争力的重要工具。同时，要将企业内外的供应链无缝衔接并统一管理，以此达成全面优化的最优状态，满足市场对于优质产品的高效能、灵活度和经济效益的需求。冷链供应链管理的总集成理念要求冷链供应链网络组织结构中的企业突破各企业间的经营界限，利用工作流程来协同各企业的各职能部门，从而达到组织的集成化目的。

（三）快速响应

快速响应的冷链供应链网络组织结构是指冷链供应链企业在提升客户满意度的过程中，能有效地减少整体供应链费用，提升经销商与制造商的收益，增强其盈利能力，并在正确的时间、地点用正确的产品满足消费者的需求。高效的冷链供应链管理必须把冷链供应链网络

组织结构中的所有节点整合在一起，有序地链接所有环节，确保信息流在从原料至顾客交付的过程中保持同步。对冷链供应链的采购、生产、营销和物流等过程采取跨越公司职能部门的横向管理模式，采用横向管理模式可以避免工作重复、不可预测及流程延迟等问题。得益于信息化发展，冷链供应链的供需双方能够通过互联网跨越时空界限进行交易和履行合约。随着交通运输的发展，冷链产品的运输范围进一步增大，冷链产品时空经济活动的范围得以扩大。

（四）信息技术支持

冷链供应链的竞争优势源自核心企业对冷链供应链网络组织结构各个节点企业的高效整合、各节点企业之间的密切协作以及协作流程的可视化全程监控，信息技术是成功执行冷链供应链管理的必备条件。现代化的信息技术是与供应链上的战略伙伴紧密合作、监控冷链供应链各个环节、实现企业集成与协同的技术基础，其中主要涉及数据库技术和网络通信技术在供应链平台系统的应用。数据库的共享性让信息资源对冷链供应链网络组织结构内的企业而言很透明，便于整合流程和职能划分，实现流程的并行工作和团队的协同工作；网络通信技术为组织内的信息传递提供了新的更准确而快捷的方式。利用信息技术可以迅速获取数据，提供优质的客户服务和增强客户关系，进一步提升冷链供应链网络组织结构内企业的运作跟踪能力，从而增强整体竞争力。

（五）社会资源有效配置

冷链供应链管理的思想就是要基于"扩展型企业"和"虚拟一体化"的设计。为了积极应对市场的迅速变化、及时响应市场需求，冷链供应链网络组织结构中的企业必须充分运用其外部资源，以构建互利共赢的合作伙伴关系。在这个冷链供应链的管理框架中，企业不仅要重视自身内部资源，还要从供应链整体出发，思考如何有效地应用外部资源，防止社会资源被过度使用或滥用，从而实现有效配置，减少冷链供应链各个环节的经营费用，提升冷链供应链管理成效。

（六）面向顾客需求

顾客需求已经成为驱动企业生产的主要动力，任何网络组织结构都必须是面向顾客需求的组织。面向顾客需求的冷链供应链网络组织结构会把服务某一顾客群的员工聚合起来，教会他们怎样跨出自己的职责范围，打破原有的服务流程，主动去理解并关注更全方位的服务方式。这样做可使员工更加积极主动地参与各种工作，并且更快地做决策和服务客户，员工基于顾客需求及时做出响应，而不受限于组织的层级结构、流程或者监管人员的限制，形成企业的竞争优势。互联网技术的发展促进了一些"互联网+冷链物流"平台的出现，平台利用先进的信息系统，提供供需双方交易平台，建立了良好的信任机制，进一步提高了供需匹配的效率。

（七）适合组织学习的柔性化

组织柔性是冷链供应链管理中的一个重要特征。冷链供应链强调组织的开放性和协作特性，以便能有效适应不断变化的消费者需求及市场环境，并且维持冷链供应链自身动态平衡状态。柔性化冷链供应链网络组织结构可以迅速适应外部环境变化并做出相应策略调整，以满足市场的多元和独特的动态需求，同时兼顾供应链的规模经济和范围经济。相较于固定不变的刚性网络组织结构，此种方式更具应变力，可使网络组织结构内部要素无缝连接，并在面对内外部环境变化时做出适当的战略调整。

要实现市场响应的灵动性，必须迅速把客户的需求转变为实际行动，同时建立完善且一致的市场信息及转换机制。组织的信息传递过程就是知识在冷链供应链网络组织结构内部的沟通、分享与储存的方式，也是冷链供应链为了应对外部环境，高效分配各类资源的方法。冷链供应链的组织学习力是其柔性之根基，能强化冷链供应链的应变能力和竞争力。柔性化冷链供应链网络组织结构决定了知识在冷链供应链内的分布和流动情况，因此组织结构对于组织的学习能力有着直接的影响，这也间接地影响到整个冷链供应链管理体系的柔性。冷链供应链的网络组织学习力越强，它的发展速度会更快，对外部环境变化的适应程度也会更高，这样就能进一步提高冷链供应链的竞争力。

四、常见冷链供应链网络组织结构模型

冷链供应链网络组织结构模型是指为了更好地了解和掌握供应链的设计而用于指导的供应链的拓扑结构模型。冷链供应链网络组织结构所涉及的原材料获取、加工、运输、仓储、销售环节与供应链相同。冷链供应链网络组织结构模型可按传统供应链网络组织结构模型建立。常见冷链供应链网络组织结构模型主要有以下几类。

（一）链状模型

链状模型展示了冷链供应链网络组织结构的基本组成和轮廓，有助于我们认识冷链供应链。链状模型 I 清楚地显示了产品最初来源于自然界，最终被用户消费（见图 6-1）。产品根据用户需求进行生产，并经过供应商、制造商和分销商三级传递，在传递过程中完成产品加工和装配等转换过程。最终被消费的产品仍然回到自然界，完成物质循环。

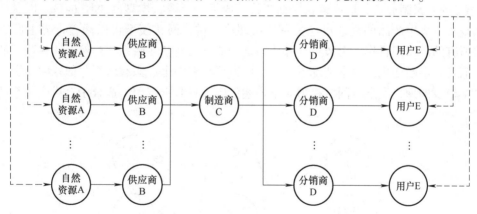

图 6-1 链状模型 I

链状模型 I 展示了冷链供应链网络组织结构模型的基本组成和轮廓，为了进一步加强对冷链供应链中间过程的动态研究，可以将其简化为链状模型 II（见图 6-2）。链状模型 II 将企业抽象为节点，用字母或数字表示。这些节点按照一定的方式和顺序连接成一条供应链，构成一条图学上的供应链。在链状模型 II 中，如果假设 C 是制造商，则 B 是供应商，D 是分销商；同样，如果假设 B 是制造商，则 A 是供应商，C 是分销商。在链状模型 II 中，产品的最初来源（自然界）和最终去向（用户），以及产品的物质循环过程都被隐含抽象掉了。从供应链研究的便利角度来看，将自然界和用户放在模型中并没有太大的作用。链状模型 II 侧重于研究供应链的中间过程。

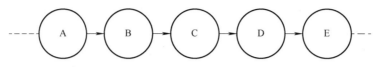

图 6-2　链状模型 Ⅱ

（1）供应链的方向。除物流（产品流）和信息流外，供应链上还存在资金流。通常情况下，物流的流向是从供应商到制造商，再到分销商。在特殊情况下（如产品退货），产品在供应链上的流向与上述方向相反。我们根据物流的方向来定义供应链的方向，以确定供应商、制造商和分销商之间的顺序关系。链状模型 Ⅱ 中的箭头方向表示供应链的物流方向。

（2）供应链的级。在链状模型 Ⅱ 中，当我们将 C 定义为制造商时，可以相应地认为 B 是一级供应商，A 是二级供应商，以此类推，可以递归地定义三级供应商、四级供应商等。同样，可以认为 D 是一级分销商，E 是二级分销商，并递归地定义三级分销商、四级分销商等。一般来说，企业应该尽可能考虑多级供应商或分销商，这有助于全面了解供应链的运行状态。

（二）网状模型

现实中产品的供应关系是十分复杂的，尤其在产品流通过程中，分销商可以是传统的实体，也可以是电商平台。在链状模型 Ⅱ 中，C 的供应商可能不止一家，可能有 B_1，B_2，$\cdots$，B_n 等 n 家供应商，而分销商也可能有 D_1，D_2，$\cdots$，D_m 等 m 家。动态考虑，C 也可能有 C_1，C_2，$\cdots$，C_k 等 k 家制造商，这样链状模型 Ⅱ 就变成了一个网状模型（见图 6-3）。网状模型更能说明现实世界中产品的复杂供应关系。从理论上讲，网状模型可以涵盖世界上所有的厂家，将所有的厂家都看作一个节点，并认为这些节点之间存在联系。当然，这些联系的强度不同，而且在不断变化。通常情况下，一个厂家只与有限个厂家有联系，但这并不影响我们对供应链模型的理论设定。网状模型对于描述供应关系非常有用，适合于对供应关系的宏观把握。

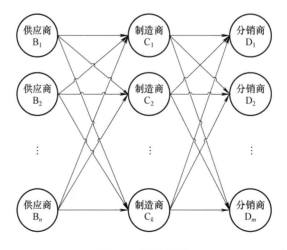

图 6-3　网状模型

（1）入点和出点。在网状模型中，物流是有向流动的，从一个节点流向另一个节点。

这些物流从某些节点进入，再从某些节点流出。我们将这些物流进入的节点称为入点，将物流流出的节点称为出点。入点可以是矿山、油田、橡胶园等原材料供应商，出点相当于用户。如图 6-4 所示，节点 A 是入点，节点 F 是出点。对于某些厂家既是入点又是出点的情况，为了简化网状模型的表达，将代表该厂家的节点一分为二，形成两个节点：一个作为入点，另一个作为出点，并用实线将其框起来。如图 6-5 所示，D_1 是入点，D_2 是出点。同样地，对于某些厂家既是供应商又是分销商的情况，也可以将该厂家一分为二或更多，形成一个节点表示供应商，另一个节点表示分销商，并用实线将其框起来。如图 6-6 所示，B_1 是 C 的供应商，B_2 是 C 的分销商。

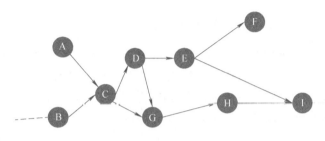

图 6-4　入点和出点

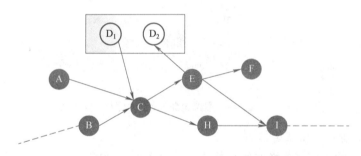

图 6-5　包含入点和出点的厂家

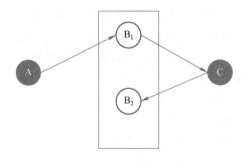

图 6-6　包含供应商和分销商的厂家

（2）子网。对于规模非常大且内部结构复杂的厂家，与其他厂家联系的可能只是它们的组织结构中的一个部门，同时它们的内部也存在着产品供应关系。用一个节点来表示这种复杂关系是不合适的，因此需要将代表该厂家的节点分解成许多相互联系的小节点，这些小节点构成一个网，被称为子网（见图 6-7）。引入子网概念后，在研究图 6-7 中 C 与 D 的联系时，只需要考虑 C_2 与 D 的联系，而不需要考虑 C_3 与 D 的联系，简化了研究过程。子网模型对于企业集团非常有效。

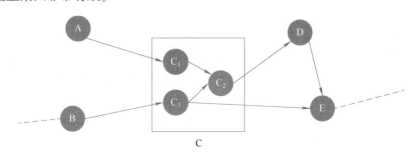

图 6-7　子网模型

（3）虚拟企业。当今企业管理者面临着一个充满变化的竞争环境。这种环境的形成原因包括技术的快速发展、市场的全球化以及其他一些发展趋势。因此，在供应链网络上出现了一些厂家，他们为了实现共同的目标而通力合作，并同时追求各自的利益。这些厂家被看作一个虚拟企业，通过合作实现共同目标，如图 6-8 所示。

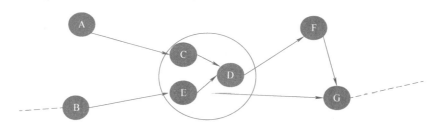

图 6-8　虚拟企业的网状模型

（三）无核心企业的供应链模型

在无核心企业的供应链模型组织结构中，成员企业之间的协作是建立在开放的网络协议上的，成员企业彼此之间的关系也不稳定，地位没有明显的差别。有一些冷链物流公共信息平台，供应链的提供者和需求者可以在这些平台上发布业务信息。网络内的企业对资源的控制能力有限，遵守协议是参与协作的前提。通过平台来撮合冷链物流的供需，平台上没有真正意义上的核心企业，平台上的成员企业之间的关系相对较松散，价格机制是协调成员企业之间关系的主要机制。这种类型的平台就是无核心企业的供应链模型。

如图 6-9 所示，冷链物流需求方（$R_1, R_2, \cdots, R_n$）在平台上注册并发布冷链物流需求信息，而冷链物流供给方（$S_1, S_2, \cdots, S_k$）也在平台上注册并寻找适合自身运营的货源。供需双方可以参考货主发布的价格、货物地理位置、货物类型等要素，在平台上达成交易后签署合作契约。由于冷链物流需求方和供给方地位相当，价格机制成为协调双方的主要机制。当冷链物流需求方发布货物信息时，可能会有多个冷链物流供给方符合条件，而这些供给方大多位于货物出发地的某个距离范围内，第一个确认接受业务的冷链物流供给方将获得优先权，无核心企业的供应链的平台交易具有很强的时空相关性。

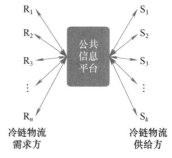

图 6-9　无核心企业的供应链模型

（四）单核心企业的供应链模型

在单核心企业供应链模型中，存在一个核心企业，该企业在供应链的组建和运作中起着主导作用。核心企业的价值观、管理理念、组织和信息模式对整个供应链都具有绝对的影响力。从某种程度上说，这个供应链是围绕核心企业建立的。在单核心企业的组织结构中，核心企业具有绝对的话语权和控制力，负责冷链物流任务的计划分配和统一调度，同时协调解决成员企业之间的矛盾和仲裁等问题，核心企业与非核心企业之间的联系主要是通过权威协调来实现的。成员企业向核心企业提供冷库、冷藏车辆、人员等资源，并提供相关信息，主要负责完成核心企业指派的冷链物流子任务。如图 6-10 所示，C 代表核心企业，在空间上，成员企业聚集在核心企业周围。在城市冷链配送的情况下，核心企业可能是周围企业的物流量与物流距离乘积的加权重心，成员企业之间可能存在业务上的合作关系。

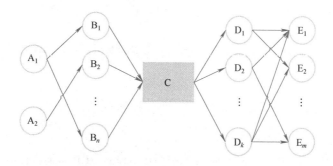

图 6-10　单核心企业的供应链模型

（五）多核心企业的供应链模型

多核心企业的供应链模型是指在组织网络中包含两个或更多的子网络，每个子网络都有自己的核心企业，这些子网络通过共同的目标相互连接，而子网络中的核心企业与若干非核心企业之间则通过利益机制相互连接。如图 6-11 所示，在空间上，多核心企业的供应链模型中同时存在三个核心企业。在大型冷链物流的组织网络中，每个核心企业都主导着自己的小型组织。成员企业在网络内聚集在各自对应的核心企业周围，而这三个核心企业之间也存在着合作关系。

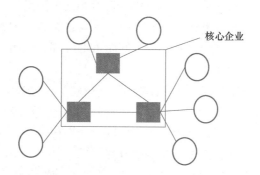

图 6-11　多核心企业的供应链模型

当冷链供应链网络组织结构刚刚建立时，其业务量较小，涉及的企业也相对有限，因此网络构造往往以无核心企业或者单核心企业的形式出现。然而，伴随着农产品数量及区域、服务市场范围的扩展，冷链供应链供应端与需求端的需求增长，使得越来越多的物流企业（尤其是小型企业）加入这个链条组织结构，从而使更多成员单位成为网络中的关键环节并加入该供应链，这使得网络架构的发展变得更加多元化，有可能同时出现无核心企业、单核心企业以及多核心企业的组织形态。

随着信息技术、制冷技术和运输技术的发展，远距离生鲜农产品交易成为可能，相关业务需求也逐渐增多，一些跨区域的冷链物流企业或组织应运而生。在这个阶段，冷链供应链网络组织结构的空间范围逐渐扩大，随着网络成员企业的增加，监督成本上升，供应链基于合作共赢理念，追求整体效益最大化，多核心企业将逐渐整合。多样化的冷链网络节点被整合到实力强大的单个企业内，最终冷链供应链网络组织结构将回归到单核心结构。当然，随着多企业整合，单核心企业能力增强，该网络的空间范围会更广泛、下沉，从而可以争取更多的服务资源，比如，菜鸟物流网络下沉到农村，扩大了供应链服务范围。

第二节　冷链供应链运作网络组织体系设计

一、冷链供应链运作网络组织体系设计的内容

(一) 冷链供应链合作伙伴的选择

冷链供应链合作伙伴关系（Supply Chain Partnership，SCP）是指在冷链供应链内部，两个或两个以上独立的成员之间形成的一种协调关系，旨在实现特定的目标或效益。建立冷链供应链合作伙伴关系的目的是通过提高信息共享水平，减少整个供应链的产品库存总量，降低成本并提高整个供应链的运作效率。冷链供应链合作伙伴关系建立在高度信任的基础上，合作伙伴之间有效地共享信息（如成本、进程和质量控制等方面的信息）。需方直接参与供方的产品研发，共同寻求解决问题和分歧的途径，并建立长期稳定的供应关系，以实现双方都能获益的目标。

1. 冷链供应链合作伙伴关系的重要意义

首先，冷链供应链合作伙伴关系能提高企业的核心竞争力。面对快速的技术革新、昂贵的投资费用和激烈的国际竞争，传统的一体化经营策略已无法满足如今的需求。现在，企业需要更加重视高质量的产品开发方式，强调效率、专业、灵活与创新的重要性。在冷链供应链中，各家企业应该专注于自己的主营业务，同时借助外部企业的力量填补自己可能存在的短板，以此提升自身的市场竞争力。

其次，冷链供应链合作伙伴关系有助于减少交易成本，提升整个供应链的长期盈利能力。通过构建合作伙伴关系，各企业能够分享信息、共同完成任务，大大减少了合作过程中的变数和风险，进而大大降低了贸易生产成本。同时，合作伙伴之间的密切合作可以提高供应链的效率和灵活性，进而提升整个供应链的利润。

最后，冷链供应链合作伙伴关系能够为制造商/买方、供应商/卖方以及双方带来利益。通过合作伙伴关系，制造商和买方可以获得稳定的供应和高质量的产品，同时供应商和卖方也可以获得稳定的需求和持续的业务。双方通过合作实现互利共赢，共同推动供应链的发展和增长。

2. 选择冷链供应链合作伙伴的方法

（1）直观判断法。该方法是基于过往的理解、经历及整合的思考技巧来做出预判的方式，也被称为"实践推理"。通过收集并研究各种信息来源，包括来自采购员工的专业意见，可以评估与挑选潜在的商业伙伴。此种决策过程依赖于个人经验和专业技能，通常应用于筛选次要原料供应商的选择过程中。

（2）招标法。在订单量大、竞争激烈的情况下，可以通过招标法来挑选适合的合作伙伴。企业提出招标要求后，各个合作伙伴进行竞标，最终由企业确定中标者并签署合同或协议。这种招标方式可能是公开招标或指定竞标。

（3）协商选择法。当供应商众多且企业无法决定的时候，可以采取这种方式。首先，从多个候选者中筛选出几家具备优越条件的合作对象，然后逐一与其展开谈判，最后从中择优确定合适的合作伙伴。相比较于公开竞标，此种方式更具保障性，能够就产品品质、交付时间及售后支持等各方面进行深入讨论。

（4）采购成本比较法。所谓的采购成本，是指销售价格、购进成本费用以及运输开支等各种采购开支的总和。通过计算分析各个合作伙伴的采购成本，从中挑选出花费较低的合作伙伴。这个方法适用于那些在质量和交货期上都能达到要求的合作伙伴。

（5）层次分析法。运用层次分析法是指通过对影响合作伙伴选择的两个因素之间的对比，构建出判别矩阵，接着从这个矩阵中选择最大的特征值对应的特征向量成分，以获得相关系数，最终汇总得出每个合作伙伴的重要性。此方式可信度较高且误差较小，然而，它在处理复杂而庞大的问题时会出现计算困难。

企业可以根据具体情况和需求选择适合的方法进行合作伙伴的选择。

3. 选择冷链供应链合作伙伴的步骤

（1）从企业策略的视角出发，对合作伙伴进行初步筛选：确认是否需要建立供应商协作关系，以及需要建立哪个级别的供应商协作关系。

（2）细致挑选合作伙伴：设定选择合作伙伴的标准，评估可能的潜在合作伙伴。

（3）对合作伙伴关系进行精炼和确定：成功构建合作伙伴关系。

（4）对合作伙伴的追踪评估：保持并优化合作伙伴关系，包括加强或终止合作伙伴关系。

（二）冷链供应链网络设计

冷链供应链网络涵盖了对冷链供应链中的企业节点、商品、信息流通等进行合理的计划、构思和建立的过程，主要包括节点位置安排、运输路线设定、容量分配等。而预先制定出合理的方案是冷链供应链网络设计的基石，并确保其有效运作。我国物流设施的使用效能偏低、资源消耗过大等问题产生的一项关键因素，就是没有在前期的规划及设计阶段做好工作，使得供应和需求不匹配，进而导致社会资源浪费。冷链供应链网络设计主要由冷链物流网络设计、冷链信息网络设计以及冷链关系网络设计三部分构成。

（1）冷链物流网络设计。冷链物流网络设计是冷链供应链网络设计的基础和重要内容，合理完整的冷链物流网络设计能够在冷链供应链运作时实现货物快速、高效的时空运输。冷链物流网络设计包括静态节点（冷链物流中心，如仓储中心、配送中心等）和动态运输过程（冷链物流线路）的设计。静态节点设计主要决定节点数量、节点位置、节点容量和服务市场的分配。动态运输过程设计主要决定运输网络类型、运输方式及运输调度、线路优化。

（2）冷链信息网络设计。现代供应链与传统供应链的重要区别之一在于供应链信息化的融入。随着信息技术的发展，供应链企业成员之间的交流和协调变得更加便捷。冷链供应链网络的顺利运行离不开信息网络的支持。冷链供应链信息网络设计包括网络技术的挑选、设备设施的布局以及各个成员企业间沟通协议的确立等方面。

（3）冷链关系网络设计。冷链关系网络设计是指供应链组织网络的设计，用于确定在冷链供应链整个结构中的不同企业的角色、上下游企业间的沟通协调机制、供应链企业间的关系管理。此外，冷链关系网络设计还包括企业（尤其是核心企业）在冷链供应链环境下进行的组织结构设计等方面。

冷链供应链网络设计决策对整个供应链的表现有着长期的影响。任何后期的网络变动，如开仓、关仓、类目调整等，都会带来较高的成本。因此，一个好的冷链供应链网络设计决策能够在保持较低成本的同时，使整个冷链供应链具有良好的响应性。

1. 冷链供应链网络设计决策影响因素

（1）战略性因素。企业的竞争战略对冷链供应链网络设计决策有着重要的影响。注重成本控制的企业通常会把工厂设置在最便宜的地区，即便离服务市场的距离较远。然而，那些重视响应能力的企业则常常会在接近销售区的地点建立它们的工厂，这增加了投资成本。例如，某些肉制品加工商通常在价格低廉的地域设立工厂并将其产品运往市场出售。而对于那些追求快速响应的企业来说，如盒马鲜生在生活区附近布局，虽增加了投资成本，但能及时响应客户需求。

（2）技术因素。当生产技术能产生巨大的规模经济效应时，通常应选择布置少数的大容量设备。若设备的建造费用较低，则更倾向于设立地区性的生产基地，这有利于减少物流成本。另外，如果生产的稳定性和各地区的需求差异较大，那么可能需要在各个地域都设点建厂。

（3）宏观经济因素。高关税区域则放弃该市场或者在该地建立基础设施。低关税区域则减少生产基地，每个基地扩大生产能力。税收减让区域有成本优势。汇率及需求存在风险的区域，汇率（本币）升高会导致工厂收益降低，需要更换生产基地。

（4）政治因素。企业往往会选择在政治稳定的发展中国家进行基础设施布置，这些国家的经济贸易规范相对完备且商业规范和所有权都非常清晰。然而，由于政治因素难以量化，只能在设计冷链供应链时做出主观评估。

（5）基础设施因素。优质的基础设施是布局的前提，在构建冷链供应链网络的过程中必须考虑的一些关键基础设施因素包括：航空与人力资源的获取能力、距离交通站点及中心的远近程度、是否有火车运输支持、离飞机场和海港的距离、附近高速公路的位置、交通堵塞状况以及本地的公共设施是否完善等。

（6）竞争性因素。在设计冷链供应链网络时，企业必须考虑竞争对手的战略、规模和地点。企业要做的一个基本决策是，设施选址是在靠近还是远离竞争对手的地方。如果企业在价格上进行竞争，而且承担向客户送货的成本，那么最优的布局是二者尽可能离得远些。当企业不能控制价格，而只是在与客户距离的远近上相互竞争时，那么可以通过相互接近的位置布局获取最大的市场份额。

（7）对客户需求的响应时间。若冷链供应链目标客户群认为较短时间的响应很重要，或将注重快速响应的顾客作为目标客户的冷链供应链，往往需要将设施布局在离客户较近的地方，由此来缩短响应时间。

（8）物流成本。物流成本是指供应链体系内的储存费用、运送费用及设施费用等费用之和。其中，满足储存的安全需求所带来的花费就是一种常见的支出类型，即随着设施规模的扩大，其所需的安全储备也相应增加，每种设施都需要有足够的保障以满足自身的安全需要。因此，冷链供应链网络设计的核心目标在于优化整体物流费用的同时保证对消费者的响应能力，这涉及固定与可变两种类型的设施费用。如果设施数目低于某个阈值，那么从仓库至用户的运费就成为主导性的负担，因为此时货物集中储存在仓库中可以有效地减少从仓库至用户的运费，从而实现整个系统的低成本运行。

2. 冷链供应链网络设计决策框架

如图 6-12 所示，冷链供应链网络设计决策框架可流程化为四个步骤。

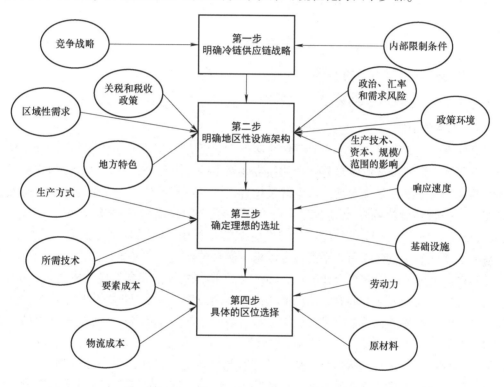

图 6-12　冷链供应链网络设计决策框架

第一步：明确冷链供应链战略。明确冷链供应链战略是指确定原材料的获取和运输、产品的制造或服务的提供，以及产品配送和售后服务的方式和特点。在明确了内部限制条件，如资本、现存网络和增长战略等之后，确定全球竞争环境下的竞争战略，构建冷链供应链能力目标与竞争战略之间的一致性，以满足顾客群体的需求目标。冷链供应链战略的明确性对于企业的发展至关重要。它涉及整个冷链供应链的规划和决策，包括供应商选择、产品开发、产品生产和运输等方面。明确冷链供应链战略可以帮助企业在竞争中获得竞争优势，并提高顾客满意度。

第二步：明确地区性设施架构。地区性设施架构主要涉及当地的关税和税收政策，政治、汇率和需求风险，区域性需求，地方特色，生产技术、资本、规模/范围的影响以及政策环境。

第三步：确定理想的选址。在确定理想的选址时，需要考虑生产方式、所需技术、响应速度以及基础设施等。

第四步：具体的区位选择。区位选择需要考虑劳动力、原材料、要素成本、物流成本（运输、库存和协调）等。

3. 冷链供应链网络设计决策评价指标

（1）柔性：更好地适应激烈的市场竞争，提高服务水平以及时响应用户需求。

（2）稳定：相对稳定的组织结构形式。

（3）协调：利益协调和管理协调。

（4）简洁：冷链供应链上增加的每一个环节都必须是冷链产品价值增值或成本降低的过程。

（5）集成：信息集成、物资集成、管理集成。

二、冷链供应链设计的原则

冷链供应链设计主要遵循系统性、可行性、经济性、创新性和服务性等原则。

（一）系统性原则

在设计冷链供应链时，要求全面评估并深入了解所有影响设计的关键要素，以便找到最佳的解决方案。虽然冷链供应链是社会的经济体系中的一小部分，但它也应该和其他子系统互相协调并且共同推动系统发展。这个链条包含了许多不同的分支，如冷冻仓库、低温物流及分配中心、储存设施和资讯技术等。各个子系统之间既有协同也有竞争，呈现出一种"效益背反"的情况。所以，在设计冷链供应链的过程中，必须要全方位思考它的内在联系，坚持发挥优势、整合资源、平衡各方需求、实现整体优化的基本原则。

冷链供应链网络包含多个企业节点，多个企业节点之间相互合作连接成为供应链节点。企业间的协作可被分为两种形式，即纵向协作与横向协作，其中纵向协作代表着企业参与其擅长领域内的运营环节，而整个供应链则会整合各企业的运作步骤以充分发挥各自的长处并形成协同效果。至于横向协作，则是指供应链内成员单位之间借助信息化的手段来分享资源，例如，利用一体化信息网络对运载工具进行调度优化，以便提供最佳的物流解决方案，进而减少开支、提高整条链路的效益。在冷链供应链中，网络协同效应主要体现在分工和制度等方面。通过合作，不同企业可以发挥各自的专长，实现资源共享和规模经济，从而提高整体冷链物流的效率和降低成本。

综上所述，在设计冷链供应链时，需要综合考虑和系统分析各种因素，遵循发挥优势、整合资源、统筹兼顾、系统优化的原则。

（二）可行性原则

在设计冷链供应链时，必须充分考虑现有的可用资源，并结合自身的实际状况，以确保其在技术和经济层面上的可行性。为了确保可行性，冷链供应链的设计应与物流发展水平、社会经济水平和经济规模相适应。其设计应具有前沿性和发展性，但不应超过总体承受能力。

（三）经济性原则

在保持功能和服务质量不变的情况下，冷链供应链致力于降低成本或是在一定的效率控制内寻求最优的服务，以达到整个系统本身效益的最优化。这主要体现在四个方面。

（1）连续性：优秀的冷链供应链规划和节点设计应确保冷链各个环节在运行过程中流畅无阻，消除不必要的延误，确保全程的顺利衔接，防止资源的浪费。

（2）灵活性：在设计冷链供应链时，要充分考虑各种因素对系统的影响，以便后续的扩展和调整。

（3）协同作用：在规划冷链供应链时，必须考虑到冷链系统的兼容性和适应性。只有当各种冷链元素可以在同一个系统中运作，才能体现出良好的协同效果，从而减少整个冷链供应链系统的成本。不同成员企业可以实现服务产品的差异化，通过内部分工与协作进一步提高效率。

（4）利用率：冷链物流的运输成本相对较高，这主要是因为建设冷库和购买冷藏车需要大量的资金。因此，我们必须提升冷链系统的利用效率，以便更有效地分摊冷链费用并降低总体花销。

综上所述，冷链供应链设计应综合考虑连续性、灵活性、协同作用和利用率等因素，以在最低成本或既定成本的约束下实现最高的服务水平，从而达到系统自身利益的最大化。

（四）创新性原则

创新性的设计是系统设计的核心理念，缺乏这种思维方式就无法形成创新的管理模型。因此，在冷链供应链设计中，创新性是一个非常重要的原则。为了构建一个创新性的系统，需要摒弃传统的思考模式，以全新的视角和视野来评估现行的管理方式和结构，并且勇敢地提出革新方案。在此过程中，应注意以下几个关键点：第一，创新活动需要遵循企业的总方针和策略指引，确保其符合企业战略目标；第二，应当基于市场的需求导向，充分利用企业的专长和优势；第三，鼓励员工积极参与创新过程，群策群力，同时寻求合作伙伴的支持，充分发挥供应链的协同效应；第四，创建一套科学的冷链供应链和项目的评测机制、组织管理架构，并对技术的经济效益和实际操作的可能性进行深入研究。

冷链供应链设计本身就是创新思维的产物。作为一种新的管理模式，冷链供应链设计应坚持创新性原则。相较于其他发达国家的冷链基础设施，我国的冷链设备较为落后且效能低下。故而在构思冷链供应链的过程中，我们有必要深入研究并吸收领先的冷链供应链设计观念，同时，我们也需要勇于跳出传统框架，对当前的物流管理方法提出疑问，运用更为前沿的技术手段来更新我们的物流流程及架构，从全新角度去评估旧有的物流模型和结构，进而实施富有创意和创新精神的设计方案。

（五）服务性原则

在当今消费者主导的时代，所有经济活动都必须以市场和客户为中心。在设计冷链供应链时，以客户为中心、以服务为导向的原则至关重要，而不是以自我或产品为中心。

（六）简洁性原则

作为冷链供应链设计的关键因素之一的简洁性原则至关重要。冷链供应链要具有适应变化的市场环境且积极响应的能力，各个环节必须保持高效并充满活力，同时能有效地调整其业务流程的运作方式。比如，挑选供货商的时候应该坚持"少而精"的标准，只跟几家合作紧密的企业建立战略合作伙伴关系，来降低采购成本。

（七）集优性原则

选取冷链供应链节点时需要遵从强强联合的原则，以便达成资源外部化的目的。每家企业与其协作方构建起相应的策略联盟后，应当致力于自身的核心业务流程。冷链供应链内的各企业的聚焦点在于其核心的业务活动，从而使各企业形成具备自主组织能力、自动调整功能、瞄准目标导向、灵活运作并富有活力的核心业务运营单位。这些企业的核心部分能迅速地重新配置冷链供应链上的业务，实现冷链供应链业务的快速重组。

（八）协调性原则

为追求冷链供应链的最佳效能，冷链供应链的成员企业间应建立战略合作伙伴关系。冷链供应链的收益受到合作伙伴和谐度的影响，这个和谐度是指供应链组织成员以及它们的子系统的主动性、创新性和与环境的协调性。只有当冷链供应链企业成员能够保持和谐时，冷链供应链系统才能达到最优效能。

（九）动态性原则

冷链供应链中存在着不确定性，为了应对不确定性，需要预见各种因素对冷链供应链运作的影响，并减少信息传递过程中的延迟和失真。降低安全库存与提高服务水平之间存在矛盾，因此需要减少不必要的中间环节，提高预测的准确性和时效性，以降低不确定性的影响。

（十）战略性原则

冷链供应链设计的战略性原则体现在对冷链供应链发展的长远规划和预见性上。冷链供应链的设计应具备战略性观点，从战略性角度考虑如何减少不确定性的影响。冷链供应链的系统结构发展应与企业的战略规划保持一致，并在企业战略的指导下进行设计和实施。

三、冷链供应链设计的步骤

当企业考虑引进新的冷链产品，或者当现有冷链供应链达不到事先设定的绩效目标时，管理者应该考虑重新设计其冷链供应链。如图6-13所示，常见的冷链供应链的设计过程一般包括以下步骤。

（1）冷链市场竞争环境分析。通过调查卖家、用户和竞争对手，分析市场竞争环境，了解市场特征，确认用户需求和市场不确定性。

（2）现有冷链供应链分析。对企业的现状进行总结和分析，包括对供应链管理和供需管理的当前情况进行研究，探讨供应链开发的方向，以及分析可能存在的问题和阻碍。

（3）分析设计必要性。针对存在的问题，提出供应链设计方案并分析其必要性。

（4）建立供应链设计目标。在保证高用户服务质量、减少存货投入和单位生产成本方面获得均衡，包括进军新市场、研发新产品、优化售后服务、提升客户满意度以及减少成本等。

（5）分析供应链的组成。分析供应链的成员组成，包括制造工厂、供应商、制造商、分销商和用户的选择和定位，并确定选择和评价标准。

（6）分析和评价可能性。结合企业实际情况，分析和评价供应链设计的技术可能性，为供应链设计提出技术选择建议和支持。

（7）设计和产生新的供应链。确定冷链供应链网络组成、网络组织结构等，产生新的供应链。其包括供应链成员组成（供应商、设备、工厂，分销中心的选择与定位、计划与控制）、原材料来源、生产设计（需求预测、生产产品、生产能力、供应分销中心、价格、生产计划、生产作业计划与跟踪控制、库存管理等）、分销任务与能力设计（产品服务市场、运输、价格等）、信息管理系统设计和物流管理系统设计等。

（8）检验新的供应链。通过实验测试或者试运行，以确认其设计是否有效。如果出现问题，则需要重新设计。

（9）完成供应链设计。若无任何问题，就可以开始实施供应链管理。

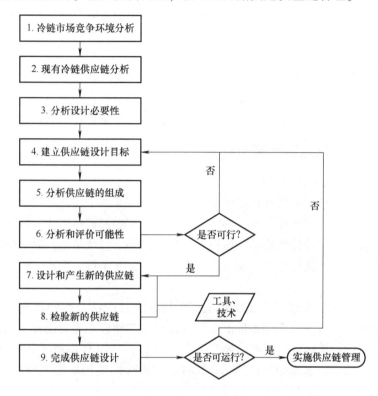

图6-13　冷链供应链设计的步骤

第三节　冷链供应链的运作管理

一、冷链供应链的运作管理目标

冷链供应链的运作管理目标主要体现在服务、快速及时、低成本和质量四个方面。

（一）服务

为满足顾客的需求并实现服务的目的，必须坚持围绕着消费者来构建和运作整个供应链，秉持"一切从用户出发"的原则去思考问题与决策。无论是对商品加工处理以便于销售或交付给最终使用者，还是及时地向终端市场输送货物从而保证产品的质量及新鲜度等都在冷链供应链服务的核心职责范围内。"按时交割模式"（PTP）和JIT模式之类的创新方法也是供应链服务性的体现。

（二）快速及时

快速及时是服务的扩展部分，它不仅满足了客户的需求，也满足了冷链产品物质属性对冷链运作的要求。随着社会大规模生产的推进，人们对于物流速度与时效性的需求变得更加迫切。采用直接运输、一体化连续运输、日程安排系统等方式，旨在实现高效。

（三）低成本

在冷链供应链的各个环节，除缩短流通周期外，还可通过减少投入来降低成本。通过实施集约化经营策略，增强冷链供应链企业合作效率，增加物流效益，以达到降低冷链供应链成本的目标。

（四）质量

冷链供应链的核心在于需要确保所有易腐烂、新鲜的食物在其生产、处理、储存、运送直至售卖的所有阶段都能处于合适的低温状态下，以此来维护食物的品质，降低损失率，避免食物变质或被污染。所以，保障产品品质是冷链供应链的重要运营目标之一。

二、冷链供应链常见运作策略

（一）冷链安全性优先运作策略

实现对冷链供应链环节的可视化与风险管理，建立贯穿整个冷链供应链的可视化追溯体系，提高供应链各节点的可靠性与节点间的运作效率，有效保证冷链供应链产品运输的质量安全；制定应急预案和风险管理策略，以应对突发事件和不可预见的风险，确保供应链的稳定和安全。在冷链供应链运作管理中要履行社会责任，使安全性成为冷链供应链正常运作的基础。

（1）色标管理。色标管理是用来辨识工作工具及进行产品分类的管理方式。为了确保货物不被混合堆放，工作人员会用不同的颜色的移动式存储设备和货架设备来标志出彼此相邻的产店。同样，通过给运输车辆贴上特定的颜色标签，可以有效地区分各类产品的批次，从而降低产品接收和搬运过程中的错误率。这种色标管理的使用能够大幅度减少操作失误，提升工作的效能并优化配送品质。

（2）规范操作流程。把工作规程固定到信息化平台上，同时配备专业的物流设施，如传送带、滑动式的存储柜、标准的循环使用箱及手推车等，对每一项任务都设定了明确的规则，规定执行的时间限制、跟踪与评价，以此替代传统的依赖人工的管理方式。这有助于削减多余的手工动作，优化移动路径，提升工作效能与时间利用率。

（二）冷链经济性运作策略

要在保障冷链供应链运作质量安全策略的基础上，综合考虑冷链供应链运作的经济性，保障冷链供应链正常运作和成员企业的经济利益。可以通过改善供应链节点企业关系、整合供应链环节等多种手段提高冷链供应链的收益。

（1）改善供应链节点企业关系。改善供应链节点企业的关系是实施冷链供应链管理的基础和前提。在传统的企业间关系里，商家往往视供货商为竞争者，以降低成本来获得盈利。为了达到冷链供应链运作营利的目的，必须在企业间达成一致认知，深入了解供应链运作的实质，确立与冷链食品供应伙伴协作配合的策略观念。在思维层面，要把对企业的自我利益追求转化为寻求整个冷链系统的最大收益。由单个胜利到双赢或者多方的共享成功，让所有的参与者明白，只有通过供应链管理及渠道成员之间的紧密合作，才能够实现冷链系统的最大效益，这样就能确保每个企业节点都清楚它们在供应链中的角色及责任。

（2）整合供应链环节。为提升效能并降低管理层次，供应链实体可对其内部分支结构实施合并。整合供应链中的各个环节，包括生产、加工、运输和销售等，通过信息共享和协同合作，降低物流成本和产品风险。经过这样的调整和优化流程，供应链上的服务会更具竞争力，资源配置会更为精确，专业领域的能力会得以强化且进一步聚焦，从而转变为冷链供应链的管理核心和推动力量。

（3）利用看板系统对入库、分类及操作时间实施监控。企业采用此种方式以实现对进货、分类与工作时间的有效管控。借助这种手段，能展示出各类产品的总体库存数额及其各通道的分配比例，同时还能反映运输工具、驾驶员、搬运工人、路线以及港口的工作顺序和关联状况。管理者可通过电子屏幕即刻识别到工作的瓶颈点并做出相应的人员调度决策，以便处理突发事件。员工可依据电子屏幕上所示的产品数量、时段以及任务详情，自主执行相关动作，从而保证工作效率和产品品质。

三、冷链供应链运作管理原则

冷链供应链运作管理的最终目标是将冷链运输、储存等各个环节有机地结合起来，以保证冷链产品的品质和安全，使冷链供应链获得最大收益。以下是冷链供应链运作管理的原则。

（一）管理全过程

冷链供应链运作管理需要涵盖从原材料采购到送达最终消费者之间的全过程。这意味着需要统筹安排物流、仓储、质量控制等各个环节。

（二）保持稳定性

冷链供应链运作管理需要保持运输、储存环节的稳定性，以确保产品的品质和安全；需要建立相应的管理规范和标准操作程序，以保证每个环节的稳定性。

（三）确保透明度

冷链供应链运作管理需要确保每个环节的透明度，包括物流、仓储、质量控制等环节。这可以通过使用现代物流技术和信息系统来实现。

（四）保证可追溯性

冷链供应链运作管理需要保证产品的可追溯性，以便在出现问题时能够追踪到问题的源头；通过建立相应的记录和跟踪系统，可以确保产品的可追溯性。

（五）保持协同性

冷链供应链运作管理需要各个参与方的协同配合，包括供应商、物流企业、仓储企业、消费者等；需要建立良好的合作关系，确保各个环节之间的协同性。

（六）提高效率

冷链供应链运作管理需要提高整个过程的效率，包括物流、仓储、质量控制等环节。这可以通过使用现代物流技术和信息系统来实现。

（七）不断改进

冷链供应链运作管理需要不断改进和优化，以适应市场和消费者的需求。需要建立反馈和改进机制，不断完善整个供应链管理体系。

第四节　冷链供应链运作参考模型

一、供应链运作参考模型介绍

供应链运作参考模型（Supply-Chain Operations Reference-model，SCOR）是由国际供应链协会（Supply-Chain Council）开发的供应链运作参考模型，适用于不同工业领域。1996年，PRTM（Pittiglio Rabin Todd & McGrath）和 AMR 两家咨询企业共同成立了供应链协会（SCC），并在同年年底发布了供应链运作参考模型，旨在帮助企业实施有效的供应链管理，从基于职能管理向基于流程管理转变。

SCOR 的基本概念源自业务流程再造分析、标杆管理和最佳实践分析。其目的是通过对比现有的流程状况以描绘出理想中的未来流程情况，从而推动业务流程的优化。然而，这种方法并不局限于企业内的流程改造，而是要在多个组织之间展开。"标杆管理"的核心是找寻业界内最能满足自身的模仿对象，将其各种衡量标准具体化成明确的目标。而对于"最佳实践分析"，必须先对自身和竞争对手的基本情况有深入理解，然后去辨识管理行为的特点，寻求软件解决方案，最后获得领先企业的业绩。

SCOR 主要包括四个部分：①供应链管理流程一般定义，包括计划、供应、制造和交付，为企业确立供应链性能和目标提供基础；②相应性能指标基准；③供应链最佳实践描述，为企业改善供应链时的规划和目标确定提供信息；④选择供应链软件产品信息，实施具体的供应链配置。

SCOR 标准化的术语与流程被应用于各种供应链环境中，它整合了业务流程重构、标杆比较以及流程评估等理念，形成了一个跨越多个功能领域的框架。它旨在描述、量度和评价供应链结构。规范的 SCOR 流程设定使得所有类型的供应链架构及其计量方式得以实现；统一的 SCOR 尺度则能用来衡量和对比供应链表现。而对于供应链布局的评估也能为持续改善和战略规划提供依据。通过使用 SCOR，企业能够精确地解决供应链难题，公正地评估效率，从而达到明确提升效率的目标，同时也推动着未来的供应链管理软件的发展。SCOR 通常包括一整套流程定义、测量指标和比较基准，以帮助企业制定流程改进策略，是第一个标准的供应链运作参考模型。

二、供应链运作参考模型对于冷链供应链运作的意义

SCOR 可以应用于冷链供应链运作的以下几个方面。

（1）支持新冷链产品生产的规划，建立和规划一个企业。

（2）对冷链供应链管理流程进行再造。

（3）在冷链企业范围内实施 SCOR 流程，并将第一级衡量标准作为管理层的评价标准。

（4）对冷链物流工作组进行重组，按照计划、采购、生产、配送和退货五个方面进行组织。

（5）用于冷链供应链上的多个组织之间的协同预测，以及制定合同和采购订单。

冷链企业在运作中需要不断提高冷链供应链管理的效率。通过提高自身的运作效率，冷链企业可以开始与供应商和客户建立战略伙伴关系，形成所谓的"扩展企业"供应链成员。

SCOR 中的所有流程元素都有综合定义，包括循环周期、成本、服务/质量和资金的性能属性，以及与这些性能属性相关的评估尺度和软件特性要求。作为一个基于流程管理的全新工具，SCOR 已经受到国外许多企业的重视、研究和应用。SCOR 是第一个标准的供应链流程参考模型，可用作冷链供应链的诊断工具。SCOR 使企业能够准确地反映冷链供应链中的问题，客观地评估其性能，确定性能改进的目标。SCOR 逐渐在冷链供应链运作上得到应用。

三、基于 SCOR 的冷链供应链运作的三个层次

根据 SCOR 流程定义，冷链供应链运作主要包含三个层次。在第一层（最高层）中，定义了冷链供应链流程类型；在第二层（配置层）中，详细定义了冷链供应链流程细目；在第三层（流程要素层）中，对冷链供应链中各个企业或行为主体之间的流程进行了分解。

1. 冷链供应链运作最高层流程类型

冷链供应链的基本描述是按照 SCOR 的流程类型进行定义的，目的是确定冷链供应链运作参考模型的范围和内容，以建立竞争性的业绩目标。首先确定在冷链供应链上存在哪些行为主体或利益集团，如消费者、零售商、批发商、生产主体和原材料供应商等，并确定它们的地理分布情况，然后使用计划、寻源、生产、交货和退回等基本工作流程来描述这些行为主体。

建立评价指标体系，SCOR 采用多维度的评价方法来描述和测评冷链供应链的业绩。基于 SCOR，提出五个维度来衡量和评估冷链供应链绩效，包括冷链供应链配送可靠性、冷链供应链的响应能力、冷链供应链的灵活性、冷链供应链的成本和冷链供应链的资本利用率。

（1）冷链供应链配送可靠性。衡量正确的冷链产品在正确的包装和条件下，在正确的时间送达正确的地点，为正确的客户提供正确的质量和文件资料。可通过配送性能、完成率和完好订单来评估可靠性。

（2）冷链供应链的响应能力。衡量冷链供应链将产品送达客户的速度，通过订单完成提前期来评估响应能力。

（3）冷链供应链的灵活性。衡量冷链供应链在面对市场变化时能够获得和维持竞争优势的灵活性，包括冷链供应链的响应时间和生产灵活性。

（4）冷链供应链的成本。衡量冷链供应链运作所需承担的成本，包括产品销售成本、冷链供应链管理总成本、增值生产力与产品保证的成本以及退货处理成本。

（5）冷链供应链的资本利用率。衡量组织为满足需求有效利用资本的能力，包括固定资本和运作资本的利用。通过现金周转时间、供应库存总天数、净资产周转次数等指标来评估资本利用率。

2. 冷链供应链运作配置层流程细目

在配置层的第二层中，SCOR 包含了 26 种核心流程类型。冷链企业可以选择使用这一层中定义的标准流程单元来构建它们的冷链供应链。每种产品都可以拥有自己独立的供应链。

基于 SCOR，冷链供应链的每个流程都可以通过三种流程元素进行详细描述。

（1）计划元素。调整预期的资源以满足预期需求量。计划流程的目标是实现总需求平衡，并覆盖整个规划周期。定期制订计划流程同时综合了模型中的部分企业，有助于提高冷链供应链的反应时间。

（2）执行元素。由于计划或实际需求的变化，可能需要进行产品形式的调整。执行流程包括进度和先后顺序的排定、原材料与服务的转换以及产品的搬运等。这些流程的目标是

确保供应链按照计划顺利执行。

（3）支持元素。支持元素包括为计划和执行过程提供所需信息和管理内外部联系的准备、维护和管理。这些元素的目标是确保计划和执行过程能够顺利进行，并保持良好的信息流和沟通。

3. 冷链供应链运作流程要素层流程分解

在流程要素层给出了每种流程的详细细目。其具体工作包括：流程要素的定义；各项要素的输入信息和输出信息；各项流程要素的业绩评价矩阵；可行的最佳实践；能支撑最佳实践的系统容量等。需要进一步分析该流程要素的业绩评价指标、最佳实践分析、未来工作目标等。

四、基于 SCOR 的冷链供应链运作基本工作流程

在冷链供应链运作过程中，对温度、湿度等环境条件的严格控制和监测是至关重要的，SCOR 为冷链供应链提供了一个有效的框架，有利于建立冷链供应链，提供供应链绩效评估方法，并改进其运作过程。如图 6-14 所示，基于 SCOR 对冷链供应链进行了五个主要环节的划分：计划、采购、生产、交货和退回。基本工作流程定义了供应链运作参考模型的大致范畴及具体内容，同时也是设定公司竞争力基准的关键依据。通过深入研究这五大核心环节，公司可以基于冷链供应链运作绩效指数做出基础性的策略选择。

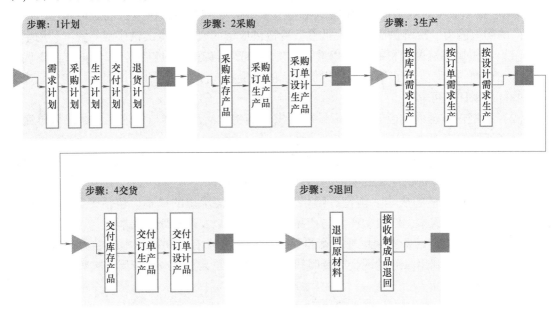

图 6-14　冷链供应链运作参考模型基本工作流程

（一）计划（需求/供应规划与管理）

在冷链供应链整个运作环节，需要有效地规划对温度敏感产品的运输和储存，以确保产品的质量和安全。通过 SCOR 的计划流程，冷链供应链可以系统地评估其计划流程的绩效，并制订改进计划，以提高运作效率和产品质量。方案制定（需求/供给策略与管控）包括对冷链全局产能和总需量的预测，并就产品的分销渠道设定库存安排、分销计划、生产计划、材料使用及其生产规模。依据需要，调整资源分布，建立整个供应链计划，涵盖采购、生

产、交货和退回的过程步骤，对商业准则、冷链供应链绩效、数据采集、库存、资产评价、物流、物流运输优化、日常需求和补货等方面实施监管。同时，协调冷链供应链单元设计和资金规划。

（二）采购

采购是从仓库中采购已生产的冷链商品、按照订单生产出的产品以及依照订单设计生产的产品，涵盖了接收、检验、转递产品的步骤，并包括允许向供货商支付款项等。如果未预先设定，则需要识别与挑选供给来源，比如，为依据订单生产的产品寻找供货方。同时，还需管理商务规则、评价供货商业绩、保持数据更新、处理库存问题、估算资产价值、接收产品、建立供应链关系、管理进出口的需求等。

（三）生产

生产环节包括了多种类型的冷藏商品的生产制作，比如，对现有库存冷冻食品的生产、按需定制的产品生成及按照需求设计的产品生产等。需要制订并执行产品的生产计划，这可能涉及诸如制造、检测、封装、临时存储等步骤，然后把产品交给运输人员。此外，生产也负责为满足客户需求而设计生产的流程。规章制度、绩效指标、生产数据、工厂设备与基础设施、物流系统以及整个生产链条的管理都属于生产的职责范围。

（四）交货

交货过程包括采购、储存、运输、管控库存商品的流程，依据订单设计生产产品的环节，所有关于订单管理的步骤，从顾客咨询到配送价格和配送方式的选择等。对于产品库存的管理，涉及存储、拣货、按包装明细将产品装入箱、制作满足特定需求的包装标识、核对并确定订单、运送物品。此外，还包含了产品运输安装的管理，涵盖了运输方案的设计、费用调整处理、项目实施计划制订、产品安装和测试、为用户提供货物发票等内容。

（五）退回

退回流程包括退回原材料（给供应商），接收制成品退回（从消费者处），其中制成品包括缺陷产品、MRO（指在实际的生产过程不直接构成产品，只用于维护、维修、运行设备的物料和服务）产品和过剩产品。该流程工作还包括商业伙伴的沟通、准备相关文件资料并妥善处置物理实体（如货物）及其他物资的收发工作。对于缺陷商品，需要执行一系列退还流程，如承诺退款、设定退货日期、收取、检查、交出退货商品、更换等。同样，针对MRO类别的商品，要遵循一套类似的程序，如承诺退款、安排退货日程、确认产品状况、传输产品、检测产品状态、对产品进行处理，并且要获得召回的许可。关于过剩商品的检验环节，操作流程如下：首先是识别过多库存、规划运送方式、接收退货、获取授权、验证过剩、回复、处理过剩产品等问题。另外，还需要负责管理销售中涉及的商务规则、绩效指标、收集数据、退货库存、估算资产价值、物流配送、网络设置、日常需求补充等工作。

第五节　冷链供应链常见运作组织模式

一、基于企业核心地位的代表性冷链供应链运作组织模式

从供应链模型的角度看，我国现阶段冷链供应链发展不成熟，只能提供冷链物流服务的

基本功能，不能提供高效、完善的冷链物流解决方案，主要存在着以批发商、加工商、连锁经营企业等主导的全程冷链供应链运作组织模式。

（一）生鲜食品批发市场主导的自营冷链供应链网络组织（无核心企业的供应链模型）

生鲜食品批发市场利用其作为连接产地、分销商、农业合作组织及零售店的渠道，自行设立冷冻仓库，购买冷冻运送设备，实现一体化冷链管理下的全程冷链自主供应链网络组织结构如图 6-15 所示。

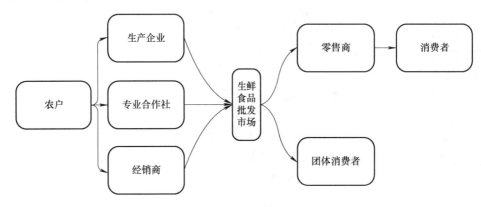

图 6-15　生鲜食品批发市场主导的自营冷链供应链运作组织模式

基于以生鲜食品批发市场为中心的自主冷链系统便于在供应链内传递有关生鲜食品需求、价格及品质的信息，从而有利于提升生鲜食品的物流效率，确保稳定的且持续的生鲜交易得以实现。大型的生鲜食品批发市场的经营者配备大量的冷冻储藏设备与运载工具，能够更专业地保存并保鲜生鲜食品，同时也降低了批发销售过程中的风险，向顾客提供新鲜且安全的生鲜食品。但是，该模式导致了生鲜食品的流通过程变得复杂，提高了物流成本，同时也不易于实施全面的产品追踪，总体的管理挑战也相对较大。

（二）连锁经营企业主导的自营冷链供应链运作组织模式（单核心企业的供应链模型）

连锁经营企业积极拓展生鲜食品冷链物流的前端业务，并与相关的分销商、批发商、制造工厂及加工厂等形成战略同盟。战略同盟选择与大型且资源丰富的生鲜产品供货商达成持久的合作协议，或自行投入资金建设新的生鲜食材产地。借助自主运营的连锁经营企业，为旗下连锁超市及其他连锁店铺供应量少但种类繁多的生鲜食品，如图 6-16 所示。

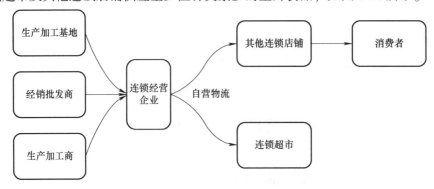

图 6-16　连锁经营企业主导的自营冷链供应链运作组织模式

此种由连锁经营企业自营的物流运输方式用于分销阶段，有利于保证新鲜食材品质的一致性和处理流程的标准化，也有助于门店达到"零库存"的目标，降低食物浪费率，提高生鲜食品流通速度，使生鲜食品在整条冷链供应链中保持恒定的低温环境，提升生鲜食品的供货质量，进而塑造出连锁经营企业的自主品牌，带来良好的公司声誉。然而，由于冷藏运输并非连锁经营企业的主要业务领域，新鲜食材只是其中的一种商品类别，并且物流、销售和购买等环节往往独立运作，导致冷链供应链各方常常处于竞合而非协作关系，由此导致冷链物流成本增加并引发冷链过程"断链"等一系列问题。

（三）**大型加工企业主导的自营冷链供应链运作组织模式**（单核心企业的供应链模型）

为了掌控销售端口，生鲜食品制造商选择自行或者与第三方协作建立社区商店。构建专门用于运输生鲜食品的物流中心或配送中心，并向原料供应商延伸。这个由大型加工企业主导的自营冷链供应链运作模式的主要目标是扩张企业的规模，逐渐打造出一条围绕着加工环节的核心供应链，包括从初级农产品种植及供给、产品制作、物流管理、市场营销直至最后客户的所有阶段。众品集团就是一个典型代表，它采用了"产供销一体化"的自营冷链供应链运作模式，如图 6-17 所示。

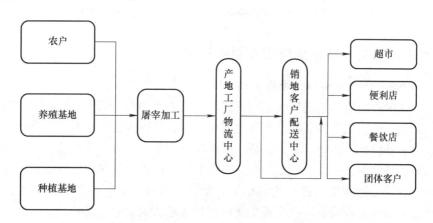

图 6-17　大型加工企业"众品集团"冷链供应链运作组织模式

此模式的物流流程较为简洁，方便全过程监控与追踪品质，有助于各个阶段的顺畅交流及信息整合，保证了信息的实时传输，能积极响应市场变动，提升生鲜食材的品质。"产供销一体化"的自营冷链供应链运作模式的适用范围相对有限，低温生鲜食品易发生变质，使得这个方案的物流覆盖区域受限。

（四）**第三方冷链物流企业主导的冷链供应链运作组织模式**（多核心企业的供应链模型）

生鲜食品的生产商、加工商、批发商和零售商将部分或全部的生鲜食品物流活动委托给专业的第三方冷链物流企业，并与其签订契约，形成长久的商业伙伴关系，共同分享收益和承担风险。第三方的冷藏运输服务是独立于生鲜食品的生产商、加工商、批发商和零售商的供应商所提供的，它向冷链的需求方提供高效率且全面的冷冻方案，以确保冷链的全过程管理，并具备整合冷链产品供应链的能力。在生鲜食品的整条产业链上，第三方冷冻运输公司担任着连接生产厂家、处理机构、批发中心、零售点以及终端客户的关键角色。图 6-18 所示为第三方冷链物流企业主导的冷链供应链运作组织模式。

第三方冷链物流企业的出现是一种重要的经济现象和社会趋势：随着社会的不断发展与

进步，各行各业之间的合作越来越紧密，而在这个过程中，市场细分化使得专业的公司开始出现并逐渐壮大起来。采用第三方冷链物流企业主导的冷链供应链运作模式，公司的主要精力就可以集中于核心的经营活动，而不是被分散到其他方面。这样不仅能够提升自身的竞争优势，还能节约开支，进一步优化整个产业链条上的运营效益。生鲜食物在专业的运输下，不易腐烂变质或失去营养价值，更能满足顾客的需求，以确保顾客所购买产品的质量；也能避免因产品质量问题导致的投诉事件发生，进而维护优质的品牌形象，为今后的长期稳定的发展打下基础。然而，这种模式削弱了企业对冷链环节的控制能力，甚至存在物流失控的风险，不利于客户关系管理和企业商业机密的保密，给企业带来潜在风险。

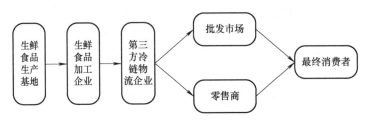

图 6-18　第三方冷链物流企业主导的冷链供应链运作组织模式

二、代表性品类冷链供应链运作组织模式

（一）果蔬的冷链供应链运作组织模式（网状模型）

水果蔬菜被采收之后，会经历一系列的过程：从农场到包装场地，到降温处理，接着是清洁消毒与封装。所有果蔬包装材料上都会印上标签，其中可包含品种名、品质级别、净重量、生产者姓名及住址等关键信息，以便于维护品牌声誉。此外，所有的农产品都要维持在一个恒定的低温环境中，需要构建出一整套完善的冷冻链条。这种冷冻链条策略能够有效降低食品在制作和传输过程中可能产生的损失。最后，水果蔬菜会被带入销售地点的分配中心，并由经销商自行提取或者由批发商负责配送到各家店铺和个人消费场所。其冷链供应链运作组织模式如图 6-19 所示。

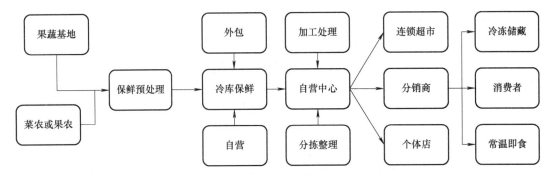

图 6-19　果蔬的冷链供应链运作组织模式

（二）肉禽蛋的冷链供应链运作组织模式（链状模型）

我国肉禽蛋的消费需求不断增长，冷链供应链是确保肉类、禽类与蛋类新鲜度的关键因素。比如，由于肉类的加工过程对温度有较高的敏感性，因此从预冷到分割、包装、制作、

运送、存储直至销售的所有阶段都必须保持适当的温度。

以满足公众对于食品安全的需求为前提，确保肉禽蛋从制作到售卖的过程中始终维持适当的温度，全链条冷藏冷冻技术被视为保障肉禽蛋质量优良的重要手段。目前，我国肉禽蛋冷链供应链的一般运作模式是从肉禽蛋的原产地开始的，直至消费者的冰箱。

（三）水产品的冷链供应链运作组织模式（单核心企业供应链模型）

为了确保水产品的及时流通，必须加强对冷链物流中心的构建力度，冷链水产品物流中心对整个水产品冷链供应链系统的发展具有关键的影响力。由于冷链水产品消费的季节性、产品传递渠道长的特征，建立冷链水产品物流中心显得至关重要。冷链物流中心作为一个集散点，负责为水产品提供集中分发、配货以及其他增值服务。当前，大部分海鲜加工公司都有自己的冷藏冷冻仓库，以便于维持供需平衡并满足生产和销售的需求。水产品的冷链供应链运作组织模式如图 6-20 所示。水产品在整个供应链存储过程中需要使用冷库仓储，在运输过程中采用冷链运送。

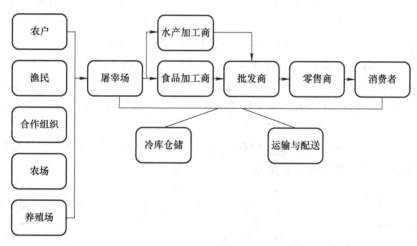

图 6-20　水产品的冷链供应链运作组织模式

（四）花卉的冷链供应链运作组织模式

我国的大部分花卉产区位于云南、福建、海南及山东等省份，但其冷链供应链发展却稍显落后，成为限制我国花卉输送的关键因素。现阶段，我国的花卉物流已经初具规模，大约有 7000 家花卉物流公司。它们主要是通过物流服务供应商、产品制造商与海外企业的合作而建立起来的，组成航空、铁路和公路三大运输方式互相补充的花卉运输网络。

然而，在这 7000 家花卉物流公司里，绝大多数都是基础设施薄弱的小型企业。因为没有实施适当的冷链管理，导致 30% ～ 35% 的花卉在运送过程中受损，运输费用一直居高不下。例如，鲜花的质量有一半是由其生长阶段决定的，另一半则依赖于采摘之后的处理及冷链运输。为了保证鲜花的完整度，必须对其进行全流程的冷链运输，涵盖从生产基地采摘之后的冷冻储存，到短距离的低温保护，再到远途的冷冻运输，最后到达销售点的短暂温度控制。

目前我国对于花卉产品采集后的处理方法存在很大的差异，在货物运输阶段，大部分货运代理公司的规模相对较小，没有一家专门从事冷冻储存、分级包装、运输及派送全流程服务的物流机构。仅有少数的企业能在特定的时期和路线实施冷藏或者低温保护的运输方式，然而，它们在海关检查和等待飞机起飞的几小时内，并不会对花卉产品的温度进行处理。运输过程中可能出现的多个地点来回移动和频繁的手动操作，也会影响到商品品质。花卉需要经历一系列的冷链步骤，如新鲜运输、仓库存储、流通过程中的人工处理和人员分配等。具体运作组织模式如图6-21所示。

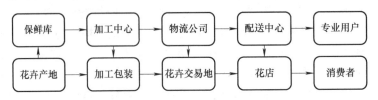

图 6-21　花卉的冷链供应链运作组织模式

（五）乳制品的冷链供应链运作组织模式

乳制品的冷链供应链运作模式主要涉及从源头获取的新鲜牛奶或酸奶等低温饮品，包括从产地收购、制造、装瓶、储藏、运送直至零售的所有阶段都在适当的温度下操作。这个过程的目标是确保产品的质量并避免产品因温度过高而变质或者受到污染。

对于乳制品冷藏货运流程，选择外部承包或是自营都是可行的方案。从供应链的角度看，源头上可以通过监管制造商及小型农场的小批量产出来保证食材的高品质及其安全性。反观末端环节，全程监控货物运输和配送进程能显著提升乳制品冷冻储存的管理能力并优化其温控效果。

图6-22所示为乳制品的冷链供应链运作组织模式。其中的每一步都需要维持适当的低温环境，以保证乳制品的新鲜度和质量。

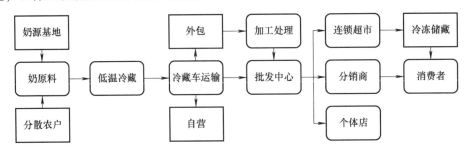

图 6-22　乳制品的冷链供应链运作组织模式

➡ 本章小结

冷链供应链网络组织结构是指在冷链产品生产和销售过程中，所涉及的各个环节和参与方之间的组织结构和关系。冷链供应链组织结构的特点主要体现在多方合作、纵向整合与横向协同、高度复杂等方面。

冷链供应链网络组织结构模型是指为了更好地了解和掌握供应链的设计而用于指导的供应链的拓扑结构模型，常见的有链状模型，网状模型，无核心企业的供应链模型、单核心企业的供应链模型、多核心企业的供应链模型。

选择冷链供应链合作伙伴的方法有直观判断法、招标法、协商选择法、采购成本比较法、层次分析法。

冷链供应链网络设计主要包括冷链物流网络设计、冷链信息网络设计和冷链关系网络设计三个方面。

冷链供应链网络设计决策框架可流程化为四个步骤：明确冷链供应链战略、明确地区性设施架构、确定理想的选址、具体的区位选择。

冷链供应链设计主要遵循系统性、可行性、经济性、创新性、服务性、简洁性、集优性、协调性、动态性、战略性等原则。冷链供应链的运作管理目标主要体现在服务、快速及时、低成本和质量四个方面。

冷链供应链运作参考模型（Supply-Chain Operations Reference Model，SCOR）是由国际供应链协会（Supply-Chain Council）开发的供应链运作参考模型，适用于不同工业领域。SCOR 主要包括四个部分：供应链管理流程的一般定义，包括计划、供应、制造和交付，为企业确立供应链性能和目标提供基础；相应的性能指标基准；供应链最佳实践的描述，为企业改善供应链时的规划和目标确定提供信息；选择供应链软件产品信息，实施具体的供应链配置。SCOR 将供应链分解为五个基本工作流程：计划、采购、生产、交货和退回。基本工作流程定义了供应链运作参考模型的范围和内容，并确定了企业竞争性能目标的基础。企业通过对基本工作流程的分析，可根据供应链运作性能指标做出基本的战略决策。

根据 SCOR 流程定义，冷链供应链运作主要包含三个层面。在第一层（最高层）中，定义冷链供应链流程类型；在第二层（配置层）中，详细定义冷链供应链流程细目；在第三层（流程要素层）中，对冷链供应链中各个企业或行为主体之间的流程进行分解。

综合案例

九曳供应链组织网络

九曳供应链通过对农产品冷链物流供给资源进行有效整合，成为典型的集约供给资源的农产品冷链物流组织。

一、建立分工合作协作网络

九曳供应链与大型冷链仓储企业、专线干线冷链运输企业以及中小型冷链城市配送企业进行合作。九曳供应链的客户群体涵盖了食品供应链的上下游，形成了跨区域的、稳定的业务需求特征，吸引了众多冷链物流企业的加盟。九曳供应链通过有效整合社会化的仓储资源和运输资源，提供农产品冷链物流服务，包括冷链仓储、冷链干线运输、冷链城市配送以及宅配等。这样做可以充分发挥组织网络内成员企业的优势，实现各成员企业的多赢局面。随着业务量的增加，九曳供应链整合农产品冷链物流供给资源的规模也在扩大。例如，在2019 年"双 11"期间，九曳供应链整合了 3000 辆冷链运输车辆和 118 家宅配合作伙伴，以满足消费者日益增长的需求。

二、形成深度赋能客户的冷链供应链管理模式

九曳供应链根据对客户商业模式的了解，深入研究客户冷链供应链的各个环节，并利用大数据和云计算能力为客户设计定制化的冷链供应链解决方案。例如，九曳供应链将内蒙古知名食品企业 L 的全国 8 个子企业的冷链仓储中心迁移到九曳供应链的同城分仓，并通过WMS（仓储管理系统）将所有库存数据向客户开放，实现客户系统数据与九曳供应链系统数据的实时同步。通过依托九曳供应链组织的网络优势，九曳供应链实现了客户配送服务的无缝对接。同时，通过信息技术实现冷链产品全程可视化管理，并优化配送线路，缩短冷链产品在途时间。这样的冷链物流可视化管理不仅增强了组织内成员企业之间的合作紧密度，还减少了交易成本。九曳供应链从供应链协同和成本优化的角度出发，为客户提供专业的、全程的综合冷链物流管理服务。这种服务不仅满足了客户的需求，还提高了整体供应链的效率和协同性。

三、建立信用机制促进稳定的合作

九曳供应链的客户主要是食品行业的大型企业。自 2015 年新版《中华人民共和国食品安全法》施行以来，这些大型食品企业作为农产品冷链物流的需求方，对农产品冷链物流服务的信用保证非常重视。良好的信用机制可以降低它们在搜索、签约等交易过程中的成本。为此，九曳供应链建立了较为完善的信用机制，因此这些企业将冷链仓储和运输业务委托给九曳供应链，从而取代了一次性合作。

为了确保九曳供应链的品牌声誉和信誉，九曳供应链对加入组织的成员企业进行了严格筛选，并制定了严格的管理措施。同时，九曳供应链还制定了比较全面的应急预案，以应对突发事件和意外情况。为了实现长远利益，成员企业通常会按照合约要求和标准来完成农产品冷链物流任务，这极大地降低了机会主义行为发生的概率。九曳供应链组织通过建立良好的信用机制来促进多方长期稳定地合作。

九曳供应链作为一家农产品冷链物流组织，为农产品冷链物流需求者提供所需的全部或部分服务。九曳供应链通过整合不同区域的农产品冷链物流供给资源，扩大和优化了原有的农产品冷链物流网络。同时，九曳供应链与组织网络内的成员企业建立了互信互通关系，利用网络内的冷链仓储、分拣、包装和冷链配送资源，扩大了自身业务的影响力。九曳供应链通过与组织网络内的企业合作，实现规模经济，降低农产品冷链物流运营成本，并与合作企业共享资源整合带来的超额利润，促进合作良性发展。以北京和广州的樱桃配送项目为例，九曳供应链通过整合和优化农产品冷链物流供给资源，使整个冷链供应链成本降幅超过 45%。在"互联网+"时代，九曳供应链通过创新组织模式实现快速发展，并获得投资企业的青睐。随着经济区域化发展，冷链产品在全国范围内跨区域流动增加，许多食品行业的大型企业存在大量的跨区域农产品冷链物流需求。九曳供应链借助先进信息技术和竞争力强的运营能力，集约不同区域的农产品冷链物流供给资源，通过信用机制协同组织网络内的企业展开高效的分工和合作，提供异质化的冷链服务产品，实现农产品冷链物流供需匹配功能。

思考：

1. 请分析九曳供应链在哪些冷链供应链环节上构建其冷链组织网络。
2. 九曳供应链的冷链网络组织带来了哪些竞争优势？

课外阅读

[1] 王军，李红昌. 时空视角下中间层组织在农产品冷链物流中的作用研究[J]. 北京交通大学学报（社会科学版），2019，18（2）：119-128.

[2] 崔宝玉，王孝璈，孙迪. 农民合作社联合社的设立与演化机制：基于组织生态学的讨论[J]. 中国农村经济，2020（10）：111-130.

第七章

冷链供应链绩效管理

⑦》学习目标

了解绩效管理的内涵；了解供应链绩效管理的含义、特点和作用；了解冷链供应链绩效评价对象、绩效评价标准，以及绩效评价指标设计原则；掌握冷链供应链绩效评价三级指标。

⑦》引　例

步步高的成本管理

步步高商业连锁股份有限公司（以下简称步步高）于 1996 年在湖南省湘潭市成立，2008 年在深圳证券交易所上市，被誉为"中国民营超市第一股"，是中国连锁企业 20 强之一。为更迅速地响应消费者需求、提高流通效率、确保生鲜品质，步步高在湘潭岳塘经济开发区投资 5.5 亿元建设了云通物流园区，是湖南地区最大的低温物流配送中心。云通物流园区包括生鲜冷链物流中心，它于 2013 年投入使用，分为低温库、农产库和中央厨房三部分。低温库负责冷冻冷藏商品物流，保障货品储存质量；农产库主要处理蔬菜水果物流；中央厨房则负责面点、熟食、快餐等即食品的统一加工。冷链物流中心实现了仓储与配送一体化，确保产品从出库到门店销售全程冷链配送，提高冷链运输效率。在仓储管理方面采用先进的信息管理系统，如仓库管理系统（WMS）、语音拣选系统、条码系统等。物流中心还持续投入货架、托盘、分拣设施等作业设备，以最大程度提升仓库管理效率，快速响应出入库指令。为专业保障冷链运输，云通冷链拥有 500 余台自有的冷链运输车辆，确保生鲜产品在配送中保持低温环境。目前，冷链物流中心已形成完善的"最后一公里"网络配送体系，为步步高超市各门店提供各类生鲜产品，年配送额可达 50 亿元。同时，步步高采用生鲜基地直采的方式，充分利用自建园区的优势，直接从供应商处取得产品入库，从源头上掌控生鲜品质。目前，步步高已与九女现代农业产业园、青烟集芦笋种植基地、天鸿果蔬基地等多个农产品基地达成长期订购协议。

园区内的生鲜需求预测主要基于管理人员经验，结合往年需求和当前生鲜库存情况进行预测。步步高与多家生鲜养殖基地签订了长期合作协议，可适度降低采购价格，控制库存成本；与供应商沟通并了解产品市场销售情况，作为需求预测的依据，最终根据预测需求进行订货，通过以销售为依据的进货方式来控制仓储成本。在库存管理方面，引入先进的仓储系统，整合仓库数据资源，提供全面的出入库和财务信息，提升仓储工作效率。仓储系统能准确、高效地向财务人员提供相关的物流成本信息；此外，还引入自动化技术，如自动语音拣选系统、自动传送带等，以辅助人工作业，减少人员用量，以及通过压缩仓储环节的员工数量来控制人工成本。

2014 年—2019 年，步步高的年均仓储成本呈上升趋势，从 2017 万元激增至 5884 万元，这表明仓储环节成本控制存在明显的问题。在这段时间内，步步高的存货占流动资产的比重逐年上升，存货过多占用了大量流动资金，增加了机会成本，同时伴随着库存管理和损耗成本的增加。相较之下，永辉超市的存货风险成本仅为 1.62%，而步步高则高达 7.89%，这表明步步高库存损耗率较高，生鲜产品劣化风险较严重。生鲜产品对保鲜度要求高，一旦劣化将直接导致价值损耗，若不能快速降价处理以减少亏损，所有生鲜损耗将由企业自身承担。因此，降低生鲜库存风险成本是步步高仓储环节成本控制的关键。2019 年，步步高的仓储成本数据显示，除占比高达 61% 的职工薪酬外，水电费和仓储管理费用分别占 14.8% 和 11.3%，这印证了库存过量会为企业带来额外的库存管理成本。此外，冷库作为冷链物流的专用资产，也会在仓储环节带来额外的能源消耗，因此在库存管理中如何控制冷库运行所带来的高额水电费也是一个重要关注点。

运输环节是冷链物流成本中占比最高的一部分，也是成本控制的关键。步步高以云通园区为中心，采用集中配送的方式，提高配送效率，大幅降低运输成本。在配送顺序方面，步步高主要采用就近配送模式，即从距离园区最近的门店开始配送，逐一向距离最近的门店进行配送，直至完成所有门店的配送。通过提升信息管理水平和充分利用 GPS 定位优势，降低运输成本。然而，就近配送模式仅考虑运输距离，忽视了时间因素，导致门店收货时间推迟、配送车辆等待卸货，增加了运输过程中的制冷和时间成本。步步高在运输环节投入运输基础设施，云通园区的 500 多台低温运输车辆为生鲜产品运输提供了低温保障。

尽管步步高已建立"城市一公里"配送网络体系，配送网络逐渐完善，且低温运输设备有效降低了生鲜产品的损耗，但 2014 年—2019 年，步步高的运输成本占冷链物流总成本的比重仍逐年上升，从 2014 年的 52.43% 增长到 2019 年的 74.19%。冷链物流成本中的运输环节成本占比高是正常的，但若比重一直居高不下，企业需要重点关注其中的问题。

思考：

尽管步步高构建了有效的冷链供应链体系，但仍然存在成本管理问题。如何在冷链绩效中考虑成本管理？

第一节　绩效管理概述

一、绩效管理的含义

对绩效的理解存在两种主要观点，一种将其视为结果，另一种将其视为行为。在前一观点中，绩效被定义为在特定时间内特定工作职能或活动中产生的产出记录，重点在于通过评价工作结果来判断绩效水平，并将其与组织中的目标、任务、能力等因素联系起来。而另一种观点认为过度关注结果而忽视其他重要程序及人际关系因素是错误的，因为这些因素会对工作结果产生重要影响。因此，与既定目标相关的行为本身也被看作绩效。总体而言，绩效不仅涉及工作结果，还涉及与这些结果相关的行为。它是组织目标实施的管理活动或具体业务活动，同时也是组织及其人员在这些活动或行为中所取得的贡献或工作成绩。在企业管理中，绩效是围绕组织目标开展的管理活动，同时也是组织和个体所做出的贡献和取得的工作成果。这种对绩效的综合理解有助于更全面地评估和管理组织和个人的表现。

绩效管理是通过一系列精巧的管理过程引导和提高组织绩效的方法，它巧妙地整合了企业各个部门、业务领域、发展战略和技术创新。通过制定组织战略、分解目标进行绩效评价，并将绩效结果纳入日常管理，来不断改进组织绩效，实现组织和战略目标。尽管绩效管理起源于绩效评价，但两者存在一定的差异。绩效评价仅是绩效管理的组成部分，其重点在于事后的绩效考核。而现代绩效管理是一个连贯的过程，包括绩效计划、员工沟通、绩效评价、薪资管理、人力资源决策及反馈与调整等多个阶段，是一种新的全面管理的方法。

二、绩效管理的环节和绩效评价体系

（一）绩效管理的环节

绩效管理的整体流程包括绩效计划、绩效实施、绩效评价以及绩效反馈与改进这四个环节（见图7-1）。

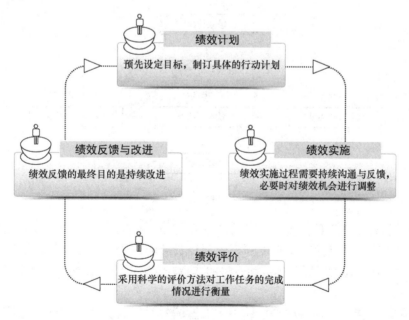

图 7-1　绩效管理的封闭循环

（1）绩效计划：评价者与被评价者在预先设定的绩效目标的基础上，通过协商和沟通就评价期内的工作任务和相应标准达成一致，并制订具体的行动计划。

（2）绩效实施：管理者通过持续沟通与反馈对被评价者的工作进行指导和监督，解决工作过程中的问题，并在必要时对绩效计划进行调整。

（3）绩效评价：根据绩效计划和目标，利用企业会计系统或统计系统的结果，采用科学的评价方法对工作任务的完成情况进行衡量。

（4）绩效反馈与改进：绩效管理的终极目标是持续改进，评价者将绩效评价结果反馈给被评价者，进一步明确对其绩效的期望和改进方向。同时，被评价者有机会分享在绩效实施中遇到的困难，以期待获得指导与支持。

绩效管理呈现的是一个闭环的动态结构，而非线性单向轨迹。绩效管理的一个循环周期结束后，又重新回到初始点。根据绩效评价结果找出绩效良好或较差的原因，采取相应的改进措施，并重新规划下一绩效评价周期的绩效计划（总结本轮绩效管理活动后的再规划）。如此周而复始，持续推动绩效水平的提升。

绩效管理是采用多种手段推动绩效持续改进，以实现组织战略目标的完整管理过程。它强调全方位的事前管理、事中管理、事后管理。相对而言，绩效评价仅是一个关键环节，其主要聚焦于事后的评估和判断。绩效评价的有效性直接依赖于整个绩效管理活动的成功执行，而成功的绩效管理同样需要绩效评价的有力支持。两者之间有密切的关联，不能被割裂。

（二）绩效评价体系

绩效评价体系包括绩效目标、绩效评价指标、绩效评价标准、绩效评价方法、绩效评价结果和绩效改进，如图7-2所示。冷链产品冷链物流的绩效评价体系应结合其目标、功能和特征来构建。

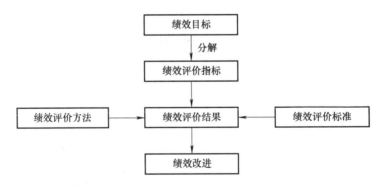

图 7-2　绩效评价体系

（1）绩效目标。绩效目标密切关联着绩效评价与目标实现，代表了未来成果与当前行动的总和。评价应注重目标实现程度和有效利用资源的过程。绩效评价从设定绩效目标开始，绩效目标决定了评价指标、标准和方法的选择。若缺乏绩效目标，则整个评价活动将失去意义。

（2）绩效评价指标。绩效评价指标用于度量绩效目标的实现。这些指标反映了战略目标和意图，其设计的合理性直接影响绩效评价活动的成功与否，构成整个绩效评价的基础。

（3）绩效评价标准。绩效评价标准确定各评价指标应达到的水平，用于判断评价对象绩效的优劣。其标准的选择取决于战略导向，若追求持续改进，则历史绩效是参考项之一；若战略目标是竞争导向，则可选取标杆绩效作为绩效评价标准。

（4）绩效评价方法。绩效评价方法是运用评价指标和绩效标准实施评价的程序和办法。绩效评价方法包括定性评价法和定量评价法，目前有成熟的方法可供选择。绩效评价对象通常分为个人和组织两类，个人绩效较多采用定性评价法，而组织绩效更多地采用定量评价法。

（5）绩效评价结果。绩效评价结果是评价活动的产出。通过对执行过程中的信息进行分析处理，根据绩效评价指标进行计算，最终与绩效目标比较，以判断绩效目标的完成情况。

（6）绩效改进。绩效改进是绩效评价体系不可或缺的一部分，也是评价活动的起点和关键。绩效管理旨在追求持续改进，因此在获得评价结果后，需要深入分析、找出差距，并制定相应的改进措施。

第二节　供应链绩效管理

一、供应链绩效管理的含义、特点和作用

（一）供应链绩效管理的含义

供应链绩效管理主要聚焦于供应链管理活动的结果，强调对供应链运作结果或供应链管理业绩的关注。供应链绩效管理以整体供应链为基础，综合运用各类先进技术和方法，充分发挥供应链系统的潜力。通过供应链绩效管理，可以设定各项工作或活动的基准，规划、监控和管理供应链运作的质量、成本、柔性、效率及效益等方面，以达到或超越基准水平。

供应链绩效管理涵盖了绩效计划、绩效监控、绩效评价和绩效改进等多个方面。一般而言，其包括确定基准、设计绩效指标、度量供应链绩效、检查绩效指标完成情况、分析供应链流程问题、制定改进措施以及建立绩效激励机制等环节。其核心目标在于通过监控和有效管理供应链流程，协调各个环节以及成员企业的利益分配，以提升供应链及其成员企业运作的效率和效益，持续改善供应链的性能和提高绩效水平。

（二）供应链绩效管理的特点

相对于一般的绩效管理，供应链绩效管理具有以下特点。

（1）整体性。供应链绩效管理不仅关注链中的某个企业或环节，还对整个供应链进行全面规划、监控、评价、反馈和改进。

（2）复杂性。与单一企业相比，供应链的结构更加错综复杂，涉及多个企业和多种业务。由于其运作过程和环境的时刻变化，管理任务也显得更加错综复杂。

（3）动态性。由于供应链及其环境持续变化，所以供应链的运作过程也是不断变化的。供应链绩效管理需要灵活的管理方法和手段，以适应变化中的供应链和运营环境，真正实现绩效管理的目标。

（三）供应链绩效管理的作用

良好的供应链绩效管理对提升供应链的整体价值具有重要意义，主要体现在以下几个方面。

（1）激励组织行为。科学的绩效管理有助于塑造卓越的供应链和企业绩效，有效激发组织行为。通过绩效评价，企业能够明确提升绩效水平的方向，同时帮助管理者识别评价方

法的不足以及绩效管理的其他潜在缺陷，促使其采取更为恰当的战略和实施行动。

（2）支持组织正确决策。健全的绩效评价体系是制定和优化策略决策的基石，为供应链管理者有效决策提供支持。完备的供应链绩效指标体系有助于避免企业仅以成本和短期目标为导向，鼓励企业在考虑整个供应链发展时做出明智选择，以实现最佳的供应链整体绩效。

（3）增强供应链及其成员的竞争力。有效实施绩效管理有助于提升供应链及其成员企业的管理水平，提高运作效率与效益，进而增强市场竞争力。

（4）为企业和社会提供更好的产品或服务。通过供应链绩效评价，推动供应链各级企业提供更高水平的产品或服务，提高整个社会的产品质量和服务水平。

二、供应链绩效评价体系

（一）供应链绩效评价体系概述

供应链管理涉及众多企业，耗费大量资源（包括人力、物力和财力等），同时面临管理、组织和产品等多方面的风险。因此，必须进行严格的核算和绩效评价，以实现企业和社会资源的最大化利用。建立有效的供应链绩效评价体系旨在有效监督资源的使用情况并实现资源的最优配置。一个有效的供应链绩效评价体系主要可以解决供应链管理过程中的四个问题。

（1）评估组织现有供应链，发现其中的缺陷和不足，并提出相应的改进方案。

（2）评估新构建的供应链，监督和控制其运营效率，充分发挥供应链管理的作用。

（3）作为供应链业务流程重组的评价指标，建立基于时间、成本、柔性和绩效的供应链优化体系。

（4）寻找供应链约束并建立有效激励机制的参照系，即建立标杆活动、标杆节点企业和标杆供应链体系的基准。

科学的供应链绩效评价体系作为供应链评价标准，能准确描述供应链的运营状况，为优化供应链管理提供科学依据。

（二）现行企业绩效评价与供应链绩效评价的比较

现行企业绩效评价指标主要关注单个企业，评估的对象是企业内部的职能部门或个体员工。这些评价指标在设计上具有以下几个特点。

（1）现行企业绩效评价主要基于财务结果，数据稍显滞后，无法反映供应链的动态运营情况。

（2）现行企业绩效评价主要聚焦企业职能部门的工作完成情况，无法对企业的业务流程进行评估，更无法科学客观地评价整个供应链的运营状况。

（3）现行企业绩效评价指标难以实时评估和分析供应链业务流程，更侧重事后分析。因此，一旦发现偏差，就已成为既定事实，可能带来难以弥补的危害和损失。

为更准确地衡量供应链整体的运作绩效，以及让决策者及时了解供应链状况，应设计更为适用的指标和评价方法。与现行企业绩效评价相比，供应链绩效评价更加全面，它不仅关注某一供应商的运营情况，还考虑该节点企业（或供应商）的运营绩效对其上层节点企业或整个供应链的影响。这种特点使得供应链绩效评价更具实时性和综合性，更有助于及时发现问题和解决问题，降低潜在的危害和损失。供应链管理绩效评价与现行企业管理绩效评价的比较见表7-1。

表 7-1　供应链绩效评价与现行企业绩效评价的比较

维度	现行企业绩效评价	供应链绩效评价
侧重点	单个企业绩效	供应链整体运营绩效
评价的对象	某个具体企业的内部职能部门或者职工个人工作完成情况	企业的业务流程评价，能科学、客观地评价整个供应链的运营情况
数据来源	财务结果，在时间上略为滞后	动态运营情况
绩效评价指标	基于部门职能，会计数据	基于业务流程，内容广泛，它不仅代替会计数据，还提出一些方法测定供应链的上游企业是否有能力及时满足企业或市场的需求
实时性	事后分析	实时评价和分析

（三）供应链绩效评价应遵循的原则

为科学客观地反映供应链运营情况，更好地指导企业战略决策、改善运营效率、确保供应链的协同运作，供应链绩效评价方法和指标体系的构建需要遵循以下原则：

（1）重点突出，分析关键绩效指标。

（2）绩效指标体系客观反映供应链业务流程。

（3）评价指标不仅要反映单个节点企业，还要关注整个供应链的运营状况。

（4）采用实时分析与评价方法，拓展绩效度量范围，实时反映供应链运营状况。

（5）运用反映供应商、制造商和用户关系的绩效指标，将评价对象扩大到供应链相关企业。

（6）责、权、利、效相结合，构建供应链战略合作伙伴关系，以提升绩效为目标。

（四）供应链绩效评价的主要作用

供应链绩效评价旨在提升供应链管理效能和运营效率，主要发挥四方面的作用。

（1）全面评价供应链整体运行效果。通过对不同供应链的竞争力进行对比，为该供应链的组建、存在、发展或撤销提供客观依据。绩效评估旨在深入了解供应链的运行状况，发现不足之处，并及时采取纠正措施。

（2）对供应链上的各企业进行评价。通过绩效评估激励表现优异的企业，吸引更多优秀企业参与，并淘汰绩效不佳的企业。

（3）评价供应链上企业之间的合作关系。从用户满意度角度出发，对上游企业（如制造商）和下游企业（如经销商）提供的产品和服务质量进行评价，以评估它们之间的合作关系。

（4）激励供应链上的企业。绩效指标可以为企业提供激励机制，其中包括核心企业对非核心企业的激励，以及供应商、制造商和销售商之间的相互激励。

（五）供应链绩效评价的内容

供应链作为一个复杂系统，评估其绩效不能仅仅依赖单一指标，而应采用多方面的综合指标。供应链绩效评价的内容或范围主要包括以下三个方面。

1. 内部绩效

侧重对供应链上各企业内部绩效的衡量，通过对企业实施供应链管理效果和目标的比较进行评价。常见的评价指标包括：

（1）成本。绩效评价的核心指标之一是完成特定运营目标所需的成本，成本指标可进一步细分到各职能领域。

（2）顾客服务。顾客服务指标反映了供应链内部企业满足用户或下游企业需求的能力，涉及服务的可得性、可靠性以及运作流程的绩效三个方面。

（3）生产率。生产率用于衡量生产某种产品的投入与产出之间的相对关系。生产率通常用比率或指数表示，分为静态生产率、动态生产率和替代性生产率。静态生产率建立在一个时期的投入和产出基础上，动态生产率考虑了跨时间完成的投入和产出比率，替代性生产率则关注顾客满意度、利润、效益、质量和效率等方面。

（4）资产。资产指标包括供应链设备、设施、存货及资产使用等方面，需要考虑流动资产的快速周转和固定资产的投资回报率。

（5）质量。"完美订货"是对供应链运作质量的终极评价标准，强调在整个订单处理过程中的准确性和效率。"完美订货"涉及订单处理的各个环节，包括订货管理、信用结算、库存、分拣、配货、票据处理等，要求交付准时、完整且无差错。实现"完美订货"需要符合一系列的标准，包括完成所有的配送、发货周期短、精确完成文件和票据，以及保持良好的状态（如安装无误、外形无损等）。

2. 外部绩效

关注供应链上企业之间的运行状况，其主要指标包括：

（1）用户满意度。用户满意度是通过调查或跟踪订货系统等方式评价供应链管理绩效的重要指标之一。这种评价主要包括可靠性、订发货周期、信息的可用性、问题解决和产品支撑等方面。

（2）最佳实施基准。最佳实施基准是外部绩效衡量的关键方面，它主要反映了供应链企业在组织指标的实施和程序上所取得的成效。众多供应链企业采用最佳实施基准，将其作为与相关或非相关行业的竞争对手或最佳企业相比较的技术手段。核心企业尤其倾向于在关键的战略领域使用基准来评估供应链运作。

3. 整体绩效

供应链竞争的加剧要求企业采用一种更具综合性、可比性的绩效评价方法，既适用于企业内的职能部门，也适用于分销渠道。缺乏对整体绩效的综合衡量可能导致制造商和零售商在对用户服务的看法和决策等方面出现相左的情况。供应链整体绩效关注顾客服务绩效、时间绩效、成本绩效和资产绩效等方面。

（1）顾客服务绩效主要包括"完美订货"、用户满意度和产品质量等方面，可以综合衡量客户对企业提供的产品、服务的总体满意度。

（2）时间绩效主要衡量企业对用户需求的反应能力，它包括从顾客订货开始到产品使用的整体时间，涉及装运、运输和顾客接收等环节。

（3）成本绩效全面考量订货完成、原材料获取、库存运输、物流信息系统和制造等方面的费用，为供应链运作提供全面的成本概览。

（4）资产绩效关注库存、设施和设备等资产的有效管理，以确保销售水平与资产水平的协调。它涉及资金周转时间、库存周转天数以及销售额与总资产比率等多方面的资产绩效指标。

以上三个方面是供应链绩效评价的主线，包括了与供应链绩效评价相关的各项通用指标。除此之外，还可以通过一些综合性指标，如供应链效率、构建综合指标体系等，来进行供应链绩效评价。

三、供应链上下游企业之间的绩效评价指标

(一) 供应链层次结构模型

供应链由多个节点企业组成，涉及的关键问题包括供应商选择、供应商绩效评价和责任评估。供应链层次结构模型将供应链视为逐级供应商构成的层次结构，其中上层供应商被视为下层供应商的用户，通过对每一层供应商的逐级评估，发现并解决问题，以实现对整个供应链的管理优化。供应链层次结构模型提出的相邻层供应商评价法，核心在于通过上层供应商对下层供应商的评价建立起上下层之间的供求关系，主要采用满意度指标对供应链上下层节点企业之间的关系进行全面评估。这些满意度指标反映了在一定时间内，上层供应商对下层供应商的整体满意程度，具体包括以下内容。

(1) 准时交货率。准时交货率反映了下层供应商在规定时间内交货的次数占总交付次数的百分比。准时交货率高表明供应商具备强大的协同生产能力和适应供应链需求的组织管理水平；而准时交货率低则意味着供应商的协同生产能力相对较弱，生产管理水平较低。

(2) 成本利润率。成本利润率是指单位产品净利润占单位产品总成本的比例。在市场供需关系相对平衡的情况下，产品价格通常较为稳定。成本利润率的计算基于产品价格等于成本加利润的基本原则。供应商的成本利润率高低反映了其盈利能力强弱，较高的利润率意味着供应商的综合管理水平更强，表明供应商能够在市场价格的基础上获得更多的利润，从而增强其积极性，也可能导致对相关设施或设备进行投资和改造，以提高生产效率。

(3) 产品质量合格率。产品质量合格率是指合格产品的数量占产品总产量的百分比，反映了供应商提供货物的质量水平。较高的产品质量合格率反映了供应商所提供产品的质量相对较高且稳定。对供应商而言，高质量合格率有助于避免对不合格产品进行的返修或报废，从而降低总成本，提高成本利润率。因此，产品质量合格率与成本利润率之间存在密切的关联。同时，产品质量合格率还直接影响准时交货率，因为较低的质量合格率可能会增加产品返修的工作量，导致交货期延长，从而对准时交货率产生负面影响。

(二) 供应链分销渠道的绩效评价标准

供应链分销渠道的绩效评价通常采用定性评价法和定量评价法两种方法。定性评价法主要关注供应链分销渠道成员之间的协作水平、冲突矛盾程度以及信息获取的便利性等；定量评价法主要关注分销渠道每单元的分销成本、订单执行的出错率以及商品的破损率等。除此之外，还可通过目标市场的顾客满意度来评价供应链分销渠道的绩效，包括产品可获得性、顾客服务充分性以及企业品牌形象的优势等方面。这些评价方法相辅相成，有助于全面了解和评估供应链分销渠道的运作状况。

在评估供应链分销渠道结构的有效性时，需要考虑多种因素，如渠道成员的营业额、渠道内的竞争力及其他相关因素。因缺乏通用的供应链分销渠道评价标准，企业一般基于自身战略目标、运营环境、顾客需求等因素来设计相应的评价标准。这种个性化的评价方法有助于全面了解供应链分销渠道的效益和运作状况，提高渠道管理的针对性和适应性。

(三) 集成供应链的绩效评价

随着市场格局的演变和科技的发展，客户对企业的期望也日益提高，他们追求更高的质

量、更灵活的服务、更丰富的选择、更优惠的价格以及更多的附加值。为了在激烈的竞争中保持优势，企业需要不断缩短产品开发周期、降低生产成本、提升产品质量、提高交货速度。更重要的是通过协同方式整合企业内外部的物流、信息流和资金流，协调各个环节的绩效，实现供应链整体绩效的最优。在此背景下，集成供应链管理应运而生，它旨在有机整合企业内外的供应链，以系统的视角准确理解供应链管理的本质，实现全局动态最优目标，以适应新的竞争环境下市场生产和管理过程对高柔性、高质量和低成本的需求。

集成供应链绩效指的是整个供应链系统的绩效，强调各成员企业之间的协同合作，通过深度整合和互通有无，实现供应链各环节的协调发展和价值共创，提升供应链整体效率、成本、生产流程、市场反应、服务质量及客户满意度等。目前，集成供应链绩效评价已成为供应链管理的重要环节，相关研究聚焦在评价指标的选择、供应链集成绩效评价体系的构建、供应链集成绩效评价的完善三方面。

（四）供应链成熟度的评价

供应链管理成熟度的评价采用资源、产出和柔性等评价指标来实现。资源评价指标反映了资源利用的效率，如库存和成本；产出评价指标旨在提高客户服务水平，包括提前期、准时交货、最终产品数量及质量等；柔性评价指标关注系统对环境变化的应对能力，本书重点讨论供应链柔性和供应链敏捷性。

1. 供应链柔性

供应链管理的目标在于构建竞争力强大的合作机制，优化供应链增值体系。为实现这一目标，供应链管理体系需要具备灵活适应市场需求、链上成员及结构动态变化的能力，以确保在环境因素变化的情境下保持竞争力。供应链柔性是指供应链应对环境变化和顾客需求进行调整的能力，包括连接柔性和管理柔性。连接柔性反映了供应链成员之间联系的紧密程度；管理柔性则反映了供应链在传递过程中的价值无损程度。

（1）连接柔性。连接柔性是指信息功能集成、过程集成到节点企业资源集成的发展趋势，它对供应链管理提出了新的需求，尤其是在供应链管理的优化、计划和执行方面。通过改善供应链业务流程的集成程度，可以从根本上改变供应链的连接柔性。根据约束理论，整个供应链的连接程度受到连接最不紧密的企业关系的制约。因此，提高供应链连接柔性的方法不是简单优化某些环节的连接紧密度，而应该面向整个供应链形成一个动态的优化流程。

（2）管理柔性。管理柔性包括生产柔性和分销柔性。生产柔性体现了供应链适应产品生产水平变化的能力，它用生产能力和已使用生产能力之差来衡量；分销柔性则反映了供应链按计划交货的能力，它用客户需求量和实际分销量之差来衡量。企业需要综合考虑柔性和刚性供应链管理的特征，优化供应链体系，消除供应过程中的约束和限制。在通常情况下，销售商订单规定的交货日期往往比制造商生产这些产品所需的时间短。为解决这一问题，制造商可以延长订单周期，使其与生产周期相一致，实现"零库存"管理，从而降低库存水平，增加企业的经济效益。

2. 供应链敏捷性

根据 Martin Christopher（2000）的定义，敏捷性是一种综合的业务能力，涉及组织在不断变化和不确定性的市场环境中快速适应、灵活调整，并通过有效的合作伙伴关系和信息技术支持来实现创新和获取竞争优势。敏捷供应链的核心思想是根据市场和客户的需求及反馈实时调整，使供应链更加灵活和高效，同时降低库存成本、提高生产效率并增强市场竞争力。敏捷供应链关注客户需求、合作伙伴关系和库存管理，它需要信息技术的支持以提高灵活性和快速决策的能力。

供应链敏捷性主要体现在三个方面。第一，建立战略伙伴关系，涵盖供应商和客户关系。通过实施 CRM（客户关系管理）、VMI（供应商管理的库存）和早期供应商参考策略，有助于建立战略伙伴关系，形成关系协调的管理体系。第二，实现信息共享，这是其他资源无法替代的重要力量。信息在供应链管理中发挥着关键作用，通过信息共享，供应链节点企业能够缩短采购提前期、交货提前期等关键期限，提高供应链的市场反应能力。第三，建立多渠道纽带。通过形成全方位、多重链接的伙伴关系，改变传统的企业关联渠道，不再仅限于从采购部门到销售部门的传统模式。

通过减少产品和品牌增值能力、优化组织结构和管理流程，可以有效降低供应链的复杂性，进而提高信息传递速度、运营效率、整体绩效和反应能力。复杂性主要源于产品和品牌的多样性，以及组织结构和管理流程的复杂性。采用产品标准化和业务流程重组技术，有助于简化供应链管理体系。供应链结构对物流和信息流的适应性也影响着供应链的复杂性。供应链结构中的渠道管制和地域分布是影响复杂性的主要因素。通过确保供应链具备良好的物流和信息流的适应性，可以提高供应链的敏捷性和整体绩效，相关内容如图 7-3 所示。

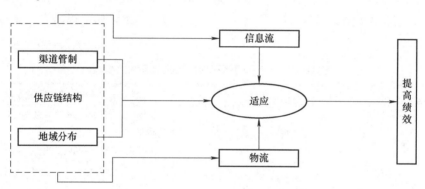

图 7-3　供应链结构的适应性

敏捷供应链管理的研究与实施是一项复杂的系统工程。在基于供应链管理的信息集成和系统快速重组的研究中，关键技术涵盖了动态联盟建模技术、分布式计算机技术、Legacy 系统的封装技术以及软件系统的重用技术。这些技术的应用对于实现供应链的敏捷性和系统的快速调整至关重要。

供应链动态联盟的敏捷性直接关系到供应链的竞争力，为企业间的信息交流与共享提供了基础，推动了企业之间的合作、优势互补和生产模式的转变。敏捷性反映了供应链绩效，对供应链提供客户价值的能力产生重要影响，尤其在产品可得性方面。因此，制定独立标准来评估供应链绩效是必要的。

四、供应链绩效管理循环

传统绩效控制方式包括指标项目和平衡积分卡两种。在指标项目中，功能性组织和工作小组关注最相关的绩效指标，并建立和追踪这些指标。平衡积分卡通过四个维度（财务、顾客、内部业务流程、学习与成长）来平衡评估组织的绩效，以了解组织在不同方面的表现。这两种绩效控制方式应用广泛，却也存在一定的局限性，尤其是面对复杂且快速变化的商业环境时。为了克服这些局限，需要探索新的、更灵活和实时的绩效管理方法，供应链绩效管理是一个循环的过程，包括问题的确认，根本原因的明确，对问题做出正确反应的行动，持续确认处于风险中的数据、流程和行动，可弥补传统方法的欠缺。

供应链绩效管理（SCPM）循环在某种程度上模拟了 20 世纪 70 年代由戴明和朱兰提倡的质量改进循环，以及 20 世纪 90 年代兴起的由摩托罗拉创造的著名的"六西格玛运动"。戴明是第一个认识到质量控制的必要性和重要性的人，他同样热衷于将提高质量的方式应用于一般管理，并通过"14 条管理原则"总结了这一思想。摩托罗拉创造了著名的六西格玛质量改进程序后，GE（美国通用电气公司）又采用这一方法作为公司管理的普遍原则。供应链绩效管理循环的起点是对系统或流程的恰当理解，以识别绩效的异常情况。任何供应链绩效管理系统都应具备系统定义关键指标、关键绩效因素、异常情况，并能根据环境变化更新数据的特征。因此，SCPM 循环中需要包含对数据的确认和更新的连续流程。与六西格玛一样，供应链绩效管理采用严格的、反复的方法来提高顾客满意度和财务绩效。SCPM 有三个关键方面有助于实现持续的、可接受的供应链提升：首先，鼓励绩效驱动的组织；其次，一个快速、全面的实施允许组织从早期成功中不断学习进步；最后，一个健全和可升级的绩效管理系统是一个改进的平台。表 7-2 展示了 SCPM 如何提高人、流程和系统的绩效。

表 7-2　SCPM 如何提高人、流程和系统的绩效

绩效提升领域	典型问题	SCPM 如何起作用
人	缺乏沟通、合作，不能减少决策周期	前瞻的、可靠的、个性化的例外提示 背景信息 协作的制定、问题的解决
流程	与公司目标相冲突的业务流程	建立、确认并修正业务规则和整个组织的门槛 建立并管理跨企业流程 决策并获得知识
系统	关键系统锁定在不同的系统之中	从相关企业系统中及时获得规范化的数据 集中、同步有相互关系的数据和趋势 为迅速诊断而灵活地分散数据

SCPM 在提升竞争优势和实现全面业务改进中起关键作用，不仅有助于企业发现绩效上的例外情况、深入理解问题、提供备选解决方案，还能有针对性地应对具有高度影响力的问题和机遇，同时不断验证与目标和结果相关的行动的准确性，使企业持续改进。

第三节　冷链供应链绩效管理

一、冷链供应链绩效评价对象

冷链是一种特殊的供应链，专注于保持和管理对温度敏感的产品（如食品、药品、生

物制品等），这些产品的加工、储藏、运输、分销、零售和使用各环节始终处于特定的低温环境下。冷链供应链管理强调整体绩效最大化，但仅从整体角度评估会遇到以下四个问题。

第一，冷链产品和冷链物流中的各个环节企业密切合作，但各节点企业拥有独立的战略目标和关切。整体绩效以最终客户需求为导向，未能全面反映各企业的利益诉求。

第二，整体绩效评价难以关注各环节的执行过程和协同效率，难以深入了解绩效提高或降低的原因和制定具体的绩效改进措施。

第三，单个企业绩效和竞争力提升未能充分传递给上下游企业，整体绩效评价未能充分反映单个企业对供应链整体绩效提升的贡献。

第四，某些指标在整体评价和逐个评价中可能具有不同意义。如在整体评价中，冷链储存时间越短越好，但从冷链储存角度来看，根据季节和市场需求可能需要不同的存储时间。

供应链是一个跨企业主体的复杂网络，供应链绩效评价应涉及上下游节点企业之间的关系，供应链整体、各环节及环节之间的协同效应。冷链供应链绩效评价的对象应包括冷链加工、冷链储藏、冷链运输及配送、冷链销售以及冷链整体运作环节，如图7-4所示。冷链供应链可简单理解为各环节独立运作，同时在战略、流程、信息、技术等方面协同合作。尽管协同效应与上下游环节的主体相互融合，但若将其作为独立评价对象，将缺乏环节主体的支持。

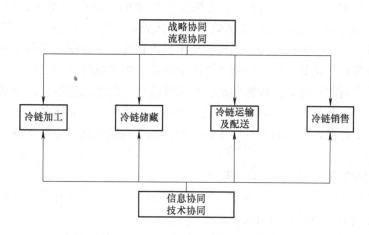

图7-4　冷链供应链绩效评价对象

二、冷链供应链绩效评价标准

（一）冷链绩效评价标准概述

绩效评价指标解决从哪些方面进行评价的问题，而绩效评价标准解决评价指标应达到什么程度的问题，即预期目标。绩效评价标准的设定能传达组织战略意图，选择合适的标准至关重要。绩效评价本质上是一种比较过程，即实际绩效与某种标准相比较，以评估绩效水平的优劣，纵向标准、横向标准和期望标准构成了冷链供应链绩效评价标准的三维体系（见图7-5）：纵向标准即实际绩效与历史绩效相比较，关注冷链供应链的发展；横向标准即实际绩效与行业标杆、行业平均绩效相比较，或在多个评价对象中对其绩效水平进行排序，关注冷链供应链的竞争力；期望标准即实际绩效与预期绩效、客户期望、国家标准相比较，关注冷链供应链的市场价值。

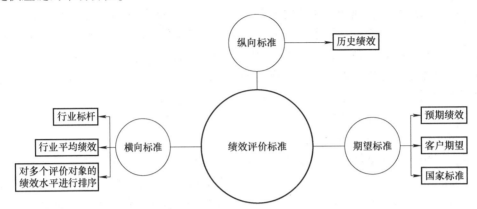

图 7-5　冷链供应链绩效评价标准

不同绩效标准获取的难易程度不同。纵向标准相对容易获取，企业可通过规范的会计、统计及信息管理系统，轻松获得历史数据进行纵向比较。然而，由于行业内竞争激烈且涉及商业机密，企业通常不愿公开其经营数据，使得横向标准特别是行业标杆企业数据的获取较为困难。虽然行业协会不定期发布行业的平均绩效水平，但这些数据的完整性很难保证，也不具备与企业自身绩效评价指标的可比性。在实操中，横向标准数据的获取往往需要借助专业的第三方调查机构，成本投入较高。期望标准中的绩效计划由企业根据市场竞争环境和自身状况制订，计划本身即为标准。国家或行业标准可能会设定一些硬性标准，但通常是宏观的和普适的最低标准，无法反映企业的经营特色。供应链管理以客户为导向，客户期望标准具有针对性和指导意义。然而，由于一个企业涉及多个客户，不同客户对绩效期望的水平存在差异。简单选取最高、最低或平均绩效期望显然不科学，因此客户标准的实操性较差。

（二）冷链供应链绩效评价标准的选择

根据冷链供应链的特殊性、评价方法的基本原则以及绩效评价标准获取的难易程度，本书制定了针对冷链上不同环节的绩效评价标准。

（1）在冷链加工方面，作为典型的劳动密集型产业，私营和集体冷链产品加工企业规模较小且分散，技术、管理、利润水平相对一致，但与国际水平存在较大差距。因此，选择历史绩效标准反映了绩效水平的持续改进，是当前的重点任务。

（2）在冷链储藏方面，涉及不同冷库的技术、规模、客户群体和管理水平等因素。当前冷库经营的关键在于通过可控手段，如技术改进、管理提升和营销策略等提高业绩水平。因此，选择纵向的历史标准作为评价依据更合适。

（3）对于其他环节绩效评价标准的选择，如冷链运输与配送、冷链销售环节以及整体运作方面，因标杆企业的准确数据难获取，采用横向排序评价的方式更可行。

三、冷链供应链绩效评价指标设计原则

（一）目标传递原则

冷链供应链绩效评价指标设计应遵循目标传递原则，即与供应链整体目标和战略保持一致，且明确、清晰，有助于员工理解和参与，以确保目标的实现。将整体目标拆分后，质量安全、成本、效率、社会目标等分目标也应与一、二、三级评价指标相匹配。

（二）系统全面原则

冷链供应链是一个多环节和多主体构成的复杂系统。在评价指标设计中，应全面考虑、充分反映各环节、各主体之间的相互关系和影响。根据系统论观点，系统是一个整体，系统的各个组成部分是相互关联、相互依存的，系统的性质不仅由其各个组成部分决定，还受到这些部分之间相互关系的影响。因此，冷链供应链绩效评价指标的设计需要遵循系统全面原则，既涵盖冷链产品冷链物流整体运作，又考虑各个环节的具体评价指标。

（三）协调兼顾原则

传统的绩效评价主要集中在单个企业或职能部门，仅在企业内部进行绩效评价，较少考虑其他企业的影响。相比而言，冷链供应链绩效评价则跨越了企业边界，既反映企业内部情况，又反映上下游企业之间的业务关系。冷链供应链涉及不同的利益主体，评价指标的设计还需要协调兼顾不同主体的利益诉求，以促进供应链成员之间的协同作业，提高整体竞争力。

（四）流程主线原则

传统管理观念认为，各物流职能的卓越绩效对整体物流绩效有积极影响。然而，实际上，各物流职能部门设定的目标可能存在冲突，以职能为中心的绩效管理方式使得各职能之间的协调变得困难，妨碍了跨职能物流运作的效率提升。物流流程的协同是供应链合作的核心。在冷链供应链绩效评价指标的设计中，需要打破各职能之间的隔阂，以流程之间的协同和衔接为基础。同时，将企业内部流程的协同和衔接扩展到供应链上下游企业之间的外部流程，使冷链供应链整体运作更加顺畅和高效。

（五）定量优先原则

定量指标更具科学性和严谨性。在指标设计中，难免包含一些如供应链协同程度等的定性指标，但现代绩效评价方法主要以定量方法为主。可将定性指标按照优秀、一般、差来进行等级划分，再对每个等级进行赋值。定量指标还需要考虑单位和量纲的问题，比率数据相较于绝对数据具有更多信息量。在评价指标设计时，尽量采用比率数据，但在某些情况下，也需要使用绝对数据，如总物流时间、库存周转等指标。

（六）可操作性原则

冷链供应链绩效指标设计需要具备现实可操作性。某些指标可能在理论上具有重要意义，但在实际中却难以收集到相关数据，或者数据收集成本过高。因此，要尽量避免采用可操作性较低的指标。

四、冷链供应链绩效评价指标设计依据

冷链供应链绩效指标的设计受到系统论、企业社会责任理论和战略管理理论的启发。在遵循系统论的整体性原则时，必须平衡整体运作指标与各环节运作指标之间的关系。在考虑系统论的动态相关性原理时，需要处理好冷链供应链各绩效指标之间及其与外部环境的关联性，同时，合理安排各评价指标之间的层级关系。

结合企业社会责任理论中的利益相关者理论，指标设计需要同时考虑冷链供应链各利益相关者的需求。企业社会责任理论中的企业公民理论强调企业对社会的义务和责任，需要充

分考虑其对社会和环境的影响。

战略管理理论要求绩效评价指标的设计与供应链整体及各节点企业的战略目标保持一致，同时，评价指标的设计需要具备战略眼光，关注节点企业的长远发展和成长性指标。冷链供应链绩效评价指标的设计参考了我国现行冷链物流行业标准和规范，包括《冷链物流分类与基本要求》、冷链产品流通管理技术规范、物流企业冷链服务条件、冷链产品冷链物流服务规范、《低温仓储作业规范》等。然而，这些标准和规范主要关注技术和服务指标，种类相对单一，存在一定的局限性。因此，在绩效评价指标的设计中，还需要加入组织、管理、控制、供应链协同、社会效益等多方面的指标，以更全面、综合地反映冷链供应链的运作状况。

五、冷链供应链绩效评价模型

（一）冷链供应链绩效评价 SISP 四维模型

根据绩效评价框架，结合冷链产品冷链物流的独特特征、功能和目标，邓延伟（2014）提出了 SISP 四维模型，用于评估其绩效。该模型包含四个主要维度，即评价对象、评价指标、评价标准和评价阶段，简称为 SISP。整个评价过程将基于这一模型展开，如图 7-6 所示。

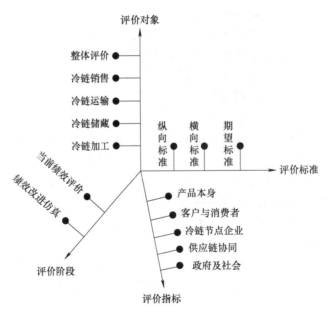

图 7-6　冷链供应链绩效评价 SISP 四维模型

绩效评价指标是整个评价过程的关键，直接影响冷链物流实现目标的要素。冷链物流旨在满足各参与主体的利益需求，包括冷链产品、客户和消费者、社会公众、冷链物流供应链以及冷链物流节点企业。冷链供应链绩效管理随着供应链管理的发展而兴起，为确保其持续、健康的发展，建立科学、全面的绩效评价体系成为亟须解决的问题。鉴于供应链面临极其复杂和不稳定的环境，相较于一般绩效管理，供应链绩效管理具有独特的特点和原则。

（二）冷链供应链绩效评价指标 CCSSN 模型

冷链供应链包含了冷链产品（Cold Chain Products）、客户（Customer）、供应链协同（Supply Chain Collaboration）、社会（Society）、供应链节点企业（Node Enterprise of Supply Chain）等主体和客体。为了评估冷链供应链，本书从这五个维度（一级指标）说明绩效评价指标 CCSSN 模型（见图 7-7）。在此基础上，对二级指标和三级指标进行了详细的分解和扩展。

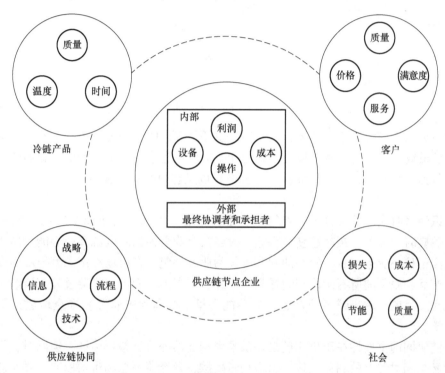

图 7-7　冷链供应链绩效评价指标 CCSSN 模型

1. 冷链产品

冷链产品的关键指标是质量，产品品质受到流通时间、流通温度以及产品耐藏性的影响。由于冷链产品的耐藏性主要由产品自身的生物特性决定，属于不可控因素，因此主要考虑流通时间和流通温度，这两个因素由冷链上的节点企业采用的设备设施和物流操作方式所决定，也直接影响冷链物流节点企业的运营成本。

2. 客户

冷链产品供应链的最终客户是终端消费者，同时，由于冷链供应链中存在上下游企业之间的需求与供应关系，因此下游企业也可被视为上游企业的客户。

冷链供应链的客户目标是确保客户的满意度和忠诚度。客户满意度取决于客户购买产品或服务的实际体验与客户期望之间的匹配程度（见图 7-8）。当客户购买产品或服务的实际体验符合客户期望时，客户感到满足；当客户购买产品或服务的实际体验超出客户期望时，则满足感更强，可能促使客户再次购买；当客户购买产品或服务的实际体验低于客户期望时，客户会感到不满意，不再购买。

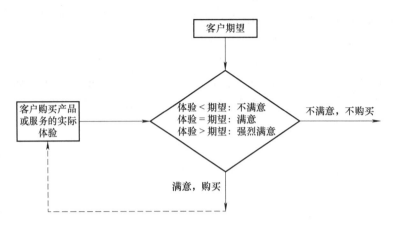

图 7-8　客户满意度和购买决定

企业注重维持稳定的客户群体，因此还需要评估客户的忠诚度。虽然忠诚度与满意度直接关联，但最终客户是否忠诚还取决于企业能否提供比竞争对手更多价值。影响产品价值的主要因素包括产品质量、客户购买成本（价格）以及客户购买体验。

3. 供应链协同

在知识经济时代，社会分工越来越专业化，传统"大而全、小而全"的纵向一体化经营已不再适应时代发展。在冷链食品行业，大多数企业会根据对资源和核心能力的实际掌控情况，专注于核心业务，将非核心的和非专长的业务外包。在市场经济深度发展的今天，企业不必将产品和服务的所有阶段都囊括到自身经营范围内，而可选择通过外部资源对核心业务进行配套。目前，越来越多的企业（如智能手机、汽车制造业等）在全球建立了完整的供应链系统。

供应链协同的重要性在于供应链是一条紧密相连的经济利益价值链，但同时，供应链上的各企业又是相对独立的利益主体，组织相对松散，且经营理念和价值取向各异，甚至相互冲突，无法在统一的组织体系下运作。供应链可被看作一个有广泛范围的虚拟企业，供应链上的各环节和节点企业并不是控制与被控制的关系，而是一种协同关系。只有通过供应链协同，才能实现各环节、各主体和各流程的无缝对接，使供应链形成一个有机整体。本书所建立的面向供应链的指标主要关注供应链协同，包括战略协同、信息协同、流程协同和技术协同。

（1）战略协同。战略协同在供应链协同中具有基础作用并扮演着引领角色。上下游企业之间构建了战略联盟关系，这与简单的交易关系有所不同，而是一种长期全面的合作关系，将市场竞争的焦点从企业间转移到了整个供应链。为提升供应链整体竞争力，供应链上的节点企业需要以诚信为基础，跨越企业边界，共同规划供应链发展，共享信息、设备等关键资源，甚至需要在供应链上的某些环节做出局部牺牲，再通过利益协调机制实现整个供应链的平衡。

（2）信息协同。信息流、资金流和物流共同构成供应链的纽带，供应链运作的过程始终伴随着信息的流动，但由于涉及商业机密或诚信，信息封闭现象时常出现，阻碍了信息的顺畅流动，影响整体运作。同时，供应链上信息不对称容易引发"牛鞭效应"，导致市场需求信息从供应链下游到上游逐级放大，给上游企业带来巨大的经济损失。为实现协同效应，消除信息瓶颈，供应链成员企业需要共享促进供应链良好运作所需的信息，信息协同需求迫切。

（3）流程协同。在供应链成员企业独立运作时，内部业务流程按照各自的战略目标设定。然而，在供应链的整体运作环境下，企业之间的流程接口可能无法有效衔接，主要表现在两个方面。第一，接口流程可能存在重复和冗余，导致不增值的活动成本增加；第二，接口流程可能发生冲突，阻碍上下游流程的顺畅运行。因此，在整个供应链范围内，各成员企业应共同参与实施流程再造工程，使各业务流程紧密对接，迅速响应客户需求，以适应市场环境的变化。

（4）技术协同。技术协同涉及供应链中不同企业可能采用的各种技术（如信息管理和运输车辆的制冷技术），这可能对供应链的运作和管理构成挑战。因此，在整个供应链内应采用相近的技术标准，以提高技术间的协调性和兼容性。在条件允许的情况下，还应实现技术的标准化和同步化。

冷链供应链在战略协同的指导下，通过信息、流程和技术的协同，可保障冷链产品在整个物流过程中一直处于最适宜的温度环境，减少不必要的滞留时间，最终确保冷链产品的质量安全。

4. 社会

在社会层面，冷链产品"从生产到餐桌"的迅速流通、品质稳定、环节减少、损耗降低、效率提高、能耗降低、成本节省等是政府和社会关注的焦点。总体而言，社会公众主要关心冷链产品的食品安全、品质、物流总成本和能耗水平，社会通过监督、检测、统计以及制定相关政策法规等方式参与冷链供应链管理，以实现提高终端消费者满意度和改善民生的目标。

5. 供应链节点企业

供应链节点企业内部关注质量和成本。供应链一般可分为效率型和反应型，效率型供应链通常适用于产品技术和市场需求相对稳定的情况，以成本和质量为核心，追求最低成本供应，保持高设备利用率、合理库存和短提前期。冷链供应链属于相对平稳的市场，产品技术相对稳定，因此可归类为效率型供应链。对冷链供应链的节点企业来说，其关注点主要在质量和成本方面。质量直接影响产品价格和收入水平，而设备投入、设备利用效率（资产管理）和组织管理是影响成本的关键因素，直接影响企业的利润。

节点企业在冷链供应链中是最终的协调者和执行者，承担着供应链相关主体之间的协调任务。物流领域存在"效益背反"的规律，即高质量的产品和服务可能导致成本上升，形成矛盾。作为冷链供应链的执行主体，节点企业必须处理好这种矛盾，充当各利益主体间的协调者。尽管存在冲突，各主体之间的期望和目标也存在某种程度上的因果关系和一致性，有助于缓解矛盾。通过采用先进设备、加强协作、行业自律和接受监督，节点企业可提高物流效率、降低成本、确保产品质量、提高消费者满意度，最终提升市场竞争力，获取更高利润。

六、冷链供应链绩效评价三级指标

根据绩效评价指标 CCSSN 模型的五个维度，考虑冷链供应链的功能、特征和目标，建立三级绩效评价指标。其中，部分二级指标参考"供应链运作参考模型（SCOR）"中的相关指标，如完美订单履行等。对三级指标进行详细说明时，一些共性指标（如客户服务）

仅在首次出现时详细说明；某些三级指标具有多重含义，在首次出现时也会进行详细说明。

1. 冷链加工评价指标

（1）面向冷链产品。

1）平均加工时间。该指标反映了从冷链产品原料进入加工车间到加工完成并成为可销售商品状态所需的时间。时间的长短直接关系到冷链产品的质量，较短的加工时间意味着冷链产品的质量降低较少；同时，也反映了生产加工企业高效，表明其拥有先进的加工工艺、熟练的工人和卓越的生产组织管理水平；此外，较短的加工时间还代表了较高的生产柔性，表明企业具备快速响应客户需求的能力。

2）温度达标率。该指标描述了从冷链产品原料进入加工车间到出厂的过程中，温度达到冷链产品加工工艺要求的时间与在厂滞留总时间的比值。制冷设备的性能、故障、检修或人为干扰等因素可能导致温度不达标。鉴于冷链产品质量降低的不可逆性，累计温度达标率越高，冷链产品的最终质量越高。

3）原材料合格率。确保冷链产品质量的关键在于保障原材料质量，为杜绝品质不良的产品进入下游环节，应在源头关口对冷链产品的质量及安全进行严格把控。对进入冷链加工厂区的原材料进行详细检测，包括品相、新鲜度、卫生状况、微生物含量、是否受到物理损伤或化学污染等方面。对于不符合生产要求的原材料，做退货处理或者转作他用。

确保冷链产成品质量还需要关注两个关键指标：批次检测率和批次检测合格率。为保证质量达标，有必要对每个生产批次的冷链产品进行检测，只有当检测合格率达到一定标准时，产品才能投放市场。需要注意的是，由于政府通常在终端销售环节进行抽检，因此冷链产品的生产加工厂商需要按照国家或行业标准率先进行自主检测，以确保产品符合质量标准。

（2）面向客户。

1）及时交货率和订单满足率。完美订单履行要求货物按照规定的时间准确送达目的地，同时确保相关单据的完整性和准确性。考虑到时间、数量、质量等多重因素，及时交货率和订单满足率将直接影响冷链供应链的运作效率和客户满意度。

2）客户订货提前期。客户订货提前期是指客户从下订单到收到货物所用的时间。提前期的缩短减少了客户对订货计划和预测的依赖性，使客户能够随时订货并快速收到货物，降低了库存积压和缺货的风险。这为客户创造了价值，提升了企业竞争力，对企业内部也有好处。缩短客户提前期有助于防止出现排队等待、停工、设备故障、原料短缺、物流中断等闲置状态，从而提升企业效率、柔性，并降低成本。

3）客户满意率。客户满意度是一项难以准确度量的指标，因为客户的期望因素各异，且对满意的定义具有主观色彩。企业难以直接衡量客户是否对其满意。因此，可建立客户回访和调查机制，对每一笔订单进行客户满意度调查，以获取在评价周期内的客户满意率。这种系统性的客户反馈有助于企业更全面地了解客户的需求和期望，从而提升服务质量。

4）客户意见处理率。对客户意见的及时妥善处理反映了企业对客户的关注和客户关系管理的能力，同时也是供应链协同能力的一项体现。

5）客户流失率。客户流失率直接反映了客户对企业产品和服务的满意度。高客户流失率意味着供应链运作不稳定，企业需要额外成本用于开发新客户和维护与现有客户的关系。

（3）面向供应链节点企业。

1）设备折旧成本。与普通供应链有所不同，冷链供应链的设备投入相对较高且具有较强的专用性。硬性投资如冷库、制冷设备和加工设备等，都属于固定成本，设备折旧成本在总成本中所占比例越高，表示其他成本越少，企业的综合成本控制能力越强。

2）人工成本率。冷链产品需要依赖人力完成主要加工工艺，如清洗、分级和切割等。在总成本中，人工成本占比较高。人工成本率低意味着相同的工作任务可以由较少的工人完成，从而提高了工人的平均劳动生产率。在劳动密集型行业，工人的综合素质对企业至关重要，而工人的劳动生产率则是获取竞争优势的关键因素之一。

3）生产柔性。生产柔性是企业适应环境变化的关键能力指标。在瞬息万变的市场环境和激烈的竞争中，企业需要迅速响应以获得更多的市场份额。准时生产制引发了广泛关注，其核心在于根据最终生产计划确定原材料或零部件的需求量。生产的高效运作取决于生产计划，在没有事先计划产量增加的情况下，缺口原材料的采购、协调、生产计划的重新组织以及交货周期的延长，都可能增加成本。因此，成本增加越少，表明企业的生产柔性越高，适应市场变化的能力也就越强。

4）设备利用率。在冷链供应链的总投资中，设备投资占比较大，设备的有效利用直接关系到投资回报率。提高设备利用率不仅能间接降低成本，还有助于避免资源浪费。过低的设备利用率可能导致资源浪费，但过高的设备利用率则可能对后续产能和市场扩张带来不利影响。因此，合理控制设备利用率是确保投资效益和生产平稳运行的关键。

5）投资回报率和资产周转率。投资回报率和资产周转率是传统的财务衡量标准，与设备利用率一同反映了企业的资产管理水平。投资回报率即年度利润与总投资的比例，反映了企业投入的获利能力；资产周转率则揭示了资产从投入到产出的流转速度，反映了企业资产管理的效率。这两个指标不仅有助于评估企业的财务健康状况，还提供了关于生产和资本运作方面的有益见解。合理控制这两项指标可以优化企业运营，提高资产的利用效率，确保投资获得适当回报。

（4）面向社会。

1）废弃物再利用率。加工过程中产生的边角余料可通过加工转化成饲料等产品，可实现资源的再生利用。这不仅有助于增加冷链加工企业的收入，还对社会总财富产生积极影响，减少了资源的浪费。此外，从环境保护的角度来看，对边角余料进行集中处理有助于减轻对环境的污染，体现了企业的社会责任和可持续发展理念。

2）单位产品能耗成本。单位产品能耗成本是冷链加工企业总成本的重要组成部分，在全球气候变暖和低碳经济成为主流的趋势下，降低单位产品的能耗不仅意味着减少碳排放，还减少了对环境的不良影响。这体现了冷链供应链行业积极响应社会需求，致力于实现可持续发展和环保目标的责任心和行动力。

3）出厂采购价格比率。出厂采购价格比率是冷链行业的一个关键指标，因为冷链相较于传统物流方式的成本较高，为降低最终销售价格，需要压缩供应链上各环节的成本。出厂采购价格比率反映了冷链加工环节的价格增长幅度，这是社会密切关注的重要指标之一，关乎产品成本和终端消费者的经济负担。企业应在保障冷链产品质量的前提下，精细管理每个环节，实现更加经济高效的供应链运作。

（5）面向供应链协同。

1）战略互信度。企业间关系可分为交易关系、基础联盟、运营联盟、商业联盟和战略联盟五个层次。在供应链中，战略联盟被视为一种真正体现长期、互惠互利、战略协同的关系。只有双方建立了互信，才能够实现在信息、技术和流程方面的密切协同。这种协同关系被视为一种战略性的联盟，有助于提升供应链的整体运作效能。

2）信息共享率。信息共享率是供应链协同中不可或缺的一环。为了促进协同，节点企业应主动与供应链伙伴分享历史销售数据、生产计划、库存信息、市场情报、业务运行报告以及物流运作监控等关键信息。借助现代信息技术，建立统一的分布式信息管理平台能够显著提高供应链成员之间的信息共享率。这种高效的信息共享对于实现供应链协同具有重要意义。

3）信息共享准确率。信息共享准确性对提供高质量服务至关重要，相较于不准确的信息，准确的信息能更好地满足信息需求者的决策需求，同时有助于维护战略互信关系；从长期来看，还有助于维护供应链稳定。因此，确保信息的准确性十分关键。

4）流程衔接顺畅度。冷链供应链的流程设计应以业务流程为主线，考虑到供应链的跨主体、跨企业边界性，上下游流程的衔接是否顺畅对整体的运作效率和成本有很大影响。在绩效评估中，流程的顺畅性是一个重要的考量因素。

2. 冷链储存评价指标

冷链储存评价指标中的某些指标与冷链加工评价指标相同或相似，不再重复说明。

（1）面向冷链产品。冷链储存环节旨在实现冷链产品及物流的时间效用，发挥调节市场供需平衡的功能。储存时间的长短受市场供求状况的影响，尽管时间对冷链产品质量至关重要，但在冷链储存环节，时间指标需要根据市场需求的灵活性进行调整，因此不设定固定的时间指标。

1）温度达标率。温度达标率是冷链产品在储存环节的关键指标。冷链产品在冷库中储存的时间较长，已是成品，因此温度成为影响产品质量的主要因素。各类冷链产品对储存温度有不同的要求，这是在成本与质量之间取得平衡的结果。尽管低温有助于维持产品质量，但随着温度的降低，成本会呈非线性增加。行业经验表明，每种冷链产品都有其适宜的储存温度，因此冷库应设置不同的温区，以满足不同冷链产品的储存需求。老旧冷库可能存在温度不达标的问题，尤其是在温区设置单一的情况下。

2）出库检测合格率。放多因素都可能导致产品在储存期间发生变质，因此在出库前需要再次进行检测，对于未达到继续流通标准的冷链产品，将不予出库或采取其他适当的处理措施。

（2）面向客户。

1）平均出入库时间。相较于冷库中相对稳定的温度环境，出入库过程中的温度容易波动，因此，缩短出入库时间有助于降低质量下降的风险。从订单接收、录入、组织收发货、处理相关单据到最终出入库作业完成所需的时间越短，冷链储存的快速响应能力越强。

2）收发货错误率。收发货错误率涵盖了单据处理、品类、数量、存放地点、发货地址、收发货标识等多个方面的错误。即便是微小的差错也会直接影响客户满意度，而较大的错误可能导致客户大量退换货，进而增加成本。

（3）面向供应链节点企业。

1）单位平均库存成本。单位平均库存成本是冷链总成本的重要组成部分，它随着库存时间的延长而变化，科学的方式是采用每吨冷链产品每天的库存成本衡量该成本。

2）平均库容利用率。平均库容利用率受多方面因素的影响，包括冷库建设投资大、回收期长、经营风险高等市场限制，冷库自身因素，如隔架设置、码垛高度、楼板载荷能力和货物包装规格等也是影响库容利用率的关键。不能充分利用库容会导致投资回收速度缓慢，也会影响冷库的正常运营。我国传统冷库设计高度通常约为 5m，但在实际操作中，特别是无隔架层的冷库，其利用率往往低于 50%。当物品堆码高度达到 3.2m 时，容易出现包装破裂、倒塌等，从而导致产品质量下降。

3）制冷利用率。制冷利用率直接取决于制冷设备的能效比和冷库建筑特性。第一，制冷设备的能效比直接关系到能源利用效率；第二，冷库的建筑类型、保温材料性能以及围护结构的不同会导致与外部环境的热交换差异，从而影响制冷设备的制冷效果。低制冷利用率表示需要更多的制冷量来保持温度标准，这将增加冷库的运营成本。为了提高制冷利用率，必须对冷库进行技术改进。

4）库存周转率。库存周转率反映了存货的流动性和资金合理占用程度。提升库存周转率对于更有效地利用资金和加速资金周转具有积极影响，不仅有助于保持生产经营的连续性，还能提高资金利用效率。冷链产品储存的库存周转率提高，对于提升冷库经营业绩和减少冷链产品物流时间具有双重益处。以日本冷库的库存周转率作为我国冷库运营的参考标准，日本通过不断优化冷链物流系统显著减少了在库商品的滞留时间，有效提高了冷链食品的周转速度。

5）总资产报酬率。总资产报酬率是评估企业在全部资产（包括净资产和负债）上的综合盈利能力的关键指标，反映了资产的运营效益。在资产密集型的冷链储存行业，通常需要大规模的投资，有时甚至需要货款。因此，作为利益相关者，必须关注冷库资金投入与产出的平衡，使总资产报酬率成为冷链储存环节的一项基础财务指标。

（4）面向社会。单位库存能耗成本是评估冷链储存能源利用效率的重要标准。为推动我国冷链物流更好发展，有效降低库存能耗，积极采用节能环保技术、推动制冷技术和工艺创新、提升制冷设备性能等都至关重要。同时，科学的库存管理以及运行操作工艺的改进也有助于降低冷库的能耗。在这方面，我国部分省份已做出有益的尝试，如 2023 年 5 月，浙江省市场监督管理局批准发布了《低温冷库单位电耗限额及计算方法》的省级地方标准。

3. 冷链运输及配送评价指标

（1）面向冷链产品。

1）运输及配送时间。运输及配送时间是冷链物流环节中容易受不可控因素影响的环节。相较于冷链加工和冷链储存，冷链运输更容易因冷藏车制冷性能差异、中途故障或其他意外事件而导致产品质量下降，因此，需要尽量缩短冷链运输及配送的时间。

2）运输时间波动率。该指标在冷链供应链形成后通常呈相对稳定的状态，冷链运输按照既定流程（订货、发货、收货、库存决策）进行上下游经营活动，如果运输时间波动较大，上下游企业需要调整原有计划，这无形中增加了运营成本和日常运营管理的难度。

3）温度达标率。温度达标率是冷链运输中的关键指标，冷链运输车辆的冷源通常包括机械制冷、碎冰、干冰、液氮等，受制冷设备输出功率、蓄冷冷源携带量、开关门次数等因素的影响，途中温度容易发生变动。因此，运输车箱体内应配置温度检测、控制和预警设备，实时监测并记录箱体内不同部位的温度变动，这有助于提供冷链运输及配送过程中的温度达标情况，并在运输途中及时采取补救措施。目前，基于物联网的运输车辆温度监控技术发展迅速并逐渐趋于成熟。

（2）面向客户。我国整体的运能满足率与发达国家相比存在明显差距，无法满足冷链物流迅猛发展的需求。从微观层面来看，冷链运输企业需要合理配置运力资源，确保运能有适度余量，同时避免过剩造成的资源浪费，实现运能供需的动态平衡。

（3）面向供应链节点企业。

1）单位产品运输及配送成本。单位产品运输及配送成本包括油耗成本、路桥费、人工费、驾驶员餐饮住宿费、各种税费和罚款等多个方面。在运输成本中，路桥费和税费大致相等，而在运输车辆的吨位、燃油经济性、运输调度以及组织管理等方面存在一定差异，这也是成本控制的主要关注点。

2）运输车辆的完好工作率。运输车辆的完好工作率是与交通安全、准时交货和温度保障直接相关的重要指标。及时维护和检修运输车辆，提高正常出勤率和使用效率，对于冷链供应链的资产管理水平至关重要。

3）运输车的平均载荷率和里程利用率。运输车的平均载荷率和里程利用率对冷链供应链的成本具有重要影响。确保运输车辆充分装载、减少空驶回程是降低成本的关键。通过与供应链上下游企业的紧密合作，采取路径优化和共同配送的方式，打破信息障碍，提高运输车辆的利用效率，可降低整体运输和配送的成本。

（4）面向社会。冷链运输的能耗成本主要由燃油价格和车辆的节能性决定。政府可通过制定优惠政策来鼓励冷链物流企业采用能效更高的运输车辆，但由于燃油成本受价格波动影响较大，属于不可控因素，在评价中需要给予较小的权重，以维持合理的成本控制。

（5）面向供应链协同。

1）信息化水平。冷链运输及配送需要较全面的信息技术支持，包括车辆运行定位、监控、调度、查询，车厢温度的监控和记录等。信息化水平的高低直接影响冷链上下游信息的协同。然而，信息化水平是一个相对模糊的概念，难以用精确的数值表示，属于定性指标。

2）流程衔接顺畅度。在冷链运输和配送的装卸过程中，冷链产品发生空间转移，对作业流程的衔接提出更高要求。首先，车辆停靠位置和冷库之间存在大气环境，导致大量热交换，当冷库内外温差达到 30~70℃时，开门换气的耗冷量占总热负荷的 10%~15%。在新建冷库中，流程衔接较为顺畅，冷藏车可直接开入冷库进行装卸，避免冷链损失，降低冷藏车能耗，保证食品安全。其次，装卸作业时间越长，对产品质量损害越大，需要合理组织、科学安排装卸顺序，缩短作业时间。最后，在装货前，冷藏运输车应进行预冷，满足货品温度要求。

3）技术兼容度。为实现信息和流程顺畅协同，上下游企业应采用相互兼容的物流技术。上下游企业间技术不兼容可能影响整个冷链系统的高效运转。以食品安全可追溯系统为例，该系统需要在冷链供应链的各个环节采集数据，如果技术不兼容，就无法实现全程可追溯。

4. 冷链销售评价指标

（1）面向冷链产品。

1）平均销售周期。冷链销售是直接面向终端消费者的环节，销售现场环境复杂，需要频繁开启冷藏设备，而冷链产品的新鲜度、硬度、气味、色泽等质量指标易受温度和湿度影响，如此可能导致产品变质。为了保障产品质量并降低资金占用，销售终端应保持较少的库存，并迅速销售出去。

2）平均温度达标率。一方面，频繁开启冷藏设备可能使冷链产品无法保持在稳定的温度中。另一方面，在冷链销售过程中，冷藏设备容易出现结冰和结霜，降低制冷性能。因此，有必要定期检查温度是否符合标准。

（2）面向客户。降低库存水平是确保产品质量的关键，实现"零库存"则是最理想的状态。然而，这对订货决策和供应链协同有较高要求。即使供应商能够完美备货、处理订单和安排发货，配送过程中仍难免发生意外。然而，保持低库存容易带来缺货的风险，为了将缺货率最小化，销售终端应根据客户需求采取相应的措施。

（3）面向供应链节点企业。现金周转率是零售行业衡量经营状况的基本财务指标之一，体现了对现金流速度和效率的追求。较高的现金流动性，可以最小化资金占用并实现更多的营业收入，因此，加快现金的周转速度在冷链销售中尤为重要。

（4）面向社会。可追溯是当前全球范围内备受关注的食品安全议题，冷链销售是冷链供应链的终点，同时也是食品安全追溯的起点。为消费者提供冷链产品生产流通全过程各环节的状态信息，不仅能够增强产品的可信度，还有助于提高消费者忠诚度。此外，信息可追溯也是政府强化食品安全监管的关键手段，有助于政府对薄弱环节采取相应的干预措施。

（5）面向供应链协同。

1）市场信息的收集。作为直接面向市场和消费者的关键环节，冷链销售具有最有利的市场信息获取位置，应挖掘并收集市场供求信息、竞争状况、消费者偏好和预期等，并及时将这些信息反馈给供应链其他环节。通过这种方式，供应链可以合理安排生产计划、开发新产品、实施促销活动等，以更好满足消费者需求。

2）订货周期稳定度。订货周期稳定度对于降低供应链协同的难度和成本具有积极影响，销售终端需要在安全库存量和日常销售量之间取得动态平衡。

5. 冷链整体运作指标

冷链整体运作指标包含了前述的四个环节，因此在指标设置上与这四个环节存在一致性，有些指标甚至完全相同。这些指标的含义被扩展至整个供应链范围。此外，这四个环节分别代表了四种类型的供应链节点企业，在冷链供应链整体评价中，供应链整体取代了供应链节点企业，因此不再设置面向节点企业的一级指标。

（1）面向冷链产品。

1）冷链物流时间占比。冷链物流时间占比是评估冷链产品新鲜度和最终质量的关键指标。为确保产品在"从生产地到餐桌"的过程中保持新鲜和高质量，需要最大限度地缩短总物流时间。同时，考虑到物流模式、设备故障等可能导致的冷链断链情况，冷链物流时间在总物流时间中的占比也是一个重要的评价指标。

2）温度波动率。在理想条件下，冷链产品应保持适宜的相对恒温状态，温度波动可能导致产品经历连续的"融解—再冻结"循环，冰晶会导致冷链产品的机体细胞受到挤压，进而产生机械损伤，甚至变形和破裂，这种损伤将加速冷链产品的腐败，因此要尽量避免温度的波动，降低温度波动率。

3）HACCP实施率。HACCP（Hazard Analysis Critical Control Point，危害分析及关键控制点）实施率是评估冷链产品食品质量安全管理的重要指标。HACCP体系是一种预防性的食品质量安全管理体系，通过对食品生产、流通和销售过程中的潜在危害进行全面分析，包括物理、化学和微生物等方面，提出相应的预防措施，保障食品的安全。根据美国食品药品管理局的数据，在冷链产品加工企业中，实施 HACCP 体系的企业食品污染概率比未实施的企业降低了 20%~60%。因此，将 HACCP 体系的实施率和产品合格率作为检测冷链产品质量的重要指标。

4）供应链适应性。适应性指标对于冷链供应链应对市场变化至关重要，如果市场需求突然增加而没有提前计划可能会导致一系列问题。冷链供应链需要快速响应市场变化，这对于订单处理、采购、生产、物流和销售等流程的协同性提出了更高要求，为衡量流程协同的效果，将选用 SCOR 中的供应链适应性指标，即 30 天内可能达到的最大可交付数量增加比。这一指标可以反映冷链供应链在短时间内应对市场波动的能力，进而评估流程协同的灵活性和效率。

5）流程重复率。流程重复率是指在一个业务或生产流程中，相同步骤或操作在一段时间内重复出现的频率或次数，通常用于评估和优化业务流程的效率和效益。流程重复率的高低可以反映出业务流程的效率、复杂性、资源利用率以及可能存在的浪费或冗余。因此，流程重复率可作为反映供应链流程优化程度的一个重要指标。

6）单位产品物流总成本。单位产品物流总成本的降低能够提高冷链供应链整体的盈利能力，并间接降低冷链产品的最终销售价格。供应链管理的核心目标是实现最低总成本。为满足市场和客户需求，有时会导致成员企业局部成本的上升。然而，只要总成本的降低超过各成员企业成本增加的总和，就表明供应链的整体运作是有效的。对于冷链产品来说，为确保产品质量，冷链储存和运输成本可能会上升，但这也意味着冷链产品的物流损失成本降低了。如果物流损失成本的降低大于储存和运输成本的增加，对冷链供应链整体而言仍然是一种改进。

7）供应链管理成本。冷链供应链管理相对单个企业的管理更复杂，核心企业需要具备全局统筹的能力，而成员企业也需要在战略和流程层面做出相应的调整，以实现供应链的共同目标。这些调整通常伴随着一定的成本，包括沟通协同、信息获取、组织计划和订单管理等方面的成本。较低的供应链管理成本表明在实现高水平供应链管理的同时，付出的代价相对较少，而节省下来的资源又可以用于提升产品质量和增加客户服务。

8）市场增长率和市场份额增长率。市场增长率和市场份额增长率是冷链供应链内部的纵向比较指标和行业内的横向比较指标，分别反映了冷链供应链的市场拓展能力和竞争实力。对于具有生命周期特征的产品，市场增长在不同阶段呈现不同特点：成长阶段市场增长率高，是扩大市场份额的时机；成熟阶段市场增长率较低，市场份额趋于稳定；衰退期市场总规模缩小。但冷链产品并没有明显的生命周期，提升冷链产品的市场增长率和市场份额是对供应链核心竞争能力的考验，涉及质量、品牌、信誉、物流和服务等多方面。

9）产品产销率。产品产销率用于评估冷链供应链在评价期内的产销经营状况。较低的产品产销率表示库存水平较高，增加了资金和设施占用压力，延长了整个物流过程所需的时间，同时可能影响冷链产品的质量。此外，该指标还间接反映了人力、物力、财力和信息等资源的利用效率。保持适当的产品产销率对于提高冷链物流效益、确保产品质量和资源利用率至关重要。

（2）面向社会。

1）冷链流通率。冷链流通率可表示为实际通过冷链流通的产品数量与需要通过冷链流通的产品数量之比。我国目前面临的挑战是冷链产品的流通率相对较低，这引起了社会的担忧。通过完善冷链基础设施、协同合作、流程优化等措施，可提高冷链流通率。

2) 产品损失成本比。当冷链产品出现腐败变质或损毁时，就失去了经济价值，从原材料投入到产品流通的所有成本都将白白浪费。该指标是指冷链供应链中各种因素导致的产品损失所带来的成本与总销售或生产成本的比率，反映了冷链流通中对产品损失进行有效管理的程度。通过定期监测和评估冷链产品损失成本比，可以识别潜在的问题并采取相应的改进措施，以提高冷链产品的质量和减少经济损失。

⊙ 本章小结

绩效管理是一种系统性管理方法，它通过一系列的干预活动或管理过程，围绕组织目标和使命提高组织绩效。绩效管理巧妙地将企业各部门、各项业务和技术创新等有机结合，通过建立组织战略、分解目标和业绩评价，将绩效结果用于企业日常管理，以不断改进组织绩效，实现组织目标。完整的绩效评价体系包括绩效目标、绩效评价指标、绩效评价标准、绩效评价方法、绩效评价结果和绩效改进。

供应链绩效管理以整体供应链为基础，综合运用各类先进技术与方法，充分发挥供应链系统的潜力。它涵盖了绩效计划、绩效监控、绩效评价和绩效改进等环节，以提升整体供应链及其成员的绩效。

冷链供应链绩效评价标准应构建一个三维体系：纵向标准、横向标准和期望标准。

冷链供应链绩效评价指标设计原则：目标传递原则、系统全面原则、协调兼顾原则、流程主线原则、定量优先原则和可操作性原则。

冷链供应链涵盖了冷链产品、客户、供应链协同、社会、供应链节点企业等主体和客体。为了评价冷链物流，以面向冷链产品、面向客户、面向供应链节点企业、面向供应链协同、面向社会为评价维度构建冷链供应链绩效评价指标模型。冷链供应链绩效评价的三级指标包含冷链加工评价指标、冷链储存评价指标、冷链运输及配送评价指标和冷链销售评价指标。

⊡》综合案例

盒马鲜生冷链物流绩效评价

2016 年，盒马鲜生作为阿里巴巴集团新零售商业模式的载体，其"线上线下融合+技术"的模式掀起了中国新零售的风潮。2019 年，盒马鲜生全国化冷链物流体系成型，这套物流网络由 33 个常温和低温仓、11 个加工中心、4 个海鲜水产暂养中心组成，结合不断增长的全国门店，形成了一个多温层的分布式物流配送网络。

绩效指标评价体系为组织提供了一个系统性的方法来进行绩效管理。从盒马鲜生 2017 年—2019 年冷链物流绩效评价结果（见表 7-3）中可以发现盒马鲜生的冷链物流绩效综合评价值呈递增趋势，由 2017 年的 3.102 上升至 2019 年的 3.717。这三年的绩效综合评价值都在 3 以上。由此可见，盒马鲜生冷链物流的总体发展不断上升，但也存在不足之处，线下体验店仓储管理水平和顾客服务方面发展不稳定，未来仍需要完善和提高。

表7-3　盒马鲜生2017年—2019年冷链物流绩效评价结果

指标	年份	隶属度					评价值
		很好	好	一般	差	很差	
线上平台信息化水平	2017	0.068	0.118	0.152	0.285	0.325	2.163
	2018	0.176	0.290	0.191	0.154	0.189	3.110
	2019	0.454	0.387	0.099	0.038	0.023	4.214
线下体验店仓储管理水平	2017	0.085	0.186	0.209	0.474	0.245	2.989
	2018	0.248	0.326	0.211	0.153	0.065	3.668
	2019	0.172	0.196	0.233	0.201	0.181	2.926
顾客服务水平	2017	0.149	0.264	0.224	0.136	0.228	2.973
	2018	0.198	0.184	0.160	0.208	0.252	2.874
	2019	0.271	0.294	0.135	0.173	0.129	3.422
冷链物流运输能力	2017	0.107	0.183	0.200	0.249	0.248	2.150
	2018	0.230	0.301	0.271	0.134	0.065	3.187
	2019	0.300	0.318	0.105	0.137	0.140	4.107
学习与发展能力	2017	0.080	0.124	0.114	0.265	0.416	2.184
	2018	0.370	0.305	0.071	0.099	0.156	3.637
	2019	0.391	0.416	0.160	0.031	0.002	4.163
综合评价	2017	0.095	0.174	0.185	0.313	0.282	3.102
	2018	0.247	0.297	0.200	0.144	0.114	3.265
	2019	0.295	0.305	0.154	0.129	0.115	3.717

对各指标评价结果展开具体分析：

（1）线上平台信息化水平。在线上平台信息化水平的评价中，其2017年—2019年的评价值呈现逐年递增的趋势，2019年达到4.214。可见盒马鲜生冷链物流线上平台的信息化发展水平较稳定，较符合信息时代的现状，未来仍需要继续保持。盒马鲜生对信息技术方面非常重视，并且投入了很大成本和很多精力，因此取得了如此明显的效果。即便如此，在今后的发展中，企业仍需要注重信息化体系的建设与优化，以便更好地与信息化时代相适应。

（2）线下体验店仓储管理水平。在线下体验店仓储管理水平的评价中，其2017年—2019年的评价值有所波动，2017年—2018年呈现上升的趋势，评价值从2.989增加到3.668，但2018年—2019年呈现下降的趋势，2019年达到2.926，在评价等级标准中，介于"差"与"一般"之间。这也与盒马鲜生的现状相符，因为盒马鲜生作为O2O模式的开拓者，目前还无法做到线上线下的完美配合，冷链物流还不够完善，未来需要不断优化。此外，线下体验店仓储管理水平作为影响盒马鲜生绩效的主要因素之一，对整个生鲜冷链的发展是非常重要的，因此，盒马鲜生需要查缺补漏，以便适应竞争越来越激烈的市场。

（3）顾客服务水平。在顾客服务水平的评价中，其2017年—2019年的评价值有所波动，2017年—2018年呈现下降趋势，2018年—2019年呈现上升趋势，且评价值也不是很高。这说明盒马鲜生给顾客提供的服务水平不稳定。顾客是企业的服务对象，企业的一切业务活动都以顾客为中心，故提高顾客服务水平对企业的总体发展非常重要。

（4）冷链物流运输能力。在冷链物流运输能力的评价中，其2017年—2019年的评价值呈现逐年上升的趋势，2017年—2018年递增幅度较大，直至2019年趋于稳定，评价值为4.107。冷链物流运输能力作为影响企业绩效的主要一级因素之一，对企业的发展起着非常重要的作用，故盒马鲜生很重视并加大了投入，但仍需要不断加强冷链物流运作能力，进而提升企业整体绩效水平。

（5）学习与发展能力。在学习与发展能力的评价中，其2017年—2019年的评价值呈现逐年上升的趋势，并于2019年达到最高值，为4.163。由此证明盒马鲜生在冷链方面很重视并且不断加大投入力度。

思考：

1. 该案例中的冷链物流绩效评价体系完善吗？是否还有其他重要的指标需要衡量？

2. 讨论冷链物流绩效评价是否有助于企业提升冷链供应链管理水平。

课外阅读

［1］郭伟亚，侯汉平，张成海. 食品可追溯体系绩效评价指标体系的构建研究[J]. 科技管理研究，2017，37（10）：81-87.

［2］邓延伟. 我国水产品冷链物流绩效评价研究[D]. 北京：北京交通大学，2014.

第八章

数字化冷链供应链

学习目标

了解冷链供应链数字化转型的内涵，数字化转型目标、基本原则；了解信息技术与数字化冷链供应链的发展；了解冷链供应链新技术的应用；掌握冷链供应链数字化转型的运作管理。

引　例

菜鸟网络：农产品冷链供应链的数字化方案

菜鸟网络科技有限公司（以下简称菜鸟网络）是阿里巴巴旗下的一个主要为电商企业服务的开放式物流平台。近些年，菜鸟网络发展农产品冷链物流，探索出了 B2B2C 的新商业模式，解决了阿里巴巴旗下的天猫生鲜平台的线下冷链配送的难题。菜鸟网络结合天猫生鲜平台各个电商商家的农产品冷链物流需求，依托菜鸟网络的冷链仓配网络，整合农产品冷链物流资源，不仅能够实现生鲜农产品的高效交付，减少冷链运输环节，还能够降低生鲜农产品在冷链物流过程中的损耗，节约农产品冷链物流成本。

菜鸟网络主要从以下两个方向提升物流效率：①通过整合运输资源来提升物流效率，如果客户异地下单，在传统的物流模式下需要经过多个物流环节才能到达客户手中，但菜鸟网络通过对运输资源的整合，不仅减少了中间环节，还提升了运输效率；②通过整合仓储资源来提升物流效率，在国家中心城市自建或与其他企业合作建立公共仓储中心，并向电商企业开放，进一步提升电商仓储利用率和配送效率。通过菜鸟网络联合社会化的物流资源及能力，借助大数据的分析工具、菜鸟网络和其商业盟友，为电商领域的企业提供独具特色的仓储优化和配送管理，进一步提高物流效率和降低管理成本，同时为客户提供差异化、个性化的物流服务，让终端消费者享受更优质的物流服务体验。

菜鸟网络冷链供应链平台包括天网、地网、人网三个部分。对于菜鸟网络冷链供应链平台（菜鸟冷链平台）而言，"三网"的意义深远。

一、菜鸟冷链平台构成要素—天网

天网主要是指生鲜平台终端消费者的数据，菜鸟冷链供应链平台在对天猫生鲜平台的数据进行分析的基础上，确定生鲜农产品在各区域的信息流向和物流流向。通过对大数据的分析，了解终端消费者的消费习惯，其中包括消费偏好和消费数量等；利用大数据对生鲜农产品的销售进行预测，在终端消费者在天猫生鲜平台下订单前，通过合理的规划或调拨，将生鲜农产品送至离终端消费者最近的冷链物流中心，从而缩短生鲜农产品从终端消费者下订单到送至终端消费者手中的时间。

二、菜鸟冷链平台构成要素—地网

地网主要指的是冷库布局，菜鸟冷链供应链平台通过自建、租赁、合作等不同方式在全国各地设立冷链仓储中心，天猫生鲜平台上的电商商家将生鲜农产品送至或储存在其附近的菜鸟冷链供应链平台的仓储中心。同时，菜鸟冷链供应链平台也建立了严格的从收货、储存、分拣到配送一系列的标准和流程。菜鸟冷链供应链平台组织人员对生鲜农产品进行收货、入库、系统录入和日常的管理，待终端消费者在天猫生鲜平台下订单后，由菜鸟冷链供应链平台组织统一汇总订单、统一分拣和统一配送。菜鸟冷链供应链平台拥有丰富的现代化冷库组成的资源网络，结合先进的仓库管理系统 WMS 等专业化管理系统，利用大数据等工具对生鲜农产品的品项、数量和位置进行调整，从全局的角度对生鲜农产品进行合理调配。

三、菜鸟冷链平台构成要素—人网

人网主要指的是"最后一公里"的冷链宅配，菜鸟驿站作为末端取件和配送网络的重要节点，是实现人网建设的重要途径之一。目前，全国约有 4 万个菜鸟驿站，随着快递规模的扩大，菜鸟驿站数量在增加，并不断进行技术升级，有些还能做到刷脸取件。与普通货物的宅配不同，生鲜农产品的收货时间窗口相对比较集中，菜鸟驿站还与各地的小区驿站、连锁超市、便利店、物业（自提柜）和学校代收点合作，配备小冷库或冷柜等基础冷链物流设施，采用代发的方式使得菜鸟网络冷链供应链平台、合作方、终端消费者三方获益，对空间和时间进行合理分割。对于菜鸟网络冷链供应链平台而言，减少了冷链宅配人员等待消费者导致的时间价值的损失；从保护客户信息的角度分析，菜鸟驿站的建立既增加了客户提取生鲜农产品的便利性，又保护了客户的隐私。目前，菜鸟网络冷链供应链平台在上海等地的小区开始推行冷链自提柜模式，这也使得冷链宅配更加方便和快捷。

在冷链配送方面，菜鸟网络冷链供应链平台借助天网，利用大数据等技术，帮助中间层组织网络内的成员企业做好订单量的预测工作，提供冷链运力以及冷链物流操作人员需要的数据，以供网络内成员企业经营决策参考，从而减少对冷链物流资源的浪费。菜鸟网络冷链供应链平台借助地理信息系统等管理工具，合理设置农产品冷链物流网络节点，根据当地的农产品冷链物流资源配置、作业特性和交通环境，制定因地制宜的仓配一体化农产品冷链物流流程，设计农产品冷链物流各个环节的无缝对接，减少中转环节，从而缩短整个过程中的时间距离。菜鸟网络冷链供应链平台作为农产品冷链物流中间层组织的核心单元，合理组织网络内各成员企业的资源，实现生鲜电商承诺消费者的生鲜农产品次日达等服务。

思考：

为什么菜鸟网络要建立"天网""地网""人网"？这对于冷链供应链的数字化的意义是什么？

第一节　数字化冷链供应链概述

随着时代的发展，冷链相关行业的供应链管理面临着越来越多的挑战。这些挑战包括客户、冷链运输和冷链产品经销商对响应性、柔性、经济性和大规模定制等方面越来越高的要求。为了应对这些挑战，冷链供应链上的企业必须进行数字化转型，以提高冷链供应链管理水平，满足外部需求和解决内部的管理问题。此外，工业4.0的发展也在推动冷链供应链的数字化转型。工业4.0通过智能机器的使用和流程的高度自动化，将传统的系统转变为智能系统，将传统的供应链流程转变为智能供应链流程。工业4.0专注于智能生产过程和智能流程的创建，其灵活的结构和智能的解决方案依赖于数字化供应链对生产资料的精细化管理。为了满足生产过程的智能化，供应链需要准确且实时地了解每种生产资料和流程节点的状态，并基于实时数据和信息做出合理决策，以保证流程的高效运行和顺畅连接。因此，对于想要提升冷链供应链管理能力以及谋求长久发展的冷链相关企业来说，冷链供应链的数字化转型是必要的管理变革。

随着数字化浪潮的席卷，冷链供应链管理也紧跟时代步伐，利用大数据、互联网、5G、服务云等新技术，让整个冷链供应链的温度都可以被控制，过程也可以被看到，也可以实现源头追溯。在仓储、运输、配送等各个方面，提升仓储、运输、配送等环节一体化运作和精准管控能力。数字化转型能够实现智能冷链商业供应链协同管理，打通数据、全链融合，实现企业供应链管理的商业数字化升级，提升平台运营效率与收益。对于冷链企业而言，以数字化驱动冷链供应链转型升级，能够最大限度地降低企业经营成本，激活冷链企业市场活力。智能冷链商业供应链协同管理将为冷链供应链上下游企业提供全方位服务，包括信息服务、交易服务、物流服务、金融服务、售后服务、营销服务等。通过数字化转型，冷链企业可以优化业务流程、提升服务质量、降低运营成本，实现商业模式的创新和升级。因此，冷链企业必须高度重视数字化转型的重要性，加快推进数字化转型的步伐，从而更好地适应市场变化和客户需求的变化。

一、冷链供应链数字化转型的内涵

IBM（国际商业机器公司）在2009年提出了"智慧的未来供应链"这一概念，其核心内容涉及先进、互联、智能三个要素，这与数字化供应链的特征非常相似。随着全球数字经济的快速发展，物联网、大数据、人工智能等数字化技术得到高速发展，"智慧供应链"的概念逐渐被"数字化供应链"替代。数字化供应链以数据和信息为驱动力，以数字技术为支撑，通过数据管理和信息融合手段，对物理世界和管理过程进行完整复现和智能优化，从而提高供应链管理水平。这种模式最终能够满足市场和企业经营对供应链管理在灵活性、敏捷性、可配置性、透明性、韧性、高效性和低成本性等方面的需求。

学术界和产业界从技术和管理层面解读了冷链供应链数字化转型。在技术层面，数字化技术，如信息收集、存储和传输设备的应用帮助企业建立了大数据冷链供应链管理模式。将先进的数字化技术与冷链供应链深度融合，对冷链供应链组织形式和资源结构产生影响，并激发创新。这一部分从数字化技术视角，强调数字化技术在数字化冷链供应链中的重要性，以及在传统供应链中导入大量数字化新技术的必要性，以实现流程转变，并创造价值。数字信息化冷链服务是当前冷链产品领域的一个重要发展趋势，它采用网络信息化技术提高冷链供应链效率和品质。利用数字和互联网技术对冷链产品进行实时监测和追踪，以确保冷链产品在运输过程中得到适当的冷藏和冷冻，保障产品的新鲜度和质量。通过数字化冷链的应用，冷链产品的供应更加高效、便捷和可靠。这有助于降低冷链产品浪费、提高冷链产品安全，并且对冷链产品企业和消费者都是有益的。数字信息化冷链还可以帮助冷链产品企业更好地管理冷链产品的存储和配送，从而提高整个供应链的效率和可靠性。通过数字信息化冷链的运用可以更好地保证冷链产品的安全，防止冷链产品被污染。数字信息化冷链为冷链产品行业带来了巨大的改进和发展，为消费者提供了更高品质、更安全的冷链产品，同时也为冷链产品生产商和下游企业带来了更多的商机。科技创新的力量正在推动冷链供应链摆脱传统的运行方式，使其朝着智能化、数字化等方向转型升级。其中新模式正蓬勃发展，如智慧化、无人化等，推动冷链全链条实现更深层次的科技赋能，推动冷链供应链行业进入高质量发展的行列。

冷链供应链数字化转型同时涉及管理层面的转变。许多高效的管理实践，如供应商管理的库存（Vendor Managed Inventory，VMI）和协同计划、预测和补货（Collaborative Planning Forecasting and Replenishment，CPFR），都主要依赖于先进的管理思想，而非技术的进步。在当前的 VUCA（Volatile、Uncertain、Complex、Ambiguous，易变不稳定、不确定、复杂、模糊）时代，为满足需求，企业流程数字化已是不可避免的趋势，其中传统供应链正朝着互联、智能、高效的数字化供应链方向转变。当前，冷链供应链信息管理相对孤立，分散在不同的管理系统中。数字化冷链供应链管理将打破信息壁垒，实现整个链条的集成管理。在数字资源的支持下，冷链供应链中的生产资料、半成品、产成品以及最终送达客户的整个流程对所有参与者都是透明的。为此，企业需要在管理层面对冷链供应链进行数字化转型，从而为冷链供应链注入新的活力。数字化冷链供应链不仅是数字化技术在供应链领域的简单应用，还体现为企业对内外部资源、机会和能力的整合，以适应数字化环境。通过这种管理层面的转型，企业可以更好地应对各种挑战、冲击和机遇。例如，平湖市供销合作社已建立智慧冷链物流系统，采用多项数字商贸新业态，包括金平湖鲜到家掌上菜场、社区门店信息化改造、社区智能终端柜投放、无人销售网点建设、线上集团采购通道等。这推动了"生鲜电子商务+冷链宅配"服务新模式的发展，促进了冷链农产品销售的便捷、高效和智能化发展，保障了冷链农产品供应链"最后一公里"的畅通。

二、冷链供应链数字化转型的目标

数字化转型是利用大数据、人工智能、物联网和区块链等现代数字技术，构建一个涵盖数据采集、传输、存储、处理和反馈的闭环系统，打破不同层级与行业间的数据壁垒，最终实现深化传统业务改革和构建全新数字经济体系的过程。国内外关于数字化转型的研究不仅将数字技术视为一种工具，还将其视为改变企业决策方式的新手段。数字技术的蓬勃发展，催生了一系列新产品、新业态和新模式，行业内的数字化转型领先企业已取得显著成效。成功的企业数字化转型并非是对数字技术的简单购买和应用堆叠，而是要在企业发展战略、管理思维、组织架构等多方面实现充分融入与有机结合。面对数字时代的机遇和挑战，冷链供应链企业需找到自身的竞争优势，定义未来商业模式，明确自身转型路径，并以企业定位与产业发展战略为先导，基于业务构想设计数字化转型规划。

冷链供应链的数字化转型不仅是技术的升级，还是管理模式、商业模式和产业生态的全面变革。通过数字化转型，冷链供应链企业可以提质增效、提升产品质量与安全性、增强可追溯性、优化库存管理、降低运营成本、提升客户满意度、促进可持续发展。冷链供应链进行数字化转型的目标主要包括以下几个方面。

（一）提升物流效率

在冷链供应链中，提升物流效率是数字化转型的首要目标。通过数字化技术，可以实现对冷链供应链全过程的实时监控，并及时进行数据分析。利用物联网设备和大数据分析技术，冷链供应链企业可以实时监控运输车辆的位置、行驶状况、温度湿度等关键信息。通过分析这些数据，企业可以优化运输路线，避免拥堵和延误，从而提高运输效率和降低成本；通过引入自动化调度系统，可根据实时数据和预测分析自动安排运输计划，减少人为干预和错误，提高调度效率；通过使用自动化仓储设备和智能管理系统，链上企业可以优化仓库布局和货物存储，减少货物的搬运次数和时间，提高仓储效率。

（二）提高产品质量和安全性

产品质量和安全性是冷链供应链的核心要求，通过数字化转型，企业可以达到更高的质量标准和安全标准。利用物联网传感器和云计算技术，企业可以对冷链产品的温度进行全程监控，一旦温度偏离设定范围，系统会自动发出预警，及时采取措施，防止产品变质。除了温度，冷链产品对湿度、光照等环境条件也有严格要求，通过环境控制技术，企业可以精准调控存储和运输环境，确保产品质量。利用区块链技术，企业可以建立防伪追溯系统，每一批产品从生产到销售的全过程都可以被追溯，防止假冒伪劣产品进入市场，确保产品真实、安全。

（三）增强可追溯性

可追溯性是冷链供应链的重要特性，通过数字化手段，可以实现供应链全程可追溯。区块链技术可以记录产品在冷链中的每一个环节上的状态，形成不可篡改的追溯记录。无论是生产、运输、存储还是销售环节，消费者和监管部门都可以轻松查阅，确保产品安全。通过为每一个产品或包装附上二维码或 RFID 标签，可以实现对冷链产品的精准追溯，扫描标签即可获取产品的详细信息，包括产地、生产日期、运输路径、存储条件等。通过建立跨企业的数据共享平台，供应链各环节的信息又可以实时共享，提高透明度，便于各方协同管理，快速响应突发事件。

（四）优化库存管理

库存管理是冷链供应链中的一个关键环节，数字化转型可以大大提高库存管理的效率和准确性。通过大数据和人工智能技术，链上企业可以对市场需求进行精准预测，制订科学的补货计划，减少库存积压和缺货现象。智能库存管理系统能够实时监控库存情况，自动更新库存数据，减少人为操作错误，提高库存管理的准确性和可靠性。在此基础上，通过优化库存管理和调度系统还可以提高库存周转率，降低库存占用资金，从而释放资金并用于更有价值的投资和运营活动上。

（五）降低运营成本

数字化转型不仅可以提高效率，还可以大幅降低运营成本，为企业带来直接的经济效益。在仓储和运输环节引入自动化和机器人技术，可以减少人力成本，提高操作效率。例如，自动化仓储系统可以实现货物的自动分类、存取和搬运，降低人力成本；智能冷库可以根据需要自动调节温度，减少不必要的能耗。通过数字化手段，企业能优化各个环节的流程，减少不必要的中间环节，提高运营效率，从而降低整体运营成本。

（六）提升客户满意度

客户满意度是衡量冷链供应链成功与否的重要指标，数字化转型可以显著提升客户满意度。通过实时跟踪和数据共享，链上企业可以为客户提供精准的交付时间和透明的物流信息，增强客户的信任感和满意度。通过大数据分析，企业可以了解客户的个性化需求，提供定制化的服务方案，提高客户体验，例如，为不同客户群体提供不同的存储和运输温度控制方案。通过数字化平台收集和分析客户反馈，企业可以及时了解客户需求和问题，快速响应和改进，进一步提高服务质量和客户满意度。

（七）促进可持续发展

在当前环境保护和可持续发展的背景下，冷链供应链的数字化转型也要注重环保和可持续发展。通过引入数字技术，可以优化供应链上的资源配置，减少浪费。例如，通过优化运输路线和调度计划，减少车辆空载和重复运输，提高能源利用效率；使用可再生能源供电的冷库和低排放的运输工具，降低碳排放；通过数字化手段对废弃物进行分类和管理，可以及时发现和处理过期或损坏的产品，提高回收利用率，减少环境污染和食品浪费。

（八）提高冷链供应链灵活性和应变能力

在应对市场变化和突发事件时，冷链供应链的灵活性和应变能力尤为重要，数字化转型可以显著提高这些能力。通过引入数字技术，企业可以快速调整供应链计划，响应市场需求变化。利用大数据和预测分析，可以提前识别供应链中的潜在风险，制定预防和应对措施；还可以预测市场波动，提前调整库存和采购计划，降低风险。建立数字化协同管理平台，供应链各环节可以实时沟通和协作，提高整体响应速度和协调效率。例如，通过云平台共享信息，供应商、生产商和物流服务商可以实时调整计划，确保供应链的稳定运行。

（九）促进创新和商业模式变革

数字化转型不仅是技术的升级，还是商业模式的创新和变革。通过数字化手段，企业可以探索和实施新的商业模式。例如，基于大数据分析的精准营销、基于物联网的智能冷链服务等新模式，可以为企业带来新的增长点。建立开放的数字化创新平台，鼓励内部创新和外部合作，可以吸引更多的合作伙伴和开发者，共同推动冷链供应链的创新发展。通过大数据和人工智能技术，企业可以实现数据驱动的决策，提高决策的科学性和准确性，比如通过分析市场和客户数据从而制定更精准的营销和运营策略。

三、冷链供应链数字化转型的基本原则

在进行数字化转型时，冷链供应链应遵循以下原则。

（一）系统性原则

冷链供应链数字化转型是一个复杂的系统工程。在管理冷链供应链数字化转型的过程中，我们需要对各个组成要素进行深入分析。这些要素之间相互关联、相互影响，存在着错综复杂的关系。因此，我们需要全面考虑这些组成要素，同时厘清它们之间的功能和结构关系。在进行冷链供应链数字化转型机理的分析时，我们需要特别关注转型机理的系统性原则。这有助于我们更全面、更有效地理解冷链供应链数字化转型的理论基础，从而为成功指导实践提供坚实的理论基础。

（二）效率性原则

冷链供应链数字化转型期长且复杂，企业往往需要投入多年的时间才能完成这场大规模的管理变革。因此，在转型开始之前，制订一套全面且分阶段的战略计划以引导转型过程的逐步实施至关重要。在制订转型战略计划时，企业需要厘清冷链供应链的各个环节在整体系统中的功能、地位与重要性。通过明确各环节的关键性作用，企业可以针对这些环节高效管理，从而有重点、有主次地推动冷链供应链的数字化转型。此外，从提升效率的角度出发，企业需要制定冷链供应链数字化转型的管理方案。这一方案可以帮助企业合理分配各项资源与精力，事半功倍。通过数字化技术的运用，可以优化仓库管理流程、提高信息共享水平、降低风险等，进而提升整体供应链的效率和响应速度。

（三）业务性原则

冷链供应链管理存在多种模式和特点，没有通用的管理信息系统适用于所有企业。虽然供应链数字化转型适用于冷链企业，但企业必须结合自身具体的业务情况（如运营模式、生产过程、管理流程、产品的市场特点等），制定适合自身的转型决策。不同的业务情况决定了转型管理中各要素的重要性和相互影响程度的大小。因此，企业需要对冷链供应链数字化转型中的各因素进行权衡与优化，制定合理的转型管理决策。

（四）数据驱动原则

冷链供应链数字化转型的基础是数据要素，冷链企业的数据相比于其他行业的数据具有更加丰富的特点。在技术架构的过程中，冷链企业必须考虑数据质量，这是因为它不仅影响企业的决策，还可能造成严重的损失。因此，高质量数据的需求随着大数据重要性的提高而日益增长。冷链供应链数字化转型的核心是大数据的应用，而大数据对供应链的价值在于它的准确性、全面性和高质量。低质量数据会降低决策质量，甚至带来巨大损失。因此，数据管理旨在充分挖掘数据的商业价值，最大程度发挥数据的作用。具体而言，数据管理涉及物联网传感器和网络信息的收集、存储、处理和传递过程的管理。

（五）决策优化原则

冷链供应链的数据源多样化，包括结构化、半结构化和非结构化数据，若能整合这些数据进行深度分析，将带来巨大的商业价值。为了充分挖掘数据和信息中的潜在价值，大数据分析成为一种强有力的工具。大数据分析能够快速收集、存储、管理、分析和计算大量常规工具无法处理的数据，为企业从海量数据中发掘隐藏的价值和信息。大数据和大数据分析是物联网的驱动力之一，也是支持冷链企业供应链数字化转型的重要力量。其高容量、高速度、高多样性、高价值和高准确性的数据处理能力，有助于企业创新信息处理形式，增强企业的洞察力和决策力，进一步实现流程自动化。冷链供应链的分析和决策主要从实时决策（直接性竞争优势）、流程优化（使系统能够迅速反应）和高级预测（具备前瞻性见解）三个方面展开。供应链管理中的分析决策按复杂度分为五个类别，包括描述性分析（知道是什么）、诊断分析（研究为什么）、预测分析（判断未来可能是什么）、范式分析（探索该如何去做）和认知分析（最后学到了什么）。供应链管理中的预测方法主要分为定性预测和定量预测。定性预测是指利用定性数据，如专家意见或特定事件知识进行预测。定量预测则关注历史数据的模式和变化，或系统元素之间的特定关系（如因果模型）。除上述两种预测方法外，还有初级预测、市场研究、专家估计、时间序列和因果模型五种预测方法。

四、数字冷链供应链的主要特点

(一) 数字化

数字冷链供应链可以利用大数据、人工智能、区块链等技术，将采购、供应商管理、生产、销售、服务等供应链各个环节中的规则、过程、主体等都转化为数据信息。通过利用这些动态数据，企业可以对整个供应链的实际运作状况进行实时监测，有助于在供应链上下游的各个成员间进行数据共享与业务协同，并以此来提升供应链的反应速度与运作效率。

(二) 可视化

数字冷链供应链的可视化是利用信息技术提升供应链管理能力的重要环节。通过对供应链中的订单、物流和库存等相关指标的采集、传输、存储、分析和处理，并根据供应链的需要，将其以图形化、虚拟现实等形式呈现。数字化冷链供应链的可视化，不但可以使整个供应链可视化，而且可以通过人工智能、区块链等技术，对整个供应链的商业过程进行系统的模拟与仿真，打造了一个数字孪生冷链供应链。通过这种方式，企业可以更好地预测和发现冷链供应链运行中的实际困难，实现冷链供应链风险的实时捕捉和预警，最终提高冷链供应链决策的科学性和前瞻性。

(三) 智能化

智能化是数智冷链供应链区别于传统供应链的关键特征之一。通过利用人工智能和云计算等技术，可以实现冷链供应链数据的智能化采集。例如，在冷链供应链中，可以使用智能化设备、语音智能、视觉智能等手段，让采购员和销售员通过语音智能进行"一句话下单"和"一问一答式下单"，库管员能通过设备扫描物料码直接办理物料的出库入库。这些应用可以大大提高数据信息采集的准确性和实时性，同时降低运行成本，使冷链供应链运行终端和管理水平更加智能化。

(四) 柔性化

柔性化冷链供应链的核心在于能够更快速、更灵活地适应市场需求，将传统供应链的流水线生产转变为柔性生产。数智冷链供应链的柔性化主要体现在以下三个方面。首先，数据运营的精细化是柔性化冷链供应链的重要体现。通过数据支持，企业可以准确预见市场需求，制定高效的生产方案，最大限度地减少产能浪费和闲置。其次，用户需求的精准度也是柔性化冷链供应链的核心要素。通过数据精准分析用户偏好，企业可以针对不同的用户需求进行细分，生产出更有利于品牌全渠道销售的产品。最后，冷链供应链流转的精确性也是柔性化供应链的重要特征。通过数据分析，企业可以减少物流仓储压力，降低库存周转天数，提升供应商周转率。这些因素共同增强了冷链供应链的弹性和适应性。

(五) 生态化

传统供应链模式中的上下游是相对割裂的，各主体只能与自己的上游和下游产生直接联系，缺乏整体链上的协同和联动。数智冷链供应链利用人工智能和区块链等技术，将消费者、制造商、供应商和其他参与中介连接成有机整体，将传统供应链由"链式"拓展成"网络式"，使所有主体都能进行实时动态无间隔的交互，有效避免了传统模式下人为制造的供应链堵点和断点，有助于建立共治、共促、共荣的供应链新型生态。

五、冷链供应链数字化转型的运作管理

冷链供应链数字化转型的驱动机理是对数据、信息和决策这三种要素进行管理。通常用

来形容供应链管理的"三流"是从宏观的流通角度对冷链供应链中的管理对象进行描述的。而数据、信息和决策则是从微观的执行角度对冷链供应链中的管理对象进行描述的。冷链供应链数字化转型的驱动要素以管理方案的形式将三者串联在一起。因此,在智能优化的关系圈中将决策点称为"优化点"更加贴切,而在信息融合的关系圈中使用"决策点"更便于描述管理问题。

如图8-1所示,数据管理、信息融合和智能优化这三个驱动要素在冷链供应链数字化转型中的运作管理主要分为三个环节。

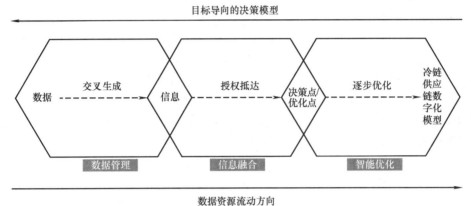

图8-1　数据驱动要素的运作管理

（一）数据交叉生成信息

数据管理这一驱动要素将数据和信息两个要素紧密相连。在进行数据管理时,冷链企业必须明确供应链中的数据来源和具体内容,并利用数字化技术对其进行精确采集。其所获得的数据可以生成数字化供应链管理所需的信息,这一过程也被赋予了特定的意义。需要注意的是,数据和信息之间的关系并非单向的。实际上,信息可以通过已有的数据进行交叉生成,而数据也可以根据需要的信息来调整收集范围。这两种方向的关系一个用于执行操作,另一个用于规划策略。图8-1中所展示的是数据管理在执行操作时的逻辑方向。总之,有效的数据管理能够为企业积累对供应链管理具有重要价值的数据资产,为后续的管理奠定坚实基础。

（二）信息授权抵达决策点/优化点

信息融合这一驱动要素将信息和决策点/优化点两个要素紧密相连。在进行信息融合时,冷链企业一方面需要了解数字化供应链中的信息范围和内容,并通过有效的数据管理提高信息的准确性和及时性;另一方面需要明确信息与决策点/优化点之间的关联关系,将信息传递给与之相关的优化点,支持其做出更好的决策或对自身的决策算法进行优化。同样地,信息与决策点/优化点之间的关系也并非单向的。在已知的信息与决策点/优化点的关联关系中,信息融合可以对信息进行合理调度并将其传递给相应的决策点/优化点。同时,决策点/优化点也可以根据业务需求和新决策算法探索发现其与信息之间的关联关系。前者用于信息融合的具体执行,后者用于信息融合方案的制定。图8-1所展示的是信息融合在执行时的逻辑方向。

（三）优化点逐步优化实现冷链供应链数字化转型

智能优化这一驱动要素连接了优化点与冷链供应链数字化转型的最终目标，对冷链供应链数字化转型具有最直接的影响。冷链供应链的性能取决于其管理决策的效用。为了满足数字化时代的客户和企业运营对供应链提出的越来越高的要求，企业需要具备优化意识，尽可能广泛地找到供应链中所有可以提升决策效用的决策点，并将其作为优化点，然后通过数据挖掘、大数据分析等技术探索其与供应链信息之间的关系，对优化点进行逐步优化。最终，所有决策点的优化成果将共同促进冷链供应链数字化转型的实现。对优化点进行逐步优化以实现供应链数字化转型反映的是智能优化的执行过程，根据供应链管理目标选择优化点的执行路径反映的是智能优化的方案制定过程，图 8-1 所展示的是智能优化在执行时的逻辑方向。

从冷链企业内部管理的角度来看，大数据可以提高企业决策的有效性、准确性和科学性，通过数据分析可以促进供应链资源分配的效率与合理性，同时也可以提高冷链供应链的整体协同能力。在需求计划方面，数据分析可以促进冷链企业对不同类别的数据进行整合，结合客户实际需求进行更为合理的业务安排，从而提高企业的创新能力和应对挑战的能力。此外，在冷链企业的生产过程中，数据分析也具有重要作用，它可以实现冷链产品生产安排及市场调度、运输故障的诊断预测、冷链产品全价值链监管，以及冷链供应链的分析和优化等应用。在决策过程中，需要对冷链供应链中的信息进行分析，加快冷链供应链数字化转型，形成技术先进、具有社会责任感和环境友好特性的冷链供应链。充分利用和挖掘信息的供应链管理将取得良好的经济效益。

从需求管理角度来看，决策分析与优化在需求管理中被广泛应用，如客户行为分析、趋势分析和需求预测等，能够减少客户需求和供应运输时间所带来的不确定性。大数据分析可以获得更精确预测的方法，可以更好地反映客户需求、提高冷链供应链效率、缩短反应时间，并支持风险评估。通过历史数据分析，可以预测供应链中不断变化的需求，把重点放在需求预测和计划、数据管理和营销策略上，对远期需求进行管理。在以客户为导向的市场竞争中，企业需要快速灵活的供应链来应对顾客的不确定性需求。传统的预测方法已无法应对市场需求的波动性、不确定性、复杂性和歧义性，需要采取有效的预测手段。

从风险与不确定性管理的角度来看，决策优化可以帮助企业确保供应商实施可持续实践方面的合作，同时可以预测和缓解供应链的风险和不确定性。对数据和信息的诊断分析可用于冷链供应链风险管理，分为事前管理、事中管理和事后管理；综合分析不同数据可使结果更加可靠。大数据技术可以提升企业事前风险预判结果的准确性，提升企业事中控制的动态性和高效性，为事后风险处置决策提供支持。对信息进行诊断分析可以降低供应链计划调度中的不确定性。

从冷链产品管理的角度来看，信息分析应用可以用于冷链产品设计。在大数据时代，冷链产品设计正朝着以数据驱动设计转变。产品设计需要研究和理解客户需求、行为和喜好。通过多维度数据分析，可以提高冷链企业将客户需求转化为产品功能和质量要求的能力。数据驱动的冷链产品设计可以简化整个产品开发流程，促进产品创新，开发更多定制产品，并降低成本。此外，通过分析客户购买产品后的使用体验数据，冷链企业可以更好地了解客户对其产品的反馈，捕获和分析有洞察力的数据，从而帮助企业与客户建立更牢固的关系。

从社会责任的角度来看，冷链供应链中的社会可持续性具有潜在应用，通过提高可追溯性和透明度来鼓励供应链各层之间的道德行为，增强对可持续实践及行业声誉的承诺。近年来，数字技术和系统已开始被应用于绿色食品领域，尤其是在产品生命周期评估和绿色冷链产品生产领域。在冷链供应链管理中，利用信息进行分析和挖掘能够帮助企业实现供应链可持续发展，并进一步释放冷链供应链的潜力。

六、冷链供应链数字化转型的核心——数据管理

(一) 数据管理的业务需求

詹姆斯·马丁在《战略数据规划方法学》中，提出了系统规划的基础性内容由企业业务战略规划、信息技术战略规划以及数据战略规划三个方面构成。其中，数据战略规划是整个系统规划的核心，因为企业最富有价值的资源是信息，而数据又是信息的基础。只有对企业的全部数据进行全方位的管理，才能最大限度地实现信息的价值。对于冷链企业而言，数据是其供应链数字化的基础，需要通过软件与硬件的共同作用来实现对数据的全面管理。例如，在信息化时代，企业可以通过应用 RFID（射频识别）等硬件技术来替代传统的手工录入数据的方法，这种方法虽然能够大大提高数据采集的效率，但是只能实现对批量数据的采集，难以实现对具体个体产品的供应链管理过程的识别，这就限制了冷链供应链管理的水平。在数字化的时代，数字技术的应用不仅应该用来记录必要的冷链供应链数据信息，还应该为后续的信息生成和决策点优化打好坚实的数据基础。这就需要冷链供应链中的数据收集和管理环节执行得准确、及时并且具有高颗粒度，从而提高冷链供应链管理的数字化程度。不过，数据的收集和管理环节的执行效率与质量会直接影响到后续信息管理及利用活动的成败。因此，冷链供应链中的各项管理目标（如透明性、可追溯性、智能性）以及各种高级信息技术（如大数据、云计算）的应用，都必须以真实、准确的数据获取为基础。总的来说，数据在冷链企业供应链数字化转型中扮演着举足轻重的角色。然而，数据的采集严重依赖于硬件设备的投资并涉及业务软件的改造，这会消耗冷链企业大量的财力和人力。尤其是对于高频率的数据采集工作来说，其对硬件设备的要求更高，因此企业不得不考虑投入产出率问题，从而更加审慎地将有限的资金和精力投入关键的数据管理。

在借鉴信息管理学理论的基础上，冷链供应链数字化转型的数据管理需要遵循七个基本原则。

（1）高效性。数据管理涵盖了许多方面的内容，需要投入大量人力和物力进行建设。为了降低冷链供应链数字化转型对企业资金链的影响，企业在制定数据管理方案时应当抓住核心问题，努力提高投入产出效率，实现高效的数据管理。

（2）时效性。时效性是数据的重要特性，如果数据的时效性较差，那么这些数据所包含的信息就会相对较少，并且可能会导致管理结果滞后甚至出现错误。对于需要进行全局优化和平衡的冷链供应链管理来说，依据实时数据进行实时管理显得尤为重要。

（3）真实性。数据管理的目的在于后续对信息的利用，而正确的决策是建立在真实可靠的数据基础之上的。不实的信息或误差过大的数据会导致管理效率下降，甚至导致管理失败，从而给企业造成巨大的经济损失。因此，数据的真实性是数据管理的重要原则。

（4）系统性。在供应链管理中，数据是相互关联和相互作用的。为了实现供应链管理的统一目标，应对全面而系统的数据进行全局管理，并尽量确保数据管理的连续性和完

整性。

（5）适配性。数据管理的颗粒度和准确度会直接影响到供应链管理的精确性和有效性，而数据管理的范围需要与冷链企业当前的经营目标和供应链管理目标相匹配。否则，可能会导致管理无法达到预期水平。

（6）超前性。对于信息部门来说，数据管理可以视为一项常规性和长期建设性的业务工作。企业的数据管理需要同时满足当前和未来的需求，因此有必要进行超前管理。

（7）可扩展性。随着管理目标的逐步提升，数据管理的内容和范围也会不断扩展。因此，已有的数据管理内容和管理过程需要具备可扩展性，以兼容新的数据管理内容。

（二）数据管理的目标

物理世界的操作会产生很多数据，每一次交易都会产生很多数据，例如，冷链产品订单、合同内容、供货情况等；每一项生产活动也会产生很多数据，例如冷链产品出库、半成品的加工生产等活动中的数据。目前大多数企业的数据无法做到全方位管理，也无法做到实时更新。订单是否已经开始生产、原材料库存或者产产成品的库存的变更、在途原料的位置等数据，需要实时采集才能为企业生成有价值的冷链供应链信息，继而实现企业对冷链供应链活动的有效管控。数据的采集和管理是冷链供应链数字化转型的前提，如果没有足够的数据支持，数字化将无法实现。因此，冷链供应链数字化转型的数据管理的目标主要有：

（1）建立物理世界与网络世界的联系是冷链企业盈利的关键因素，因为产品是物理世界中的产品。为了有效地管理产品交付，冷链企业应建立数据管理中心，主要负责对实物资源数据和操作事件数据进行管理。只有全面、及时地了解物理世界中所发生的事件和变化，才能对其进行有效管理。因此，企业需要通过数据管理建立物理世界和网络世界的全面连接。

（2）为信息融合和智能优化奠定数据基础。冷链供应链中的数据管理是信息融合和智能优化的基石。信息融合使得供应链管理中的信息对于各决策点而言更易于获取；智能优化则依靠对数据和信息的分析来实现管理优化。对冷链企业而言，实物的流动构成了供应链的实体形态，而信息流则是有效管理供应链实体的关键。冷链供应链管理实际上体现为对具体数据的管理，再由这些数据形成信息，并在此基础上对受信息影响的决策进行管理。决策者依赖供应链数据了解情况的变化，从而做出准确的判断，最终采取快速的响应措施来解决企业所面临的问题，推动冷链供应链向数智化方向发展。

（3）改进信息交互是冷链供应链数字化转型的另一个重要影响因素。随着业务网络和基于云的协作平台的涌现，信息交互正在改变企业与供应链利益相关者沟通的方式。例如，集成计划与平台中涉及综合冷链产品需求计划、生产中的垂直集成实时计划、端到端物流可视性、根据客户要求和产品特性进行数字化供应链细分、主动的需求感知和多层次需求整合、多级供应链和仓库网络的动态实时库存管理等。集成的供应链计划和执行设置可以在运作计划、战术规划、战略优化三个层次分别实现内部整合、主要合作伙伴的外部整合和价值链战略统一。由此可见，信息的交互需要描述实物状态的库存信息，更需要将各类计划信息在供应链合作伙伴之间进行交互共享。使用实时信息管理整个供应链，在通常情况下不需要人工干预就能够大幅减少交易重复性，并可以提前交货、改进运输。迅速的信息传播也提高了整个供应链的弹性，并增加了与顾客的联系。高效的供应链管理有助于企业实现效益、降低成本、增强竞争能力。通过链整合，整个供应链能够意识到内部环境和外部环境的变化，并能更好地应对这些变化。同时，通过整个供应链的协作，帮助供应链更加有效地响应变化、减弱或消除"牛鞭效应"。许多企业对构建信息技术基础设施进行投资，以实现并维持竞争优势。通过集成的信息技术实时共享信息，可以提升供应链的效率。增加供应链的可见性和加强供应链协调可以提高其灵活性，提供多样化的战略信息，包括买方库存水平、需求预测和交易数据等。为了减少"牛鞭效应"和不确定性，提高供应链的灵活性和响应性，信息的可视性变得至关重要，可以帮助供应链成员更好地应对市场变化，促进彼此之间的合作。信息的共享在供应链中起着关键作用，尤其是战略和信息的共享，有助于成员更好地理解变化并做出相应的反应。

在企业与供应商的互动中，通过信息集成交互可以战略性地管理供应商，从而提升冷链产品生产的灵活性、降低成本、提高质量和可靠性。供应链整合的有效性改善了冷链企业与供应商之间的合作关系，增加了资源的流动性。通过与供应商的紧密合作，冷链企业能够充分利用供应商的专业知识，提供创新性的解决方案，从而增强企业的灵活性。信息互联互通可以强化供应商对冷链企业的依赖性，同时增强整个供应链系统的灵活性。在 VMI（供应商管理的库存）模式下，信息共享管理至关重要。企业需要定期共享信息，以便根据需求的变化调整订货。冷链供应链中的信息共享涵盖以下内容：发送使用情况统计信息、订单发起、订单接受、订单修改、运输提醒、货物接受和货物拒绝。

在冷链供应链整个链条的信息交互中，信息沿着冷链供应链及时传播；供应商、生产商、分销商和销售商之间联合进行生产计划和调度；供应链成员通过信息系统能够充分了解其他成员的需求和状态，供应链信息流能够迅速传播，为组织决策提供重要支持。数据驱动大规模智能定制实现机理指出，大批量智能定制的实施有赖于与原材料供应商、物流供应商、服务商、产品研发等紧密协作，实现全供应链系统的快速响应与精确对接。冷链供应链之间的整合对冷链企业的业绩产生积极影响。

第二节　信息技术与数字化冷链供应链

一、信息技术概述

每一笔冷链产品商业交易都涉及冷链产品的流通信息，在冷链物流中，为了更好地服务于产品的采购、加工、分拣、仓储、配送、包装等环节，必须要有准确的数据支撑。由于冷链商品的交易量越来越大，信息量也越来越大，冷链供应链中的贸易伙伴的组织成本、数据处理成本和人员成本都会随之上升。因此，对冷链产品信息的精确、可靠、及时采集、传输和处理变得越来越重要。要想实现有效的供应链运营，必须有数字化技术提供可靠的支持。信息技术在数字经济迅速发展的浪潮中扮演着重要角色，是现代信息网络的基本载体，也是推动数字化冷链供应链发展的关键因素。

信息化、数字化和智能化是三个相互关联但又有所区别的概念。有些文献将它们视为包含与被包含的关系，但事实上它们之间存在着明显的差异。信息化是指利用信息技术进行全面的创新和普及，以改革现有的经济技术格局和生产方式。它通过改变生产模式、市场运作、管理形式和技术应用，以解决经济活动中存在的供求矛盾，并最终提高企业的创新能力和成本控制能力。数字化意味着将移动互联网、大数据、人工智能、物联网、云计算等与实际经济生产活动充分融合，使数据不再只局限于对经济活动的简单记录，而是要成为促进经济生产的重要动力之一。数字化在经济生产活动的整个过程和生命周期中发挥了重要作用。在经济生产活动中，不仅要利用最新的信息通信技术，还需要强调人工智能在其中的角色。通过赋予经济活动人工智能的能力，使其具备了自我分析、自我决策和自我执行的能力。智能化是数字化发展的一个阶段，它主要关注经济活动的全流程和全生命周期。智能化不仅运用了新一代的信息通信技术，而且强调了人工智能在整个过程中的作用。在实际研究中，信息化是通过普及和应用信息技术对现有经济生产活动进行改革的过程。数字化则是将信息从提高效率的工具转变为生产要素本身。在信息处理和使用方面，这两者仍然都依赖人力资源的投入，智能化的目标是让经济活动在物理层面完全摆脱对人力资源的依赖。

二、冷链供应链信息化和管理必要性

人们对冷链产品的来源、能量含量、储存温度、生产和销售日期，以及最佳使用期限都越来越感兴趣，因此对冷链供应链进行信息管理成为满足顾客需求的关键。通过冷链供应链信息化，可以实现冷链产品的来源、生产、包装、检验、监管、运输、消费等环节的全程连接，建立冷链产品安全信息数据库，进而实现冷链产品从终端到源头的完全透明和可追溯。此外，通过对冷链过程中的信息进行管理、存储、汇总、分析，可以得到与冷链产品生产商、物流服务商等相关的信息，为生产经营、市场管理、政府决策提供服务。冷链供应链信息化对于冷链产品安全的保障具有重要意义，由于冷链供应链几乎参与商品从生产到销售的整个过程，它包含了很多的生产和流通环节，所以必须要利用专门的管理信息系统对其进行构建，从而对生产、分销、运输、配送等冷链供应链上下游的信息进行合理的整合。

（一）处理不能顺畅地向生产商传达市场信息的问题

冷链供应链的物流方向是从生产者到消费者，而信息流则刚好相反。这就要求生产商在制造产品前全面了解有关消费者的情况。要想更好地掌握消费者的消费行为及市场的供需状态，就必须掌握有关的信息。但是在我国，个别生产商在生产之前都不能获取有效的信息，在生产结束之后也不能及时地从物流体系中获取反馈的信息，导致无法根据实际市场需求生产产品，进而引发盲目和过度竞争。

（二）解决冷链供应链各环节不协调的问题

冷链供应链的各个部分之间相互影响、相互制约，一个环节的低效可能会影响其他环节的效率，进而造成整体效率下降。因此，一个高效运转的冷链供应链系统必然是各环节紧密联系、协调一致的系统。然而，我国冷链供应链由于信息技术应用水平还相对较低，信息流动还不顺畅，众多环节之间各为自政、竞争无序，最终造成了大量浪费，整个系统受损。

（三）解决冷链产品出现质量问题难追溯的问题

随着消费者对冷链产品需求的日益增长，冷链食品的质量安全已成为社会各界普遍关心的问题。建立冷链产品准入机制，剔除质量差、存在安全隐患的产品，是我国冷链供应链体系建设的根本要求，也关系到我国冷链供应链体系的健康发展。然而，由于我国尚未制定出一套有效的冷链食品身份识别系统，发生问题难以溯源。

（四）解决冷链企业间未形成信息共享机制的问题

冷链供应链企业间冷链产品信息共享的实现主要依靠 EDI 技术和网络技术。EDI，即电子数据交换，是一种高效的新型商业信息管理工具，在我国大部分企业的应用并不普遍。究其原因，一是企业总体信息化水平不高，技术配置、信息管理基础比较薄弱，这在某种程度上制约了 EDI 的推广和应用。二是 EDI 系统的研发费用高昂，大部分企业没有经济实力独自完成。三是目前我国冷链物流中的上下游企业对 EDI 的理解还不够深入，对 EDI 的重要性认识不足，从而限制了 EDI 的推广。

（五）处理因地区发展不均衡而造成的地区之间的信息障碍

在我国东部经济比较发达的区域，信息化程度高，带动了我国冷链物流的现代化进程。但是，我国中西部很多地方的冷链物流仍过于依靠传统的销售模式，这主要是因为信息化程度不高。这就会造成经济发达和经济欠发达地区间的信息交流很难进行连接，从而造成了各地区之间的信息障碍，不利于我国冷链产品的跨地区流通效率提升。

（六）解决冷链企业物流信息标准化水平低的问题

目前，我国大部分企业的信息化建设还缺乏一个完整的物流信息管理体系。虽然条码管理、全球定位系统、地理资讯系统、立体仓库、呼叫中心等已开始使用，但仍是分散的。大部分的物流企业都是建立在自己的传统优势产业基础上的，这给冷链物流各环节的冷链信息交流造成了困难，有冷链一体化服务需求的企业很难制订出一套流畅的物流计划，冷链物流企业在信息化方面产生了严重的资源浪费，并且出现了信息交流的断层，不利于提高整体冷链物流企业的竞争力。

三、信息技术与数字化冷链供应链的发展

数字化冷链供应链的历程早在很久以前就开始了，在不同的时期，其核心概念稍有不同：在 2000 年以前，被称为"信息化"；到了 2000 年，被标注为"电子商务化"；在 2010 年，出现了"两化融合"或"平台化"的概念；到 2015 年，演变为"O2O 化"；在 2018 年，被界定为"数字化供应链"。除此之外，还有"互联网化""互联网+""消费互联网""产业互联网"等概念，它们都从不同的角度涉及冷链供应链的数字化。

在互联网还没有流行起来的时候，局域网比较流行。把计算机局域网络和企业管理软件相结合，就可以在全企业内部进行信息管理，实现企业业务流程的标准化，增强各部门之间的交流与协作效率。ERP（企业资源计划）正是在这个时候出现的，只要是企业内部网络能够到达的地方，都会被 ERP 覆盖。在信息时代，人们更多地将注意力放在了供应链的各个生产环节上。由于个人计算机国际网络的普及，已逐步奠定了电子商务发展的基础，所以在 2000 年前后，电子商务成为数字化冷链供应链的具体表现。电子商务关注的是在线化和数字化的供应链销售渠道。亚马逊、阿里巴巴、京东等电商巨头就是在这一时期创办起来的。在线化、数字化消除了在配送过程供应链中存在的不对称信息，省去了多余的配送步骤，提高了供应链效率。

两化融合是人们对工业生产过程的互联网化思考，也就是把工业化和信息化相结合，这是一个非常宽泛的概念。"中国制造 2025"战略的核心思想是平台化，即以平台为纽带，实现产业内众多企业之间的互联互通。

5G、物联网等技术的兴起，推动着数字化冷链供应链进入一个新的发展时期；与此同时，大数据、云计算、人工智能等新技术的不断发展，也为冷链供应链管理提供了新的思路。这也是未来冷链供应链管理的一个重要方向。5G 通信技术的发展，有望在未来实现海量视频信息的实时传送。随着物联网终端技术的不断发展，人们可以采集更多种类的冷链供

应链数据，并从多个角度对冷链产品在多个环节上的情况进行记录。随着运算能力和算法的不断发展，人们可以对冷链供应链数据进行高速处理，这为冷链供应链的数字化提供了便利。在冷链供应链的各个环节，如工厂、仓库、码头、商店，都可以通过摄像机获取信息。比如，亚马逊无人超市就是通过录像资料来确定消费者在购物时的消费习惯的，然后精确地统计他们所选择的产品，最后再进行精准交易。随着技术的成熟，以及各种物联网终端的大规模使用，这些应用程序的成本必然会有所下降，当这一设备的成本比超市里的人工费用还要低时，无人超市就会很快被推广开来，而无人工厂、无人仓库和无人港口等领域，也都有了不少探索的案例。比如，青岛港采用了全自动的集装箱码头，使装卸工人的人数减少了85%，并提高了30%的工作效率。以大数据、云计算、物联网为核心的冷链物流信息化建设是以数据为基础的应用，或以大数据为依托。运用大数据、云计算、物联网等技术对冷链供应链进行分析，可以构建一个透明、智能的供应链体系，从而促进整个冷链供应链的智能化和智慧化。

四、冷链供应链管理中的主要信息技术

冷链供应链管理涉及很多方面，如产品、生产、财务和成本、营销/销售、战略过程、支持服务和人力资源等，有效使用 IT 技术可以显著提高这些方面的运行效率。随着全球经济一体化程度日益提高，冷链供应链已成为国际经贸活动不可或缺的一环，随着科技的快速发展，冷链物流的效率也得到了极大的提升。举例来说，一家冷链供应链现场服务供应商利用诸如移动计算、印刷和 GPS 之类的技术，使每位雇员每天节约 40min 的工作时间。

（1）全方位连接技术。近几年，出现了各种各样的无线接入技术，如蓝牙和 WLAN（无线局域网），以及支持话音与数据通信的蜂窝无线广域网。在冷链供应链领域，将上述多种技术整合于一个终端上，从而实现多元化的无线通信业务，将对使用者及相关的 IT 管理者都有极大的帮助。

（2）GPS 技术。冷链供应链方案的发展趋势是使用 GPS 功能，同时支持数据采集、数据通信和手机通信。在此基础上，人们提出了一种基于无线通信技术的新型冷链物流系统解决方案。广域无线通信覆盖了 GPRS（通用分组无线服务）、GSM（全球移动通信系统）和CDMA（码分多址）等多种技术，而且通信成本持续下降，使得更多的冷链企业可以承担起实时数据接入系统的费用，这使得冷链供应链的效率得到了提升。

（3）语音识别。语音识别可以让使用者不需要将注意力集中在屏幕上，随着 IT 行业的开放式系统越来越多，语音合成与识别功能也成功地被整合到各种冷链供应链的应用程序中，涉及冷链仓库管理、提货存放、库存管理、检查和质量监测等领域。这是由于采用了终端模拟（Terminal Simulation）语音识别技术。有研究发现，在许多冷链物流中心，条码资料录入的精确度要比传统的声音录入高出 5%，但却要增加 26 个全职工作人员。相比较而言，如果将条形码与 TE 声音辨识技术相结合，其精确度可媲美单纯的条形码技术，但可减少 22 个全职员工的工作量。

（4）数码成像。企业级移动计算机集成了数码成像技术，许多冷链运输和配送公司纷纷采用这一技术，使得送货员能够方便地获取已交付的凭证，保存已盖章的收据，并记录未完成出货的原因。同时，数码成像还能提高运输过程的可追溯性和透明度，通过拍摄货物状况、交付场景等图像，记录每个环节的情况，从而更好管理运输过程，提高客户满意度。这

种综合利用数字图像的方法不仅提升了操作效率，还加强了对运输过程的监控和管理，为冷链供应链的顺畅运作提供了重要支持。

（5）二维条码。二维条码的优点已经得到冷链产品市场的认可，但由于使用环境的差异，某些标识可能难以被读取，因此其应用范围仍有待进一步拓展。然而，随着自动聚焦技术的出现，二维码已逐步成为冷链物品管理和跟踪等操作的主要支撑技术，其在冷链供应链中的应用，不仅体现为在产品追溯和质量控制方面发挥着重要作用，还体现为在提高整体运输和配送效率方面具有重要意义。随着技术的不断进步和应用场景的不断拓展，越来越多的企业开始要求使用不同的条形码软件，以适应识别不同大小和编码的数据。

（6）无线射频识别（RFID）技术。无线射频识别是自动识别技术的一种，通过无线射频方式进行非接触双向数据通信，对记录媒体（电子标签或射频卡）进行读写，从而达到识别目标和数据交换的目的。目前，RFID技术已广泛应用于冷链供应链物资管理方面。通过自动识别和追踪物品，极大地提升了库存管理的效率和准确性；通过实时监控货物的温度、湿度等关键参数，确保冷链产品在运输和存储过程中始终处于最佳状态，减少损失和保证质量；还简化了出入库流程，减少了人为错误，提高了操作效率。数据表明，大型连锁超市把RFID技术应用于物资的仓储管理工作中，能有效地节约98%的作业时间。

（7）实时追踪技术。实时追踪技术能够实时获取资产的位置信息，准确了解其在整个生命周期内的位置。企业可以通过该技术更有序地监视和管理资产位置。通过使用实时追踪技术，可以实时追踪冷链产品在运输和存储过程中的位置和状态，确保温度和湿度等关键环境参数符合要求。不仅减少了货物丢失和损坏的风险，还提高了运营效率和客户满意度，帮助企业更好地管理和优化整个冷链供应链流程。

（8）远程管理技术。远程管理技术可以应用于冷链供应链的各个环节，包括生产、采购、运输、配送和仓库管理等。例如，通过在运输车辆上安装WLAN和其他通信装置，企业可以实时监控车辆位置、运输环境和产品状态，从而及时调整运输路线和条件，确保产品质量和安全。此外，远程管理技术还支持远程诊断和维护设备，减少现场维护的需求，提高设备运行的可靠性和效率。总体来说，远程管理技术的应用大幅提升了冷链供应链的整体效率和管理水平，使企业能够更好地控制成本、提高服务质量，并增强竞争力。

（9）安全保障技术。冷链供应链的安全保障技术在保护信息安全方面发挥着关键作用。其中，加密技术用于保护客户和其他敏感资料，以防止其在设备丢失或遭窃时泄露。另外，身份验证系统确保只有授权人员才能访问关键数据和系统。物理安全措施（如视频监控和安全门禁系统）则用于保护物流中心和仓库的实体安全。网络安全技术包括防火墙、入侵检测系统和安全审计，以确保网络通信和数据传输的安全性。这些综合的安全保障技术共同确保了冷链供应链在信息和物理层面的安全，从而提升了整个供应链的可信度和可靠性。

随着人们对生鲜食品、生物制药等需求的不断增长，冷链供应链的重要性与日俱增，只有先进的信息技术才能提供冷链企业所需的供应链功能。信息科技的发展和应用，已经使许多冷链供应链逐渐达到智能化和自动化的程度，冷链供应链上的任何一方都能轻松获取所需信息，从而大大减少信息搜集的成本，并扩大信息的传播途径。智能化技术不仅能有效协调供应链上下游企业的经济活动，还能优化企业内部各部门和岗位的职能和效率。此外，冷链企业应以信息技术为基础，向顾客提供增值服务，以建立长期稳定的关系，获得竞争优势。信息技术系统在冷链供应链未来发展中的重要性将进一步凸显，这不仅因为它们能够大幅提升效率和准确性，还因为它们在实时监控、数据分析和流程优化方面发挥着关键作用。因此，企业需要深入了解冷链供应链中的信息技术，以便更全面地认识这些技术是如何支持各个环节运营的，从而提升整体运营效率。同时，掌握信息技术的最佳实践，企业可以更好地应对市场需求及环境变化，确保产品质量和服务水平，从而在激烈的市场竞争中取得优势。

五、数字化冷链供应链中信息的特点与分类

（一）信息的特点

如今，信息已成为控制企业生存和发展的决定性要素，每个企业都必须面对有效整合信息的挑战。冷链供应链信息包括来自上下游企业的纵向信息、企业各部门之间的横向信息，以及宏观层面的信息。在冷链物流系统中，信息的传递与共享、上下游企业之间的经济行为与企业内部各个环节的功能行为是其核心问题。在冷链物流中，企业必须将与之相关的上下游企业都纳入一个链条。通过协同操作和运营，这些企业能够在一体化的信息系统管理下进行合作，共享资源和信息，加强了冷链供应链在市场上的整体竞争优势。同时，每个企业都可以用这种方法，以最小的单个成本和转移成本来获取成本上的优势。这一网络型的商业运作模型打破了传统企业边界，把各个独立的信息联系在一起。通过网络与电子商务，将以往分散的经营流程加以整合，涵盖从供货商到顾客的全过程。在此基础上，提出了一种新的物流管理方法，即通过对冷链物流企业的业务流程进行重组，以实现企业之间的冷链供应链信息共享。该模型为构建有效的冷链供应链信息共享体系奠定了基础。

冷链供应链中的信息具有以下特点：

（1）信息量大。伴随着冷链物流的活跃与贸易往来的增多，与之相关联的信息也越来越多。由于 POS（销售时点系统）的广泛使用，零售商可以在销售时间点上获得商品的种类、价格和数量等销售数据，并通过处理和分类，将这些数据通过 EDI 传输到有关企业。为提高补货效率，很多企业已开始使用 EOS（电子自动订货系统）。在未来，由于企业间的协作与资讯科技的进步，冷链上的信息量将会持续增长。

（2）更新快。冷链物流系统中的信息更新十分迅速。如多品种小批量的生产、多额度小批量的分销，再加上使用 POS 进行的实时销售等，各种各样的经营活动都在进行着，冷链供应链上的信息也在持续更新，而且还在以更快的速度进行着更新。

（3）来源多样化。冷链供应链中包含企业内部的生产、库存等信息，还包含企业之间的、与其有关的基础设施等方面的信息。为获得竞争优势，各企业之间必须进行有效的协作与合作。及时地进行信息交流与共享是实现这一目标的关键。凭借信息的标准化与格式化，以及使用 EDI 传输，很多公司都已实现了信息分享与全面使用，提高了供应链的整体效能。

（二）信息的分类

冷链供应链管理中的信息是由冷链供应链数据相互交叉生成的，因此冷链供应链信息可分为三大类信息：生产资源相关信息、管理系统中的信息和互联网相关信息。每类信息包含的详细信息内容如表 8-1 所示。

表 8-1　冷链供应链信息分类及内容

信息大类	信息子类	信息内容
生产资源相关信息	物料信息	原材料的供应与消耗信息
		生产加工进度信息
		生产加工效率信息
		生产加工质量信息
		生产加工风险信息
		动态库存信息
		退货产品可用性信息
		产品生产与质量追溯信息
	设备信息	设备动态产能及设备利用率信息
		设备可靠性与维护需求信息
	环境信息	生产环境控制信息
管理信息系统中的信息	企业内部管理需求信息	动态生产计划信息
		生产过程控制信息
		物料齐套信息
		物料需求计划信息
		采购订单与外包订单信息
		订单信息
		产成品交付信息
		资源约束信息
		供应链内部绩效评估信息
	企业外部管理需求信息	供应链整体绩效信息
		物流市场需求信息
		全渠道销售与营销信息
		客户反馈信息
互联网相关信息	影响需求的互联网信息	短期趋势信息
		长期趋势信息
	影响供应的互联网信息	供应链风险信息

1. 生产资源相关信息

生产资源相关信息主要由与生产资源相关的数据相互交叉生成，它可以帮助企业对其生产过程进行监控和管理。下面详细介绍这些信息的内容。

（1）物料信息。在数字化冷链供应链中，与生产资料相关的信息主要包括原材料的供应与消耗信息、生产加工进度信息、生产加工效率信息、生产加工质量信息、生产加工风险信息、动态库存信息、退货产品可用性信息以及产品生产与质量追溯信息。这些信息从生产、产品加工、质量、供应等多个角度全面描述了生产过程。在信息化时代，冷链供应链管理已经实现了对上述每类信息的独立生成和初步管理。在数字化供应链中，首先，冷链企业应对这类信息进行交叉验证，形成闭环式管理，以确保信息的有效性。其次，他们应该深入挖掘信息与决策之间的关联性，通过信息辅助决策的方式发挥信息的更大价值。这样不仅有助于提高生产效率，降低成本，还可以实现更精细化的资源控制和优化，进一步提升企业的竞争力。

（2）设备信息。数字化冷链供应链中与设备相关的信息主要包括设备动态产能及设备利用率信息、设备可靠性与维护需求信息。在冷链企业的生产过程中，动态产能和设备利用率通常是制订生产需求计划和变更生产计划的关键要素，是企业柔性决策必须考虑的重要信息。对设备可靠性与维护需求信息的有效管理，一方面能够确保生产的持续进行，另一方面也能够主动采取预防措施来保证冷链产品的安全性。在数字化冷链供应链管理中，设备信息应与物料信息一样受到冷链企业的高度重视并统一管理。

（3）环境信息。环境信息主要包括生产环境控制信息。当产品对生产和仓储环境有严格要求时，有效管理这些信息对冷链产品的安全性具有显著影响。因此，这些信息应纳入生产计划决策的考虑范围之内。

2. 管理信息系统中的信息

在冷链企业供应链数字化转型中，管理信息系统中的信息不仅是决策的结果，还会影响其他决策的制定，这种互动关系在信息和决策的交互中发挥着重要作用。因此，冷链企业应特别注意该类信息的传递和共享。

（1）企业内部管理需求信息。企业内部管理需求信息主要包括动态生产计划信息、生产过程控制信息、物料齐套信息、物料需求计划信息、采购订单与外包订单信息、订单信息、产成品交付信息、资源约束信息以及供应链内部绩效评估信息。当这些信息作为决策结果时，数字化冷链供应链应确保在决策过程中能及时获取准确的相应信息。而当这些信息作为决策的原因时，冷链行业应确保这些信息对于所影响的决策具有可访问性。此外，还需要通过智能优化进一步探索信息与决策之间的相互影响和作用关系。

（2）企业外部管理需求信息。企业外部管理需求信息主要包括供应链整体绩效信息、物流市场需求信息、全渠道销售与营销信息以及客户反馈信息。这些信息来自合作伙伴企业，对冷链企业的生产和配送具有重要影响。在冷链供应链的数字化转型中，企业在制订各类供应链计划时，除考虑资源限制因素外，这类信息是主要考虑因素，应确保它们在相应的管理决策中能够被获取和使用。

3. 互联网相关信息

互联网相关信息主要影响冷链企业的需求与供应环节，希望实现更高程度数据化的供应链数字化转型的冷链企业，应加强其与相关决策之间的互动管理。

（1）影响需求的互联网信息。影响需求的互联网信息主要分为短期趋势信息和长期趋势信息。这类信息对数字化冷链供应链的需求预测有影响，也会对企业的产品开发产生影响，并且将持续产生影响。在进行冷链供应链数字化转型时，冷链企业应建立与需求管理、产品生命周期管理和产品设计等决策优化之间的可靠联系。

（2）影响供应的互联网信息。影响供应的互联网信息主要包括供应链风险信息。在冷链供应链数字化转型中，对供应链风险信息的最佳利用方式是及时更新其状态，识别潜在风险，并制定相应的管理预案，以提升供应链的韧性。数据与信息之间通常存在一对多的关系，即同一种数据可以作为不同信息的来源。因此，冷链企业应积极探索数据所能生成的信息的更多可能性，从而为数字化供应链管理提供更多价值。此外，随着冷链企业对供应链数字化管理能力的不断提升，供应链管理决策可以越来越多地利用广泛的信息，因此信息需要实现对更多决策的可达性。

六、冷链供应链数字化转型与信息融合

图 8-2 所示为信息融合问题的逻辑基础以及它在三个驱动要素中的定位。具体来说，冷链企业在将收集的数据转化为信息后，需要借助传输媒介并经过授权将信息传递至受其内容影响的管理决策点。信息的流通范围并非随意，它与哪些决策点有关联，这与数字化供应链的业务流程紧密相连。不同的业务流程导致不同的决策过程，进而决定了信息的影响范围。因此，信息融合的建模思路应当是根据业务流程推导信息授权。

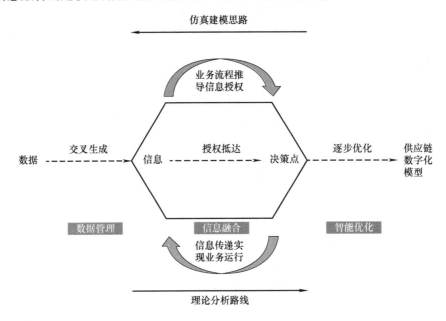

图 8-2 信息融合问题的逻辑基础

（一）信息融合的业务需求与管理原则

信息融合是指冷链供应链内部职能部门以及参与伙伴之间共享相互关联的计划、生产和销售方面的信息，以降低冷链供应链的不确定性，减少意外因素带来的破坏性影响，并提高预测和执行的准确性，从而实现冷链供应链的高效运行。冷藏食品供应链中的信息融合不仅包括企业内部的信息融合，还包括合作伙伴之间的信息融合。在管理冷藏食品供应链时，信息必须顺利传递给使用者，以发挥其应有的作用。可以说，信息融合在冷藏食品供应链中具有极其重要的地位。为了确保信息的及时融合，必须建立合理的信息传输渠道，形成信息融合网络。从系统理论的视角来看，企业中的信息不仅可以作为资源本身带来经济价值，还能够连接和协调各个要素。冷链企业与销售终端之间的信息融合对于企业的有效经营至关重要。这种信息融合能够帮助企业准确获取市场需求，并将其进行及时的管理和统筹。信息融合在管理实践中受到多种因素的影响，很少有全局范围内良好的信息融合。例如，在企业之间由于信息安全方面的顾虑，冷链供应链合作伙伴之间并不会将所有信息相互开放，而是根据合作意向和合作条款将部分信息较为粗略地提供给合作伙伴。所以很多信息仅在业务系统

内部或少数几个业务系统，如 OMS（订单管理系统）、WMS（仓储管理系统）、ERP（企业资源计划）系统之间能够实现信息融合。相比于传统供应链的数据管理，冷链供应链数字化转型管理中的数据在颗粒度、维度、实时度上有了显著的提升，想要发挥数据价值，则需要将数据所生成的信息在更广的决策范围内共享，因此冷链企业应该重新分配信息的融合范围。为了减轻通信技术和业务软件数据库的负担，可以先授权部分信息进行大范围甚至全局范围内的融合，另外一部分信息暂时仅授权在局部范围内融合。因此，冷链供应链数字化转型的信息融合的管理需要找到有效的划分依据，对信息融合的授权等级进行划分，在技术能力与管理能力共同进步的基础上，逐步探索并实现所有信息的全局融合。

冷链企业供应链数字化转型的信息融合应遵循如下管理原则。

（1）高效性。在冷链企业供应链数字化转型的信息融合管理中，应该根据信息影响范围的大小对不同信息进行差异化管理和授予相应等级的融合权限。对于影响较大、关联性强的信息，应授予更高的融合权限，使其在更广的业务系统中可触达。对于影响较小、关联性较弱的信息，应授予较低的融合权限，使其仅在几个直接相关的系统中可触达。这种区分信息融合管理的方式可以有效平衡管理需求和业务系统的负荷与安全性问题，实现高效的信息融合管理。

（2）流程性。由于不同冷链企业运营的产品各异，因此冷链供应链的管理流程也随之不同。即使针对相同的产品进行生产，不同的企业往往拥有独特的业务流程，不存在通用的管理流程。此外，供应链管理决策点在企业业务流程中所处的位置也会影响其接收的前向信息或决策以及后向信息或决策。不同的业务流程决定了不同信息的融合所能带来的决策收益存在差异。因此，企业在选择需要融合哪些信息时，必须要充分考虑自身特定的业务流程。

（二）信息融合的管理目标

（1）提升业务衔接能力。冷链企业内部供应链环节各自的业务需求各不相同，如果这些需求不能有效沟通，将导致需求无法被及时满足，进而影响环节的顺畅运转和产能的有效利用，降低库存周转率。此外，冷链供应链上的各企业也存在着各自的业务流程和业务需求，如果这些流程不能得到有效的衔接，将很容易导致冷链供应链运转效率低下，增加供应链总成本。因此，在冷链供应链数字化转型的信息融合管理中，应该充分考虑不同环节和企业的业务需求和流程差异，通过差异化管理和信息融合授权，实现信息的高效利用和供应链的高效运转。

（2）促进冷链供应链的全局管理。冷链企业中的信息具备层次性和递进性，冷链供应链管理的核心在于对物理世界进行信息全面管理。冷链企业内部供应链的高效运行有赖于内部信息的共享。同样地，外部冷链供应链的高效运行也需要企业间的信息共享作为基础。通过内部供应链中的信息共享，各环节能够将全局效率纳入决策考量，实现高效运转。外部冷链供应链的信息共享则有助于各企业制定双赢和可持续的合作策略，从全局角度降低冷链供应链的成本并提升供应链的效率。

（3）提升冷链供应链管理决策效用。信息融合的目标是提高冷链供应链管理决策的效用。在冷链企业的供应链管理现状中，一方面，冷链供应链每天都会产生大量的数据和信息，企业对于这些信息的价值开发还远远不够。另一方面，由于信息资源的不足，冷链供应链管理决策的效用较低，与预期的管理效果有一定差距。决策效用的提高不仅依靠更加高效的算法，还需要充分的信息素材。能够抵达决策点的信息的维度越多，涉及的范围越广，越有利于企业提高供应链管理决策的效用。为了实现决策效用，冷链企业应该加强对信息融合的管理。

（三）信息融合的数字化属性

数字化时代对冷链供应链管理效率的要求越来越高，冷链企业的供应链管理在制定决策时对信息融合的需求也越来越大。为了制定适合应用的信息融合方案，需要明确信息融合的数字化属性。具体来讲，冷链企业供应链数字化转型的信息融合呈现出以下特征。

（1）多种信息融合形式共存。信息的融合与共享是冷链供应链管理中的关键内容，各家企业一直在积极探索和尝试。随着数字化技术的不断进步，企业的信息融合实践采用了多种形式，例如 SaaS（软件即服务）、企业平台、数据库交互等。由于冷链供应链涉及众多企业，在对信息融合进行管理时，冷链供应链需要应对多种信息融合形式共存的问题。不仅需要消除业务系统之间的障碍，还需要考虑不同信息融合方式的差异。在实施冷链供应链数字化转型的信息融合时，冷链企业需要从技术和管理的角度共同探索解决方案。

（2）信息融合权限逐步开放。由于在信息安全、信任度、合作深度和系统壁垒等方面存在问题，当前冷链企业信息融合程度相对较低，能够在多个供应链环节实现可达性的信息较少。提升信息融合权限是一个逐步探索的过程，仍有很长的路要走。为改善这一状况，一方面可以从供应链运营观念、技术先进程度和合作深化入手，另一方面需要实现需求拉动。从业务和管理需求中识别出最需要融合的信息，并授予较高的融合权限，使其在供应链上可达；提高管理收益后持续优化业务流程，根据优化后的需求扩大授予高融合权限的信息范围，最终逐步实现信息的全面融合。信息融合所呈现的数字化属性能够帮助企业认清信息融合管理中遇到的问题。在制定实施方案时，要结合业务和流程情况，选择适合自己的信息融合内容和路线，进而提高数字化供应链决策效率。

（四）信息融合的内容

信息融合的内容主要分为三个部分，即需求管理中的信息融合、采购管理中的信息融合，以及生产或加工过程中的信息融合。

（1）需求管理中的信息融合。冷链企业与销售终端之间的信息融合的目标是减少需求信息的延迟和错误，以满足市场对产品和服务的实际需求。信息共享能够促进供应链合作伙伴之间的协作和分工。减少信息的不确定性可以降低冷链企业和销售企业的库存水平。订单数量是需求管理的结果。在没有信息融合的情况下，销售企业会根据销售和库存剩余情况自行决定采购订单的数量和频率，而冷链供应商则被动地接受产品订单的需求。如果供应商和销售企业合作并实现实时共享销售和库存数据，双方可以共同确定订单的数量和频率，或根据协议规定，在满足最低库存条件的前提下，供应商可以自主决定订单的生产和配送，这就是供应商管理库存（VMI）的实践。通过信息融合来进行需求管理，可以为上游企业提供更多缓冲生产计划的时间和条件。如果上游企业与销售企业在合作中不仅共享销售和库存数据，还共享战略信息，双方可以根据产品生命周期的发展情况、市场销售战略规划等信息进行更深入的信息交流，进一步完善需求管理，从长远角度规划和预测需求。这方面的信息融合对于销售企业来说，能减少销售策略的盲目性，增加计划性销售，以提高单品销售利润；同时也能让消费者获得更新的生产商品，从而提升客户满意度；还可减少库存过剩和缺货情况，在产品生命周期的稳定阶段稳定产品供应，并在末期减少滞销产品的浪费，从而降低整个供应链的成本。

需求管理的进一步整合是在订单中考虑冷链上游端的产量情况和生产企业的生产资料供应商的供应能力。双方可以商议在产量和生产资料供应能力允许的前提下，实现多大程度的需求变更。上述信息融合可以使上游企业充分利用它们的配送能力，提高配送的灵活性。同时，这也可以让销售企业更快速地了解到变化的可行性，进而制订合理的采购与销售计划。此外，双方的密切合作还可以增进合作的紧密度，实现更加长期、稳定的合作伙伴关系。上游企业在需求管理中实施信息融合时，可以根据与销售企业的合作程度、合作需求和双方的管理能力，自主选择信息融合的程度，并根据需要配置融合的信息。除明确融合的信息内容外，还需要规范和以数字化的方式管理合作协议、合同内容和合作流程，以实现协同合作的规范性和可记录性。

（2）采购管理中的信息融合。生产企业与供应商之间可以通过生产和产量信息的互联互通，减少冷链产品供应波动对销售的影响。实时跟踪和反馈各自的冷链产品供应情况，使上游企业能够根据冷链产品的供应能力来调整供应和配送计划。在没有信息融合的情况下，冷链生产加工企业将根据自身的订单交付需求来决定采购数量和频率，而供应商则被动地接受采购订单。这种采购方式的不足之处在于缺乏计划性，供应链提前期较短，缓冲余地不大。为了实现采购管理的信息整合，采购管理应该由经验管理升级为数据管理。冷链生产加工企业和生产资料供应链应共享订单信息和生产加工信息，共同制定符合双方利益的供应方案，既满足订单的个性化和不确定需求，又保证双方企业的合理利润，提升冷链产品交付的时效性，减少"牛鞭效应"。仅对到货的原材料进行质量检查无法预防问题，也无法了解后续使用中的质量情况。冷链产品质量检测与生产加工企业生产情况相结合，能够得到更可靠的冷链产品信息。同时，在冷链企业中将原材料供应的质量管理与供应链的生产过程中的信息融合，可以协助供应商改善生产流程与技术，以实现更稳定的原材料供应。在采购管理中，存在着许多重复而且烦琐的常规工作。然而，通过流程自动化和决策技术的运用，可以实现采购流程的数字化管理，从而简化整个流程。此外，信息融合还可以提高信息的透明度和全面性，企业可以利用这一点来增加采购流程的智能化程度，降低采购成本，并提高采购的灵活性。采购寻源工作更具开放性，充分了解原材料行业和市场信息以及各供应商的供货能力及价格信息，可以帮助企业进行最优的供应商选择，并改进其选择机制。这些需要企业在采购寻源和决策时融合多方面的数据。

（3）生产或加工过程中的信息融合。实现整条供应链信息融合的基础是生产或加工过程中的信息融合。企业内部的信息融合是信息管理的核心部分，它不仅是与供应商之间的信息融合的基础，也是与客户之间的信息融合的基础。如果没有企业内部信息融合的支持，企业与合作伙伴之间的信息融合将无法实现。冷链供应链管理涉及库存计划、设备管理、生产运输和物料需求等诸多管理内容和决策，这些方面互相关联并相互牵制。企业内部的信息融合必须考虑到所有部门的业务流程，以便制定决策并实现供应链的全局管理。冷链公司必须在内部和与其他公司之间的所有环节中，全面实现信息融合。通过整合数据和信息，将冷链企业的生产和支持过程紧密联系起来，确保每个环节都能够了解之前和之后的工作情况。在生产管理中，信息融合起着重要的作用。每个生产运营过程都通过采集并传输进度信息，与其他过程进行交流。这样，每个过程都能够感知和理解上下游信息以及自身信息，从而进行分析、判断和规划。一旦某个环节出现问题，与该问题相关的环节将立即接收到预警信息，并相应地调整计划和进度。

对生产或加工过程中的信息进行融合可以降低生产系统由于信息不畅所导致的时间浪费，并且降低由于生产中断导致的计划之外的冷链产品库存，最大限度地保证冷链产品的安全。在生产过程中，对每个工序的运行时间和辅助运行时间进行计划和安排。此外，产品设计的原料采购、生产加工、产品装配半成品和产成品等信息也都被信息管理系统获取，并在整个生产过程中进行共享。为了制订生产计划，我们需要平衡生产资源和生产需求，及时与产能计划连通。生产线信息与设备运行信息需要能够在线可视，随时生成生产报告，用以对生产过程进行管理和各类计划的制订。在生产管理的信息融合中，尤其要注意运用传感器数据所采集的信息。对信息系统中的计划信息与记录信息进行同步与更新，保持信息的一致性。注意设备的检查维护信息的及时更新，保持实际产能和计划产能的一致性。注意产品质量检测信息的及时更新，保持实际交付和计划交付的一致性。从面向客户的方面来看，冷链企业应能够实现客户对订单的可视化，使得客户能够了解生产和库存状况。配送进度信息甚至配送过程中的产品状态信息对供应链下游企业的管理都至关重要，尤其是当配送过程出现意外状况时，生产和下游企业或销售企业都可以及时采取相应措施应对突发状况。

第三节　技术创新与数字化冷链供应链

冷链供应链正在经历巨大的变革，由于颠覆性的技术创新，交付及时性、冷链产品可追溯性和产品完整性等冷链供应链服务指标已经逐渐超越客户的期望，推动了冷链供应链的数字化转型进程。在数字经济不断发展的当下，先进的数字技术已成为冷链供应链管理的核心。它能够追踪冷链供应链的各个层级之间的联系和行为数据，最大限度地提高供应链的效率，并满足冷链供应链中各个节点企业和客户对灵活性、可视化和透明化的需求。这些先进的数字技术正在彻底改变现有供应链的管理和运营模式，成为冷链供应链数字化转型的重要战略技术趋势。基于网络信息技术建立信息和交易平台，推动冷链物流业务的活动。平台冷链物流主要有两种业务模式：一是构建一个集物流供应商、需求供应商和金融财务结算服务于一体的虚拟"物流市场"；二是通过跨界联盟，为冷链的供需双方在其信息平台与操作平台上建立一个无缝的流通平台，并在此基础上，建立起供应链上、下游企业之间的虚拟联盟。冷链物流产业融合指的是在不同行业内部（如医药冷链物流、生鲜农产品冷链物流等）或冷链物流产业与第一、第二和第三产业中的某个行业之间，通过各种模式的交叉和一些要素的相互替换和补充，最终会产生一种新的、带有某种工业特性的新的形态。企业间的一体化是一种动态的过程，它包括了不同行业之间的技术、商业与市场的结合。

一、冷链供应链新技术的类型

随着物联网、大数据分析、云计算等技术的广泛应用，我国智能物流面临着全新的发展机遇。在"互联网+"的大背景下，智能物流的发展迎来了新的契机。物联网技术的兴起为智能物流的优化升级提供了有力支持，尤其在物流行业的应用上。运用地理信息系统（GIS）、交通导航、手机网络等先进的技术，对物流车辆及货物进行实时监测与管理，提高了商品的辨识和资料采集的能力，利用电子标记及智能辨识系统，提高了运作的效率，并使整个的物流体系得到优化。

1. 物联网

物联网是由大量物流设备构成的网络，可以感知和传递内部和外部环境的信息。在冷链供应链网络中，物联网的应用越来越普遍。作为大数据的重要来源，随着互联设备的迅速增长，物联网设备将收集海量数据。利用无线射频识别技术和传感器技术，物联网主要用于提升冷链供应链的可视化程度，动态追踪各环节的库存，并监控运输环境状态以保障运输的安全。物联网技术对供应链管理产生了广泛的影响，如提高资源利用率、改善冷链供应链的端到端性能，以及提升冷链供应链的可视化程度和可靠性水平。

物联网在冷链产业中的应用将推动运输智能化、物流可视化以及信息透明化发展，从而让冷链产业创造更多价值。生产商、物流商、销售商和消费者等冷链产业相关方，可以通过各种可接入互联网的终端，随时随地了解易腐货物的状况，享受物联网技术带来的安全性和及时性等方面的变革。物联网技术具有无线终端、电子闸口、电子地磅、条码应用、电子标签及 EDI 等多个界面，具备即时监测功能。利用物联网技术对冷链车进行自动识别，加快了冷链车的通行速度，缓解了冷链车在运输过程中的拥挤状况，实现了对易腐货物进行跟踪。在作业指导方面，互联网技术可以进行智能预警，通过对重要数据或异常数据的预警，提高管理效率，规避风险。消息通知可对实效性要求高的信息进行即时提醒，加快作业效率，也可以进行柔性智能控制，统一指挥作业。物联网技术的应用可以减少冷链中的冷库和分销点的人力成本，同时节约了监控成本。信息技术的应用是提高运作效率、降低供应链成本的重要因素。

通过物联网获取冷链供应链管理数据，有助于深化合作关系。利用物联网和传感器技术，合作伙伴可以在全球任何地点进行协作和合作，从而实现供应链的有效支持。不需要亲自接触产品，就能实现控制和协调。物联网的应用还能增强机器在生产过程中的智能化水平，该技术依赖于多种自动化和数据通信技术。通过将信息技术与冷链企业相融合，可以将更复杂的智能技术集成到机器中，并将连接性延伸至组件层面。除此之外，物联网的广泛应用也推动了大数据分析的发展。借助网络物理系统，可以获得供应链管理信息，从而提高物料流的透明度，增强信息的可获取性，促进信息共享，并扩大企业的影响力。采用网络物理系统的实施策略，能够从多个方面缓解牛鞭效应对业务的影响，包括减少时间延迟、建立直接的质量反馈回路和优化冷链等措施，处理供应链上的需求信号。利用射频识别技术来标识商品，可以减少存货损失，提高处理的效率、速度和信息准确性，并改善产品的可追溯性和冷链供应链之间的可见性。基于 RFID 技术，公司可重新考虑重要决策，如订单政策、后台流程的补货、库存地点等方面的决策，并改善冷链供应链绩效。在智能工厂中，企业需要利用物理数据收集，实现生产工具和流程的相互感知与协作。通过实时采集和管理数据，信息系统可以对数据进行彻底集成和透明融合，从而创造新的信息和知识，提高价值和效率。数据驱动的管理有助于建立远程监控系统，而数据驱动的数字化冷链供应链则能在提高供应链透明度、降低库存、改善需求预测等多方面发挥重要作用。

2. 大数据分析

大数据目前并没有一个明确的定义。维基百科对大数据的定义是：在特定的时期，不能通过传统的或普通的软件方法和工具来获得、管理和处理的数据。麦肯锡给它下了这样的定义："大数据"是一种规模大到在获取、储存、管理、分析方面大大超出传统数据库软件工具能力范围的数据集合。

这些定义都强调了大数据规模的庞大。《大数据时代的历史机遇——产业变革与数据科学》一书强调了大数据所具有的深度价值，指出"大数据具备在多样或大量的数据中迅速获取信息的能力"。大数据的核心价值通常被认为是预测，而预测的能力则源自数据挖掘。数据挖掘技术的成熟基于云计算、人工智能、移动互联网等高新科技的进步。通过应用大数据，企业可以提高预测或洞察力。在商业、经济、政府及其他领域，将逐步采用数据和分析作为决策的依据，而非仅依赖经验和直觉。

大数据分析被用来描述对可能被企业和供应链获取的大量结构化、半结构化或非结构化数据的筛选和分析。在冷链供应链中，大数据分析技术的应用常常体现在以下方面：追踪全球交付网络中每天发送的冷链产品，包括其来源和目的地、重量、内容和位置等；通过物联网和云计算，对收集到的海量数据进行分析和处理，从而进行供应链的预测性分析。预测性分析的优点在于，这种类型的分析能够较为准确地预测未来可能发生的事情，并提供相关原因。这对于冷链企业做出正确的决策具有至关重要的影响。

随着大数据和云计算技术的不断发展，智慧物流得到了快速的发展。人们运用大数据技术，实现了信息共享、协同作业，优化了资源分配，实现了物流操作与管理的透明化、便利性和效率。大数据时代的来临，对物流行业将产生深刻的冲击。因此，如何有效地把握大数据给物流企业提供的机会，是提高其核心竞争能力的关键。与此同时，将大数据技术运用到供应链中，可以实现物流、信息流和资金流的融合，也能够将市场、行业、企业和个人连接起来，让冷链供应链变得智能化。以下是大数据在智慧供应链中的应用。

（1）贯通物流供应链各环节。通过在智慧供应链中应用大数据，可以将物流供应链的各个环节连接起来。智慧供应链利用大数据的应用，能够将供应商、生产商、销售商、客户、物流服务商乃至供应商的供应商和客户的客户连接起来，让大数据成为企业运营决策的核心，帮助企业在供应链的采购物流、销售物流、客户管理等环节构建所需的数据供应链。

（2）掌控实时信息。通过大数据在智慧供应链中的应用，可以实时掌控和推送物流信息，包括外部数据和内部数据。这使得供需双方能够及时获取适用的市场信息，及时获取渠道合作伙伴及终端的销售资料，对配送的货源信息进行匹配，并对物流的在途状况进行精准把握。

（3）及时响应与优化供应链。通过大数据在智慧供应链中的应用，可以及时响应并优化冷链供应链。通过获取和分析冷链供应链相关信息，优化采购物流协同业务执行，并迅速掌握整个冷链供应链环节的运作情况。这有助于制订相应的行动计划，实现冷链供应链运营的高效、快捷和正确决策，解决供应链中存在的问题，如供应不足或过剩、生产与运输不协调、库存过高等。将"冷链+智能装备""冷链+大数据""冷链+智慧生活"等技术相融合，有助于构建新型"冷链+"产业集群模式，促进我国冷链物流产业的升级与发展。另外，加强智能分拣和智能温控等冷链智能技术装备的运用，也有助于改善冷链的信息化程度，提升冷链物流产业的核心竞争力。

3. 人工智能

人工智能旨在复制人类的表现，通过运用机器学习等技术来推断行为结果，从而模拟人类的行为。这意味着能够理解复杂的信息、与人类进行信息交流，并能够替代人类执行非常规或危险的任务。除此之外，人工智能还能够利用大量的内外部数据进行分析，持续地监控供应链的各个环节，从而推动供应链流程的自动化。它可以进行需求预测、风险识别、设备预测性维护等操作，从而提升人类的决策能力。在供应链领域，人工智能的应用场景一般包括优化物流配送路径、提高订单交付效率和服务质量，以及提升客户满意度等。对设备潜在故障进行预测并发出警报，以确保设备安全持续运行。实施灵活的库存管理策略，以避免库存过多或不足的情况，以降低企业运营成本。我国每年对生鲜农产品的需求庞大，随着生鲜农产品市场需求稳步增长和生鲜电商模式的迅猛发展，冷链物流业呈现爆炸性的发展态势。从采摘加工、包装、运输、仓储、装卸搬运、配送等环节到生鲜农产品的全过程衔接与智能化控制，都是保障农产品品质安全的关键。近年来，我国生鲜农产品冷链物流研究取得了长足的进步，但也存在着诸多问题。通过推进现代冷链流通，建设一个安全绿色、畅通高效、智慧便捷、有力保障的冷链系统，能够极大地降低生鲜农产品在流通过程中的损耗与浪费，并提高市场供应的品质。

4. 云计算

云计算是一种新型的计算方式，通过分布式计算、并行计算和网格计算等技术，将灵活可扩展的虚拟资源以服务的方式供给用户。它不仅能够存储、计算和挖掘数据，还能以低廉的"租赁"服务形式为客户提供服务，降低客户购买和维护软硬件等设施的成本。除此之外，云计算保证了高可靠性、多用途，以及数据存储、操作和挖掘。在此基础上，以物联网、云计算等技术为基础，构建一种完备的数据收集、分析、处理与共享机制，并以此为基础，构建以云计算为基础的冷链物流体系，以推动实现"运输千万里，追溯零距离"的目标。

云计算通过对海量数据进行计算和分析，将自动化指令传达到工作终端，实现物与物之间的连接。在供应链中，云计算常常被用于以下情境：通过智能化的数据处理能力，提高冷链供应链的可视化监控水平。利用大数据处理和分析，结合对客户信息和产品使用习惯的分析，以及外部环境变量（如自然环境和政策环境），绘制客户画像（包括年龄、地区、偏好等信息），为产品研发设计部门提供更明确的方向，从而有助于进一步扩大市场份额。云计算技术常常以云平台的方式展现，云平台是一个智能化的供应链管理平台，集成了数据的收集、处理和分析功能。随着经济的迅猛增长，冷链物流配送已经成为物流运输中不可或缺的重要环节。我国的冷链物流运输转变为由第三方进行运输，同时运输成本也在逐渐减少。目前，人们正致力于研究如何建立一个完善的冷链物流分发系统。在电子商务的推动下，冷链物流的配送正在从传统的配送方式向现代化的配送方式转变，实现了跨地域的配送、强调实时性，以及联合作业的运作模式。在冷链物流配送过程中引入云计算和智能物流的理念，可以有效地提高资源整合能力，实现按需分配，从而提升配送效率，进而提高企业的经济效益。

5. 区块链

电子商务的迅速发展极大地拓宽了冷链物流的渠道，也为我国冷链物流提供了新的增长点。在信用证、国际金融、股票交易、股份登记等方面，区块链技术具有潜在的应用前景。它也可以和供应链物流紧密地融合在一起，减少物流费用，并且能够追溯到货物的生产、运输、仓储和配送等各个方面，提升货物的流通效率和质量。冷链物流中的质量提升、低温环境长期保持，以及数据传输等方面都将因区块链技术的引入而带来一系列新的技术和模式。一是利用区块链技术的支持，GPS能够实时地记录有关的数据，并对运输过程中的农产品进行身份验证，从而能够实时地了解运输工具的位置，并为数据的溯源提供有效的信息保护。

当问题发生时，我们也能提供有力的信息支持来解决问题。二是农产品的质量保证离不开智能温控技术的应用，为了保证农产品在运输过程中保持高质量，必须始终进行全程温度控制。通过采用全程冷链流通技术，可以保持商品处于冷藏状态，从而保证商品的质量。通过全程使用区块链技术进行质量监控，可以有效地减少产品损耗，并降低由于运输损耗所产生的昂贵费用。三是物联网技术使产品在网络中具备了价值，能够通过可视化管理对商品进行全面控制，有效地维持商品所处的温度环境。物联网技术能够实时获取温度信息，从而减少货运过程中无法控制的情况所带来的损失。农产品的质量安全关系到百姓的"菜篮子"，是关乎民生大计的重要事情。因此，农产品质量安全追溯显得尤为重要。区块链技术在农产品冷链物流溯源方面具备独特的无可篡改性和相对的安全性，可以为农产品质量安全提供强有力的保障。基于区块链技术的电商冷链溯源系统具有以下优点。

（1）全民监督，确保冷链产品的安全。冷链溯源系统的应用将冷链行业各方紧密联系，国际信息共享是保障冷链食品安全的重要基础。基于区块链的可信收集和链上信息的不可篡改，共同监督冷链流通环节确保冷链生产流程的安全可靠。

（2）共建共治，规范市场经济秩序。冷链可追溯体系的建立，打破了冷链物流企业间的信息壁垒，减少了企业的信用成本。在保障冷链企业的品牌的前提下，推动其迅速地进行变革与升级，使资源配置得到最优的配置，对我国的供给侧结构变革做出回应，从而使电商冷链产业能够继续、健康地发展。

（3）降低企业成本，提高企业效益。冷链追溯体系以区块链为基础，省去了中间商、代理商等环节，减少了物流成本。该系统通过构建完备的标识机制，使得在追溯与查询过程中，可以对冷链食品的品质进行准确的判定，而不需要任何第三方的认证机构或者权威机构，从而降低了生产成本。当发生冷链食品安全事件时，区块链网络可以迅速地追溯到被污染的冷链食品的源头，并对不合格的批次进行准确召回，从而避免将所有类似的商品都下架，有效保护资源，提升冷链效率，让电商冷链企业的利润获得增长。

（4）增加农民收入，助力精准扶贫。利用冷链溯源系统的底层技术——区块链，我们可以实现精准扶贫。此外，它还连接了大型物流公司、供销社、大型电子商务和高端生活社区，为农民提供了多种直销方式。这种做法有助于在推动冷链产业发展的同时，也能提高农民的经济收益。

区块链技术的进展尽管还未达到完全成熟的阶段，但其作为一个有潜力的技术方向，已经吸引了供应链管理行业的大量关注。利用区块链技术，冷链供应链中的各个节点企业能够追溯供应链各个环节中任何参与者的历史记录。在冷链供应链的应用中，区块链技术有以下作用：追踪全球的物流传输，从而缩短文件处理的时间并提高进出关的效率；利用区块链技术，可以确保信息的完整性，增强供应链的安全流程，避免假冒和低质量产品的流通，从而有助于提升供应链的整体效益；区块链技术为B2B流程带来了新的定义，确保了供应链中上下游企业的连接安全，并推动了信息与数据的深度共享。

二、冷链供应链新技术的应用与新业态

（一）冷链供应链新技术的应用

在我国冷链物流快速发展的背景下，冷链物流信息化的发展相对滞后，已经成为制约冷链企业快速发展的一个重要因素。大数据、云计算等新兴互联网技术与电信网络等的高度结

合，对构建现代物流管理信息化具有重要意义。

（1）在仓储管理中应用大数据和云计算。采用射频识别技术，在冷库的进出口处设置智能读卡机，可以大大降低人工作业的工作量，缩短进出库的时间，提高工作效率。通过在冷藏库中设置各种传感器，对货位进行实时监控，从而实现对货位的合理控制。总的来说，大数据与云计算技术能够极大地改善库房的自动化管理，使库房的状况能够得到自动调整，从而使管理的效率得到更大的提升，同时还能减少库存管理的费用。

（2）在运输环节应用大数据和云计算。大数据和云计算技术在生鲜产品运输环节的应用可以极大地提高生鲜产品的物流效率，促进产品的高效流通。该算法可以实时、精确地安排新鲜产品的运输，提高配送效率，避免低效配送。此外，在运输过程中对生鲜产品进行动态监测，保证产品的品质与安全。与仓库管理相结合，进行更科学的运输决策，增加运输的合理性，降低损失。综上所述，大数据和云计算技术在生鲜产品运输中的应用有助于提升效率，确保品质，减少损耗。

（3）在信息共享建设中应用大数据和云计算。利用大数据、云计算等技术，实现信息的共享与同步，使冷链物流中的各个参与方能够更好地进行协作，实现信息的快速传递与计算，避免信息扭曲，从而使参与方能够更加及时、准确地对生鲜产品冷链物流各个环节的信息进行挖掘与分析，保证高品质物流服务。在生鲜产品冷链物流的各个过程中，大数据、云计算等都起着举足轻重的作用，为企业的信息化管理提供了强有力的技术支撑，让新鲜产品"从田间到餐桌"都能变得更加安全、可控，给广大群众带来更多便利。在冷链物流观念和信息技术不断创新、信息化建设和冷链物流信息化水平不断提升的今天，我国冷链物流的仓储、配送等业务信息将由异质、分散向统一和集中化转变，我国生鲜产品冷链物流必将充满活力。

（二）冷链供应链新业态的类型

（1）中央厨房。2023年，《食品经营许可和备案管理办法》明确规定，中央厨房是指由食品经营企业建立，具有独立场所和设施设备，集中完成食品成品或半成品加工制作并配送给本单位连锁门店，供其进一步加工制作后提供给消费者的经营主体。

（2）无车承运人。作为承运人，与托运人订立运输契约，对其负有一定的责任和义务，并将其委托给实际的承运人来完成其所需的货物。它在经营货物时没有自己的车辆，具有双重身份，即对真正的发货人来说是承运人，对实际的承运人来说是发货人。通常并不直接参与特定的运输运营，而是集中在运输组织，货物分配，运输模式以及物流运输路线的选择上。

（3）无库承储人。非自有冷藏库但从事货物存储的人员或机构。它和一般的仓储代理商不一样，它的职责是对货物进行调配、对车辆和仓库车辆进行调度、对库存的信息进行管理，并不直接参与货物的储存作业。其收益来源为冷链物流各参与方在"无库承储"平台上的注册成本和与大宗商品仓储代理产生的服务差价。服务的主体为真实的货主、委托方和第三方物流企业。

基于电子商务的冷链物流是指因生鲜电商的发展而衍生的冷链物流配送业务，它将线上商务活动和线下物流服务进行有机结合。我国电子商务的飞速发展，特别是网络购物迅速增长，强劲推动了电子商务物流服务，特别是快递服务的进步，使其成为商品流通的重要通道。电子商务的兴起对物流业产生了巨大影响，主要在物流信息化、网络化，以及配送时效性和准确性等方面显著体现。此外，电商企业自办物流也成为新的趋势。

（4）冷链物流联盟。这是一种介于独立企业和市场交易之间的组织形式，旨在促进企业自身的长期发展。这种联盟以物流合作为基础，由两个或多个企业通过各种协议和契约建立，形成松散的网络组织，以实现优势互补、风险共担、利益共享。有学者认为，物流联盟是为了满足客户对综合物流服务的需求，由两个以上物流企业通过股权参与或契约联合形成的集约化物流作业联合体，具有风险共担、利益共享、优势互补、协同运作的特点。

▷ 本章小结

学术界和产业界从技术和管理层面解读了冷链供应链数字化转型。在技术层面，数字化技术，如信息收集、存储和传输设备的应用帮助企业建立了大数据冷链供应链管理模式。数字化冷链供应链不仅是数字化技术在供应链领域的简单应用，还体现为企业对内外部资源、机会和能力的整合，以适应数字化环境。通过这种管理层面的转型，企业可以更好地应对各种挑战、冲击和机遇。

冷链供应链数字化转型的目标：提升物流效率、提高产品质量和安全性、增强可追溯性、优化库存管理、降低运营成本、提升客户满意度、促进可持续发展、提高供应链灵活性和应变能力、促进创新和商业模式变革。冷链供应链数字化转型的基本原则：系统性原则、效率性原则、业务性原则、数据驱动原则和决策优化原则。数字冷链供应链的主要特点：数字化、可视化、智能化、柔性化和生态化。

冷链供应链数字化转型的运作管理环节：数据交叉生成信息、信息授权抵达决策点/优化点、优化点逐步优化实现冷链供应链数字化转型。

数据管理的目标：建立物理世界与网络世界的联系是冷链企业盈利的关键因素，为信息融合和智能优化奠定数据基础，改进信息交互是冷链供应链数字化转型的另一个重要影响因素。

冷链企业供应链数字化转型的信息融合的管理原则：高效性和流程性。信息融合的内容：需求管理中的信息融合、采购管理中的信息融合，以及生产或加工过程中的信息融合。

▷▷ 综合案例

菜鸟网络冷链物流平台的供需匹配模式

在生鲜电商的市场中，天猫生鲜平台有较高的市场占有率，菜鸟冷链平台围绕天猫生鲜平台的多个商家服务，逐步成为中国最大的生鲜电商物流服务平台之一。依托其股东皆为中国行业巨头的优势，菜鸟冷链平台逐步形成了卓越的既集约农产品冷链物流需求资源又集约农产品冷链物流供给资源的能力。

一、借助强大的信息系统，集约分散的农产品冷链物流需求

天猫生鲜平台与菜鸟冷链平台一直保持着紧密的合作关系，天猫生鲜平台负责生鲜农产品的线上销售业务，菜鸟冷链平台负责线下的冷链物流业务。天猫生鲜平台将所有终端消费者的订单进行集成，再通过信息系统的对接，将订单信息传送给菜鸟冷链平台。菜鸟冷链平台则根据终端消费者的地理位置和线路安排对信息进行集成处理。传统农产品冷链物流情境下的多点配送需求是分散的，但经过菜鸟冷链平台的信息整合后，农产品冷链物流汇聚到某些菜鸟驿站，从而产生了以某些菜鸟驿站为中心的农产品冷链物流需求的聚合效应。

二、集约大量农产品冷链物流供给资源

为了保障生鲜农产品的新鲜品质以及提升终端消费者的消费体验，菜鸟冷链平台在为生鲜电商提供包括专业冷库储存、冷链干线运输、生鲜农产品的初加工、有效期管理、区域冷链运输、城市冷链配送以及冷链宅配等在内的一站式农产品冷链物流服务的基础上，不断提高农产品冷链物流的供给能力：在冷链仓储方面，将在全国布局 50 个大中型专业的冷库，并构建常温、恒温、冷藏、冷冻一体化的仓储体系；在冷链配送上，将布局 100 条冷链运输干线，并采用常温、冰鲜以及冻鲜的标准化的冷链运输和冷链宅配的方式，与圆通、申通等落地配公司开展深入合作，集约大量差异化的农产品冷链物流供给资源。

三、压缩生鲜农产品冷链运输的时空距离

根据行业经验，能耗成本占农产品冷链物流总成本的比重较高，实现规模经济是降低农产品冷链物流成本的好方法之一。传统农产品冷链物流由于信息不对称，无法对农产品冷链物流需求信息进行集成，为了提高冷链运输车辆的装载率，通常会降低农产品冷链物流的时间价值，比如，冷链干线运输公司从出发地到目的地，沿途收货，就会拉长生鲜农产品从出发地到目的地的时间距离。而以菜鸟冷链平台为主导的农产品冷链物流中间层组织，因为形成了一个巨大的冷链物流网络体系，同时借助信息系统，更好地解决信息不对称的问题，通过就近调拨和提前发货等形式，大幅压缩了生鲜农产品从产地到终端消费者的时间距离。

四、提升社会化冷链物流的利用率

目前各生鲜电商平台之间以及同一电商平台的不同商家的业务是相互独立的，信息流和物流也是相互分离、各自独立的。在冷链宅配方面，由于同一区域的终端消费者，无法做到线路集拼，从而产生农产品冷链物流资源的浪费，而菜鸟冷链平台同时打通了天猫生鲜平台电商的系统与社会冷链物流系统，通过冷链转运中心，实现与同一菜鸟合作的生鲜电商圈的共同配送，进而节省冷链配送费用，节约社会物流成本。菜鸟冷链平台掌握大量生鲜农产品的信息流和物流的数据，这些大数据为政府的经济部门提供了可靠的参考依据。

五、实现各农产品冷链供应链各主体的协同

菜鸟冷链平台基于前端大数据技术，根据科学的农产品冷链供应链计划，在中间层组织网络内实现"订单驱动"的农产品冷链物流过程可视化。菜鸟冷链平台与产地农民或农协组织、加工厂商、生鲜电商企业、冷链物流服务商、末端配送合作商等建立了一个高效协同的、覆盖全国销售区域的生鲜电商物流平台，形成了数字化的农产品冷链物流运营模式，同时前端大数据技术保证了中间层组织网络内各成员企业间的资源信息的快速共享，促进了农产品冷链供应链各主体的高效协同。

信息技术的发展使得电子商务迅猛发展，生鲜农产品电子商务的渗透率逐步提高，一方面，由于生鲜农产品对冷链配送的要求很高，而且终端消费者的收货时间窗口有限，导致农产品冷链物流需求较为分散；另一方面，同一区域内多家冷链物流商同时存在多次配送，不仅影响了城市的交通和环境的污染，造成了社会冷链物流资源的浪费，还带来了外部不经济，造成农产品冷链供给不集中。菜鸟冷链平台作为典型的农产品冷链物流中间层组织，借助先进的信息技术，拉通了生鲜电商平台的农产品冷链物流需求信息与农产品冷链物流供给信息，集约了大量差异化的农产品冷链物流供给产品，协调优化了多样化的农产品冷链物流需求和高成本的农产品冷链物流供给，从而实现了农产品冷链物流供需匹配的功能。

思考：

1. 结合开篇案例，讨论菜鸟网络在冷链供应链中应用了哪些技术？在哪些环节中应用这些技术？

2. 技术是硬件，管理是软件，如何认识冷链供应链中技术与管理的关系？

课外阅读

［1］张晓芹．基于大数据的电子商务物流服务创新［J］．中国流通经济，2018，32（8）：15-22.

［2］汪旭晖，张其林．基于物联网的生鲜农产品冷链物流体系构建：框架、机理与路径［J］．南京农业大学学报（社会科学版），2016，16（1）：31-41+163.

［3］砚文，李丛希，宋清．区块链技术在农产品供应链中的应用：理论机理、发展实践与政策启示［J］．农业经济问题，2023（1）：76-87.

第九章

可持续冷链供应链

⟨⟩ **学习目标**

了解可持续冷链供应链的系统性特征；了解可持续冷链供应链合作伙伴关系的定义、特征；理解可持续冷链供应链运作管理；理解可持续冷链供应链合作流程再造；了解可持续冷链供应链的内部合作与外部合作。

⟨⟩ **引　　例**

全球食品冷链概述

据联合国粮农组织和环境规划署信息显示，2021 年，全球约 14% 的粮食在收获与零售环节之间遭受损失，另有 17% 的粮食在家庭、餐饮服务和零售环节遭到浪费，粮食损失和浪费造成了约 1 万亿美元的全球经济损失。缺乏有效的冷链来保持食物质量、营养价值和安全是造成损失的主要原因之一。食品冷链是一种综合温度控制的食品配送系统，确保易腐和对温度敏感的产品在整个配送过程中保持最佳状态。这个复杂的系统需要多方合作，包括农民、收购商、加工商、分销商、零售商和消费者。在大多数发展中国家，农业是维持生计的关键，因此发展食品冷链对于提高农民收入和促进经济增长至关重要。缺乏冷链设施会导致粮食浪费和农民收入减少，这在发展中国家的农村地区尤为严重，已经成为一大挑战。解决这一问题的主要途径之一是加强冷链管理，确保在从收获到上架的整个过程中，产品一直保持在适当的温度条件下，从而打破粮食浪费和农民收入损失的恶性循环。

近几十年来，全球食品冷链能力一直在增长，但增长不均衡。许多发展中国家需要大量额外的能力与安装和维护冷却设备所需的技能，以确保"从田间到餐桌"的无间断连接。在冷链基础设施不断改善的国家，由于现有产能利用不足，扩大生产量可能受到限制。其面临的挑战包括缺乏相关的工程能力（导致设备维护和停机时间差异）、滥用商业模式以及管理不善的前向或后向连锁等。其结果是能源和资源使用效率低下，投资回报率较低，以及不必要的财务超支。可持续食品冷链基础设施和技术的快速发展需要同时更新技能和最佳实践，以最大限度地减少运营挑战以及食品和财务损失。食品冷链也对全球气候变化和环境产生影响。随着发展中国家新的冷链相关基础设施的投入使用，冷链本身的排放量将大幅上升。

思考：

如何理解可持续冷链供应链发展与人类社会的关系？

第一节　可持续冷链供应链概述

1992 年，联合国环境与发展会议（UNCED）强调人类在 21 世纪必须追求可持续发展，并正式提出了可持续发展理念，随之诞生了可持续发展理论。这一理念强调在经济增长的同时，必须适应并保护生态环境，促进人口、环境、生态和资源与经济的协调发展。在当前的全球化趋势下，供应链竞争已成为企业的新竞争力，而具有可持续性的供应链管理则成为企业的关键战略。可持续供应链管理（SSCM）以可持续理念为基础，全面考虑客户和利益相关方的需求。它通过有效协调跨组织的核心业务流程，实现了供应链中物流、信息流、资金流以及与供应商企业之间的合作管理。这种管理方式不仅注重可持续理念，还以客户和利益相关方的需求为驱动。通过系统协调核心业务流程，统一管理供应链中的物流、信息流、资金流以及与供应商的合作，从而实现了组织社会、环境和经济目标的战略整合和透明化。可持续供应链管理的实施不仅能提升企业的综合竞争力，还能为企业的长期规划和可持续发展带来深远影响。同时，这一理念强调人与自然的和谐共生，并重新定义了企业的社会责任，整合了知识和技术，提高了企业的综合竞争力，对可持续发展具有深远的影响。

在可持续供应链和冷链不断发展的趋势下，冷链供应链管理经常以模糊、松散的方式使用"可持续性"一词。决策标准仅仅集中在制冷剂更换、能源效率测量、能源账单节省等步骤上，并将其作为评估投资回报的基础。然而，这些改进仅仅是从业务实现和使用冷链供应链产生的实际收入中积累更大价值的一个因素。为了应对这一挑战，可持续冷链供应链应运而生。实际上，要提供可持续冷链供应链，不仅需要考虑特定制冷设备或使用的能源，还需要考虑冷链产业生态系统中与其他活动、实践和错失的机会有关的方面。为构建有韧性的可持续冷链供应链，必须理解、量化和评估制冷产生的更广泛和潜在的战略影响，以及它们与更广泛的气候和发展目标的联系。同时，需要考虑贫困、弱势和边缘化的生产者及其社区。如果不全面评估当前和未来规模以及冷链需求的性质，匆忙部署技术和基础设施可能会产生深远的社会、经济和环境后果，包括对能源使用和相关气候风险的影响，以及在营养、健康和生计可持续性方面的作用。

一、什么是可持续冷链供应链

可持续冷链供应链源于供应链管理的理念，它涉及生产、采购、运输、运筹等各个环节，尤其是与供应商、中间商、物流企业、客户等进行协调与合作。传统供应链将企业内部和各企业间的供应和需求管理融为一体，它包括上游供应、生产制造、物流运输、市场销售、消费者（政府、公众）等各个方面。另外，随着政府、公众和部分企业对环保问题的日益重视，在供应链中考虑产品和供应链过程对整个环境的影响是非常必要的。可持续冷链供应链从环境影响的角度出发，以资源优化为出发点考虑冷链供应链的发展问题。这涉及从冷链产品的种植或生产、加工环节开始实施追踪和控制，以确保产品在其整个生命周期内符合环保规定，从而减少其对环境的潜在危害。该理念要求供应链不仅要考虑其内部流程，还要追溯到冷链产品的获取、产品加工后的使用，甚至要考虑到冷链产品废弃后对环境的影响，即产品在整个生命周期的各个阶段对环境的潜在影响。通过对冷链供应链上的企业实施统一的环境标准，可以提升企业的环境绩效，降低其对环境的不利影响，从而实现经济、社会和环境的可持续发展。图 9-1 所示为传统供应链和可持续冷链供应链。

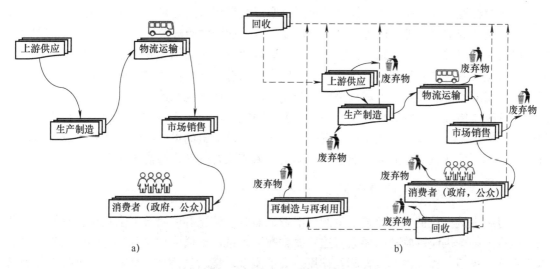

图 9-1　传统供应链和可持续冷链供应链
a）传统供应链　b）可持续冷链供应链

为实现可持续的冷链供应链管理，需要从产品生命周期出发，涉及的利益相关者包括生产资料供应商、种植企业、生产加工商、冷链物流企业、分销商和消费者。消费者的绿色需求对冷链供应链的可持续性具有关键的驱动作用。同时，绿色低碳的生产和加工业对冷链供应链上下游有强大的推动作用。由于冷链产品的易腐性和季节性等特点，可持续冷链供应链面临一系列问题，包括冷链产品标准不一、冷链物流难题、高损耗、供应链的不稳定性和结构的复杂性等，因此建立安全、高效、迅速响应的可持续冷链供应链模式至关重要。引入可持续冷链供应链管理有助于减少对环境的负面影响，并通过对整个供应链的各个环节进行精心控制，提高供应链的整体绩效，确保冷链产品的安全并降低损耗，从而在竞争中取得优势，实现整个冷链供应链的共赢。该可持续性主要体现在经济、环境和社会三个方面。在经济方面，需要确保冷链企业可持续盈利，并在整个供应链中合理分配利润；在环境方面，需要提高资源使用效率并减少环境污染；在社会方面，需要保障高品质、安全、无污染的冷链产品正常供应以满足消费者需求。可持续冷链供应链整合的核心在于提高整个冷链产品供应链的效率。这需要冷链产品原料生产、加工、销售，冷链产品的上下游之间实现组织、信息、价值和物流的有效沟通与协调，增加冷链产品的附加值和质量竞争力，最终满足市场需求。在可持续发展理念的指导下，可持续冷链供应链管理以管理技术为基础，覆盖整个可持续冷链供应链的各个节点。其目标在于实现协调统一和均衡发展，确保经济、环境和社会的可持续性。

可持续冷链供应链管理横跨多个环节，包括生产、采购、加工、消费和逆向物流。它强调在每个环节都要注重环境管理和风险控制，将整个供应链视为一个可持续系统，对其进行全面管理。这种管理方式要求维护自然资源基础，调整技术和机构，以确保能够持续提供满足当代及后代需求的冷链产品。在生产环节，可持续冷链供应链应从全过程视角规划，引入绿色生产理念，以减少对土壤的破坏、降低化学品使用，并提升冷链产品的质量。在采购阶段，有效管理绿色供应商至关重要，需要全面考虑绿色核查评估因素，并建立清晰的绿色供应商优先采购机制。加工环节涵盖了加工过程、绿色设计以及清洁生产等关键要素。在消费环节，消费者越来越关注环境和社会责任，更愿意购买那些具有可持续性认证的产品，需求的增长促使冷链供应链进行改进以满足可持续标准。逆向物流环节关注的是产品从消费者手中返回到零售商或制造商的路径，能帮助企业通过回收、再利用和修复等方式延长产品生命周期，实现资源的最大化利用。可持续冷链供应链以有序和多样化的结构呈现，层次不断涌现。实现经济效益、环境效益和社会效益的目标需要生产系统和消费系统与环境系统相互作用，通过改变传统经济发展模式的结构来调整其功能。可持续冷链供应链的融合趋势表现为集中化、生态化和智能化。该系统注重整个产业链和供应链的可持续性，实施集成化的智能管控模式，全面掌握生命周期产业链，使低层次系统聚合并涌现为高层次系统。

二、可持续冷链供应链的系统性特征

可持续冷链供应链系统涵盖了生产、消费、监督、信息和回收等多个系统，它们相互关联，构成了整个供应链管理的要素。这些要素在可持续冷链供应链中相互协同、竞争，经历内部消耗、重组和优化的非线性相互作用。为了实现环境、经济和社会效益的可持续发展目标，这些要素之间必须建立稳定和谐的关系。整体与部分相互融合，融入更大的系统，与外部环境进行物质、能量和信息的交换，同时保留各个子系统独有的功能。因此，实现可持续冷链供应链的可持续发展目标需要关注系统内各要素之间的相互作用和关系，加强协调与管理，促进系统内部的和谐与稳定。可持续冷链供应链的系统性特征体现在三个方面。

（一）系统功能的统一性

该系统的目标是同时实现环境效益、经济效益和社会效益。每个系统及其要素都应在更大系统的背景下考虑，以获取所需的资源和实施方法。在宏观层面，需要协调多个子系统，如生产、销售、监督、回收和消费，将可持续发展目标明确分解为各个子系统的具体目标。同时，必须进行整体规划，推动冷链企业的效益与整个供应链效益实现协同发展，以达到资源、产业和消费结构的优化。统一性是供应链风险的显著特征，也是可持续冷链供应链的重要特征，它由供应链结构决定。例如，冷链产品在传递的各个环节中，可能受到外来物质污染而引发变质，质量安全风险逐级扩散。与一般工业产品供应链相比，农产品冷链既是信用品又是经验品，信息的难追溯性导致食品安全事故一旦发生，就可能导致整条供应链遭受惨烈后果。复杂冷链的不确定性因素使整个冷链未能实现预期的质量或安全目标，让链上节点企业蒙受损失。

（二）系统结构的完整性

可持续冷链供应链管理不仅涉及环境管理，还涉及产品绿色化等领域的管控，要求外部系统和内部系统之间相互协调。以冷链农产品为例，其外部系统涵盖了资源生态系统（包括山、水、林、田、湖、草、沙和生物多样性）以及社会文化系统（包括政策、法规、监管、金融等，以及各利益相关者）。而内部系统包括生产系统和消费系统，其中生产系统包括供应端、生产端、物流端、销售端、运输端和回收端，而消费系统则由消费者组成。这些系统之间需要有效协调，以达到可持续冷链供应链的管理目标。冷链产品构成了一个复杂的功能网络链，这种网络链结构的复杂性使得可持续冷链供应链呈现出完整性的特征。由于冷链结构的层次化和网络化，不同层次的节点企业，从生产资料商、供应商、核心企业、第三方物流企业、批发商到零售商，各组织对冷链运作的影响程度不同，相同的风险也对不同层次的节点成员产生不同程度的影响。可持续冷链供应链的复杂性源于冷链产品本身的属性和冷链系统的复杂性。例如，农产品冷链"从田间到餐桌"，其冷链过程的安全性和产品结果的安全性是最终目标，但随着消费节奏加快和"懒人经济"的盛行，农产品冷链的复杂性以及易变性也在不断增加。

（三）系统整体的动态性

可持续冷链供应链的各个子系统和要素之间的联系是动态变化的，而非静态不变的。它体现了一个具有特定整体存续和演化特性的动态过程。为实现共赢的整体目标，即在环境效益、经济效益、社会效益上取得协同，系统内各要素会基于共同目标，以及供应链成员之间的技术水平、管理能力、决策机制以及外部环境条件和规制等因素，自发进行适应性演化和发展。这种演化驱动着可持续冷链供应链上下游企业不断自我调整与相互协同。它们与环境协同发展，形成新的合作结构，有序推动冷链供应链的发展。冷链管理旨在整合和优化相关产品的冷链，确保产品在冷链过程中的价值被有效传递，以满足最终用户的需求。实现这一目标的过程受到内部和外部多重因素的影响，不同节点的企业和个体面临的风险因素及其风险偏好各异。冷链系统的外部客观环境和内部结构导致风险因素不断动态变化。由于冷链供应链具有这种动态性，一个环节中的小小风险行为也可能对整个体系或系统产生严重影响。

三、可持续冷链供应链的结构性特征

系统结构形成于系统内部要素之间的互动，系统结构塑造了内部组成和功能分配。可持续冷链供应链系统由多个不同功能的子系统组合而成，呈现出广泛的区域分布和逐层关联的特性，形成递阶结构。这种结构呈现出过程多阶段性和要素异质性，同时也表现出高度组织性。

（一）过程多阶段性

可持续冷链供应链的管理和运营涉及多个环节和区域。在空间上，其要求在原材料采购、生产加工、冷链运输、市场销售、回收等环节中，将不同区域的消费者与相关利益方有机地整合成一个复杂的整体，形成精密的布局结构。在时间上，这些环节展现出往返循环利用的特征。此外，可持续冷链供应链所面临的障碍性因素以及对决策产生影响的因素也使其管理过程变得更为复杂。

（二）要素异质性

可持续冷链供应链系统内的成员存在规模差异，其所属领域各异、各产业增长速度不同、获取利益的方式各有不同。每个环节承担的可持续冷链责任和社会风险也有所差异，这受到所处区域的自然禀赋和环境规制条件的影响。同时，消费者的需求也是多元化的，这些因素共同导致了企业之间协同难度的增加。

（三）高度组织性

在动态的非线性关系和自发的适应性演化中，可持续冷链供应链受到内外系统因素的复杂影响。技术创新、互联网进步、原材料波动、市场机制完善、绿色消费意识提升、资源短缺和市场化等多方面因素共同作用，使得供应链成员之间形成错综复杂的因果循环关系。在上下游之间，负反馈机制推动适应性演化，引发了成员间的竞争与合作，并催生了与系统外其他组织之间的竞争与协同作用。这种竞争与合作推动了系统规模的扩大与缩小，进而影响了可持续冷链供应链体系结构的稳定与重组。

第二节　可持续冷链供应链运作管理

可持续冷链供应链运作管理是一种高度综合社会、经济和环境影响，以及资源利用效率的先进管理模式。相较于传统供应链，其运作中的各环节更为复杂，网络化程度更高。该管理模式旨在通过环保设计、采购、生产、分销、使用和再利用等方式进行，涉及冷链供应链内的管理策略、行动和形成的合作关系等。其涵盖的范围不仅包括生产和产品加工，还包括环境设计、供应商运营流程的改善和评价系统。此外，它将环境意识贯穿产品的生产、采购、加工、包装和消费使用的各个环节，并对产品生命周期实行全面管理。可持续冷链供应链管理以绿色生产理论和供应链管理技术为基础，构建了供应商、生产商、销售商、用户等多个子系统，旨在通过更为详细的供应链体系分解，实现全面管理。这样做可以使产品在物料获取、加工、包装、运输等方面对环境的负面影响最小化，同时实现资源的最大效益。

一、可持续冷链生产

可持续供应链的各项活动以减少对环境的影响为目标，并旨在实现或超越传统供应链的效果。在可持续冷链供应链中，企业在冷链产品的生产和加工等环节中纳入环境因素和预防污染的措施，以维护环境、经济和社会的可持续发展。将环境性能作为冷链供应链生产的目标和起点，致力于降低产品对环境的影响。可持续冷链绿色生产又称为生态生产或环境生产，强调在冷链产品的生产阶段纳入环境因素和预防污染的措施。可持续设计涵盖了多个方面，包括选择和管理相关原料、延长产品保质期的冷链和包装设计，以及产品包装的可回收性和低碳设计。其设计的核心原则是"3R"，即减少、重复利用和回收。其有效运作手段包括减少有害物质进入生产和加工环节、降低资源浪费和支持逆向物流管理。通过这些措施，可持续冷链供应链在环境友好和资源利用效率方面取得显著进展。

可持续冷链绿色生产通过采取环保型设计、使用环保型原料、应用先进工艺技术与设备、改善管理等一系列改进措施，提高资源利用效率，在生产、服务、冷链产品使用和运输等过程中，减少或避免产生和排放污染物，从而减轻或消除对人类健康和环境造成的危害。对冷链产品而言，其绿色生产目标是减少整个生命周期对人类和环境的影响。为实现这一目标，必须遵守农产品绿色生产和加工标准，包括合理利用原材料和自然资源、减少浪费、确保生产过程中使用的原材料安全可靠，并合理使用化肥和农药。在动物生长过程中，需要正确喂养饲料，同时禁止产生对环境有害的物质。采用现代化工艺进行农产品加工，并运用科学管理方法来管理加工流程。这些措施不仅保护了农产品的营养价值，还确保了食品安全，同时不破坏生态环境。冷链产品供应链的源头产品是影响冷链产品安全的关键。滥用农药和兽药可能导致食品原材料中存有残留，影响最终产成品的质量安全。冷链产品生产加工环节的原材料采购也是影响产品安全的关键步骤，必须确保冷链产品原材料或非食用原辅料的安全性和质量，以免对冷链产品安全造成影响。过期、失效或受到其他污染的冷链产品原材料也会对产品的安全性产生不良影响。

冷链产品生产企业的设施设备安全卫生、质量管理、专业技术人员素质以及生产工艺的合理性，都直接关系到冷链产品的安全性。在食品加工环节中存在一些影响食品安全的因素，例如，为了延长货架期或改善感官指标，一些企业可能过度使用色素、食品添加剂等违禁物质。我国的食品加工企业大多规模较小，设备使用时间长，且未对设施设备定期进行消毒清洗，管理控制不严格，容易导致食品受到污染，最终引发食品质量安全问题。食品包装也是影响食品质量安全的关键因素之一，它不仅具有保护食品和维持产品质量的作用，还是食品从制造加工到流通的首要环节。目前，食品包装涉及的包装原材料不合格、包装过程中产生的有害残留物质以及印刷过程中的油墨和颜料不符合标准等问题都可能对食品安全产生负面影响。此外，食品包装上的生产日期喷印错误、包装方式不合理以及食品标签不符合规定等问题也会对食品质量安全带来影响。

二、可持续冷链采购

采购在冷链供应链管理中扮演前端角色，其执行力度直接影响整个供应链的环境管理绩效。近年来，环保、绿色和可持续发展理念逐渐引起广泛关注，可持续采购的理念得到政府、企业和社会公众的广泛认同。相关政策、制度和标准的制定成为政府和企业进行采购决策的重要依据，对于促进和规范可持续采购发挥着至关重要的作用。采购部门对供应商的可持续发展标准的要求可以促进供应商采用高效技术、环保工艺，创建安全无毒的工作环境，增强环保意识，引导可持续生产，促使绿色产品的生产规模扩大，推动循环经济的实施。其技术指标涉及能源资源消耗、污染物排放、废弃物处理以及清洁技术采用等方面，可反映企业的环境管理水平。其管理指标包括环境治理效率、企业绿色形象和顾客评价等，可揭示企业的环境管理战略。采购方和供应商在可持续供应链管理中共同构建了环境责任内涵，包括绿色原材料选择、清洁技术采用、环境治理和环境管理合作等方面。可持续采购在供应链中的推广有助于传播环境管理理念和技术，提升供应链的环境绩效。可持续采购的双重内涵包括采购绿色产品与服务，推动绿色消费和可持续发展；要求供应商进行绿色、负责任的生产，实现清洁生产、资源节约、排放减少和员工关爱，从而促使供应商履行社会责任。

在可持续采购中，主导企业通过对上游供应商施加环境友好技术、材料和生产手段的强制性要求，确保供应链的可靠性，减少温室气体排放和环境污染。在采购冷链产品原材料时，可持续采购遵循环保准则，注重冷链产品包装材料的循环利用和再生材料的有效利用。环境管理视角下的绿色材料采购有助于减轻生产活动对环境的负面影响，并提高资源利用效率。负责任的采购要求企业充分考虑社会责任，而非只追求经济利益。在负责任采购中，企业还要求供应链相关方履行社会责任，将社会责任指标纳入供应商选择和评价标准，以建立具有责任感的绿色供应链。可持续采购延伸至绿色供应链管理，将企业内部的环境管理和社会责任理念拓展至供应商管理，推动整个供应链企业共同承担环境责任、员工责任和社会责任。采购部门制定的绿色采购标准成为对供应商的强制准入标准，促使供应商提升产品整个生命周期的绿色水平，并履行社会责任。与传统供应链管理相比，可持续供应链管理更全面，除商业因素外还增加了环境指标等方面的要求。社会责任履行程度是评估可持续供应链管理水平的关键标准。负责任的采购广泛覆盖环境责任、供应商责任、员工责任和安全责任，致力于创造积极的社会影响。在负责任的采购中，关注供应商的员工责任包括提供安全的劳动场所、关注员工健康、采取措施降低工作环境对员工身体的影响，以及提供合理的员工待遇等。同时，也会综合考虑供应商对社区的贡献和参与公益事业的程度。负责任的采购是企业社会责任意识的差异化战略，有助于企业树立良好形象并获得竞争优势。这一战略延伸至供应链，推动相关企业积极践行环境责任，提升环境责任绩效，以满足下游企业对绿色采购标准和要求的期望。一些企业设立采购道德标准部门，以审核供应商是否符合采购方的社会责任标准，从而推动了供应链的社会责任管理。

越来越多的企业认识到环境管理的关键性，积极采取措施提高环境绩效，促进可持续发展。内部环境管理要求企业在获取、销售和消费绿色材料或产品的过程中履行环境责任，实现节能、资源节约和环境保护的目标。绿色采购是企业履行环保责任的重要手段。采购绿色产品和服务有助于降低后续环境治理成本、减少废弃物排放，从而减轻对环境的不利影响。生产型企业要求供应链前端的原材料供应商、零部件供应商、设备和技术供应商等，以及供应链后端的产品代理商、经销商等各个参与者履行环境责任，共同构建一个节约环保的供应链。农产品绿色采购实际上是对绿色农业资源的采购，农业劳动者在选择供货商时需要遵循食品安全和环境保护准则，建立供货商评估体系，与高声誉的供货商达成长期订单，以保障农产品绿色供应链的稳定性与长久性。政府相关部门也需要关注农产品种植和生长过程中可能出现的问题，如农药残留是否超标、化肥使用是否合理、垃圾处理和循环利用情况、农产品包装材料是否环保等。

三、可持续冷链物流

可持续冷链物流的关键在于运输和仓储，这两个环节产生大量温室气体，但也存在巨大的优化潜力。完整的可持续冷链物流包括可持续冷链正向物流和可持续冷链逆向物流。在管理可持续冷链供应链的过程中，会面临各个产品生命周期环节的不同决策问题。供应链中物流与运输引起的碳排放占人类活动总碳排放的 5.5%。在碳减排的研究中，大约 60% 的潜在减排来自物流与运输，而其余 40% 则可以通过改善供应链上企业之间的关系来实现。因此，冷链供应链中的物流与运输成为可持续冷链供应链管理的核心。随着资源和环境问题的加剧，各国政府纷纷出台法规政策促进材料和产品的再利用和再循环，逆向物流逐渐成为企业关注的焦点。

(一) 可持续冷链正向物流

可持续冷链正向物流涉及规划、运输、仓储、装卸搬运、流通加工、配送、包装等多个环节，旨在降低环境污染和资源耗费。在可持续冷链正向物流中，企业的环境贯穿采购、销售和物流的各个阶段，涵盖运输、仓储、装卸搬运、流通加工和包装等，一般采用先进物流技术进行规划和实施。可持续冷链正向物流旨在实现运输、仓储、装卸、流通加工和包装等方面的可持续管理。

1. 运输的可持续管理

交通运输对冷链产品环境产生显著影响，因为它涉及大量能源消耗、有害气体排放和噪声污染。为降低运输对环境的不良影响，构建可持续物流体系成为企业至关重要的任务。运输的可持续管理将环境融入其中，采取一系列措施，如实施共同配送、采用综合运输方式、积极推动第三方物流等。这些举措是为了提高车辆配送效率和降低运输成本，同时也为了间接地减少运输过程中产生的环境污染。

（1）选择合适的运输模式。企业在选择运输模式时通常考虑交货时间和成本等因素，根据实际情况的不同进行权衡。飞机因其快捷性，适合运输体积小、长距离或对交货时间要求高的货物；铁路和船运适合大批量货物运输；而公路运输比较适合近距离、小批量的货物运输。

（2）制订合理的配送计划。共同配送有助于减少运输量、降低污染。通过在特定区域（如城市）实施集约高效的配送，中小企业可紧密合作，实现协同配送。这包括同一区域或同一行业的企业协同开展配送。通过统一集货和送货流程，可以显著减少货物流动，降低空载率，提高运输效率，并缓解交通拥堵。这种协同合作有助于提升配送服务水平，减少企业库存水平，甚至实现"零库存"，从而有效降低物流成本。

（3）实施多式联运。多式联运就是采用两种或者多种交通工具相互连接转运、协同工作来完成运输全过程的一种复合运输模式。根据《联合国国际货物多式联运公约》的定义，国际多式联运是指在多式联运合同框架下，由多式联运经营人将货物从一个国家的接货地点通过至少两种不同的运输方式运送到另一个国家的交货地点。《中华人民共和国海商法》规定了国内多式联运必须包含海运方式。

（4）评价运输公司的环境绩效。政府部门已高度重视运输污染问题，并实施了严格的管理措施。例如，为减少机动车尾气排放对环境的影响，北京市借鉴发达国家的经验，制定了严格的尾气排放标准；为激励企业关注绿色运输，交通部门开始按机动车尾气排放量征收排污费。因此，未采取绿色运输措施的企业的经济成本会增加，并可能对其绿色形象产生负面影响。

2. 仓储的可持续管理

仓储作为物流的核心环节，在物流系统中扮演缓冲、调节和平衡的关键角色。仓库作为主要的仓储设施，可充当高效物资集散中心，促进物流的可持续运作。仓储可持续管理最重要的任务就是要保证仓库布局合理，从而减少运输成本。如果仓库的布置过密，就会造成运输次数增加，进而加大能源消耗；反之，如果布置太稀疏，就会降低运输效率和提高仓库空载率。另外，仓库建设前应开展环境影响评价工作，充分考虑其对所处环境可能造成的影响。

3. 装卸的可持续管理

装卸是指货物在运输与物流设施间的取放过程，它发生于运输、仓储与包装等环节的前后期。正确装卸是实现企业可持续管理最根本的要求。另外，企业还应该杜绝无效搬运，增强搬运灵活性，通过现代化机械的合理使用达到物流的平衡畅通。

4. 流通加工的可持续管理

流通加工的目的就是要在流通领域中对货物进行生产性加工，从而更好地满足顾客的需要。流通加工具有较强的生产性质，流通部门通过努力可以显著减少对环境的影响。通过两种方式来实现流通加工的可持续性：一是把分散的消费加工向专业化加工方向发展，如肉类、海产品、蔬菜等，通过规模化的运作方式来提升加工效率，减少对环境的污染；二是对生活用品在生产过程中的边角料进行集中处置，以提高处置效率，降低由于分散处理所带来的浪费。

5. 包装的可持续管理

在冷链可持续物流管理中，包装是另一个关键方面。社会普遍关注包装问题，过度包装导致大量资源浪费。绿色包装的基本原则是少用包装材料。此外，绿色包装强调提高包装的再利用性，即经过回收处理后能够被再次使用，典型例子是可多次重复使用的集装箱。在日本，食品生产厂家已经转向纸质包装，不再使用塑料。日本食品包装不仅注重美观和实用，还强调对环境的友好性。通过绿色设计，尽可能采用对环境影响小的原料，例如，使用纸袋替代塑料容器，显著减少了包装废弃物的处理难度和成本。实际上，绿色包装不仅通过节约材料降低了成本，还通过选择环保材料减轻了污染问题，提高了消费者对企业的信任，从而提升了产品的竞争力。

（二）可持续冷链逆向物流

在发达国家的供应链管理中，企业面临逆向物流的挑战。对于我国的大多数企业来说，正向物流的实践已经带来了巨大的压力，因此很少有企业愿意或真正有能力认真考虑和应对逆向物流的挑战。大多数企业仍然以消极的态度对待逆向物流的相关问题。然而，随着废旧产品数量的迅速增加，新的更为严格的环境法规将出现，企业必须认真对待逆向物流这一相对较新的领域。一些率先实践逆向物流的企业将有机会取得先发市场优势。

逆向物流是一种集成环境友好的管理方法，其概念和内涵在于重新将材料、零部件和产品等资源引入正向物流体系。逆向物流通过再利用、再循环和最小化废物的方式提高正向物流和逆向物流过程的效率。其运营包括多个步骤，如收集、分类、再利用或回收、转化处理以及递送，具体实施的重点取决于涉及的材料或部件的类型。逆向物流还包括在正向物流过程中减少物料消耗的各个环节，如节约原材料、重复利用边角料以及重复利用包装物和次品改造等。通过这些措施，可以有效减少物料回流。

1. 逆向物流的动机

目前，逆向物流的实施主要由运营层负责，然而，随着环境等因素的变化，企业需要将逆向物流提升至战略层面。冷链企业进行可持续冷链逆向物流管理的动机包括政府立法、冷链产品生命周期延长、配送渠道变化以及买卖双方地位转换等。

（1）政府立法。全球对气候变暖、温室效应和环境污染等问题日益严峻，推动了环保法规的强化，同时鼓励甚至要求企业承担更多环境责任。在欧洲，环保法规更为严格和广泛。为减少垃圾填埋，欧盟已经颁布了包装和废弃物包装指南，并要求成员国制定相关法律。

（2）冷链产品生命周期延长。冷链产品寻求延长生命周期，市场不断推出新产品，消费者的选择日益多样，产品需求的异质性也在逐步提升。然而，这也导致消费者频繁购买和选择不同产品，丢弃产品数量快速增加，产生了更多的包装，退货和浪费情况增多，增加了逆向物流所需的资源和管理成本。

（3）配送渠道变化。消费者购物渠道多样化，并且各渠道变得更加便捷和高效。互联网的普及和电视购物网络的成熟，使得商品直销在消费者中越来越受欢迎。然而，与此同时，直销产品的大量退货问题也随之而来，尤其电商生鲜直销渠道引发更多的逆向物流问题。对于传统零售商而言，退货比例通常在 5%～10% 之间；然而，网络和电视直销产品的退货率却高达 35%。此外，直销不仅面向本地、某一区域或国内市场，还面向全球消费者，这增加了退货商品管理的难度和复杂性。逆向物流的管理成本也随之上升。

（4）买卖双方地位转换。随着供应链中成员影响力的变化和产品供应量的增加，供应链中买方的地位逐渐提高。零售商们通常不愿对过度包装和未售出的商品负责。在美国，大部分退货或未售商品由供应链顶层的供应商收回和处理。这一趋势在各行业都存在，即使在航空业，航空公司也常要求供应商负责回收和处理不再需要的包装。在某些行业，产品返回数量占销售数量的20%。供应链专业人员必须处理如何应对逆向物流在不同环节的各种挑战这一战略问题。一种方法是通过最小化现金流，将责任转移到设备、运营系统和设施上，这需要得到相关人员的支持。通过这种方式，公司可以将资金集中用于核心业务和直接面向客户的物流活动，而将退货活动的成本忽略或转移给客户、消费者、政府和社会。另一种方法是被动等待，直到法规要求才采取行动。公司通过被动合规的方式来满足客户需求和政府法规。尽管这种方法最小化了短期成本，但将废物处理的负担转移给了公众，这可能影响企业形象，从长远来看也可能影响公司的收益。

2. 逆向物流的战略价值

近年来，逆向物流迅速发展，主要受到环境法规的压力，而更为重要的是逆向物流的战略价值不断凸显。为了充分利用逆向物流的战略价值，建立和改进企业的供应链和逆向供应链，许多企业都在不断地投入人力、物力和财力。通过实施控制手段和建立逆向物流信息系统，企业可以有效减少由退货导致的资源浪费。在国际上，逆向物流已成为许多企业战略发展和规划的重要组成部分。通过逆向物流的实施，企业不仅提升了环境绩效，还获得了经济收益。

逆向物流有助于提升客户服务水平，帮助企业在竞争激烈的市场中获得优势。在买方市场的环境中，有效提升客户价值对企业的生存和发展至关重要，而以客户为中心的服务已成为企业战略理念。为了获取和保持市场份额，企业必须不断提高客户满意度，培养客户忠诚度，并最终赢得客户信任。所以，很多冷链企业都在利用可持续冷链逆向物流来提升顾客满意度，获得顾客的信赖，以此来提升自己的竞争力。

负责再生加工的机构需要进行物流网络设计，其中逆向物流网络设计的核心问题通常涉及确定再生设备的数量和位置。收集和再分销的交互可能会增加物流网络设计的复杂性。产品再生管理通常被认为具有高度不确定性。在许多情况下，对再生产品和材料的预测是很困难的，其中一个原因是再利用市场发展时间较短，体系尚未完善。但更为重要的原因是旧产品的可得性存在许多不确定性。总体而言，旧产品的时间和数量由前期使用者决定而非由再生需求决定，因此对收集和再生进行可靠规划是相当困难的。此外，再生的形式和所需的后续处理经常受到投入质量的影响，如污染、破坏和材料混合等，这也是另一个不确定因素。

农产品绿色回收在绿色供应链管理中扮演着至关重要的角色，涉及两个主要方面：一是农产品包装材料的回收，二是餐厨垃圾的回收再利用。在农产品包装阶段，选择对环境污染较小或可降解的材料至关重要，以便于后续处理和回收再利用。餐厨垃圾对环境造成的危害不可忽视，应用现代先进技术对餐厨垃圾进行分解和循环利用是必要的。这种做法不仅有助于减低生产成本和提升收益，同时也有效地保护环境免受污染。

四、可持续冷链绿色消费市场

经济绿色转型需要在生产和消费两个方面齐头并进。在我国，生活消费领域的资源能源消耗和污染物排放不断攀升，对生态环境造成不利影响。随着居民生活水平提高，生活能耗显著增加，人均能源生活消费量增加。与此同时，生活源主要污染物排放和垃圾清运量也呈现逐年上升的趋势。因此，尽管在生产领域取得了资源环境效率的提升，但是这些积极影响难以弥补和抵消由于生活消费领域规模扩张引起的环境负面影响。生活消费领域绿色转型的推进进程相对缓慢，拖慢了我国整体绿色转型的步伐和深度。

我国的绿色转型在生产和消费两方面均有广阔的发展空间，特别是在生活消费领域，公众的生活方式和消费行为亟须朝着更环保的方向发展。根据《中国公众绿色消费现状调查研究报告（2019版）》可知，绿色消费的理念日益深入人心，83.34%的受访者表示支持绿色消费，其中46.75%表示"非常支持"。此外，企业和消费者对购买安全可信赖的绿色产品的愿望不断增强，公众对绿色食品和环保家装的关注度显著提升。消费者不仅乐意购买高品质的绿色产品，还注重生产方式对生态环境的影响。这显示出绿色转型不仅在生产层面具备潜力，而且在消费者观念和购买行为中得到广泛支持。

随着国内消费大幅增长，对生鲜和冷冻食品质量的关注不断提升，冷链物流市场成为经济领域的热点。消费升级推动了线上线下新零售模式的结合，引发超市向社区小店的演变，同时推动了线上生鲜和进口产品购买的兴起，从而促使冷链物流行业规模迅速扩大。消费者对环境可持续性和社会责任的关注度上升。消费者普遍认为环境可持续性和社会责任紧密相连，企业要实现可持续发展，需要关注两者。这显示出社会目标和环境目标的紧密联系。

从消费内容角度看，居民消费需求已由数量向品质追求转变，更注重膳食均衡和健康。尼尔森IQ（2021）数据显示，82%的中国消费者愿意在健康餐饮上增加投入，高于全球平均水平的68%。健康和营养逐渐成为焦点，城镇居民对生鲜产品，如鲜奶、水果、肉类和水产品的需求大幅增长。随着消费水平提高和互联网普及，购买消费品的方式发生了变化，网购、生鲜电商蔬果宅配和新零售商店等方式更为普及。大型超市渠道的增长主要来自生鲜和精品超市。消费者需求和行为变化深刻影响着冷链产业各环节服务供应商的战略布局。食品质量和安全受到重视，消费者对食品生产厂商品牌的忠诚度增加。同时，消费者在便利店购物时期望有更多的食品选择和更大的便利性，而不仅关注价格。随着网购平台的普及，实体店购物呈下行趋势。

随着家庭经济状况改善，客户需求和消费习惯不断演变。超市购物便利性和即食食品购买为零售商带来业务发展机会，尽管在同一天内采购和消耗食物的趋势发展较慢，并且会受到食品安全担忧的影响。另外，消费者由从路边摊购买蔬菜逐渐转向从商场购买精包装的蔬菜，如昂贵的鲍鱼等食材，这表明消费者越来越注重购物体验中的环境和服务。消费者需求迅速变革，不同地区的应季水果、外来水果（如榴莲）以及切割或加工的精包装水果的需求不断增长。本土种植的樱桃、苹果和葡萄等水果也进入高端市场，彰显了本土水果种植业的长足进步，农业将走向标准化和细分化。随着生鲜和即食商品需求的增加，结构性变革提升了食品安全的重要性，推动了对高效冷链设备和可持续冷链的需求。

五、实现可持续冷链发展的重要环节

冷链供应链主要分为上游、中游和下游三个关键部分。上游包括冷链设备（如冷库、冷藏车、数字化技术相关的机器人和工业软件）的制造。中游则涉及冷库建设技术、仓储与加工业务，以及相关的物流装备技术。而下游主要包括冷链物品的运输和末端冷链配送。冷链物流涵盖了从田间地头或工厂到最终消费者/门店的整个过程，包括运输、冷藏、流通加工和配送等多个关键环节。为了维持低温或恒温状态，需要在整个过程中实现全链条的协同合作，这涉及多个参与方和相关设备。因此，实现整个冷链物流的绿色低碳发展是一个庞大而复杂的系统工程。本书聚焦于绿色低碳生产和交付的三个关键环节，特别关注设备制造、仓储和运输这三个环节。

（一）设备制造环节

冷链物流装备涵盖了冷库制冷设备、冷藏/冷冻储存装备，以及冷藏车、冷藏集装箱和保温箱等运输配送工具。在这些装备中，制冷设备对总成本和实现低碳产生深远影响，尤其在冷库中起着至关重要的作用。为提升冷链物流装备的绿色低碳水平，需要升级冷链运输设施、构建销地冷链集配中心、升级商贸冷链设施，并完善末端冷链设施功能。在设备制造方面，涉及传统设备，如速冻设备、冷库设备，以及运输中的冷藏车和冷藏集装箱。这些设备包含冷凝器、储冰箱、压缩机和制冷剂等关键组件。推动这些领域的设备制造者进行研发和生产更节能环保的制冷设备，有助于降低整个冷链行业的绿色转型成本。制冷设备生产者在选择制冷剂时要注意其对碳排放、臭氧层和温室效应的影响。推动新型制冷剂的研发和应用已成为行业的发展趋势。冷链物流装备的绿色低碳发展要求设备更环保、性能更卓越。例如，通过减轻制冷压缩机的重量、减小体积以及采用更节能环保的制冷剂等方式。生产过程及材料消耗也需要更环保，智能化制造水平的提高也有助于促进低碳环保。

（二）仓储环节

仓储环节的节能降耗主要聚焦于冷库建筑的建设和仓储加工操作。冷库建筑的低碳化目标旨在实现节能、节地、节水和节材，需要在建筑生产、建筑施工、建筑运行以及冷库内设备等方面采取多方面措施。已经推行的一些措施有助于促进冷库建筑的低碳化过程。例如，引入光伏建筑一体化（BIPV）技术和采用符合绿色建材标准的建筑材料，如节能玻璃，它们都是取得低碳效果的有效手段。在符合《建筑节能与可再生能源利用通用规范》的规定下，对外窗玻璃传热系数有更高的要求，因此需要使用经过镀膜处理后的中空、真空玻璃或三层中空玻璃。BIPV技术作为绿色低碳建筑的前景已经引起市场的广泛关注。根据国家统计局和中国建筑科学研究院的数据，我国BIPV市场规模可达上万亿元。这项技术已经在许多冷库中开始得到应用。此外，冷库的低碳化还需要考虑保温材料的选择、照明设备以及冷库门的设计等因素。这些方面的优化对于实现低碳化目标具有积极影响。

在仓储内部作业中引入自动化设备是实现节能减排和冷链物流低碳化的重要措施。以搬运环节为例，采用物流机器人能够降低传统手动叉车和燃油叉车的使用，提高操作安全性，实现零排放和零污染。物流机器人系统具备短部署周期，可根据业务需求灵活增减机器人数量，实现柔性管理并更加节能。这一系统还有助于优化冷库空间布局，提高空间利用率，减少浪费，使冷库管理更加精准高效，从而降低库存浪费。这些因素从不同方面推动了仓储低碳化目标的实现。冷链物流仓储中心作为冷链的核心资产，其合理设计可以有效提高效率并降低排放量。尽管建设或改造节能环保冷链物流中心可能增加企业的投资成本，但有望降低企业运营能耗费用，避免因环保政策趋严而带来的损失。

（三）运输环节

在运输环节，购置新能源车替代传统燃油车，并采用绿色低碳包装等措施是实现"双碳"目标的主要途径。以氢燃料汽车为例，其尾气排放为水蒸气，碳排放量为零。据中金研究院估计，公路货运商用车将在2030年实现碳达峰，届时新能源货车保有量渗透率有望达到10%。到2050年，新能源中轻微卡的保有量将达到100%。因此，增加新能源冷链汽车的投入是企业实现"双碳"目标的关键途径。随着充电桩、加氢站等基础设施的不断完善，企业在城市配送环节推广新能源汽车已经具备可行性。

为解决冷链物流包装的难降解和回收问题，业内正积极探索多种解决方案。其中包括采用可降解的新材料、建立可持续的包装回收体系，以及通过创新服务模式实现循环共用，推动冷链物流向绿色化方向迈进。目前，许多物流和快递企业正在大力推广新能源汽车和环保包装。以京东物流为例，在全国7个大区、50多个城市投入约20000辆新能源汽车，并搭建清洁能源充电基础设施，每年可减少约40万t二氧化碳排放。未来，京东物流计划投入10亿元用于加速绿色低碳一体化供应链建设，包括设立物流材料实验室和研发新一代冷链保温箱等项目。京东物流还发布了"青绿计划"，旨在到2030年将100%的运输车辆替换为新能源汽车，同时实现100%环保可再生的包装材料。

除了应用更环保的运输设备和包装，精细化冷链物流末端配送路径也是实现低碳化的关键策略之一。通过在仓储、拣选、搬运等环节引入先进的自动化设备，不仅可以提高效率，降低能耗，还有助于实现冷链物流的低碳目标。

第三节　可持续冷链供应链的合作管理

一、可持续冷链供应链合作伙伴关系的定义

可持续冷链供应链合作伙伴关系，是指零售终端、供应商与生产主体之间建立在传统供应链合作伙伴基础上的一种信息、利益共享及风险共担的合作模式。这种合作环境是在集成供应链管理框架下形成的，旨在实现特定的可持续目标和共同利益。在这种新型合作关系中，冷链企业选择供应商不仅关注价格、服务质量、技术创新和产品品质，还注重生产商或供应商在环境绩效等方面的合作能力。供应商的环境绩效直接影响冷链企业的生产环境绩效、成本和产品质量。因此，可持续冷链供应链合作强调协作、信任，以及在生态设计、绿色采购和逆向物流等方面的协调。这种合作关系不仅包括供应商和冷链企业，还包括供应链上各节点企业，如供应商、生产企业与零售商之间的紧密协作。

二、可持续冷链供应链合作伙伴关系的特征

可持续冷链供应链合作旨在实现链上企业的共赢，其主张充分利用外部资源和服务。这种合作伙伴关系具有以下显著特征。

（1）全局性和共同性。为了实现冷链供应链上下游企业的可持续战略合作，其首要任务是确立共同的可持续战略和远景规划。这些战略和规划应具有操作性，能够解决问题、提供框架和制定决策。合作企业需要从系统和全局的角度考虑，摒弃狭隘的局部利益，以整体收益为导向思考可持续发展。为了消除由利益冲突引起的障碍，实现互利共赢的可持续合作，供应链企业必须摆脱局部利益的束缚。同时，随着内外部条件的变化，上下游企业需要灵活调整战略目标，持续审视和完善战略规划。

（2）相互信任。可持续冷链供应链合作伙伴关系是建立在相互信任和长期稳定基础上的企业合作形式，注重远景规划。相关的合同或供应协议通常具有长时段的保障。这种合作

关系具备较高的灵活性，有助于在紧急情况下提供协助，同时愿意原谅产品偶尔有瑕疵，并非每次交易都追求绝对公平。各方承担可持续责任，期望提升供应链整体竞争力和可持续绩效。可持续冷链供应链合作伙伴关系强调开放、共享、全方位的合作与交流。一旦供应商能力得到验证，被认为可以进行自我调整，就能免除烦琐的资质检验。在冷链供应链上下游及企业内部共同努力下，建立相互信任至关重要。为实现可持续冷链供应链管理的总体目标，冷链企业需要关注以下两个方面。第一，信任与企业的预测有关。相信合作方在进行可持续供应链管理时的努力，积极采取相应的环境管理行为，不破坏承诺。第二，在可持续供应链管理的共同目标下，冷链供应链上的战略合作企业也可能偏离规则。好的合作企业应根据实际需要做出合理的反应，而非拘泥于条文。

（3）利益公平分配和风险共担。可持续冷链供应链合作伙伴关系旨在通过共担风险和共享利益实现供应链上节点企业的双赢。采用评估工具认真检查双方关系，找出成功或失败的相互责任，将关系置于不断改善的道路中，并指明已达成一致的方向和行动。通过有组织的反馈会议积极评价进展，评价旨在讨论和行动，而非责备和惩罚合作伙伴。在这种合作伙伴关系中，总体生产力提升。合作企业通过扩大共同利益，最终实现共享的双赢局面，将零和游戏转化为共同体的局面。创造的效益应超过各成员企业独自运营所创造的效益的总和。为了供应链整体利益和可持续发展目标，企业必须具备共担风险的意识，建立供应链合作伙伴关系是为了构建长期稳定的、利益共享和风险共担的共同体。

（4）顺畅沟通。企业间的战略合作，最适合的方式是进行关联式的交流活动。在合作初期，企业之间应广泛交流与沟通，这有助于双方制定一致的可持续战略目标并建立相互信任。从可持续供应链管理的角度看，可持续供应链中的任意两个环节都可视为采购企业与供应商之间的关系。合作与协调对可持续供应链管理至关重要。成功推进可持续供应链管理必须注重采购企业和供应商的相互合作与协调。冷链供应链合作伙伴可以共同构建单一而共享的消费者需求预测系统。通过共享市场信息，协调整个供应链上的企业生产和库存，从而能够及时调整生产策略，以在市场中保持领先地位。在冷链供应链中，企业定期进行关于冷链产品、种植/加工、市场、技术和开发的信息交流，并通过财务支持、人员参与或提供专业知识和实物等方式，有意识地进行客户投资战略。

三、可持续冷链供应链的内部合作

为实现冷链供应链上的战略合作，首先需推动企业内部的紧密合作，包括高层管理者对可持续冷链供应链的关注与支持，以及各部门之间的协同。在加强可持续冷链供应链管理的内部合作方面，一方面，要提高企业中高层及员工的环保意识，在考虑经济、环境和社会绩效的前提下，最大限度减少产品对环境和社会的负面影响；另一方面，要强化各部门之间的协作，通过设计、生产、采购、营销和财务等部门的密切合作，降低生产过程中的资源消耗，实现节能减排目标。

（一）企业高层的重视与支持

企业高层对可持续冷链供应链管理的支持包括以下三个方面：首先，在与冷链供应链上下游企业签订合同时，应全面考虑和重视环境因素。其次，高层管理人员应从战略角度支持并鼓励采购人员在选择供应商和采购过程中增加对环境的关注，并为可持续冷链采购提供资金支持。最后，企业应推动内部不同部门在可持续冷链供应链管理方面合作，促进各部门在生态设计、绿色采购、绿色生产、绿色冷链运输、绿色营销以及逆向管理等方面的协调。企业高层的环保意识和对节能减排理念的理解与支持对可持续冷链供应链管理的成功至关重要。虽然可持续冷链供应链管理可以从某一环节的小范围内启动，但只有将其提升至战略高度，才能确保成功。如沃尔玛作为标杆企业，制定高于法规标准的内部目标，积极进行节能减排，同时推动整个供应链的可持续性，成为行业节能减排的典范。

（二）企业内部的跨部门合作

可持续冷链供应链管理需要企业各部门间的合作与协调，例如，设计部门与环保部门需要合作进行生态设计，确保产品的技术设备、能源消耗和环境排放符合环保标准。只有各部门共同参与才能真正实现绿色采购和绿色物流，确保产品在环境和经济绩效上均表现良好。为实现绿色供应链管理的环境和经济双重目标，各部门需要在供应链管理的起始阶段参与，并全程跟踪整个过程。通过部门间的协作，在选择供应商和合作伙伴时，可以全面考虑技术、环境、经济等方面，并将对环境的关注有机整合到供应链管理体系中。一些企业在招标采购和供应商选择时，组织职能部门进行联合决策，同时将环境要求纳入选择标准。此外，还需加强对供应商的管理，通过评估、审核和培训确保供应商遵循可持续发展要求，与供应商合作开发新的可持续供应链解决方案也是一种好方式，可以降低环境影响并提高效率。

四、可持续冷链供应链的外部合作

合作是可持续供应链管理中不可或缺的方法，其实质是通过合作使不同企业通过信息共享、资源共享建立战略伙伴关系，实现经济、社会和环境效率的最优。在追求效率最大化的冷链供应链管理中，企业间的合作通常由利益、效益或市场所驱动，这种合作在经济活动中具有天然的合理性。然而，在提升冷链供应链的环境绩效时，往往难以找到这种天然的驱动力。企业的可持续供应链管理目标通常与企业或最高领导层的理念、使命感甚至理想密切相关。在冷链产品生命周期过程中，运营活动能将对环境的影响降至最低，但在某些生产阶段，经济回报可能较低甚至为负。中小企业在冷链产品生产或供应中，有时不得不将环境保护的目标置于不太重要的决策位置，甚至忽略这一目标。因此，冷链供应链上自觉、主动地合作与协调成为实施可持续冷链供应链管理的最基本保证。

合作可分为主动和被动两种形式、对等和非对等两种情况。合作伙伴的经济实力、在供应链中的地位以及大的社会经济环境都与之有关。主动对等的合作通常建立在有实力的大企业之间，它们在供应链中地位对等，相互成为不可或缺的合作伙伴。这些企业在社区中也具有相当大的影响力，因此更容易形成共同的理念和目标，并建立起良好的沟通。被动非对等的合作基于商业利益或运营效率，例如，一家国际知名冷链企业要求小供应商实行绿色生产和配送，并拒绝提供任何经济或技术帮助，以维护自身理念和商业信誉。在别无选择的情况下，供应商只能降低利润目标实行绿色运营。这样的协调是非对等的，主动权完全掌握在具有更大购买力的一方。大企业可能基于理念的考虑，对其供应商给予全面的合作和支持。

（一）可持续冷链供应链外部合作的基本内容

企业内外的环境压力迫使企业进行环境管理，以提高竞争力，这使得与上游和下游企业之间的有效合作成为可持续供应链管理的关键环节。合作的方式多种多样，企业需根据自身特点进行选择。可能的方式包括定期召开会议解决环境问题，与供应商共同成立环境咨询小组、共同进行产品开发，建立合理的绿色成本分担机制，以及通过共同管理库存来降低成本、提高生产和采购的准时性等。然而，由于企业经营目的是实现自身利益最大化，系统的最优性并非企业所关心的。在原本成本可以外化的条件下，企业不愿意增加成本以提高环境绩效，从而限制了可持续冷链供应链管理的实施。通过建立战略合作伙伴关系，并在有效的激励合同和分配机制的约束下，共享信息、资源、利益和成本，共担风险，不但可以提高整条供应链的环境绩效，而且企业自身也可以获得较好的经济效益，实现经济效益和社会效益的双赢。

越来越多的企业认识到，要实现环境目标并满足利益相关者的期望，环境计划不能仅限于企业内部，还必须覆盖生产商和供应商，如避免生产者使用有害的化肥或农药等。因此，在提高自身环保意识的同时，还需要关注上游供应商的环保问题，通过与供应商的协调与合作，共同提升整个供应链的环境绩效，以避免增加治理成本并影响经济绩效。采购企业与供应商的合作可以带来多方面的收益。首先，供应商通过增强对产品的了解，能更有效地实现效率最大化和废物最少化。其次，采购商与供应商的合作有助于设计更环保的产品与生产过程。最后，双方的合作也有助于加强彼此之间的关系，降低风险和成本，提高整个供应链的核心竞争力。最重要的是，共享成本和收益的合作模式能够激发双方更深层次的合作动机。

（二）可持续冷链供应链外部合作协调的基本内容

从冷链供应链的经济绩效角度分析，供应链成员在追求各自利益时可能与整体利益发生冲突。因此，建立有效的合作协调机制以实现系统利润的最大化变得至关重要。冷链采购企业与供应企业可以通过以下方式展开合作：共同开展绿色冷链产品的研发，致力于减少对环境的影响，实现环保和可持续发展。共享环境改进工具和资源，增强环保意识和能力是一种重要的合作方式，通过共同研究替代材料、设备、产品和方法，减少产品生命周期对环境的影响。在包装设计方面，可以选择散装、可再利用的包装，以及优先选择可循环使用的包装材料，从而减少环境影响。在选择运输和处理路线时，注重环保和可持续性，实现资源最大化利用，回收并再循环生命周期末端的物品。合理分摊绿色成本，确保各方共同承担环保责任和成本，成立跨组织的合作小组解决环境问题，而不是随意更换供应商。此外，绿色供应链的合作与协调不仅限于供应企业，还包括下游客户、政府、环保部门和其他利益相关者。例如，日本某技术公司通过与客户共享以减少包装成本的方法，不仅降低了产品成本，还提升了客户的环保意识。某特种化工品公司与客户合作进行产品的再设计、配送、废物处理和化学品管理，实现资源最大化利用和环保责任的分担。再循环、再制造产品的回收需要与下游企业和消费者有效合作，为企业提供了保留更多客户和降低回收零部件制造成本的机会。

可持续冷链供应链合作与协调的主要目标是提高环境绩效，同时也需要考虑降低成本以提高企业的经济绩效。实践已经证明，环境绩效与经济绩效并不矛盾，通过良好地协调可以同时提高。例如，贵糖集团成功实施了内外部集成绿色供应链管理。在公司内部，充分利用副产品，以甘蔗制糖为核心，形成了两条生态工业链主线，有效利用甘蔗制糖、蔗渣造纸的循环。这种内部绿色供应链管理战略不仅提高了经济效益，减少了废物排放，还提高了糖的质量。在公司外部，贵糖集团在当地政府的支持下，与蔗农签订了合作协议，为蔗农提供技术支持，保证甘蔗的供应和质量，蔗农也获得了稳定的经济收益，实现了双赢。同时，通过提高产品质量并降低成本，桂花牌白砂糖成为可口可乐、百事可乐国内合资企业以及娃哈哈有限公司等国内名牌饮料厂的指定用糖，既实现了绿色营销，也提高了企业的经济绩效。

建立冷链上下游企业间的战略合作伙伴关系可以降低交易成本。纵向一体化导致企业规模扩大，内部沟通和管理变得更为复杂，同时资本集中会增加风险，导致交易成本上升。通过与供应商建立战略联盟，可降低交易成本。强大的战略联盟关系有助于形成共同目标，包括减少对自然环境的影响。采购企业在建立这种合作关系中应发挥主导作用，信任关系的建立有助于降低采购和供应企业的交易成本和经营风险。上下游企业之间的合作有助于充分利用团队力量提高环境绩效，使供应链上的企业都能专注于其核心能力。

冷链危险物资的处理、储存和运输等任务通常由专业公司负责，因为这些任务通常不是企业的主要业务。但进行业务员外包时，必须慎重选择注重环境保护的可靠合作伙伴。这样，企业可以专注于核心业务，而不必将资源和时间用于外包公司擅长的领域。设立环保岗位有助于推动环保储存、危险材料运输和环保产品设计。与采购人员相比，环保专业人员处理这些环保事务可以降低成本、提高效益质量并减少风险。将任务委托给其他企业并不能免除对供应商环境绩效的责任。通过审计、进行 ISO 14001 认证、提供环保设计规范以及与供应商合作等措施，可以帮助供应商和采购企业实现环保目标。尽管初期监督交易成本可能增加，但从长期来看，这能够降低成本并减少风险。一旦建立了信任关系，就不需要再监督供应商的行为。因此，从长远来看，可以最小化交易成本。

五、可持续冷链供应链管理合作中的信息共享

根据供应链管理的理论和实践，冷链供应链管理的关键在于增进冷链供应链企业之间的合作，提高信息共享水平。通过采用灵活和集成的决策体系，建立整个冷链供应链的决策系统，确保每个环节都能清晰观察工作流、资金流、物流和信息流。这样的协调操作能够降低供应链成本，减少各环节响应时间，减轻信息扭曲引发的"牛鞭效应"。冷链供应链的协调运作基于各节点企业高效的信息传递和共享，信息共享是实现供应链管理的基础，也是成功实施可持续冷链供应链管理的关键。

（一）可持续冷链供应链的信息不对称

最初，委托代理的出现是为了研究股份制公司的管理体制，特征在于所有权和经营权的分离，使得经理层代表股东行使管理职能。由于股东和经理层的利益不一致，经理层通常更了解公司内部情况，从而可能采取不符合股东利益的行动。为解决这一问题，委托代理理论通过制度设计，旨在确保经理层在追求自身最大化利益的同时，也能够实现股东利益的最大化。委托代理问题的核心是信息不对称，即双方拥有的信息存在偏差，代理方通常了解更多信息，而委托方则缺乏信息。信息不对称可以在签约前或签约后发生，并且涉及对行动或信息的不对称掌握。委托代理问题在各类经济活动中普遍存在，只要利益相关者之间存在信息不对称，就可能引发委托代理问题，如企业与雇员、供应商与需求方、政府与纳税人之间的委托代理问题。

在冷链产品的市场交易中，供应商和客户之间的信息不对称是委托代理问题的根源。对于许多产品或服务的质量，客户通常只有在购买和使用后才能真正了解。由于客户在购买时无法准确判断产品质量，这会引发两个问题，第一，供应商缺乏提供高质量产品或服务的能力，但为了吸引客户，可能会做出欺骗性的质量承诺，而客户又无法准确辨别，就可能错误地选择供应商的产品。第二，供应商可能在签约后采取欺骗行为，引发涉及道德风险的相关问题，信号理论是解决错误选择问题的一种方法，通过某些信号揭示参与者的私有信息，有助于客户更准确地评估供应商的可靠性。

在冷链产品的市场竞争中，供应商可以通过设立独特的地理标志为产品提供质量保证，帮助顾客区分高质量供应商和低质量供应商。解决道德风险问题需要采用激励机制，如为高质量供应商提供价格补贴，并对潜在的欺骗行为设定相应的制约。客户与供应商之间的有效合作是绿色供应链管理成功实施的关键，然而，在冷链供应链中，由于各企业追求自身利益最大化，而供应链管理追求系统利益最大化，因此难以满足每个节点的需求。企业间的交易通常伴随着保留私有信息的情况，如原料成分、生产能力、产品质量和环保措施等，这种信息不对称就可能引发委托代理问题。在这种情况下，采购企业可以采取强制措施促使供应商符合其要求，如要求供应商获得 ISO 14001 认证或禁止使用有害材料。但大多数情况下，采购企业只能通过激励合同来引导供应商行为，如提供产品订单、技术协助和培训等。采购企业面临的挑战是如何设计最优激励合同以实现双方最大利益。因此，信息不对称情境下的采购企业—供应商的博弈通常涉及采购企业如何制订最优激励合同以引导供应商的行为。

如果冷链采购企业与供应商紧密合作，如供应商是采购企业的子公司，信息共享完整，那可视为信息对称的采购企业—供应商关系。这种合作有望同时提高环境和经济绩效，但收益受供应商努力程度的影响。此外，合作可能涉及新技术应用或新战略实施，从而带来新风险。因此，这种完全合作、信息对称的采购企业—供应商关系需解决如何使收益最大化、如何分配增加的收益，以及如何共同承担新风险的问题。第一，采购企业应通过激励措施优化供应商努力水平，使合作收益最大化并进行合理分配。通过奖励、培训或技术支持等方式激励供应商，建立合理的评估体系对供应商努力和绩效进行定期评估，确保激励措施有效。第二，采购企业和供应商需签订最优风险分担合同，确保共同承担风险，在合同中明确责任和权利，制定合理的风险应对措施。对于潜在风险和不确定性，采购企业和供应商共同协商并制定解决方案，确保合作稳定可靠。

（二）可持续冷链供应链信息共享的基本内容

总体而言，冷链企业内部应定期就环境问题和有价值的环保实践进行明确、一致和频繁的交流，以促进信息的充分共享。具体而言，冷链企业可以通过在公司日志中纳入环境相关信息，利用互联网或内部网络平台将各部门连接起来，还可以建立企业级数据库并纳入内部网络，使不同业务部门能够分享数据并实现应用集成等。这样的信息交流和共享有助于内部各个层面更好地理解和实施环境友好型实践。

要在冷链供应链上下游企业之间有效推动环保合作，关键在于明确及时的信息交流。同时需要解决如下问题：合作伙伴是否愿意进行开放式对话，是否有顺畅的沟通渠道，是否具备良好的环保意识和知识，客户能否及时响应供应商并提供充足的技术信息。供应商和客户之间存在众多有效的交流战略，这是良好合作的基础，可以在供应商公司内部、供应商与客户之间、客户与客户之间进行。如果由客户推动的环境措施缺乏具备专业知识员工的积极参与，将无法按预期实施。环境部门的员工需要向采购、设计、工程等其他部门的员工咨询，以实现更大的环境改进。供应链各成员可以通过多种方式实现信息共享。①直接的会议、论坛和研讨会。面对面交流是合作的基础，其中内容包括 ISO 14001 认证的重要性、供应链上不同企业及对应部门之间的面对面交流，特别是产品设计部门和材料采购部门之间的沟通。②合作伙伴关系。供应链企业与技术协会、贸易组织和非政府组织的合作与交流至关重要。例如，高层决策者的沟通与交流，协作各部门（包括采购、技术、营销和销售）在环境行动方面的合作；与非政府组织合作，使供应商了解有关污染预防行动的环境创新及环境防护联盟，同时为客户带来更大的环境收益；与技术协会和专业团体合作，及时了解行业发展趋势及可能出现的新问题、新挑战。③调研与信息共享。供应链企业之间实现信息共享的必要条件包括使用多种交流方式，如客户对供应商进行问卷调研、基于网络的交流等，或通过生命周期分析、产品的环境商标和媒体等方式获取信息。企业需深入了解自身供应链的特性以及上下游企业的需求，同时也需要了解本行业技术协会、贸易组织和非政府组织合作的要求和特点，通过积极开展交流和信息共享，实现环境、经济和社会的多赢，促使不同利益主体共同发展。

（三）可持续冷链供应链信息共享的建立

为实现可持续冷链供应链中的信息共享，需加强链上成员之间的信息及知识交流与管理；建立面向可持续冷链供应链的网络化信息系统平台，为信息共享提供基础设施保障；建立完善的信息交流与共享机制。只有做到以上三点，才能真正达成可持续冷链供应链管理中的信息共享目标。首先，加强链上成员间的信息与知识交流，是冷链供应链高效运作和绿色制造模式成功实施的关键。信息共享包括市场需求、产品可持续宣传等方面的即时共享，以满足可持续产品的市场需求。知识及知识创新也至关重要，在供应链中，通过显性知识和隐性知识的共享，可实现信息与知识的交流与管理。其次，建立网络化的可持续冷链供应链信息系统平台也十分重要，该平台集成了产品设计、生产计划、生产控制、物流管理和资源管理等模块，可实现实时数据共享、优化资源配置、提高供应链效率，同时实现绿色可持续供应链管理目标。最后，完善的信息交流与共享机制能显著提升可持续冷链供应链的效率和响应速度，优化资源配置，促进合作，支持可持续发展目标，并提高风险管理能力，从而整体提升冷链供应链的运作水平和竞争力。

为了成功实施可持续冷链供应链管理，供应链上的企业需要协同合作。实现可持续冷链供应链管理的关键工作包括以下几个方面：第一，通过分析、鉴别和挑选，选择最具有环保意识的供应商、制造商和分销商，以降低成本、提高运营效率并促进可持续发展。第二，了解供应链各环节的环保标准和要求，把握企业的资源消耗和废旧产品的回收利用情况。第三，积极收集所需的数据和信息，采用最环保的技术与设备。第四，为了完成可持续冷链供应链的任务，各企业应构建网络化的制造集成平台，充分利用网络技术，为可持续冷链供应链提供支持。

网络化的信息系统平台能够充分支持冷链供应链上下游企业之间的信息与资源共享，提供多方面的信息，具体包括：本行业国际、国内环境标准的相关数据库；原材料与环境相关的测试数据；零部件和原材料的回收与处理方式；通过对平台上的数据库进行分析，发现污染较小且能耗较低的制造工艺和设备。同时，通过建立绿色产品的质量评价数据库，为供应链上的相关企业的产品和资源提供概况信息、支持产学研合作研发绿色产品或进行绿色技术联合攻关所需的环境信息、废弃产品回收与处理的网络数据、为客户提供的详细的环境信息等。

可持续冷链供应链战略伙伴关系的建立，关键在于搭建信息交流与共享机制。为实现这一目标，冷链企业应与合作伙伴建立有效的交流渠道，可通过供应商会议、实地考察等方式建立渠道。交流涉及的人员应覆盖环境、采购、技术和市场各个部门，以确保全面深入的信息交流。除了与供应链内企业的交流，还应积极与技术团体、咨询公司以及非政府组织等外部机构进行交流，以获取不同角度的有益建议。全方位的信息交流与共享有助于建立更为紧密和高效的伙伴关系，促进更广泛的合作，提升冷链供应链可持续性和竞争力。

六、可持续冷链供应链合作流程再造

可持续冷链供应链管理融入了对环境的关注，为了提升效率、降低成本、减少浪费与碳排放、增强供应链的灵活性与抗风险能力，需要进行冷链企业合作流程再造，制定相应机制并得到技术支持，确保冷链供应链在不断变化的环境中高效运作和可持续发展。

（一）重新设计组织机制与业务流程

将可持续冷链供应链管理与业务流程重组有机结合，通过重新设计组织机制，将原本的职能部门模式转变为跨职能部门的高效业务流程，从"横向型任务管理"向"纵向型任务流程管理"转变，提高整体运营效率和核心竞争力。这一整合战略旨在激发各部门间的协同合作，通过灵活、高效的流程管理实现任务的有机衔接，提升响应速度，优化资源配置，更好适应市场需求，为企业提供竞争优势。无论是初创还是成熟阶段的冷链供应链，都可基于原有供应链进行机制设计和业务流程重组。可持续冷链供应链管理不仅涉及企业内部改造，还需要关注供应链上下游的合作伙伴。因此，企业的流程再造必须全局、系统地优化整条供应链的业务流程、进行信息整合及职能机构的协调，以实现供应链全局环境、经济绩效的最优化，同时满足环境、客户、竞争和变化发展趋势的需求。

（二）公布环境目标并实施可持续供应链管理

明确阐述组织目标与期望是有效管理的基础，因此，企业应及时公布环境目标以及对冷链供应链上下游的要求，为供应商的环境管理提供明确方向。为成功实施可持续冷链供应链管理，企业还需将环境因素和价格、质量和售后服务等放在同等重要的地位进行考虑，这不仅展示了企业对环境保护的承诺，还推动合作伙伴共同努力，通过绿色认证和环保标准来改进供应链的环境绩效，满足客户和监管机构等在节能减排等环保方面的需求。

（三）重塑冷链企业与供应链上下游成员的关系

以往的冷链供应链对环境保护关注度较低，未能满足客户和监管机构在节能减排等环保方面的需求。因此，在推进可持续供应链管理时，应考虑实际情况，不盲目排斥未达到节能减排标准的供应商。领先企业可借助自身技术、资金和其他资源优势，协助供应商提升环境绩效，通过建立战略联盟实现双赢。冷链供应链核心企业需关注整个供应链上下游企业的环境绩效，因为它们都将受到日益严格的环境法规的约束。任何企业违反环保法规而关闭，都将影响整个冷链供应链。因此，核心企业可为上下游企业提供技术支持或培训，提升整个供应链的节能减排能力，确保供应链持续、稳定运作。一些细小的供应链管理改进可能对整个供应链产生杠杆效应，供应链核心企业与上下游企业的合作，正是利用这种效应推动整个供应链的绿色可持续发展，实现经济和环境绩效的双赢。

（四）冷链供应链上下游企业持续沟通与相互监督

冷链企业内部沟通有助于使所有成员理解经济和环境双重目标，明确这些目标与他们职责的关系，从而激发并要求除环保部门外的其他成员参与可持续冷链供应链管理。这包括生态设计、可持续采购、正向物流和逆向物流等方面的交流与合作。在可持续供应链管理方面取得标杆的一些企业常常组织跨部门交流，同时通过多种渠道对员工进行可持续教育。除了企业内部，企业还应与供应链上下游的企业及合作伙伴定期展开环保合作与协商。与冷链供应链上下游成员企业之间的环保交流有助于促进信息共享，促使可持续供应链管理的成功实

施。此外，企业还应定期公布节能减排的现状及中长期节能减排规划，以帮助供应链上下游企业了解企业的节能减排目标。企业还可以通过问卷调查了解供应商的节能减排实施情况以及顾客对环保的要求。环保审查可以与合作厂商资格认证和质量监督等工作相结合，推动可持续供应链管理的实施。

（五）冷链供应链上下游企业间的激励机制

为了与某些冷链供应商建立长期稳定的合作关系，需要在坚持公平和一致的原则下制定激励机制。冷链供应链上的上下游企业应建立成本共担、收益共享的机制。供应链上下游企业需要共同承担提升供应链整体环境绩效带来的成本，如购买环保材料或生产资料需要支付的更多成本或采用环保技术带来的额外成本等。同时，也应该分享可持续供应链管理带来的收益，如因产品环境绩效提升获得的政府补贴或因消费者对环保产品的认同而愿意支付的高价格。为了实现可持续供应链合作，可以通过奖励机制激励供应商持续开展环境管理，如增加对那些积极进行环境管理并具有良好环保记录的供应商的进货量，或对其实行价格优惠。

（六）冷链供应链上下游企业的合作开发

冷链供应链的合作模式正逐渐从以产品为核心转变为以服务为核心。过去，冷链市场的大型零售企业主要关注产品供应，而对上游生产者的环保能力和生态责任并不关注；然而，现在，下游大型零售商越来越重视冷链产品全生命周期的环境评价，开始积极与上游企业在环保方面展开合作。因此，冷链产品的环境绩效改进已不仅是生产者或零售商的责任，还是冷链供应链成员共同承担的责任。下游企业开始协助上游供应商改进产品和包装的设计与生产，同时，生产主体和下游企业应共同努力打造完善的冷链系统。

（七）建立信息交流与共享机制

要实现可持续冷链供应链合作，需要持续交流并建立适当的沟通渠道，包括组织供应商会议、实地考察供应商或邀请供应商参观企业。参与可持续供应链管理的人员应涵盖环保、技术、市场和采购等部门。这种交流不仅存在于企业内部，还应扩展至环保非政府组织、环保技术团体和环保咨询公司等利益相关者，这些组织可提供有益建议。同时，为增进冷链供应链上下游企业的合作与学习，应提升各自环境行为的透明度，建立节能减排信息与经验的共享机制，如共享绿色数据库和在线交流平台，以促进各方信息协作和共享。

（八）对供应商进行技术支持和培训

为实现可持续冷链供应链上下游企业的成功合作，冷链企业应为供应商提供相应的技术支持和培训。通常情况下，冷链供应链上的核心销售端企业规模较大，而供应商多为中小型企业。这些小型供应商往往缺乏足够的资源和能力来提升产品的环境质量。因此，供应链上的大型核心企业需要为中小型供应商提供技术支持和资金等支持，以提升整个供应链的环境绩效。这种合作能够使中小型供应商提升环境改进的能力，同时也使大型核心企业能够获得更紧密、更有力的供应商支持和配合。

（九）定期审核供应商以促进环境友好实践

为确保供应商的环境友好实践，客户应定期对供应商进行持续监督和定期审核。这种审核不仅有助于确保供应链的环保标准得到遵守，还能促进供应商持续改进其环保措施。在审核中，客户可以评估供应商的环境管理政策、能源使用情况、废物处理方式等方面的表现，并提出改进建议。如果发现供应商存在问题，客户可以要求其在规定时间内进行改进，以避免更换供应商，这样可以保持供应链的稳定性和连续性，同时推动供应商朝着更环保的方向发展。通过定期审核和持续监督，客户和供应商可以建立起相互信任的合作关系，共同推动整个供应链向着可持续发展的目标迈进。

➡ 本章小结

可持续冷链供应链管理：为实现可持续的冷链供应链管理，需要从产品生命周期出发，涉及的利益相关者包括生产资料供应商、种植企业、生产加工商、冷链物流企业、分销商和消费者。可持续冷链供应链的系统性特征：系统功能的统一性、系统结构的完整性、系统整体的动态性。

可持续冷链供应链运作管理：它不仅包括生产和产品加工，还包括环境设计、供应商运营流程的改善和评价系统。此外，它将环境意识贯穿产品的生产、采购、加工、包装和消费使用的各个环节，并对产品生命周期实行全面管理。可持续冷链供应链管理是一种在整个供应链内综合考虑环境影响和综合效力的现代管理模式，它以绿色生产理论和供应链管理技术为基础，构建了供应商、生产商、销售商、用户等多个子系统。

可持续冷链供应链合作伙伴关系：可持续冷链供应链合作关系，是指零售终端、供应商与生产主体之间建立在传统供应链合作伙伴基础上的一种信息、利益共享及风险共担的合作模式。

㉥》综合案例

综合案例一

乐购生鲜食品供应链发展模式经验分析

乐购（Tesco）是一家总部设在英国的跨国企业，最初专注于食品销售，后逐渐扩展到服装、电器、客户财经服务、互联网服务、汽车保险和电信服务等多个业务领域。乐购在全球拥有 6500 家门店，遍布 14 个国家和地区，员工总数超过 47 万人，每周为近 5000 万名顾客提供服务。2018 年，乐购全球总营业额达 639.11 亿英镑。在英国本土，乐购拥有 3427 家店铺、490 个加油站、25 个配送中心和 1 个总部，员工总数为 29.7 万人。凭借 28% 的市场份额，乐购成为英国最大的连锁超市，同时也是最大的生鲜食品零售商。在英国，乐购的业态主要包括大卖场、超市、城市店、便利店和一站店等五种形式。

一、坚持可持续发展理念

乐购作为全球可持续发展的领导者，积极参与英国政府的碳减排计划，并专注于提升能源效率。公司将可持续发展纳入企业责任框架，贯穿从农场到采购、配送、零售、消费和回收等多个环节。为实现这一目标，乐购进行了大规模的硬件设施和产品采购方面的变革。

二、大量采用节能设计与管理

乐购通过采用节能设计的新店铺和物流中心，广泛应用能源管理、变频和储热蓄冷等绿色节能技术。这些设施相较于普通物流中心，能够实现 45% 的节能、40% 的节水，并减少 35% 的碳排放。公司利用专业的可持续管理软件对全球运营的碳排放进行衡量、报告和分析，并定期向碳信息披露项目等组织报告排放量。在企业责任报告中，乐购公布排放数据，向内部和外部利益相关者提供多种形式的数据。乐购的碳排放主要来自全球 6500 家连锁店铺和配送中心，其中制冷气体占 15%、运送车辆占 12%、供热占 7.5%、商务差旅占 0.5% 等。作为全球首家公开支持《巴黎协定》的大型零售企业，乐购致力于到 2050 年成为零碳排放企业。

三、优先采购可持续产品

乐购与世界自然基金会合作，致力于确保其采购的食品来自更具可持续性的渠道。乐购与农户建立长期伙伴关系，为农户提供可持续种植养殖技术，鼓励农户使用草基饲料，如羽扇豆、亚麻籽、蚕豆、豌豆和低芥酸菜籽，以避免土壤枯竭和减少甲烷气体排放。此外，乐购与国际组织展开合作，确保其所售海产品源自可持续资源。例如，自2012年起，英国乐购保证销售的金枪鱼和含金枪鱼成分的产品均采用杆钓方式捕获，而非使用鱼类聚集装置（FAD）。

四、制定严格的食品标准

《乐购食品标准》的制定旨在统一管理所有供应给乐购的食品、生鲜农产品等，以确保它们安全可靠、符合法律标准，并满足客户对质量、原产地追溯和品质的期望。该标准全面应用于制造商和包装商，推动其改进经营水平，减少不合格产品，从而降低减少浪费和成本。该标准对供应商的外部区域与现场安全、厂房设计与建造、设备设计与建造、操作卫生与清洁程序、设备维护、病虫害管理、业务培训、员工设施与工作服、个人健康与卫生等方面提出了具体要求。同时，对产品的供应商管理、产品安全与风险评估、产品开发与规格、过程控制与管理、可追溯性、质量控制、异物控制、检验与分析、校准与验证、包装与运输等方面也提出了具体要求。乐购通过该标准审核制造商和包装商以及产品的合规水平，为提升食品质量与可持续发展水平提供了危急、重大、普通、建议等级别的处置建议。

五、从供应链源头建立紧密合作关系

产销紧密合作的供应链体系有助于实施质量保证和可追溯性计划，同时从农场到消费者推动创新方法，为基础服务提供真正有价值的商品。这种合作模式带来供应链集中化趋势，通过强大的供应链提升全链企业的竞争力和产品质量。同时，不断洞察客户消费趋势，实施差异化策略，由合作供应商提供独家产品，以提升客户美誉度，增强自身竞争力。以乐购为例，通过成立可持续乳业集团，整合并优化上游养殖业，帮助农民应对价格波动，专注于质量、可持续性与生产力，并将该模式扩展到其他农产品。这种合作模式让零售商更加强大，截至2019年9月，英国五大零售商（乐购、塞恩斯伯里、阿斯达、莫里森、阿尔迪）的市场份额占比合计达到76%，同时"从源头到餐桌"有效保证产品质量。

六、打造全流程敏捷供应链

乐购致力于打造高效冷链物流，要求其具备效率高、成本低、有竞争优势、灵活性高和浪费少等特征，以符合可持续发展理念。乐购建立了全流程敏捷冷链物流，实时监测配送车辆、路径、食品和温度，同时追踪全程的能源消耗和碳排放等信息。通过减少中转环节，提高生鲜食品的配送效率和时效，降低破损和浪费率，确保在供应链中保持产品高品质。终端店铺兼具"最后一公里"末端配送和公共网点服务功能，整合各类便民服务，并向第三方合作商家开放资源，打造末端综合服务中心。

七、优化废物管理与逆向物流

乐购作为英国领先的零售商，在可持续包装方面取得了重要进展。乐购不仅是英国首家公开发布包装数据明细表的零售商，还积极倡导闭环包装系统，旨在实现零包装物进入垃圾填埋场的目标。通过持续优化废物管理和逆向物流业务流程，乐购采用了4R（删除、减少、重复使用、回收）策略，以剔除不可回收和多余的包装，实现全链路的100%货架包装回收

率。乐购还提供了综合解决方案，包括探索新的可持续包装材料、要求供应商使用环保材料、减少包装规模和重量，以及改进产品包装，使包装更便利地回收和再循环。通过逆向自动售货机，乐购成功收集并循环利用了大量客户退回的塑料瓶；与主要食品供应商合作，通过提升品质、产销量预测和价格调整，降低供给与需求不一致导致的食物浪费。为了最大程度地减少食物浪费，乐购将剩余的食物加工成动物饲料，并与客户沟通，优化产品种类、品质和包装。此外，作为英国首家公开发布食物垃圾数据的零售商，乐购与食品再分配慈善机构合作，为7000多个团体提供了超过7700万份的免费餐点。

思考：

1. 乐购为什么要实施可持续发展战略？
2. 在冷链供应链管理中，从哪些环节践行可持续发展观？

综合案例二

"大食物观"瞄准"双碳"目标。"大食物观"是我国传统食物观的发展和演进，也是构建更加绿色、更加生态、更可持续的大食物生产观，更是解决目前传统食物制造过程中某些高能耗、高水耗、高排放和高污染等产业的核心瓶颈，助力实现碳达峰碳中和的关键。那么如何应对与突破呢？一是重点开展微波、红外、太阳能等食品制造过程新型能源替代技术开发。二是重点开发新型物理−生物制造与大型智能化加工技术，突破节能干燥、新型杀菌、适度加工、超微粉碎、分离萃取、冷冻冷藏、绿色包装等绿色加工、低碳制造核心技术与装备。三是重点发展食品智能装备、食品工业机器人等领域，实现食品制造关键工序智能化、关键岗位机器人替代、生产过程智能化控制等关键技术装备及产业化示范，有效支撑粮油食品、畜禽食品、水产食品、果蔬食品、传统特色食品等食品制造产业技术大幅升级。

"大食物观"托起"营养健康"。"大食物观"提出的出发点和落脚点是顺应人民群众食品消费结构的变化趋势，确保民众吃得安全健康、营养均衡。如今，食品消费由数量型向质量型转变纵深推进，城镇居民更倾向于购买低脂肪、高蛋白的动物性食物。城乡居民对加工食品的消费需求的上升更多地体现在对安全、绿色、营养的加工食品需求量的增加。一方面，"大食物观"要求政府和企业推动农产品与食品产业高质量、差异化发展，从供给端发力来满足人民群众对食品多样化、精细化、营养化、生态化的需求；另一方面，"大食物观"要求从需求端发力推动食品消费方式与业态更新，为匹配食品消费新结构赋能。

树立"大食物观"也将进一步推进我国抢占全球未来食品技术制高点，颠覆传统种植与养殖业的生产新模式，引领未来食品产业和细胞农业的发展。它既要求利用未来食品技术，特别是食品合成生物技术，通过工厂发酵生产替代传统种植和养殖生产方式，突破大规模、低成本、可持续的蛋白质、淀粉和油脂等食品原料高效制造，实现"农业生产的工业化"；也要求未来食品技术切实保障食品的高质量供给。针对影响食品质构、风味与营养的重要食品配料和食品功能因子，建立生物制造技术，助力食品精准营养与智能制造。

"大食物观"呼唤"食育教育"。倡导"食育"理念、宣传膳食营养与健康知识，是有效树立和科学构建"大食物观"的保证。目前，"食育"教育在我国还处于初始阶段。树立"大食物观"还需要国家、学校、家庭以及全社会在推进"食育"教育时有序引导。一是要加强"食育"教育立法。借鉴国际上的先进经验，在条件成熟时及时颁布实施具有中国特色的"食育法""食育计划"，强化全社会"大食物观"的共识。二是要加强"食育"科普传播。发挥主流媒体作用，传递营养健康知识，构建社会化"食育"科普工作大格局。三是要加强"食育"课程设置。围绕"食育与知识""食育与健康""食育与文化""食育与科技"等内容构建"食育"课程体系,把"食育"课程引进小学、初中、高中、大学等不同学段,逐步引导学生树立"大食物观"。

思考:

运用本章所学知识,讨论如何从经济、环境和社会三方面实现"大食物观"的可持续要求?

课外阅读

[1] 姜樱梅,王淑云,马雪丽. 基于碳优化的农产品冷链物流体系研究[J]. 科技管理研究,2017,37 (18):221- 227.

[2] 吴群,朱嘉懿. 平台型物流企业供应链生态圈可持续协同发展研究[J]. 中国软科学,2022 (10):114-124.

参 考 文 献

[1] 刘敏，易祎晨. 生物医药企业冷链库存管理优化策略研究[J]. 江西社会科学，2022，42（12）：61-70.

[2] 王军. 农产品冷链物流中间层组织模式及供需匹配功能研究[D]. 北京：北京交通大学，2020.

[3] 郑宁. 供应链管理的组织结构研究[J]. 商业时代，2011（29）：29-30.

[4] 胡雄飞. 企业组织结构调整要重视"控制跨度"[J]. 上海管理科学，1998（4）：35.

[5] 黄长江，唐娜. 论企业管理的集权与分权[J]. 现代管理科学，2004（4）：71-72.

[6] 李高朋. SCOR供应链运营参考模型[J]. 情报杂志，2004（7）：61-62.

[7] 盛革. 业务流程重组模式的拓展与虚拟价值网构建[J]. 经济管理，2003（8）：36-40.

[8] 李家彰. 供应链管理环境下业务流程再造研究[J]. 生产力研究，2007（17）：122-123；145.

[9] 韩明星，凌鸿. 面向供应链管理的业务流程重组[J]. 物流技术，2003（9）：4-7.

[10] 孙宏岭，李金峰. 中国冷链物流业的主要运作模式分析[J]. 粮食流通技术，2012（2）：1-3；38.

[11] 邓延伟. 我国水产品冷链物流绩效评价研究[D]. 北京：北京交通大学，2014.

[12] 周佳蕊. O2O模式下生鲜农产品冷链物流绩效评价研究[D]. 大连：大连交通大学，2021.

[13] 张晓芹. 基于大数据的电子商务物流服务创新[J]. 中国流通经济，2018，32（8）：15-22.

[14] 林振强. 冷库设计与规划建设要点[J]. 物流技术与应用，2021，26（增刊2）：52-57.

[15] 林振强. 我国医药冷链发展现状与趋势[J]. 物流技术与应用，2021，26（增刊1）：42-45.

[16] 张明月. 基于供应链合作伙伴的"农超对接"效果评价研究[D]. 泰安：山东农业大学，2018.

[17] 谢铭光. 价值工程在冷库项目决策中的应用[D]. 广州：华南理工大学，2011.

[18] 胡静娅. 步步高冷链物流的成本控制研究[D]. 长沙：湖南大学，2021.

[19] 黄颖，李德奎，王梦茹. 我国农产品冷链物流标准化管理模式研究[J]. 企业导报，2013（24）：7-9.

[20] 黄友兰，张锐，杨烨凡. 我国农产品冷链物流发展分析及对策研究[J]. 发展研究，2014（4）：77-83.

[21] 冯健. 我国冷链物流政策演变与展望[J]. 物流工程与管理，2015，37（11）：9-11.

[22] 曾艳英. 广东省农产品冷链物流优化的政策分析[J]. 南方农业，2015，9（18）：130-134.

[23] 中鼎集成技术有限公司. 安井食品无锡冷库的自动化改造[J]. 物流技术与应用，2017，22（6）：110-112.

[24] 孙忠宇，程有凯. 冷库现状及冷库节能途径[J]. 节能，2007（7）：53-54.

[25] 高志立，谢晶. 水产品低温保鲜技术的研究进展[J]. 广东农业科学，2012，39（14）：98-101.

[26] 张钟，江潮. 食品冷冻技术的研究进展[J]. 包装与食品机械，2014，32（1）：65-68.

[27] 陈丙成. 基于供应链的视角探讨航空冷链运输模式[J]. 空运商务，2012（8）：4-7.

[28] 陈静，张明齐. 我国航运企业发展冷链运输策略[J]. 水运管理，2012，34（10）：18-20.

[29] 孙金平，纪若婷，宫薇薇. 北美铁路冷链运输发展研究[J]. 铁道货运，2015，33（8）：54-59.

[30] 吴俊涛. 我国航空冷链物流发展存在的问题及对策[J]. 港口经济，2015（6）：46-48.

[31] 李志恒. 冷链运输让蔬菜一鲜到底[J]. 印刷技术，2016（16）：20-22.

[32] 纪若婷，刘启钢，丁小东，等. 我国铁路冷链物流发展策略研究[J]. 铁道货运，2016，34（9）：1-5；29.

[33] 陈然，兰洪杰，殷悦. 发展冷链物流共同配送的探讨[J]. 物流工程与管理，2009，31（4）：62-64.

[34] 吴能. 基于周期进化遗传算法的城市冷链物流配送优化研究[D]. 杭州：浙江工业大学，2012.

［35］朱辉. 食品冷链物流配送管理研究［D］. 上海：上海交通大学，2008.

［36］迟增彬. 食品冷链物流配送时间和质量控制研究［D］. 重庆：重庆大学，2011.

［37］鄂丽媛. 乳制品冷链物流配送中心选址研究［D］. 大庆：东北石油大学，2011.

［38］王嫒. 冷链宅配服务现状与发展趋势分析［J］. 中国市场，2014（2）：16-18；67.

［39］陈通，李思聪. 中外农产品冷链物流体系比较［J］. 北京农学院学报，2013，28（2）：73-75.

［40］郭慧馨. 农产品冷链物流成本控制问题研究［J］. 商业时代，2012（32）：36-37.

［41］郝海. 低碳经济时代物流业发展的战略思考［J］. 铁道运输与经济，2011，33（9）：66-69.

［42］洪华南. 冷链物流中的共同配送策略研究［J］. 铁道运输与经济，2009，31（9）：65-68.

［43］荆林波，王雪峰. 关于我国物流业节能减排问题的探讨［J］. 商业时代，2009（27）：16-17.

［44］兰洪杰. 食品冷链物流系统协同对象与过程研究［J］. 中国流通经济，2009，23（2）：20-23.

［45］任倩倩，吴艳芳. 低碳时代的低碳物流措施［J］. 物流工程与管理，2011，33（6）：11-13；168.

［46］王岭松，王东爱，杨贵娜，等. 论冷链物流及其鲜活产品的绿色包装［J］. 包装学报，2009，1（1）：31-33；52.

［47］王文铭，刘晓亮. 我国冷链物流能耗现状及对策研究［J］. 中国流通经济，2011，25（10）：29-33.

［48］魏力. 实现我国物流节能减排的五大战略构想［J］. 商业经济，2010（21）：3-4；33.

［49］毋庆刚. 我国冷链物流发展现状与对策研究［J］. 中国流通经济，2011，25（2）：24-28.

［50］许三树. 积极倡导绿色物流节能减排低碳运输［J］. 物流工程与管理，2011，33（7）：40-41.

［51］叶蕾，麦强，王晓宁，等. 国外物流节能减排措施综述［J］. 城市交通，2009，7（5）：27-31；84.

［52］张国庆，叶民强，刘龙青. 企业物流成本核算研究综述［J］. 物流科技，2007，（3）：1-4.

［53］张歆祺，何静. 食品冷链联合库存管理模式的探析［J］. 江苏农业科学，2011，39（4）：545-546.

［54］郑海浪. 冷冻冷藏业如何优化冷链物流［J］. 商品储运与养护，2004（2）：8-10.

［55］祝捷. 冷链物流作业成本核算方法初探［J］. 淮海工学院学报（社会科学版），2011，9（3）：18-20.

［56］冯晓威. 浅析物流与信息流同步的企业存货实时管理［J］. 铁路采购与物流，2015，10（3）：53-55.

［57］王东梅，王明亮，吴先聪. 我国冷链物流的成本控制探析［J］. 商场现代化，2007（2）：127.

［58］张学高，陈明玉. 供应商管理库存策略及分析［J］. 财会通讯，2013（18）：104-108.

［59］马士华. 供应链企业之间的合作模式［J］. 电子商务世界，2003（6）：68-70.

［60］李儒晶. 供应链合作伙伴间信任研究［J］. 物流技术，2015，34（16）：189-192.

［61］张宇林，王莉. 供应链合作伙伴关系影响因素研究［J］. 物流工程与管理，2018，40（3）：86-87.

［62］王丽杰，吕有晨. 供应链整体绩效评价指标体系的构建研究［J］. 生产力研究，2007（11）：119-120.

［63］李军. 冷链物流供应链效率指标体系构建与实证研究［J］. 商业经济研究，2017（23）：93-95.

［64］杨欣，玄有福. 论企业标杆管理的有效性与局限性［J］. 经济研究导刊，2015（18）：17-18.

［65］马耀文. 江苏农产品冷链物流断链成因分析［J］. 商场现代化，2018（24）：36-37.

［66］CHRISTOPHER M，HOLWEG M. "Supply Chain 2.0"：managing supply chains in the era of turbulence ［J］. International Journal of Physical Distribution & Logistics Management，2011，41（1）：63-82.

［67］WINCH J K. Supply chain management：strategy，planning，and operation［J］. International Journal of Quality & Reliability Management，2003，20（3）：398-400.

［68］HAN J W，ZUO M，ZHU W Y，et al. A comprehensive review of cold chain logistics for fresh agricultural products：current status，challenges，and future trends［J］. Trends in Food Science & Technology，2021（109）：536-551.

［69］REN Q S，FANG K，YANG X T，et al. Ensuring the quality of meat in cold chain logistics：a comprehensive review［J］. Trends in Food Science & Technology，2022（119）：133-151.

［70］RUSHTON A，CROUCHER P，BAKER P. The handbook of logistics and distribution management：understanding the supply chain［M］. London：Kogan Page Publishers，2022.

[71] 马士华. 供应链管理[M]. 北京：中国人民大学出版社，2014.

[72] 黎继子. 集群式供应链管理[M]. 北京：中国经济出版社，2006.

[73] 孙红霞，李源. 冷链供应链管理[M]. 北京：清华大学出版社，2020.

[74] 孙国华. 物流与供应链管理[M]. 北京：清华大学出版社，2020.

[75] 杨国荣. 供应链管理[M]. 北京：北京理工大学出版社，2019.

[76] 中国物流与采购联合会冷链物流专业委员会，国家农产品现代物流工程技术研究中心. 中国冷链物流发展报告（2017）[M]. 北京：中国财富出版社，2017.

[77] 李学工，李靖，李金峰. 冷链物流管理[M]. 北京：清华大学出版社，2017.

[78] 关志强. 食品冷藏与制冷技术[M]. 郑州：郑州大学出版社，2011.

[79] 郑永华. 食品贮藏保鲜[M]. 北京：中国计量出版社，2006.

[80] 谢晶. 食品冷藏链技术与装置[M]. 北京：机械工业出版社，2010.

[81] 陈锦权. 食品物流学[M]. 北京：中国轻工业出版社，2013.

[82] 谢如鹤. 冷链运输原理与方法[M]. 北京：中国财富出版社，2013.

[83] 崔剑. 冷链物流体系建设研究[M]. 武汉：武汉大学出版社，2016.

[84] 汝宜红，宋伯慧. 配送管理[M]. 北京：机械工业出版社，2004.

[85] 燕鹏飞. 智能物流：链接"互联网+"时代亿万商业梦想[M]. 北京：人民邮电出版社，2017.

[86] 陈明蔚. 供应链管理[M]. 2版. 北京：北京理工大学出版社，2018.

[87] 王桂朵，于晓胜. 供应链管理[M]. 北京：中国财富出版社，2016.

[88] 白世贞，曲志华. 冷链物流[M]. 北京：中国财富出版社，2012.

[89] 赵继新，阎子刚. 供应链管理[M]. 北京：机械工业出版社，2017.

[90] 吴小钢，郑绍庆. 电子商务供应链管理[M]. 北京：中国商务出版社，2017.

[91] 张远昌. 供应链管理实务[M]. 北京：中国海关出版社，2015.